제2판

사회복지개론

김태성 · 홍선미 · 조성은

청목출판사

제2판 머리말

『사회복지개론』 초판이 나온 지 4년이 지났다. 그동안 독자들로부터 격려도 받았지만 비판도 많았다. 모든 개론서가 그러하듯이, 사회복지개론서는 사회복지를 처음 공부하는 사람들에게 사회복지의 다양한 영역에 대하여 기본적인 이해를 높이기 위해서 문자 그대로 개괄적으로 서술되어야 한다. 그런데 『사회복지개론』 초판은 특정의 영역들에 대해서 불필요하게 자세히 기술하여 개론서로서의 목표를 이루는데 성공하지 못하였다.

그래서 필자들은 『사회복지개론』 초판을 대대적으로 바꾸기로 결정하여 이번에 새로운 저자를 추가하여 『사회복지학 교과목 지침서』에 따른 구조로 완전히 새로운 책으로 거듭났다.

1부의 '사회복지의 기초'는 1장의 사회복지란 무엇인가?, 2장의 사회복지의 기반, 3장의 사회복지의 구조와 체계, 4장의 사회복지의 역사로 구성하여, 사회복지학을 처음 접하는 사람들에게 가장 기본적인 지식을 주고자 하였다.

2부의 '사회복지 실현을 위한 방법과 체계'는 5장의 미시적 실현방법: 사회복지실천, 6장의 중, 거시적 실현방법, 7장이 대상별 사회복지 실천방법으로 구성하여, 좀더 구체적인 사회복지실천의 방법들을 소개하였다.

3부의 '빈곤과 사회보장제도'는 8장의 빈곤의 이해와 9장의 사회보장제도의 이해로 구성하여, 빈곤문제를 해결하기 위한 다양한 사회보장제도들을 소개하였다.

4부의 '사회복지 분야론'에서는 먼저 사회복지의 4대 분야에 대하여 서술한다. 10장의 아동, 청소년 복지, 11장의 노인 복지, 12장의 장애인 복지, 그리고 13장의 여성, 가족 복지로 구성되었다. 이어서

14장에서는 4대 분야 이외의 사회복지실천의 여러 장을 소개한다. 마지막으로 5부의 15장에서는 사회복지의 전망과 당면한 과제들을 논의한다.

이번에 『사회복지개론』 2판이 나오는 데는 특히 공저자 중의 한 명인 조성은 교수의 공이 컸다. 초판의 불필요한 부분들은 과감히 없애거나 수정하고 새로운 장들을 추가하는 작업에서 고생을 많이 하였다. 대표저자로서 감사를 드린다. 항상 그러하듯이 이번에도 『사회복지개론』 2판을 만드는 과정에서 많은 지원을 해 준 청목출판사의 류성열 사장님에게도 다시 한번 감사를 드린다.

2010년 2월

저자들을 대표하여

김태성

제1판 머리말

사회복지가 무엇을 의미하는지 간단히 혹은 쉽게 설명해 달라는 부탁을 많이 받곤 한다. 언제부턴가 "복지"라는 단어는 우리 주변에서 익숙하게 접할 수 있으나, 그 의미를 정확히 이해하고 전달하기는 쉽지 않다. 최근, 사회복지에 대한 관심이 증가하면서 학문으로서 사회복지를 익히고자 하는 사람들이 많아지고 있다.

본 개론서는 사회복지에 관한 막연한 생각을 갖고 새롭게 공부를 시작하는 지점에 있는 이들에게 도움을 주고자 기획되었다. 사회복지는 우리사회와 그 속의 사람들의 삶과 관련된 대부분의 주제들을 포함하다보니 그 내용이 방대하다. 넓게 펼쳐져 있는 사회복지 지식을 나름대로 정리하여 주요한 내용들을 소개하고자 하였다. 어려운 용어는 쉽게 풀고 주변의 예를 들어 이해를 돕고자 하였다.

1부 사회복지의 기초에서는 사회복지의 개념(1장)과 복지국가의 이해(2장)를 다루고 있다. 관련용어들의 개념적 정의와 사회복지의 발달에 관한 역사적 배경들을 살펴보는 것은 사회복지에 관한 기본적인 이해를 돕는 데 필수적이다.

2부에서는 사회복지정책과 관련된 내용을 소개하고 있다. 3장의 정책형성과정과 4장의 정책목표, 5장의 정책내용은 거시적 차원에서 사회복지의 제도와 정책을 이해하는 데 도움을 준다. 6장에서는 사회복지의 중심주제인 빈곤을 다루고, 7장에서는 제도적 차원에서 사회보장의 주요제도를 소개하고 있다.

3부는 사회복지실천현장에서 사회복지사가 실무를 하는 데 있어서 활용하게 되는 실천지식을 중심으로 구성되어 있다. 8장은 서비스대상자를 이해하고 개입하는 데 있어서 필요한 면접론, 관계론,

과정론 등의 내용을 포함하며, 9장은 개별, 집단, 지역사회 대상의 실천방법을 소개하고 있다.

4부는 전문화되고 있는 사회복지의 실천분야를 소개하고 있다. 실천분야를 분류하는 기준의 하나인 인구집단별로, 아동과 청소년, 노인, 장애인, 여성과 가족으로 나누어 현황과 주요이슈, 정책과 서비스, 과제와 발전방향 등을 살펴봄으로써 다양하게 분화되는 사회복지현장에 관한 구체적인 이해를 돕고자 하였다.

이제 많은 분들의 노고로 "사회복지개론"이라는 책이 나오게 되었다. 그간 집필교수를 도와 원고교정에 애써 준 서울대학교의 김영민, 임미진, 조광자 조교에게 고맙다는 말을 전하며, 정성껏 책을 만들어 주신 류성열 사장님께도 감사의 뜻을 전한다. 마지막으로, 사회복지의 이상과 가치를 이 세상에서 펼치기 위해 힘든 길에 들어선 후배 사회복지학도들에게 이 책을 전한다.

2006년 7월

지은이

차 례

제1부

사회복지의 기초

제 1 장

사회복지란 무엇인가?

이 책의 독자들은 대부분 사회복지학과에 새로이 입학한 신입생들일 것이다. 여러분들은 사회복지학과를 선택할 때 사회복지를 무엇이라고 생각했는가? 현재 사회복지학과에서 사회복지학을 배우면서 사회복지를 무엇이라고 생각하는가? 혹은 사회복지학과를 졸업한 후에 사회복지사로 무슨 일을 할 것이라고 생각하는가?

아마 이러한 질문들에 대하여 명확한 답을 갖고 있는 사람들은 많지 않을 것이다. 왜냐하면 사회복지라는 개념은 애매하고 또한 논란이 많기 때문이다. 사회복지라는 개념은 보편적으로 통용되는 정의가 없다. 사회복지에 대한 정의는 국가에 따라 사람에 따라 다르게 내려지는 경향이 크다.

어떤 사람들은 사회복지를 매우 넓게 개념 짓는 경향이 있다. 이것은 다음과 같은 정의에서 나타난다. '사회복지는 사회구성원의 복지와 사회질서의 제대로 된 기능을 위하여 기본적(basic)이라고 여겨지는 사회적 욕구(social needs)를 해결하기 위한 법, 프로그램, 서비스 등으로 이루어진 하나의 체계(system)이다.'(Friedlander and Apte, 1974)

여기서 중요한 것은 사회구성원의 복지에 기본적인 사회적 욕구가 무엇이냐라는 점이다. 이것을 넓게 보면, 사회구성원의 복지에 영향을 줄 수 있는 모든 사회적 활동들이 포함될 수 있다. 예를 들면, 외국의 적의 침략으로부터의 보호를 위한 국방서비스나 국내의 범죄로부터의 보호를 위한 치안서비스도 기본적인 사회적 필요에 포함될 수 있다. 그렇다면 사회복지라는 영역에 국방이나 치안도 포함되어야 하는가? 사실 이런 식으로 넓게 개념화하면 국가나 민간부문의 거의 모든 행위(정책)들이 사회복지의 개념에 들어올 수 있다.

이렇게 순수하게 개념적이고 추상적인 차원에서의 사회복지의 개념은 너무 넓어 어떻게 보면 정의를 내리는 의미가 없게 된다. 따라서 현실적으로 사회복지의 영역을 좀더 좁힐 필요가 있다.

일반적으로 유럽의 복지국가들에서는 사회복지라는 용어를 사용하지 않는다. 대신 이러한 국가들에서는 사회정책이라는 용어를 사용하는 데 이것은 넓은 의미의 사회복지라고 할 수 있다. 그래서 사회정책의 개념에서는 기본적인 사회적 필요에 다음의 영역들을 포함한다. 소득보장, 건강, 교육, 주택, 개별적 사회서비스(personal social service), 조세, 노동, 환경, 문화, 교통 등이다. 실제로 유럽 국가들에서 사회정책들은 이러한 영역들에서의 정책들을 다룬다.

그러나 현실적으로 사회복지를 유럽 국가들에서의 사회정책의 개념처럼 넓게 개념 짓는 사람들은 많지 않다. 오히려 대다수의 사람들은 사회복지에 5대 영역에서의 사회적 필요를 포함하는데, 그것은 소득보장, 건강, 교육, 주택, 개별적 사회서비스이다. 이 경우 사회복지는 영국에서 주로 사용하는 사회적 서비스(social service)의 개념과 유사해진다. 이러한 사회복지의 개념은 우리나라에서 사회복지를 전공하는 사람들이 가장 많이 갖고 있는 것이기도 하다.

반면에 사회복지의 개념을 좀더 좁히는 사람들은 사회복지의 영역을 소득보장과 개별적 사회서비스, 혹은 더 좁혀 개별적 사회서비스의 영역만을 포함시키는 경향이 있다. 이것의 이유는 현실적인데, 실제로 학문 분야를 나눌 때 사회복지를 전공한 사람들이 실제로 주로 어디서 일을 하느냐가 중요한 기준이 되어야 한다는 것이다.

사회복지의 개념을 이렇게 좁게 보는 대표적인 국가가 미국인데,

그 이유는 미국에서는 사회복지를 전공한 사람들이 주로 일하는 분야가 개별적 사회서비스의 영역이기 때문이다. 즉 소득보장, 건강, 교육, 주택 분야에서는 다른 전문가들이 주로 활동하기 때문이다.

결국 사회복지라는 개념은 쓰이는 맥락과 의도에 따라 다양하게 사용되고 있다. 따라서 일반적으로 사용되는 개념을 이해하는 것과 함께 유사한 개념도 비교해서 이해하여야 하며, 개념 안에 포함되어 있는 상이한 측면들도 알아두어야 한다.

제 1 절 사회복지의 개념

1. 사회복지의 어휘적 이해

사회복지(社會福祉, social welfare)를 어휘적으로 살펴볼 때 '사회(社會, social)'와 '복지(福祉, welfare)'라는 두 단어의 합성임을 알 수 있다. 여기서 '사회'라는 용어의 어의는 "문화, 제도 등에서 고유성을 지닌 공통의 이해에 기반한 개인의 집합"으로 풀이된다. 영어 표현에서의 '사회적(social)'은 "인간 상호간에 협력적이고 상호 의존적인 관계를 구성하려는 경향이 있는"이라고 설명될 수 있다(김성천 외, 2009). 이 두 가지 어의에서 공통적인 부분은 한 개인이 아닌 다수 인간들의 관계와 이해를 통해 무엇인가가 구성될 때 '사회(적)'이라고 표현한다는 것이다. 이런 점에서 사회복지는 복지라는 어떤 것을 한 개인이 아닌 다수 인간들의 관계와 공동의 행위를 통해 달성한다는 개념임을 알 수 있다.

'복지(welfare)'라는 용어는 흔히 'well'과 'fare'의 결합으로 설명된다. '좋은'이라는 의미와 '상태'를 뜻하는 두 개의 어원이 결합된 영어 단어 'welfare'는 문자 그대로는 '안녕 또는 행복(well-being)'을 의미한다. 어원으로 볼 때 복지란 인간에게 좋은 또는 바람직한 상태를 가리키는 것이다. 여기에 더해서 역사적으로, 바람직한 상태에 도달하도록 "도움을 필요로 하는 사람에 대해서 돕는 행위나 그러한 도움을 주는 기관이나 프로그램"의 의미가 더해졌다. 이러한 두 단어의 의미를 결합하면 사회복지는 "바람직한 생활을 유지하도록 하는 인간들의 관계 또는 공동의 행위"라고 할 수 있다.

또, 다른 측면에서 '사회(적)'이라는 어휘를 '경제적(economic)'이라는 용어의 상대적 개념으로 파악하기도 한다(김상균, 1987). 즉, 개인이나 사회의 복지를 달성할 때 이윤추구 등의 경제적 방법을 통해 이루는 것이 아니라 상부상조나 이타주의와 같은 사회적 동기와 수단에 의해 추구할 때 '사회적'이라고 하는 것이다.

실질적으로 사회복지라는 개념은 어휘적인 의미에 더해서 근대 이후 사회구성원들이 형성한 특정한 제도나 구체적인 서비스를 가리키는 용어로 이해하는 것이 바람직하다. 사회복지의 발달이 자본주의 시장경제 체제의 확대와 함께 이루어졌고 그 과정에서 나타나는 다양한 사회문제들을 구성원들의 집합적 행동을 통해 해결해 가면서 근대 이전에는 없었던 새로운 노력들을 사회복지라는 개념에 담아 왔다. 따라서 사회복지라는 용어는 인간이 사회생활을 통해 누려야 할 궁극적이고 바람직한 상태를 의미하는 동시에 이에 도달하기 위해 사회제도 또는 정책으로 형성한 구체적인 사회적 수단을 의미하는 것이다.

2. 사회복지 개념의 이론적 이해

1) 사회복지 개념의 넓은 의미와 좁은 의미

어의적 측면에서 사회복지는 인간이 사회생활을 통해 누려야 할 궁극적이고 바람직한 상태를 의미하는 동시에 이에 도달하기 위해 사회제도 또는 정책으로 형성한 구체적인 사회적 수단이라는 의미를 갖는다. 이 개념의 큰 틀 안에서 여러 학자들이 보다 명료하고 구체적으로 사회복지를 정의내리려고 시도해 왔다.

여러 학자들의 정의는 다양한데 사회복지학에서는 사회 구성원들의 보편적인 욕구(need)를 충족시키고 사회문제(social problem)를 해결하기 위한 사회 공동의 행동이라는 개념이 널리 인정되고 있다(Macarov, 1995; 백종만 외, 2001). 프리드랜더와 앱트(Friedlander & Apte)가 "사회복지는 국민의 복지에 기본적인 것으로 인정된 사회적 욕구를 충족시키기 위하여, 그리고 사회질서의 회복을 위하여 제반 급부를 확보하거나 강화시키는 법률, 프로그램, 급여 및 서비스 체계이다"라고 정의내린 경우나 바커(Barker)가 사회사업사전에서 "사회복지를 사회를 유지하는데 기본적인 사회적, 경제적, 교육적, 건강의 욕구를 사람들에게 충족시키고, 지역사회와 전체 사회의 집단적인 복지상태를 유지하기 위한 국가적 프로그램, 급여, 서비스 체계이다"고 정의(Robert L. Barker, 1987)한 경우에서 '사회적 욕구 충족'이라는 공통요소가 드러나고 있다. 널리 인용되는 **프리드랜더의 정의**에서도 인간의 사회적 기본욕구를 충족시키는 것을 사회복지의 목적이라고 보고 있다(Friedlander, 1980; 백종만 외, 2001에서 재인용).

프리드랜더의 사회복지 개념
프리드랜더는 사회복지를 "사회질서 유지와 사람들의 복지에 기본이 되는 사회적 욕구를 충족시키는 각종 급여 제공을 보장하고 강화하는 서비스, 급여, 프로그램 및 법의 체계로서 …… 개인이나 집단이 만족할 수준의 삶과 건강을 누리며, 지역사회와 가족의 욕구와 잘 조화를 이루면서 그들의 행복을 증진시키고, 자신들이 가진 능력을 최대로 증진시킬 수 있도록 개인적 사회적 관계를 증진시키는 것이다."라고 정의하고 있다(백종만 외, 2001).

한편 김영모(1999)는 "사회복지의 개념은 인간의 사회적 욕구에 대한 서비스인 동시에 사회문제를 해결하기 위한 노력이다. 인간의 사회적 욕구는 의식주와 같은 민생문제, 즉 소득 보건 교육 주택과 같은 기본적 욕구가 결핍되어 있는 사람을 도와주는 것을 말한다. 사회문제는 범죄 비행자와 같은 좁은 의미의 반사회적 행위(일탈)도 있지만, 빈곤 실업 가족해체 지역해체와 같은 넓은 의미의 사회구조적 문제(불평등과 사회해체)도 있다"고 정의하며 욕구 충족과 함께 사회문제 해결을 사회복지의 중요한 요소로 파악하고 있다(김영모, 1999).

이러한 정의들에서 사회복지의 이론적인 개념이 인간의 삶의 질을 높이기 위해 욕구를 충족하고 사회문제를 해결하는데 초점을 두고 있음을 알 수 있다. 여기서 사회복지의 대상이 되는 욕구와 문제를 무엇으로 보는가에 따라 사회복지의 개념 범주를 매우 넓게 정의할 수도 있고 아주 좁게 정의할 수도 있다.

넓은 의미로 흔히 인용되는 로마니신(Romanyshyn)의 경우 "사회복지는 개인과 사회 전체의 복지를 증진시키려는 모든 형태의 사회적 노력을 포함하여, 사회문제의 치료와 예방, 인적 자원의 개발, 인간생활의 향상에 직접적 관련을 갖는 일체의 시책과 과정을 포함" 한다고 정의하고 있다(김상균 외, 2007). 이렇게 정의할 경우 인간 삶과 관련지어지는 거의 대부분의 영역이 사회복지의 범주에 포함될 것이다.

반면, 미국의 상황을 전제로 카두신(Kadushin)은 "사회복지는 흔히 국민 전체의 복지를 지원·제고시키는 것이라고 정의되지만, 실제 사회복지의 범위는 보다 협의적"이라고 말하면서 "현 미국의 사회복지는 국민 중 특수 계층의 욕구를 충족시키려는 정책, 급여, 프로그램, 서비스를 의미한다"고 주장하고 있다. 여기서 특수 계층은 주로 저소득층 또는 장애, 질병, 노령 등의 특정한 어려움을 갖은 사람들을 의미한다. 이렇게 정의할 경우 사회복지는 주로 취약한 계층을 지원하는 공공부조 영역을 의미하게 된다. 우리나라의 경우에도 최근까지 사회복지라고 하면 가난하고 궁핍한 사람들을 위한 구제나 자선을 의미하는 것으로 받아들여지는 경우가 많았다.

하지만 한국 사회에서도 좁은 의미로만 사용되는 것이 아니라 경제·사회적 발전과 함께 사회정책·사회제도가 성장하면서 보다 넓은 의미의 보편적 개념으로 쓰이는 경우가 더 많아지고 있다. 이렇게 사회복지의 개념은 사회의 상황에 따라 시대의 변화에 따라 달라지는 개념이라는 사실을 이해해야 한다.

2) 사회복지 개념의 다양성

① 사회복지 개념의 변화

시대의 변화에 따라 사회복지 개념이 달라지는 것에 대해 로마니신은 산업사회 이전으로부터 산업사회 이후로의 이행과정을 비교하여 다음 일곱가지 측면에서 변화를 설명한다(Romanyshyn, 1971; 백종만 외, 2001).

첫째, 잔여적 개념에서 제도적 개념으로 변하였다. 산업사회 이전에 사회복지는 주로 응급적이고 일시적인 구호로 도움을 필요로 하는 일부 사람들을 대상으로 하며, 그들의 결함을 강조하였다. 반면 산업사회로 넘어오면서 변화된 제도적 개념에서는 사회 경제 환경에 사람들이 잘 대처하도록 일선에서 돕는 서비스가 산업사회에는 필요하다고 본다. 따라서 사회복지는 정상적이고 사회제도로서 사회에서 정당한 지위를 가지게 되는 것으로 변화하였다.

둘째, 자선에서 시민의 권리로 변하였다. 자선으로서의 복지가 19세기 중산층의 자선관을 반영하는 것이라면 시민권으로서의 복지 개념은 노동자들이 시민계급으로 성장하는 과정에서 획득한 권리의 하나로 사회복지를 받아들인다. 18세기에 노동자들은 신체, 언론, 재산의 자유 등 자유권을 확보하고 난 후 19세기 초 중반 이후에 정치권을 확보했다. 이를 바탕으로 19세기 말에 사회권으로서 복지에 대한 권리를 확보하게 되었다.

셋째, 특수성에서 보편성으로 변하였다. 사회복지를 빈민들에 대한 특별한 서비스로 보는 것에서 벗어나, 대부분의 사람들이 보편적으로 가지고 있는 욕구를 충족시키는 프로그램으로 보게 되었다. 현대 산업사회에서 실업, 노령, 장애, 부양자의 사망, 높은 의료비 등의 사회적 위험에 많은 사람들이 노출되어 있기 때문에 산업사회에서 사회복지의 대상은 특수한 사람들이 아니라 보편적인 대다수의 사람들이다.

넷째, 최저수준에서 적정수준으로 변하였다. 사회의 생산력이 발전함에 따라 사회복지의 보장 수준의 기준이 생존을 가능하게 하는 최저 수준의 보장으로부터 인간답게 살 수 있는 적정수준으로 변하였다. 이러한 변화에 따라 빈곤에 대한 관점도 절대적인 빈곤 개념에서 상대적인 빈곤 개념을 받아들이게 되었다.

다섯째, 개인 결함의 수정에서 사회 개혁으로 변하였다. 사회복지에 대한 초기의 관점은 개인의 도덕적인 결함에서 욕구발생과 문제 원인을 찾았다. 예를 들어 개인의 나태함이나 불성실함 또는 정신적인 문제 등에 의해 빈곤에 빠지고 문제를 경험하게 된다고 생각했다. 그러나 현대 사회에서는 대부분의 사회복지 문제의 발생 원인을 구조적인 사회제도의 결함에서 찾고 있다.

여섯째, 자발적 자선에서 공공의 책임으로 변하였다. 산업사회 이전의 사회복지는 주로 자발적인 자선활동에 의존하고 있었다. 미국의 경우 19세기에서 20세기 초까지도 자발적인 사회복지 활동에 크게 의존하였다. 그러나 산업화의 진전에 따라 발생한 대규모의 사회문제들은 중산층의 자선만으로 대처하기 어렵게 되고, 국가의 복지기능을 확대하라는 정치적 압력의 증대로 정부의 개입이 증가되었다. 즉, 사회복지에 있어서 공공의 책임을 요구하게 되었다.

일곱째, 빈민에 대한 복지로부터 복지사회로 목표가 변하였다. 과거 사회복지의 주요한 과제는 빈민들을 구제하는 일이었다. 그러나 현대 사회의 복지사회 개념에서는 사회제도를 통해 전체 구성원들의 발전을 꾀하고 있다.

② 사회복지 개념의 유형화

사회복지의 개념 안에 포함되어 있는 상이한 측면을 구분하여 정의한 대표적인 학자는 윌렌스키와 르보(Wilensky & Lebeaux)이다. 이들이 제시한 잔여적 개념과 제도적 개념은 사회내에서 사회복지가 어떻게 기능하는가에 따라 다르게 정의될 수 있음을 보여준다.

잔여적 개념(residual concept)의 사회복지는 가족, 시장, 종교, 정치제도 등이 제 기능을 원활히 수행하지 못할 때 생기는 문제에 대해 사회복지가 보완 또는 해소하는 것으로 본다. 즉, 사회복지는 임시적으로 보충할 뿐이며, 사회복지가 사회를 유지 발전시키는데 필수적이라고 인식하지 않는다(김상균 외, 2007). 따라서, 사회 구성원들 중 문제에 처한 일부의 사람들에게 최저한도의 보호를 제공하는 사회복지활동은 예외적인 안전망 기능을 수행할 뿐이다. 가능하면 가족이나 시장과 같은 기존 사회제도들이 제대로 기능해서 사회복지활동이 필요치 않게 되는 것이 바람직한 사회의 상태로 여겨진다.

반면 제도적 개념(institutional concept)의 사회복지는 현대 사회에서 시장과 가족이 일상적으로 기능하더라도 이들로는 불충분하기 때문에 사회를 유지하기 위해 사회복지는 필수적인 기능을 수행하는 것으로 이해된다. 사회복지의 기능은 다른 사회제도가 수행하는 기능과 구별되며 독립적으로 수행된다. 현대 자본주의 사회에서 가족이나 시장경제는 구조적으로 제 기능을 원활히 수행하지 못한다. 산업화 과정에서 가족과 공동체가 해체되었고, 이전의 아동양육이나 노인부양 등에서 가족이 가졌던 기능이 약화되었다. 따라서 약화된 기능을 사회가 담당하여야 하고, 이를 위해 별도의 제도가 필요하게 되었다. 이렇게 사회적 필요에 의해 가족과 시장이 그 주요 기능을 수행하는 것과 동등한 차원에서 사회복지제도는 고유의 기능을 제일선에서 수행하도록 제도화된 것이다.

사회복지 개념의 차이는 사회복지활동에 구체적인 범위, 내용, 구성, 동기, 가치와 이념, 주체와 대상, 실천철학과 방법 등에 직접적인 영향을 미치게 된다(이용교, 2006). 사회복지의 제도적 개념은 그 대상을 전체 사회 구성원으로 보는 반면 잔여적 개념은 사회적 취약계층으로 한정시킨다. 또한 사회복지의 실천 주체에서도 제도적 개념은 국가의 보다 많은 역할을 강조하는 반면 잔여적 개념은 민간의 자발적인 활동을 장려한다. 역사적으로 볼 때 사회복지의 개념은 초기 잔여적 개념에서 점차 제도적 개념으로 변해 왔다.

제2절 사회복지 관련 개념

사회복지의 개념이 학자들마다, 시대와 사회에 따라 다르기 때문에 우리가 생각하는 사회복지와 유사한 다른 개념들도 혼용되고 있다. 특히 국가별로 그 사회의 역사와 상황에 따라 사회복지가 아닌 다른 용어를 한국에서 사회복지로 지칭되는 제도들과 프로그램에 사용하기도 한다. 그렇기 때문에 서구 국가들을 통해 사회복지 제도와 이론을 형성한 우리나라의 경우 여러 용어들 간에 혼란이 생기기도 한다.

1. 사회복지와 사회사업

사회사업(social work)은 20세기 중후반까지 한국 사회에서 사회복지보다 더 자주 통용되는 개념이었다. 대학에서의 전문교육도 사회사업학이라는 명칭으로 시작되었다.

앞에서 사회복지의 정의를 살펴본 프리들랜더와 앱트는 사회사업을 다음과 같이 정의 내린다. '사회사업이란 개인, 집단, 지역사회가 사회적 혹은 개인적 만족이나 독립심을 얻도록 도와주는 인간관계에 대한 과학적 지식이나 기술에 바탕을 둔 전문적 서비스'이다(Friedlander and Apte, 1974).

이 정의에 따르면 사회복지와 사회사업의 개념은 명확히 구분된다. 그래서 사회복지는 사회구성원들의 복지를 위한 기본적인 사회적 필요를 해결하기 위한 포괄적인 하나의 체계(system)인 반면, 사회사업은 사회복지체계 내의 특정의 기능을 수행하는 하나의 전문적 서비스인 것이다.

〈표 1-1〉 사회복지와 사회사업의 비교

분류＼구분	사회복지	사회사업
어의	이상 강조	실천 강조
목적	바람직한 사회	바람직한 인간
대상	일반적	개별적
기능	제도, 정책(macro)	지식과 기술(micro)
실천	고정적	역동적

자료: 장인협 외(1999)

이렇게 개념적인 정의에 따르면, 사회복지와 사회사업은 확실히 구분이 되나, 우리나라에서는 현실적으로 우리의 특수한 사정으로 두 용어의 구분이 불명확하다. 대표적으로는 대학의 학과 명칭에서 두 개념을 혼용하고 있는 것을 들 수 있다.

우리나라에서 사회복지라는 용어가 본격적으로 사용되기 시작한 것은 1970년대 무렵이다. 그리고 1970년대 말 서울대학교에서 기존의 학과 명칭인 사회사업학과를 사회복지학과로 바꾸었고, 이후에 많은 대학들이 뒤따라 오늘날 몇 개의 대학을 빼고는 대부분의 학과 명칭은 사회복지학과로 되었다.

그런데 문제는 학과명칭만 바꾸었지, 기존의 사회사업학과들이 모델로 한, 미국의 사회사업대학원(School of Social Work)의 교과과정의 기본 틀은 그대로 유지하고 있다는 점이다(몇 개의 대학을 제외하고). 그러다보니 기존의 사회사업학과와 사회복지학과의 실질적 차이가 거의 없다. 실제로 얼마 전까지만 해도 사회복지교육을 협의하는 기구의 명칭이 사회복지(사회사업) 교육협의회인 것처럼 사회복지와 사회사업을 동일시하는 경향이 크다.

이러한 상황에서 많은 사람들은 사회복지와 사회사업(social work)을 동일시하는 경향이 있다. 대표적인 예가 미국에서의 소셜워커(social worker)를 우리나라에서는 사회복지사로 부른다. 우리의 사회복지사의 기능은 미국의 소셜워커의 그것과 실질적으로 동일하다.

왜 소셜워커를 사회사업가 대신에 사회복지사로 지칭하였을까? 이것은 학과 명칭을 사회사업에서 사회복지로 바꾼 결정적인 이유와 마찬가지인데, 우리나라에서는 사회사업이라는 용어가 자선사업이라는 용어와 동일시되는 경향이 있어 소수의 빈곤자들을 대상으로 한다는 인상을 주고 전문가보다는 봉사자로서의 이미지가 강했기 때문인 것으로 추측한다. 또한 1980년대 이후 사회보험이 확대되고 사회복지정책이나 행정부분의 중요성이 높아지면서 이들 영역을 포괄하는 개념으로서 사회복지라는 표현이 더 선호되었다.

2. 사회복지와 사회보장

사회보장은 한국에서 사회복지정책이라는 개념과 유사한 개념으로 쓰인다. 국제적으로 널리 사용되는 ILO의 정의는 사회보장(social security)을 '사람들이 살면서 직면하는 여러 가지 위험들－질병, 노령, 실업, 장애, 사망, 출산, 빈곤 등－로 인하여 소득이 일시적으로 중단되거나, 장기적으로 소멸되거나, 지출이 크게 증가하여 사람들이 이전의 생활을 못할 때, 이전의 생활을 할 수 있도록 하는 모든 국가 프로그램들'로 규정하고 있다.

이 정의에서 보듯이 사회보장에서 중요한 것은 소득보장이다. 따라서 앞에서 논의한 사회복지의 개념보다 좁아, 사회복지의 여러 영역 가운데 하나만을 포함하는 것이다.

그런데 우리나라에서는 사회보장의 개념을 넓게 보는 경향이 있다. 이것은 우리나라의 사회보장 기본법에서의 정의에서 비롯된다고 볼 수 있다. 우리의 사회보장 기본법에서는 "사회보장은 질병, 장애, 노령, 실업, 사망 등의 사회적 위험으로부터 모든 국민을 보호하고, 빈곤을 해소하며, 국민생활의 질을 향상시키기 위하여 제공되는 사회보험, 공공부조, 사회복지서비스 및 관련 복지제도를 말한다"라 넓게 정의하였다. 즉 국제노동기구에서의 정의가 소득보장에 초점을 맞춘 것에 비하여 넓은 것이다.

이러한 상황에서 사회복지를 개별적 사회서비스의 영역만으로 좁게 보는 사람들은 사회보장을 사회복지보다 넓은 개념으로 보는 경향이 있다. 대표적인 예가, 사회복지학을 전공하지 않은 사회보장학회 회원들이나 일부 경제학자들에게서 그러한 경향을 찾아볼 수 있다.

사회복지학을 전공한 사람들은 대부분 사회복지를 적어도 5대 영역(소득보장, 건강, 교육, 주택, 개별적 사회서비스)을 포함하는 넓은 개념으로 생각하기 때문에, 적어도 사회복지학계에서는 사회복지가 사회보장보다는 넓은 개념으로 통용되는 경향이 있다.

3. 사회복지와 사회(복지)서비스

최근 돌봄 영역을 비롯하여 사회서비스 영역에 국가적 관심이 늘어나면서 사회복지서비스(social welfare service) 또는 사회서비스(social service)라는 용어가 많이 사용되고 있다. 사회복지의 5개 주요 영역 가운데 하나인 개별적 사회서비스(personal social service)를 가리키는 이 용어는 노인, 아동, 장애인 등의 사회적 취약계층에 대한 다양한 서비스 활동을 말한다. 그리고 사회복지학과를 졸업하고 현장에서 일하는 대부분의 사회복지사들이 행하는 업무이기도 하며 오래전부터 사회복지사업이라 일컫는 영역에서의 활동이다. 사회복지의 개념을 가장 좁게 보는 사람들은(특히 미국에서 교육을 받은 사람들 가운데 이러한 성향을 가진 사람들이 많다), 실질적으로 사회복지활동은 사회복지서비스 활동과 같은 것으로 보는 경향도 있다.

사실 일반적으로 사회서비스와 사회복지서비스는 서로 의미의 차이를 갖는다. 보다 넓은 의미를 갖는 사회서비스는 대면 관계에 기반하여 개인에게 주어진다는 의미의 개별적 사회서비스(personal social service)와 나머지 소득보장 프로그램이나 주택사업과 같은 제도적 사회서비스를 포함하는 개념이다. 카시디(Cassidi)의 정의처럼 사회서비스는 인적 자원의 보존, 보호, 개발을 직접적인 목적으로 하는 조직적인 활동을 말하며, 여기에는 공공부조, 사회보험, 아동복지, 교정, 정신위생, 공중보건, 교육, 오락, 노동보호, 주택이 포함된다(장인협 외, 2007). 반면 사회복지서비스는 사회보장기본법의 정의에서처럼 국가, 지방자치단체 및 민간 부문의 도움을 필요로 하는 사람에게 상담·재활·직업소개·지도 및 사회복지시설 이용 등을 제공하여 정상적인 사회생활이 가능하도록 지원하는 제도를 의미한다(사회보장기본법 제3조).

하지만 한국의 정책적 맥락에서 두 용어가 혼용되면서 의미의 차이가 두드러지지 않고 있다. 최근 몇 년간 만성적 실업 상황을 타개하기 위하여 '사회서비스 일자리 사업'을 추진하면서, 일자리의 핵심 영역이 돌봄서비스 영역으로 설정되고, 이 영역을 사회서비스라는 이름으로 표현하면서 사회복지서비스와 중첩되기 시작했다. 이후 각종 바우처 사업이 실시되면서 정부가 이전에 시설보호 등에 사용하던 사회복지서비스와 구별하기 위해 사회서비스 바우처사업이라고 명명하면서 사회서비스라는 용어가 사회복지서비스 영역의 일부인 사업에 붙여지게 되었다. 현재 우리나라에서 사용되고 있는 '사회서비스'라는 용어는 엄밀한 학문적 용어라기보다는 현재 우리나라 사회복지서비스의 특수한 지형을 반영하는 용어라고 이해해야 할 것이다(김용득, 2009).

정부의 정책설명에서는 학문적 정의를 어느 정도 반영하고는 있지만 조금씩 다르게 정의된다. 보건복지부(2009)에 따르면 사회서비스는 일반적인 의미에서 개인 또는 사회 전체의 복지증진 및 삶의 질 향상을 위해 사회적으로 제공되는 서비스이며 공공행정(일반 행정, 환경, 안전), 사회복지(보육, 아동, 장애인, 노인보호), 보건의료(간병, 간호), 교육(방과 후 활동, 특수교육), 문화(도서관, 박물관, 미술관 등 문화시설 운영)를 포괄하는 개념으로 보며, 집합적 대응이 필요하다고 사회적으로 인정되거나 개인과 국가가 공동으로 책임지는 국가 혹은 지역서비스라고 정의하고 있다. 사회서비스관리센터(2009)는 사회서비스를 사람들의 활동을 지원하는 서비스라 정의내리며, 광의의 개념으로는 공공행정부터 사회복지서비스, 의료서비스, 문화서비스, 교육서비스 등을 포함하는 것으로 정의하며, 협의의 개념은 사회적 보호, 장애, 질병 등 사회적 약자를 지원하는 사회복지서비스를 의미하는 것으로 구별하고 있다.

지금까지는 사회복지의 개념을 논의하면서 주로 사회복지의 영역(분야)을 중심으로 넓은 의미와 좁은 의미의 사회복지의 개념들과, 관련된 유사개념들과의 차이를 논의하였다. 지금부터는 본격적으로 사회복지의 개념화에서의 쟁점들을 논의하면서 사회복지의 개념에 대하여 좀더 자세한 논의를 하고자 한다.

제 3 절 사회복지 개념의 기준과 특징

앞에서 논의했듯이, 사회복지는 크게 볼 때 사회구성원들의 복지를 위하여 기본적인 사회적 필요를 해결하는 것으로 볼 수 있다. 그런데 앞에서도 언급했듯이 기본적인 사회적 욕구(need)가 무엇이고 어떻게 해결하느냐에 따라 사회복지의 개념은 달라질 수 있다. 따라서 사회복지의 개념을 좀 더 명확히 하기 위해서는 기본적인 사회적 욕구 이외의 다른 기준 등에 대한 논의가 필요하다. 무엇이 사회복지 활동인가에 대해서는 적어도 다음의 7가지의 기준에 대한 논의가 필요하다(송근원 · 김태성, 1995).

1. 욕구 충족의 개별성(배타성)

사회복지의 발전 역사를 통해 볼 때, 사회복지는 전통적으로 사람들의 개별적인 욕구(needs)에 따라 개별적으로 해결하는 것을 강조하였다. 대표적인 예가, 이른바 선별주의(selectivism)의 원칙으로 사람들의 기본적 필요의 차이에 따라 사회복지 급여를 달리하였다. 예를 들면, 공공부조 정책에서 소득과 자산조사에 의하여 개별적 욕구를 판단하여 급여 여부나 급여액을 결정하는 것이다.

반면에 외국의 적으로부터의 안전(national security)이나 국민들의 쾌적한 환경이라는 기본적 필요를 해결하기 위한 국방서비스나 환경서비스 등은 이러한 필요를 개별적으로 해결하지 않고 집합적(비배타적)으로 해결한다.

즉 사회복지 급여에는 특정한 수급자들이 존재하고, 이러한 수급자들 사이에도 사회복지 재화나 서비스에서 차이가 있어 배타적인 것이다. 반면에 국방서비스나 환경서비스는 특정한 수급자가 없고 또한 수급자가 받는 서비스의 양이나 질에서 차이가 없다. 따라서 이러한 비배타성 때문에 국방이나 환경 서비스는 사회복지 개념에 포함되기가 어려운 것이다.

그러나 사회복지가 발전하여 이른바 보편주의(universalism) 원칙이 강조되어 사회구성원이면 누구나 사회복지 급여를 받게 되면, 사회복지가 개별적 필요에 따라 급여를 한다는 성격이 약화된다. 그러나 이 경우에도 개별적인 수급자가 존재하기 때문에 상기의 국방이나 환경서비스와는 다르다. 예를 들면, 대표적인 보편적인 프로그램인 영국의 NHS(National Health Service)에서는 영국 국민이면 누구나 무료 서비스를 받을 수 있다. 그러나 질병이 발생한 사람이란 개별적 수급자는 존재한다(국방, 환경 서비스에는 이러한 개별적 수급자라는 개념이 존재하지 않는다).

NHS(National Health Service)
영국의 보편적인 무상의료 서비스. 1946년 국가의료서비스법에 의해 제공되기 시작하였으며, 재원은 일반조세로 충당된다. 영국 국민과 일정기간 거주한 외국인들은 별도의 가입이나 보험료 납부 없이 공공의료서비스를 이용할 수 있도록 하고 있다.

2. 욕구의 직접적 해결

사회복지는 가난한 사람들에게는 직접적으로 현금을 제공하거나,

질병이 발생한 사람들에게는 의료서비스를 제공하는 등 기본적인 욕구를 직접적으로 해결한다. 사회복지가 직접적으로 기본적 욕구를 해결한다는 기준은 사회복지의 개념에 경제정책이 포함 안 되는 중요한 근거가 된다.

대부분의 경제정책은 사회복지가 추구하는 목표와 밀접한 관계가 있다. 사회복지가 추구하는 목표 가운데 중요한 것이 사회구성원들의 물질적 안녕(well-being)-복지-을 높이는 것이다. 그런데 이러한 목표는 경제정책의 중요한 목표이기도 하다. 그래서 스웨덴과 같은 복지 선진국에서는 일찍이 경제정책과 사회복지정책을 통합한 모델을 추진한 것이다(예, 스웨덴 모델).

예를 들면, 빈곤을 줄이는 목표는 경제정책에 의해서도 이루어진다. 이른바 경제성장의 '적하효과(trickle-down effect)'에 의하여서도 저소득 계층의 소득이 향상되어 빈곤이 줄어든다. 실제로 우리나라에서의 지난 30여년 간의 지속적인 높은 경제성장률만으로도(사회복지는 미흡했는데도) 빈곤-적어도 절대적 빈곤-이 어느 정도 줄었다.

적하효과(trickle-down effect)
경제가 성장하면 그 성과가 저소득층에도 혜택을 주어 총체적으로 경기가 활성화된다는 경제이론. 이를 주장하는 사람들은 정부가 재정 지출을 확대해서 대기업과 부유층의 부를 먼저 늘려주더라도 중소기업과 소비자에게까지 혜택이 돌아감은 물론 결국 경기까지 자극해 경제발전과 국민복지도 향상된다고 본다.

그러나 경제정책이 사회복지정책과 근본적으로 다른 점은 경제정책은 사람들의 기본적 필요를 간접적으로 해결한다는 점이다. 즉 사회복지가 특정한 가난한 사람들에게 현금을 급여하여 그들의 소득을 직접적으로 높이는 것과 달리, 경제정책은 경제성장을 통하여 실업률을 낮춘다든지 혹은 임금을 높이든지 해서 저소득 계층의 소득이 높아질 가능성을 높일 뿐이지, 직접적으로 사람들의 소득을 높이는 것은 아닌 것이다.

그러나 모든 경제정책이 반드시 이렇게 간접적인 영향을 주는 것만은 아니다. 경제정책들 가운데 노동시장정책이나 조세정책들은 다른 경제정책들, 예를 들면 산업정책에 비하여 사회복지처럼 직접적인 기본적 필요의 해결이라는 성격이 상대적으로 강하다고 할 수 있다.

특히 조세정책 가운데 저소득층에 대한 조세감면 정책이나, 조세

EITC(Earned Income Tax Credit)
TANF, Food STamp, Medicaid와 함께 미국 4대 공공부조 프로그램의 하나. 일정한 근로소득 이하의 사람들을 대상으로 일정한 공식에 따라 어느 정도까지는 일을 많이 할수록 급여도 올라가도록 설계된 조세 환급제도. 1975년 미국에서 저소득층이 사회보장세 부담 경감과 소득 증가 목적으로 시작되었으나 최근에는 근로의욕 고취가 더 강조된다. 우리나라에서도 근로장려세제라는 프로그램으로 도입됨.

제도를 통한 현금급여 정책들은(예, 미국의 Earned Income Tax Credit) 저소득층의 소득향상을 직접적으로 이룬다고 볼 수 있다. 또한 노동시장정책도 저소득층을 대상으로 직접적으로 일자리를 제공한다든지 혹인 취업에 필요한 훈련을 시키거나 훈련 수당을 지급하는 등 직접적인 해결을 하여 사회복지의 성격을 많이 갖고 있다. 이러한 이유로, 앞에서 언급했듯이 넓은 의미의 사회복지에는 경제정책이라 할 수 있는 조세정책과 노동시장정책이 포함되는 경향이 있는 것이다.

3. 욕구의 비시장적 해결

자본주의 사회에서 사람들의 소득은 일차적으로 시장(market)에서 결정되고—흔히 시장소득(market income)이라 한다—이차적으로는 시장기제 밖에서, 즉 국가의 소득보장정책이나 조세정책 등에 의해서 결정된다. 그래서 전자는 일차적 분배(primary distribution)라 하고, 후자는 이차적 분배 혹은 재분배(secondary distribution or redistribution)이라 한다.

전통적으로 사회복지는 시장기제 밖에서 결정되는 분배, 즉 이차적 분배에만 관여하는 것으로 간주되어 왔다. 오늘날에도 실제로 대부분의 사람들은 그렇게 생각하고 있다. 그리고 대부분의 사회복지 프로그램들이나 활동들도 비시장적인 성격을 갖고 있다.

그러나 모든 사회복지가 비시장적인 것은 아니다. 사회복지의 영역에 속하는 어떤 프로그램들은 수급자들로 하여금 시장에서의 소득은 높이고자 하는 것들이 있다. 예를 들면, 저소득 계층의 아동들에 대한 각종의 서비스(교육, 의료, 보육 서비스 등)를 제공하는 프로그램들은 이들의 인적 자본을 향상시켜 시장에서의 경쟁에서 불리하지 않도록 하게 하여 시장소득 그 자체를 높이는 것을 목표로 한다.

또한 넓은 의미의 사회복지에 포함되는 각종의 노동시장정책들도 그것의 목표가 수급자들에게 일자리를 주거나 훈련을 시켜 생산성을 높여 시장에서의 소득을 높이는 것이다.

사회복지 프로그램들 가운데서도, 사회보험(예를 들면, 소득비례연금)은 어느 정도 시장적이라 할 수 있다. 왜냐하면, 이 경우 기여와 급여를 결정하는데 있어 수급자들 사이에 존재하는 시장에서의 소득의 차이–즉 소득이 높은 사람은 기여를 많이 하고 급여도 많이 받는다–를 고려하기 때문이다.

4. 욕구 해결의 공식성

전통적으로 많은 사람들은 사회복지를 사람들의 기본적인 필요를 공식적으로 조직된 기구나 제도를 통해서 해결하는 것만으로 간주하는 경향이 있다(Wilensky and Lebeaux, 1965). 즉 국가의 각종의 사회복지제도와 민간부문의 다양한 공식적인 사회복지조직들에 의하여 행하여진 활동들을 말한다. 따라서 이러한 정의에 따르면, 기본적인 욕구를 가족, 친척, 이웃 등에 의한 비공식적(informal)인 방법으로 해결하는 것은 사회복지의 개념에 포함이 안 되는 것이다.

그러나 현실적으로 사람들의 기본적 욕구는 상당 부분 비공식적으로 해결되고 있으며, 특히 공식적인 사회복지가 발전이 안 된 국가들에서는 이러한 비공식적인 사회복지가 더 중요한 역할을 하고 있다. 예를 들면, 우리나라에서는 아직도 가족간 이전(inter-family transfer)의 비공식적인 사회복지가 공식적인 사회복지보다 더 중요한 역할을 하고 있다. 예를 들면, 우리나라에서는 노인들의 기본적 필요를 정부의 제도보다는 가족들에 의해서 해결되는 비중이 더 높다.

최근에는 서구의 복지국가들에서도 공식적인 사회복지의 재정적인 한계에 부딪혀 가족, 이웃, 지역사회 등의 비공식적인 사회복지를 강조하는 경향이 커지고 있다.

특히 이러한 비공식적인 사회복지는 많은 경우 정부의 조세감면 정책을 통하여 혜택을 받기 때문에 단지 비공식적이라는 이유 때문에 사회복지에 포함을 안 시키는 것은 논란이 있을 수 있다. 예를 들어, 자녀들이 노인을 부양하면 국가에서 자녀들이 낼 세금의 일부를 감면시켜 주기 때문에, 이것은 실질적으로 국가에 의한 노인복지정책의 일종으로 볼 수 있는 것이다. 즉 국가가 세금감면을 안하고 세금으로 거두어 노인복지정책에 사용하는 것과 마찬가지의 기능을 하는 것이다. 이러한 조세감면정책을 흔히 조세지출(tax expenditure)이라 부르는 이유가 바로 이러한 성격 때문이다.

과거에는 국가간 사회복지지출을 비교할 때 공식적인 사회복지지출만을 사용했는데, 최근에는 국가들의 조세지출의 규모도 비교하기 시작하였는데 이것은 비공식적인 사회복지의 중요성을 강조하는 것으로 해석할 수 있다.

5. 욕구의 비영리적 해결

전통적인 사회복지의 정의에서는 또한 비영리성을 강조한다. 실제로 대부분의 사회복지는 정부를 비롯한 비영리 공공부문과 민간부문의 비영리 사회복지 조직들에 의하여 이루어지고 있다.

복지다원주의
복지제공의 주체가 정부 이외의 영역으로 확장·다원화되는 추세. 정부의 재정부담 완화와 다양한 복지욕구 충족을 목적으로 상업부문, 비공식부문, 자원부문 등을 복지제공의 주체로 끌어들이는 현상.

그러나 최근의 **복지다원주의**(welfare pluralism)의 추세 하에 점차로 영리추구를 주된 목적으로 하는 민간부문의 조직들에 의해서도 사회복지 활동이 늘어나고 있다.

대표적인 예가 기업복지(occupational welfare)이다. 오늘날 많은 국가들에서 기업들은 피고용자들의 은퇴 후의 소득보장을 위한 기업연금, 질병에 걸렸을 때의 질병수당이나 의료보험, 피고용자들의 자녀들을 위한 탁아, 교육비 지원 등의 다양한 사회복지 활동을 하고 있다(사실 이러한 기업에 의한 사회복지는 상당 부분 정부에 의해 세제상의 혜택을 보기 때문에 엄밀히 말한다면 이러한 기업복지도 부분적으로는 국가의 사회복지 영역에 포함될 수 있다).

또한 전통적으로 민간부문에서는 비영리 사회복지조직들이 주된 사회복지 활동을 했는데, 최근에는 점차로 영리를 추구하는 사회복지 조직들이 많이 생겼고, 많은 수의 사회복지사들이 이러한 조직에서 일한다(대표적인 예가, 민간 병원에서 일하는 의료사회복지사). 또한 사회복지사들도 의사나 변호사들처럼 영리를 목적으로 개인사무소를 개업하는 추세이다. 이렇게 영리적인 조직에서의 사회복지 활동이 늘어나다보니, 사회복지의 개념에서 영리적이냐 비영리적이냐의 기준은 점차 그 의미가 축소되고 있다.

6. 일방적 이전(unilateral transfer)

일방적 이전이란 재화나 서비스의 제공자가 그것들의 수급자로부터 특정한 물질적 혹인 비물질적인 대가를 받지 않고 주는 것을 말한다. 반면에 자본주의 사회의 시장에서의 교환은 쌍방적(bilateral)이며 특정한 이득을 받으면 반드시 그것에 대한 대가를 지불해야 하는 이전관계이다.

전통적으로 사회복지는 일방적 이전의 성격을 가진 것으로 간주되는 경향이 있다. 그래서 사회복지의 수급자들은 수혜자라 해서 혜택을 받는 사람이라는 것이다. 피상적으로 보면 대부분의 사회복지의 수급자들은 일방적으로 급여를 받는 것으로 볼 수 있다.

그러나 좀 더 깊이 들여다보면 사회복지라 해서 모두 일방적 이전의 성격을 갖는다고 볼 수 없고, 사회복지의 형태에 따라 그것의 성격도 다르다고 할 수 있다.

예를 들면, 저소득 가정의 아동들에 대한 사회복지 프로그램들처럼 인적 자본에 대한 투자의 성격을 갖고 있는 사회복지는 일방적 이전의 성격이 약하다고 볼 수 있다. 왜냐하면, 이러한 프로그램들의 수급자들의 인적 자본이 향상되어 나중에 성장하여 일을 통해 소득이 발생하고 국가에 세금을 낼 경우, 비록 오랜 시간이 지났지만 사회복지 수급에 대한 대가를 지불하는 것으로 볼 수 있기 때문이다.

한편 생산활동이 전혀 없는 노인들을 대상으로 공공부조를 통해서 소득보장을 해주는 것은, 상기의 예에 비하여 일방적 이전에 더 가깝다고 할 수 있다. 그러나 이 경우에도 해석에 따라서는 노인들이 과거에 사회에 기여한 대가로서 급여를 제공하는 것으로 본다면 반드시 일방적 이전이라고만 볼 수 없다.

이상의 두 가지 예에서 보듯이 일방적 이전이냐 아니냐는 시간의 개념이 중요하다. 그래서 장기적인 관점에서 보면 많은 사회복지의 일방적 이전의 성격이 약해진다. 그러나 일반적으로 대부분의 국가정책들은 1년 단위의 회계 연도를 갖고 있기 때문에 1년 기간 내에 사회복지급여를 받고 아무런 대가를 지불하지 않으면 일방적 이전이라 할 수 있다. 이렇게 본다면 상기의 두 경우는 일방적 이전이 되는 것이다.

이상은 물질적 측면만을 고려했는데, 만일 비물질적인 측면까지 고려한다면 순수한 일방적 이전은 더욱 줄어들 수 있다. 예를 들어, 사회복지제공자(국가든 민간부문이든)가 수급자들에게 급여를 하는 대가로 그들로부터 충성, 고마움 등과 같은 비물질적인 보상을 받을 수도 있는 것이다. 대표적인 역사적 사례로, **비스마르크의 사회입법**(사회보험의 도입)은 사회복지를 제공한 대가로 노동자들로부터 '충성'을 받은 것이다. 아주 넓게 본다면, 사회복지는 수급자들로부터 사회적 안정을 사는 대가로 제공하는 것으로 볼 수 있다.

비스마르크 사회입법
19세기 말 독일의 비스마르크에 의해 제정된 일련의 사회보험들, 즉 질병보험법(1883년), 산업재해보험법(1884년), 노령보험법(1889년) 등을 의미함. 당시 기존질서에 위협으로 떠오르고 있던 노동계급 및 사회주의자들에 대한 탄압과 사회입법을 통한 회유라는 이중 전략을 구사했던 것으로 평가되고 있다.

7. 소비적인 욕구 해결

전통적으로 소득보장의 목표인 사회복지 프로그램들은 대부분 수급자들의 소비적 필요를 해결하는 것이다. 예를 들어, 가장 규모가 큰 소득보장 프로그램인 국민연금은 은퇴한 노인들의 소비에의 필요를 해결하는 것이다. 일반적으로 서구 복지국가들에서 소득보장이 가장 큰 사회복지의 영역이기 때문에(대부분의 서구복지국가들에서 총 사회복지 지출의 약 3/4을 차지한다) 사회복지는 주로 소비적인 필요를 해결한다고 볼 수 있다.

그러나 사회복지 가운데 어떤 것들은 생산에의 필요를 해결한다. 대표적인 예가 인적자본 투자 성격의 프로그램들인 저소득 아동 혹은 근로자들에 대한 교육, 훈련, 의료서비스를 제공하는 것들인데 이러한 것들은 수급자들의 소비보다는 생산활동에서의 능력을 높이는데 그 근본목표가 있는 것이다.

반면에 어떤 사회복지 프로그램들은 소비적인지 생산적인지의 구분이 애매하다. 예를 들면, 노동시장정책의 하나인 임금보조프로그램의 경우는 한편으로는 저임금 수급자들의 임금을 직접적으로 높일 수 있기 때문에 소비에의 필요를 해결한다고 볼 수 있지만, 다른 한편으로는 임금 보조를 통하여 사용자는 통상임금(시장에서 결정된 임금)보다 싼 가격에 근로자를 고용할 수 있기 때문에 생산활동을 촉진할 수 있다. 즉 이 경우는 소비에의 필요를 해결하는 것인지 아니면 생산에의 필요를 해결하는지 애매하다.

이렇게 볼 때 사회복지는 반드시 소비에의 필요만을 해결하는 것으로 볼 수 없다. 사회복지는 소비와 생산에의 필요 모두를 해결하는 것으로 볼 수 있다.

지금까지 사회복지의 개념화를 둘러싼 쟁점들을 7가지의 기준에 따라 논의하였다. 그렇다면, 무엇이 사회복지에 포함되는가? 이것은 결국 관점에 따라 다를 수밖에 없다.

그래서 사회복지를 좁게 정의하고자 하는 사람들은, 사람들의 기본적 필요를 해결하는 방법들을 좁게 보아 개별적, 직접적, 비시장적, 공식적, 비영리적, 일방적, 그리고 소비적인 필요만을 해결하는 것들만을 포함시킨 것이다.

반면에 사회복지를 넓게 정의하고자 하는 사람들은, 좁은 개념을 넘어서 집합적, 간접적, 시장적, 비공식적, 영리적, 쌍방적, 생산적인 방법들 모두를 사회복지의 개념에 포함시킬 것이다.

제 2 장

사회복지의 기반

1장에서 사회복지는 사회구성원의 욕구충족과 관련된 개념임을 살펴보았다. 그런데 인간의 욕구와 욕구에 대한 사회인식이 변화하고 그에 따라 한 사회의 주된 욕구충족의 방법 또한 변화해왔다. 예를 들어 핸델(Handel)은 인류 사회가 인간의 사회적 기본 욕구를 충족시키기 위하여 상부상조, 자선과 박애, 공공복지, 사회보험, 대인사회서비스, 보편주의 급여라는 6가지 서로 다른 종류의 사회적 대응 양식을 발전시켜왔다고 분석한다(Handel, 1982; 백종만 외 2001). 욕구 충족의 다른 방식들을 택하게 되는 이유 중 하나는 그 사회 구성원들이 갖고 있는 사회복지의 동기 역시 다양하게 변화해 왔기 때문이다. 또 이타적 행위에 대한 사회적 평가 역시 변화하고, 욕구의 원인과 대응방법의 타당성에 대한 인식 역시 변화해 왔다. 변화 과정에서 다양한 동기들은 복합적으로 작용하기 때문에 현대 사회에는 여러 가지 동기들이 동시에 발견되고 있다.

2장에서는 사회복지의 배경에 깔려 있는 동기와 이데올로기를 살펴보자

제1절 사회복지의 동기

마카로프(Macarov)는 사회복지의 다양한 동기를 상호부조, 종교적 교리, 정치적 배려, 경제적 이득, 이데올로기적 명분으로 구분한 후 오늘날의 사회복지제도는 이런 여러 동기들이 복합적으로 작용한 결과라고 설명한다(Macarov, 1978, 1995; 김상균 외, 2007). 현외성 등(1999)은 종교적, 인도주의적, 반사회적, 공리주의적, 전문직업적 동기로 구분하였다(현외성 외, 1999). 이렇게 다양한 동기들 중에 우리 사회에서 여전히 중요하게 영향을 미치고 있는 대표적인 4가지 동기로 종교적 동기, 상부상조, 정치·경제적 동기, 전문직업적 동기를 살펴보자.

1. 종교적 동기: 자선과 박애

자선과 박애의 어원
자선은 라틴어 caritas(혹은 carus; 형제애)에서 나온 단어이고, 박애는 그리스어 philo(사랑)와 anthropos(인류)의 합성어로서 보통 자선은 궁핍하거나 의존적인 자에 대한 개인적인 소규모 도움행위를 의미하는 데 비해, 박애는 어떤 대의(大義; causes)에 공감하여 비교적 대규모로 이루어지는 기부(giving) 행위를 의미한다(백종만 외, 2001).

근대 이전 사회의 사회복지에서 **자선과 박애**(charity and philanthropy)는 가장 중요한 동기였다. 타인에 대한 자선 또는 박애에 기반한 행위는 대부분 종교의 교리에 기반을 두었거나 종교적 의무로서 권장되었기 때문에 종교적 동기라고 파악한다. 오늘날의 민간 사회복지의 상당 부분이 여전히 종교적 동기와 연결되고 있다는 점에서 현대사회에서도 종교적 동기는 중요한 의미를 갖는다.

자선과 박애는 기독교, 불교, 이슬람교, 유교 등 동서양 주요 종교의 교리에서 찾아볼 수 있다. 세계 어느 종교든 그 교리에서 이타적 선행, 즉 자선을 강조하지 않는 것을 찾아보기는 힘들다. 유교의 인(仁), 불교의 자비, 기독교의 사랑 등은 종교가 자선, 인도주의(humanitarianism), 그리고 이타주의(altruism)적 교리를 포함하고 있음을 보여주는 증거이다(김상균 외, 2007; 백종만 외, 2001).

대표적 종교인 기독교와 이슬람교의 공통경전인 구약성서에는 빈민과 과부와 같은 생활무능력자들에 대한 구제를 강조한다. 구약시대의 유대인들은 곡식을 수확할 때 가난한 자와 이방인들을 위하여 항상 밭의 한 구석에 있는 곡식을 수확하지 않고 남겨 두어야 했다. 굶주린 자를 먹이고, 헐벗은 자를 입히고, 이방인을 받아들이는 것 등의 의무들이 성서에 열거되어 있다. 이런 종교적 전통에 입각해서 서구 중세의 기독교는 신 앞에서 모든 인간은 평등하고, 아버지인 신 아래 모두 형제라는 보편주의적인 구빈사상을 실천하였다. 근대로 넘어와서도 사회복지실천의 뿌리가 되는 **자선조직화운동**(Charity Organization Society)이나 **인보관**(Settlement House) 설립 등의 배경에 기독교적인 동기가 바탕이 되었다.

동양의 경전인 논어나 맹자 등에서도 타인에 대한 이타적 행동을 강조된다. 공자(孔子)가 강조하는 인(仁)은 인(人)과 이(二)가 합해서 형성된 글자로 사람과 사람사이의 인간관계를 뜻하는 것이다. 공자는 '인자인야(仁者人也)'라는 말을 통해 인간의 본성을 인(仁)으로 파악하고 있다. 즉, 인간의 본성이 자기 자신만을 향해 있지 않음을 강조하는 것이다. 맹자(孟子)는 유교의 인 관념에 따라 사회가 공동으로 보살펴야 할 사람들을 구체적으로 언급하고 있는데, "환과고독(鰥寡孤獨) 4자(四者)는 천하의 궁한 백성으로서 호소할 곳이 없는 자이기 때문에, 문왕이 정치를 행함에 있어 이 넷에게 인을 베푸는 일부터 했다"라고 하면서 인의 실천으로서 도움이 필요한 대상에 대한 베품을 강조한다(김현철 외, 2002). 따라서 유교 사회에서 환과고독에 대한 구제는 기본적인 의무로 자리하게 되었고, 도덕정치의 이상을 실현하기 위한 필수적인 실천과제로 자리 잡게 되었다.

불교 역시 타인에 대한 베품을 강조하는 종교이다. 불교는 기본적으로 Nirvana(涅槃, 열반)을 지향하고 보시를 통해 이타의 사회로 나아가는 실천을 통해 성불과 해탈에 이르는 것을 목표로 한다. 불교의 주요한 교의를 담은 개념인 Karma(業, 업)는 인간의 행위가

자선조직화운동(COS)
자선조직화운동은 19세기 후반 당시 활발했던 부유층들의 자선활동들을 지역사회 단위로 조직화함으로써 보다 체계적이고 효율적으로 자선활동이 이루어지도록 하려는 운동. 이 활동의 추진체로 자선조직협회(Charity Organization Society, COS)를 결성함. 최초의 COS는 1869년 영국 런던에서 결성됨. 이 운동에 구성원이었던 우호방문원(friendly visitos)이 개별사회사업으로 연결되었다.

인보관(Settlement House)
19세기 영국에서 젊은 대학생을 중심으로 빈민지역에서 다양한 활동을 통해 빈곤의 사회적 원인을 깨닫고 사회개혁을 위해 빈민들을 조직화하고, 그들에게 교육과 상담 등의 서비스를 제공하고, 사회입법 운동도 전개한 인보운동이 펼쳐졌다. 이 활동을 위해 설립한 지역사회복지기관이 인보관임. 최초의 인보관은 1884년 런던에 세운 토인비 홀(Toynbee Hall)임.

인과관계에 따라 결과가 나타남을 강조하며 지혜와 자비의 마음을 바탕으로 보시(布施)를 실천하는 복행에 의해 복업이 만들어진다고 본다. 타인에 대해 아낌없이 베풀고 나눔으로서 궁극적인 열반에 달한다는 불교의 사상은 자선을 적극적인 자기 실현의 과제로 여긴다.

이렇게 종교적 교리들이 자선과 박애의 실천을 강조할 뿐만 아니라 종교적 목표에 다다르는 일종의 수단으로서 사회복지 실천을 받아들이기도 한다. 예를 들어 초기 기독교인들은 필요 이상의 부의 소유나 소비는 종교적 타락을 유혹하는 것이라고 여겨 경계하고 대신 자선에 물질을 사용함으로서 원죄로부터의 구원을 희구하였다(장인협 외, 2007).

오늘날 각종 종교단체는 종교 활동의 일환으로 사회복지기관을 설립·운영하고 있으며 비영리 시민활동에도 적극적으로 참여하고 있다. 특히 한국의 경우 19세기 말 사회복지실천의 도입이 종교적 동기에 의해 이루어지면서 지금까지도 종교기관들이 민간 사회복지 실천에서 차지하는 비중이 매우 높다. 인간의 사회적, 정신적 욕구와 더불어 영적인 욕구를 지원할 필요가 있기 때문에 종교적 사명감에 기반한 활동을 통해 사회복지의 목적을 달성하기 위한 노력을 전개할 필요가 있다는 주장(최무열, 1999)도 있는 반면, 지나치게 선교적 활동 목표에 사회복지 실천을 종속시킨다는 비판도 있다.

2. 상부상조

상부상조(mutual aid)는 자선과는 달리, 부자나 능력 있는 사람이 빈자에게 일방적으로 자원을 이전하는 것이 아니라 주는 자와 받는 자가 쌍방향의 원조행위를 하는 경우이다. 상부상조 형태로 제공되는 사회복지에서는 도움 제공자와 도움 받는 자가 고정되어 있는 것이 아니라 상황에 따라 서로 입장이 뒤바뀔 수 있다. 따라서 도움의 형태와 내용은 상호의존적으로 결정되며 서로의 관계는 위계적이기보다는 수평적인 경우가 많다.

상부상조는 주로 공유된 정체성을 갖는 집단 내에서 일어나는데, 예컨대 가족이거나 동일한 직업, 동일한 인종집단, 동일한 동네 거주, 동일한 문제를 보유한 사람들 간에서 상호 원조가 발생한다. 상부상조의 전통은 오늘날에도 가족, 이웃, 노동조합, 지역공동체(community) 등을 통해 여전히 중요한 사회복지의 동기로서 작용하고 있다. 그리하여 인간은 지금까지 지속적으로 상호부조를 통해 경제적인 지원뿐 아니라 정서적 지지, 사회관계, 정보, 활동 등의 자원을 가족, 이웃 등과 공유해 오고 있는 것이다(백종만 외, 2001; 김상균 외, 2007).

상부상조는 종교적 동기와 함께 가장 오래되고 보편적인 사회복지의 동기로 꼽힌다. 역사적으로 살펴 볼 때 상부상조는 인류가 집단생활을 한 시기부터 존재해 온 것으로 추측된다. 호혜성의 원리에 입각한 상부상조의 전통은 우리나라 역사에서도 품앗이, 두레, 향약, 공굴, 부근 등 다양한 형태들이 오래전부터 있었으며 계의 경우처럼 오늘날까지 계승되는 것도 있다. 서양에서도 로마시대의 꼴레지아(협회)나 중세의 길드(직역조직)에서처럼 오래전부터 그 형태를 찾아 볼 수 있다. 근대사회로 넘어오면서는 우애조합(friendly societies) 그리고 노동조합 등으로 이어졌다.

우애조합(friendly society)
영국에서 17세기 후반 상호부조와 친목도모를 목적으로 수공업자들이 만든 조합. 가입한 조합원들로부터 일정한 기여를 받고 사망, 질병, 재해 등 예기치 않은 사고에 대해 일종의 공제수당금을 지불하였다. 유사한 형태의 직인조직인 독일에서는 길드(guild)라는 명칭으로 조직되었다.

혈연이나 지연과 같은 연(緣)을 준시하는 한국사회에서는 가족, 동창회, 향우회, 문중 그리고 친한 사람들끼리 운영하는 계모임 등의 상부상조 행위가 발생하는 조직들이 상당히 중요한 의미를 갖는다. 또 노동조합, 자조집단 등도 사회복지에서 중요한 역할을 수행하고 있다. 노동조합은 조합원의 질병, 재해, 노령, 실업 등에 대한 급여를 제공하는 각종 복지프로그램과 상호부조 활동을 조직화하고 있다. 비슷한 욕구를 가진 사람들이 서로를 돕기 위해 자발적으로 조직하는 자조집단(self-help group)은 알코올·약물중독자 모임, 단도박모임, 환우회 등 특정한 문제를 경험하여 이해관계를 공유한 사람들이 스스로의 문제를 서로 도와가며 해결하기위해 만들고 있다.

그리고 가족, 이웃, 친지 등 민간의 비공식 부문에서 행해지는 다양한 사회복지 실천은 상부상조의 동기에 기초하여 이루어지는 경우가 많다.

현대사회가 점차 개인주의화함에 따라 전통사회에 비해 상호부조의 동기가 약화되는 것은 사실이다. 하지만 상부상조를 확대, 강화하려는 목적으로 시행되는 사회복지제도를 통해 유지되거나 회복될 수 있을 것으로 전망할 수 있다(박경일 외, 2001). 개인중심의 현대사회에서 인간의 소외를 극복하고 인간성을 회복하기 위한 대안으로서 공동체의 중요성은 더욱 강조되고 있다(김상균 외, 2007)

3. 정치 · 경제적 동기

인간의 다양한 욕망을 충족시키고 개인의 복지를 증진시키기 위해서는 사용가치를 지니는 물자 또는 타인의 활동이 요구된다. 그런데 가치를 지닌 자원은 한정되어 있고 인간의 욕망은 무한하기 때문에 자원의 획득과 사용을 둘러싼 사회 내부의 경쟁을 치열할 수밖에 없다. 이와 관련하여 재화를 생산 · 분배 · 소비하는 활동인 경제제도와 국가권력을 획득 · 유지 · 조정 · 행사하는 기능 및 과정인 정치제도는 서로 맞물려 인간사회의 기본적인 욕구 충족의 양태를 결정하게 된다. 이 과정에서 사회구성원으로부터 정치적 정당성을 획득하거나 경제 활동에 활력을 불어넣기 위해서 사회복지 제도가 활용되기도 한다. 즉, 정치적 · 경제적 필요성이 동기가 되어 사회복지가 이루어지는 것이다.

예를 들어 국민들로부터 국가에 대한 지지, 권력의 정당성을 획득하는 일은 현대사회에서 정부가 유지되는데 대단히 중요하다. 정부는 사회복지의 조직화를 통해 정당성을 확보할 수 있는데, 사회복지의 정치적 동기는 바로 이러한 측면과 관련된다(백종만 외, 2001). 사회복지의 정치적 동기는 정부가 국민들로부터 정당성을 확보할 필요성이 커진 근대민족국가 수립 이후, 민주주의 확산 이후 더욱 뚜렷하게 나타난다. 또 정치적 권력을 획득하거나 유지하기 위해, 사회 불안을 회피하기 위해 혹은 이익집단의 정치적 활동을 통해 사회복지제도에 영향을 미치려는 동기가 발생한다(Macarov, 1995; 백종만 외, 2001; 김상균 외, 2007).

한편 경제적 동기의 측면을 보면, 어떤 재화나 서비스의 경우 시장의 가격기구를 통해 분배되는 것보다는 정부가 직접 분배하는 것이 더 효율적일 수 있다. 사회복지와 관련된 많은 재화나 서비스에서 정부는 분배의 효율성을 높이기 위해 사회복지를 공적으로 공급하거나 재분배 기제를 활용한다. 사회복지의 경제적 동기는 바로 이러한 측면과 관련된다. 또, 자본주의 체제의 발전과정에서 지속적인 자본축적과 장기적인 자본이득을 보장하기 위해서 국가와 같은 자율성을 가진 조직의 역할이 필요하다는 주장도 있다.

1) 정치적 동기

① 정치적 지지의 획득과 유지

근대 시민권의 확대와 민주적 선거제도의 도입에 따라 정치권력을 획득하고 유지하기 위해서는 국민들의 지지가 필수적이다. 특히 자본주의 경제체제의 주요 계급으로 성장한 노동계급이 노동조합을 중심으로 조직화되었고 집단행동이 합법화됨에 따라 정부가 국민들의 삶의 안전과 평등을 추구하는 노력을 하지 않을 수 없게 되었다(백종만 외, 2001). 단기적으로는 투표에서 자기에게 유리한 방향으로 사회복지를 이용하려는 움직임이 정치활동에서 두드러지고, 다른 한편으로 정부가 노동계급을 비롯한 국민의 저항을 억제하고 포섭하기 위한 일환으로 사회복지의 혜택을 제공하기도 하였다(김상균 외, 2007; 김성천 외, 2009).

대표적으로 정치적 동기가 드러난 사례로 독일 비스마르크(Bismarck)의 사회보험 입법이 있다. 1882년에 사회보험제도를 세계에서 최초로 실시한 배경에는 사회주의 불법화에 따른 국민의 반발을 막고 노동계급 운동과 독일 사민당의 사회주의적 도전을 억제하고 포섭하기 위한 정치적 목적이 깔려있다고 평가되고 있다. 또, 미국은 1996년의 복지개혁에서 빈곤층을 위한 소득보장 프로그램인 '부양아동가족원조(Aid to Families with Dependent Children: AFDC)'를 폐지한 반면, 정부의 재정부담이 더 큰 노령연금은 그대로 유지하였다. 이는 AFDC 수급자들의 정치적 힘이 약한 반면, 노령연금 수급자들의 정치적 힘은 강하기 때문인 것으로 이해할 수 있다(김태성, 2000).

AFDC(Aid to Families with Dependent Children)
미국에서 2차 세계대전 이후 전쟁에서 남편을 잃은 미망인들을 지원하는 제도로 도입되어 이후 혼자 아동을 양육하는 여성 가장에게 지급되던 공공부조 프로그램. 미국에서 welfare라는 단어가 이 프로그램을 가리킬 정도로 핵심적이었으며 역사적으로 가장 논란이 많았던 프로그램. 클린턴 정부의 복지개혁을 통해 폐지되고 TANF(Temporary Assistant for Needy Families)로 대체되었다.

복지국가 발전의 주요 요소로 정치를 중요시 여기는 사회민주주의 이론은 노동의 정치적 세력이 확대된 결과 복지국가가 성립할 수 있었다고 설명한다. 간단히 말하면, 복지국가는 자본과 노동의 계급투쟁에서 노동이 획득한 승리의 전리품이라는 것이다.

최근 우리나라의 선거과정에서도 모든 정당들이 자신의 정치적 입장과 무관하게 앞다투어 사회복지 관련 공약을 내세우는 모습에서도 사회복지를 통해 국민들로부터 정치적 지지를 얻으려는 정치적 속성을 엿볼 수 있다.

② 사회 안정의 유지

사회복지를 조직화하는 또 다른 정치적 동기는 사회불안을 막고 사회를 안정시켜서 기존의 권력구조를 유지하는 것이다. 17세기 이후 영국 빈민법 제정이나 미국의 1930년대 사회보장법, 1960년대의 '빈곤과의 전쟁' 프로그램 등은 빈곤과 공황으로 인해 대규모의 폭동 등이 야기되어 사회가 불안해지는 것을 막기 위한 조치였다. 사회불안을 회피하기 위한 동기는 정치적 권력을 유지하기 위한 동기와 확연히 구분되기도 한다. 예를 들어, 미국의 1960년대 시민권운동에 참여한 사람들은 오히려 정치적 견지에서 볼 때 무력하고 조직화되지 못한 학생들, 반전주의자들, 게토의 거주자들로서 간혹 정치적 과정과 투표권을 거부하는 사람들이었다. 따라서 이들의 정치적 영향력을 고려하기보다는 이들의 활동이 사회 안정을 위협할 수 있었기 때문에 이들의 주장을 받아들여 인종과 종교로 인한 사회적 차별을 제도적으로 방지하기 위한 법과 제도들을 정비한 것으로 볼 수 있다(백종만 외, 2001).

피븐과 클로워드(Piven & Cloward)는 미국 공적부조제도를 역사적으로 분석한 결과 빈곤정책은 노동자와 실업자들을 통제하는데 일차적 목표가 있으며, 그에 따라 대량실업이 발생하거나 사회적 소요가 자주 발생할 경우 공공복지제도가 시작되거나 확장되며, 반대로 정치적 안정이 회복되면 그러한 프로그램은 폐지되거나 감축되어 버린다는 사실을 발견했다(Piven & Cloward, 1971).

③ 정치과정에서 이익추구

일반적으로 대의민주주의 제도(representative democracy), 특히 다원적 민주주의제도(pluralistic democracy)에서의 기본적인 가정은 국가정책은 일반 국민들에 의하여 선출된, 즉 국민을 대표하는 정치가들이 개별 국민들(투표자들)의 선호를 반영한 결과로 본다.

그러나 현실세계에서의 대의민주주의 제도에서 대부분의 국가정책들이 이렇게 수많은 개별 국민들의 광범위하고 분산된 선호들을 직접적으로 반영하는 것으로 보기 어렵다. 그래서 개별 국민들의 선호(이익)를 정부정책에 연결시켜 주는 통로가 필요한데 이것이 이익집단인 것이다.

이익집단정치모델에 따르면 국가정책은 이러한 다양한 이익을 추구하는 다양한 이익집단들 사이의 영향력에서의 경쟁들의 산물이라고 본다. 즉 어느 시점의 특정 국가정책이란 특정의 이익집단이 경쟁에서 이긴 전리품이고, 이러한 정책은 이익집단의 영향력의 변화에 따라 변할 수 있는 것이다.

이익집단정치모델에 따르면, 정치(politics)란 국가정책에 영향을 주기 위한 이익집단들의 경쟁 그 자체이고, 정치제도(political system)란 ① 이익집단들이 경쟁하는 게임의 룰을 만들고, ② 다양한 이익들을 타협하고 조정하는 역할을 하고, ③ 이러한 타협과 조정의 결과를 정책으로 만드는 것이다(Dye, 1981).

그렇다면 이익집단이란 무엇인가? 이익집단에 대한 정의는 다양할 수 있지만, 기본적으로 '이익집단은 사회의 다른 집단들이나 정부에게 어떤 주장을 하는 공유하는 태도나 가치를 갖고 있는 집단'이라 할 수 있다(Truman, 1951).

이러한 정의에 따르면 이익집단은 매우 광범위하여 사회의 거의 모든 집단들은 이익집단이라 할 수 있다. 이렇게 수없이 많은 이익집단들은 그것들의 영향력에서 큰 차이가 난다.

이들이 자신들의 이익을 관철시키려 하는 이익집단정치가 중요해지면 사회복지정책도 관련된 이익집단들의 영향력에 따라서 정책이 달라진다. 그래서 정치적 영향력이 큰 집단들을 위한 사회복지정책은 확대되는 반면, 빈자나 사회적 약자처럼 정치적 영향력이 약한 집단들을 위한 정책은 위축이 될 수 있다(대표적인 예가, 미국에서는 1996년의 '복지개혁법'으로 빈자를 위한 대표적인 정책인 AFDC를 없앤 것이다).

우리나라의 경우는 전통적으로 국가, 특히 대통령을 중심으로 하는 행정부의 힘이 강하여 대부분의 정책은 행정부에 의하여 일방적으로 결정되고 집행되고 있다고 해도 과언이 아니다. 그러나 최근의 민주화로, 그리고 계급정치가 없는 상황에서 점차 이익집단들의 정치행위가 커져 각종의 정부정책에 다양한 이익집단들의 영향력이 커지고 있는 추세이다.

우리나라의 경우는 아직 사회복지가 충분히 발전이 안 된 상태에 있기 때문에 사회복지에의 필요(need)가 크고, 따라서 제한된 사회복지자원에서 우선적으로 급여가 이루어져야 하는 빈곤계층이나 사회적 약자들이 많다. 그런데 이러한 집단들은 재원, 숫자, 조직력, 응집력 등의 모든 면에서 정치적 영향력이 약할 수밖에 없다. 그래서 이익집단정치가 중요해지면 이러한 집단들을 위한 사회복지정책은 장기적으로 볼 때 위축될 가능성이 크다(현재까지는 정치적 영향력이 큰 일부 시민단체들에 의하여 이러한 집단들을 위한 정책이 채택되거나 유지되고 있지만).

2) 경제적 동기

경제적 동기에 의해 사회복지를 실현하는 가장 대표적인 경우는 사회복지를 조직적으로 제공하는 것이 다른 방법보다 더 효율적인 상황이다. 일반적으로 자본주의 사회에서 재화를 분배하는 가장 효율적인 방법은 시장을 활용하는 것으로 알려져 있다. 하지만 시장이 재화를 효율적으로 분배하지 못하는 **시장실패**(market failure)의 상황에서는 사회구성원들이 원하는 배분이 이루어지지 않아 비효율적이 되기 때문에 시장을 대신하여 정부가 재화를 분배하는 것이 더 효율적이다.

시장실패
시장이 자원의 최적(最適) 분배라는 과제를 적절히 해결하지 못함으로써 발생하는 시장의 결함. 시장실패를 교정하기 위해 정부가 과도하게 개입해서 오히려 비효율이 나타나는 경우에는 '정부의 실패'라고 함.

한편 마르크스주의자들은 복지 정책들이 자본가들에 의하여 자본축적의 필요성에 따라 발생하는 것으로 파악한다. 이 때 국가의 역할을 어떻게 이해하는 가에 따라 관점의 차이가 있기는 하지만 결국 복지제도는 자본주의 경제체제를 유지하기 위한 것이며, 궁극적인 이익은 경제적 권력을 획득하고 있는 자본 측면에 돌아간다고 주장한다.

① 시장실패 상황과 효율적 배분을 위한 국가의 개입

복지공급과 관련해서 시장실패가 발생하기 때문에 국가의 개입이 더 효율적인 상황은 대표적으로 다음의 일곱 가지 정도를 꼽을 수 있다.

첫째, 사회복지 재화와 서비스가 공공재적인 성격을 가지고 있는 경우이다.

일반적으로, 시장에서 거래되는 사유재를 사용하기 위해서는 비용을 지불해야 하고, 비용을 지불하지 않는 사람들에게는 그 재화의 사용을 막을 수 있다. 반면 공공재는 비용을 지불하지 않고도 사용할 수 있고 그 재화의 사용을 막을 수도 없다.

자주 인용되는 공공재의 예가 등대이다. 일단 등대불이 켜지면 그

무임승차현상
공공재의 소비에 있어서 재화를 필요로 한다는 사실을 숨기고 재화가 공급되기를 기다려 비용은 전혀 지불하지 않고 혜택만 누리려고 하는 현상. 이를 해결하기 위해서는 국가가 조세의 형태로 그 비용을 걷어서 사회적으로 바람직한 수준까지 공급하는 것이 바람직하다.

주위를 지나가는 모든 배가 그 혜택을 받을 수 있고, 요금을 지불하지 않는 배를 그 서비스로부터 제외시키기가 어렵다. 이러한 이유로 등대서비스는 시장(민간부문)에서 제공하기 어려운 것이다.

공공재의 이러한 성격 때문에 이러한 재화의 공급은 시장기제에 맡겨 두면 비효율적으로 이루어질 수밖에 없다. 일반적으로 공공재는 사회구성원들이 원하는 것이고 제공되면 이득을 준다. 그러나 개인들은 공공재에 대한 이러한 수요(욕구)가 있더라도, 이른바 **'무임승차(free rider)'의 현상**으로, 이러한 수요를 숨겨 일단 공공재가 제공되면 비용은 지불하지 않고 혜택을 보려고 한다.

문제는 개인의 효용(utility)을 극대화 하려는 합리적인 사람이라면 모두 이러한 '무임승차' 행위를 하고자 하는데 있다. 그래서 사회구성원들이 공공재에 대한 수요는 모두 갖고 있음에도 불구하고 그 재화에 대한 지불은 하지 않게 되고, 결과적으로 시장기제에 맡길 경우 그 재화는 제공되지 않거나 제공되더라도 사회구성원들이 바라는 만큼 충분히 제공되지 않는다.

그렇다면 사회복지의 재화나 서비스가 공공재의 성격을 갖고 있는가?

일반적으로 어떤 재화나 서비스가 공공재인가를 판단하는 것은 절대적인 것이 아니다. 특히 사회복지의 재화나 서비스가 공공재인가에는 논란이 있을 수 있다. 일반적으로 국가에서 제공하는 많은 재화나 서비스들은 순수한 의미의 공공재는 아니더라도 넓은 의미의 공공재적인 성격을 갖고 있다. 대표적인 예가 국방서비스이다. 이것은 외부의 적으로부터 국가와 국민을 보호하는 서비스이다. 이것이 공공재적인 성격을 갖는 이유는 이 서비스를 별도의 비용을 지불하지 않고도 받을 수 있고 비용을 안냈다고 하여 이 서비스의 사용을 막을 수 없기 때문이다.

사회복지의 재화와 서비스도 국방서비스와 같은 성격을 갖고 있다 할 수 있다. 예를 들어, 사회복지에 의하여 모든 아동들의 건강과 교육수준을 높이게 되면 이들이 건전한 시민으로 성장하고 또한 국가발전에 기여하게 되면 그 혜택은 사회구성원 모두에게 동일하게 주어지는 것이다. 즉 사회복지에 대한 비용을 부담하지 않고도 받을 수 있고 비용을 안 냈다 해서 이러한 혜택을 받는 것을 막을 수 없는 것이다.

사회복지의 재화와 서비스가 과연 어느 정도나 공공재적인 성격을 갖고 있냐는 것은 논란이 있다. 왜냐하면, 사회복지의 재화나 서비스는 시장기제에서도 제공되기 때문이다. 이러한 이유로 사회복지 재화나 서비스는 완전한 공공재는 아니더라도 흔히 가치재(merit goods)혹은 준공공재(quasi-public goods)로 불린다. 이것은 이러한 재화의 제공이 사회적으로 바람직하나 사람들이 그 재화에 대한 수요를 숨기거나 혹은 무지해서 그 재화에 대한 필요성을 못 느낄 때, 시장기제에만 맡겨 두지 않고 국가가 제공하는 것이 바람직한 재화를 말한다(Musgrave, 1959).

둘째, 사회복지로 인한 긍정적인 외부효과가 큰 경우이다.

일반적으로 시장에서의 거래행위에서는 사람들의 행위들을 통하여 다른 사람들의 복지에 이득 혹은 해를 준다면 그들을 그 행위들에 대해서 대가를 받거나 아니면 비용을 지불해야 한다.

그러나 어떤 경우에서는 그렇지 않다. 즉, 외부효과(externality)라는 것은 사람들의 행위가 다른 사람들의 복지에 영향을 주는데도 대가를 받거나 비용을 지불하지 않아도 되는 것을 말한다. 이러한 외부효과가 존재하면 시장에서는 자원의 효율적인 배분이 이루어지기 어렵다.

예를 들면, 아무도 소유하지 않은 강 상류에서 공장을 운영하면서 공장 폐기물을 강에 버리는 사람은, 강 하류에서 물고기를 잡아 살아가는 사람에게 해를 주는데도 후자에게 비용을 지불하지 않아도 되는 외부효과가 발생하기 때문에 강을 과다하게 오염시키는 비효율성이 발생한다. 이 경우 시장기제에 맡겨 두면 해결이 안 되기 때문에 국가가 나서서 강을 오염시킨 사람에게 그 대가를 지불하게 만들어야 강이라는 사회적 자원을 효율적으로 이용할 수 있는 것이다.

외부효과는 흔히 긍정적인 외부효과와 부정적인 외부효과로 나누는데, 상기의 예가 부정적인 외부효과라면, 긍정적인 외부효과는 어떤 사람들의 행위를 통해서 다른 사람들이 어떤 대가를 지불하지 않고도 이득을 볼 수 있는 것을 말한다. 예를 들면, 우리의 이웃의 어떤 사람들이 자선을 해서 가난한 사람들을 줄인다면 자선을 안 한 사람들도 이득을 볼 수 있는 것이다(예를 들면, 범죄율 감소, 집값의 상승 등).

어떤 행위가 긍정적인 외부효과가 있게 되면, 일반적으로 그러한 행위를 자발적으로 하도록 내버려 두면 그러한 행위는 적게 이루어진다. 왜냐하면, 이러한 행위를 내가 안 해도 남이 하면 나도 이익을 받을 수 있기 때문에 자신의 효용을 극대화하려는 사람들이라면 그러한 행위를 자발적으로 하려고 할 동기가 약해지기 때문이다. 이러한 의미에서 이러한 현상을 '이웃효과(neighborhood effect)'라 부르기도 한다(Friedman,1962).

사회복지를 국가가 제공해야 하는 또 하나의 이유는 사회복지의 재화나 서비스가 긍정적인 외부효과를 많이 만들어내기 때문이다. 사회복지의 재화나 서비스는 이것들을 받는 사람들에게 직접적인 이득을 줄 뿐만 아니라, 수급자 주위의 많은 사람들에게 정신적 혹은 물질적 이득을 가져다준다.

예를 들면, 사회복지를 통하여 우리 주위의 병들고 가난한 사람들이 줄어든다면 사회복지의 급여를 받지 않는 사람들도 정신적으로는 가난한 사람들을 접촉 안해서 불쾌감이나 부담감이 줄 수 있고, 물질적으로는 범죄행위가 줄거나 가난한 사람들의 생산성이 높아지는 등의 다양한 이유로 이득을 볼 수 있는 것이다.

이렇게 사회복지는 다른 사람들이 제공해도 나도 그것의 이득을 볼 수 있기 때문에 민간 부문의 자발적인 자선행위에만 맡겨두면 사회적으로 바람직한 수준의 사회복지의 공급이 이루어지지 않는다. 대부분의 국가에서 민간부문의 자선을 통한 사회복지의 공급은 극히 제한되었다는 사실이 이것을 뒷받침한다.

이러한 이유로 국가가 개입해서 사회복지를 통하여 이득을 보는 사람들에게 그 대가를 지불하도록 강제할 수밖에 없다. 그래서 국가가 자발적 자선이 아닌 강제적(?) 자선인 세금을 부과해서 사회복지를 제공해야만 사회적으로 바람직한(효율적인) 수준의 공급이 이루어질 수 있는 것이다.

셋째, 사회복지의 재화나 서비스의 선택에서 정보가 비대칭적인 경우이다.

일반적으로 어떤 재화가 시장기제에서 효율적인 배분이 이루어지기 위해서는 그 재화의 공급자나 수요자 모두 그 재화의 질과 가격에 대한 충분한 정보를 근거로 각자의 효용을 극대화하려는 합리적인 선택행위가 필요하다. 다른 말로 이야기하면, 재화에 대한 충분한 정보가 없는 경우에는 시장기제에 의한 재화의 배분은 비효율적이 된다.

어떤 재화나 서비스들을 소비자들이 선택하는 데 있어 정보가 충분하지 않을 수 있는 속성들을 갖고 있다. 사회복지의 재화나 서비스가 이러한 속성을 많이 갖고 있다. 대표적인 예가 의료 서비스다. 일반적으로 일반 소비자들은 의료 서비스에 대한 충분한 정보를 갖지 못한다. 의료 서비스에 대한 접근은 어렵고 서비스의 전문성 때문에 이해하기도 어렵다. 이러한 상황에서는 의료 서비스의 공급자(의사)에 비하여 정보의 차이 때문에 (이러한 것을 흔히 비대칭적 정보의 상황이라 한다) 시장에서의 거래에서 불리하다. 그래서 서비스의 형태, 질, 가격 등에서 공급자에게 유리하게 결정될 가능성이 크다. 따라서 이러한 상황에서는 일반 소비자들을 보호하기 위하여 의료 서비스에 대한 정보를 많이 갖고 있는 국가가 개입해서 의료 공급자와 수요자 간의 비대칭적 정보의 문제를 해결하는 것이 더 효율적인 것이다.

또 하나의 예는 사회보험이다. 사회보험이란 미래에 발생할 수 있는 여러 위험들(노령, 질병, 실업, 장애 등)에 대비하여 강제로 가입하게 하는 보험이다. 강제로 가입하게 하는 이유 중의 하나가 일반 소비자들의 불충분한 정보 하에서의 잘못된 선택을 해결하는 것이다.

현대 산업 사회에서 많은 사람들은 미래에 발생할 수 있는 위험에 대해서 충분한 정보를 갖고 있지 못하다. 그래서 그러한 위험발생을 과소평가해서 자발적인 선택에 맡겨 두면 그러한 위험에 대한 대비를 안하는 경향이 있다. 예를 들면, 많은 사람들은 자신들의 미래에 실업이 될 가능성을 낮게 보거나 혹은 은퇴 후의 노령기간의 삶에 대해서도 충분한 정보가 없어 실업보험이나 노령연금의 필요성을 못 느끼는 경향이 있다. 이 경우 국가가 개입해서 이러한 사람들을 강제적으로 실업보험이나 노령연금에 가입시키는 것이 본인뿐만 아니라 사회적으로 바람직한 것이다.

넷째, 역의 선택(adverse selection)의 문제가 발생할 경우이다.

오늘날 국가에 의한 사회복지 가운데 가장 중요한 것이 사회보험이다. 이러한 강제적인 사회보험이 필요하게 된 가장 중요한 이유 중의 하나가 역의 선택의 문제 때문이다.

역의 선택의 문제는, 위에서 논의한 불완전한 정보의 현상으로, 시장에서 미래에 발생할 위험에 대비한 보험 상품을 공급하는 측(보험회사)이 보험에 가입하려는 사람들의 위험 발생 가능성에 대한 정보를 충분히 갖고 있지 못하는 상황에서 발생하는 현상이다.

이렇게 보험회사가 보험 가입자들에 대한 정보가 충분하지 않은 상황에서는 보험 가입자들에 대한 적정한 보험료를 책정하기 어렵게 되고 이렇게 되면 보험에 가입할 위험이 발생할 가능성이 높은 사람들이－즉, 보험금을 받을 가능성이 높은 사람들－집중적으로 보험에 가입하게 되는 역의 선택의 문제가 발생하는 것이다. 이러한 상황에서는 보험회사는 이익을 남기기 위해서 보험 가입자들에게 높은 보험료를 부과할 수밖에 없다.

이렇게 높은 보험료를 부과하게 되면 역의 선택의 문제는 더욱 악화되어 위험 발생 가능성이 상대적으로 작다고 판단하는 사람들은 높은 보험료 때문에 가입을 회피하게 되고, 위험 발생 가능성이 매우 높은 사람들만 남게 되어 이것은 다시 보험회사로 하여금 더욱 높은 보험료를 부과하게 되는 악순환이 계속될 수 있어, 궁극적으로 대부분의 사람들은 이러한 보험에 가입을 안 하게 되어 이러한 보험 상품은 시장에서 존재하기가 어렵게 된다.

대표적인 예가 실업보험이다. 오늘날 세계 어느 나라에서도 실험보험을 민간 보험회사에서 판매하지 않는다. 왜 그러한가? 일반적으로 사람들의 실업할 가능성을 정확히 아는 것은 쉽지 않다. 그리고 실업에 대하여는 보험에 가입하려는 사람들이 자신의 실업의 가능성에 대하여 보험회사보다 더 많은 정보를 갖고 있다고 할 수 있다. 왜냐하면, 실업할 가능성은 상당 부분 가입자들의 행위에 달려 있기 때문이다.

이러한 상황에서는 민간 보험회사는 가입자들에 대한 적당한 보험료를 책정하기 어렵게 되고 이렇게 되면 결국 실업 가능성이 높은 사람들만 실업보험을 집중적으로 구입하게 되는 역의 선택의 문제가 발생하게 되고 결국 민간 시장에서는 실업보험이 존재하기 어렵게 되는 것이다.

따라서 역의 선택의 문제를 해결하기 위해서는 보험을 집단적으로 가입하게 해서 비록 개인들에 대한 위험 발생에 대한 정확한 정보가 없다 하더라도, 집단적인 위험 발생 확률은 어느 정도 알 수 있기 때문에 이러한 정보를 바탕으로 집단적인 적정한 보험료를 택하게 되면 역의 선택의 문제는 해결할 수 있는 것이다. 이 경우 강제 가입시키는 집단의 크기가 크면 클수록 역의 선택의 문제는 줄어들기 때문에 국가에 의해 국가 구성원 모두를 강제로 보험에 가입시키면 가장 효율적이 되는 것이다.

의료보험도 마찬가지이다. 일반적으로 보험회사가 보험 가입자들의 질병에 관한 충분한 정보를 갖고 있지 않기 때문에 시장에만 맡겨두면 질병 가능성이 높은 사람들이 의료보험을 집중적으로 구입하게 되어 결국 보험료가 매우 높아지게 되어 많은 사람들이 보험에 가입하기 어려워진다. 오늘날 의료보험을 주로 민간 보험시장에서 판매하는 미국에서 약 5,000만 명의 사람들이 높은 보험료 때문에 보험에 가입하지 못하는 사실이 이를 뒷받침한다.

다섯째, '도덕적 해이'의 문제가 발생하는 경우이다.

일반적으로 보험의 대상이 되는 위험의 발생의 확률과 정도를 보험가입자들의 개별적인 행위와는 무관하게 외재적(exogenous)으로 결정되어야 한다. 보험에서 '도덕적 해이(moral hazard)'라는 것은 개인들의 행위에 의하여 보험의 대상이 되는 위험의 발생 확률과 정도가 결정되는 현상을 말한다.

일반적으로 위험에 대비한 보험에 가입하면 사람들은 그러한 위험의 발생에 대한 주의를 적게 하는 경향이 있다. 예를 들면, 자동차 보험의 경우 보험에 가입한 사람들은 그렇지 않은 사람들에 비해서 사고를 예방하기 위하여 조심스럽게 운전할 동기가 약해질 수 있다. 왜냐하면, 이러한 예방 행위를 해 보아야 개인들의 입장에서 볼 때는 부담하는 보험료가 크게 줄지 않기 때문이다.

이렇게 보험 가입자들의 도덕적 해이가 만연하게 되면 결과적으로 위험 발생률은 높아지게 되고 결국 가입자들의 보험료는 높아진다. 이렇게 보험료가 높아지면, 앞에서 논의한 역의 선택의 문제가 발생하여 위험발생 확률이 높은 사람들만 가입하게 되어, 궁극적으로는 가입자 숫자가 크게 줄게 되어 민간 보험의 보험 상품으로 남기가 어렵게 되는 것이다.

'도덕적 해이'의 문제가 심각해질 수 있는 대표적인 예가 실업에 대비한 보험이다. 이것의 가장 중요한 이유는 보험 가입자들이 자신들의 실업 가능성에 영향(?)을 미칠 수 있기 때문이다. 즉, 자신의 실업여부는 자신들의 행위에 크게 영향을 받는 것이다.

물론 실업급여는 비자발적 실업에만 주어지나 현실적으로 자발적 실업과의 구분이 쉽지 않다. 예를 들면, 실업 급여를 받기 위하여 실업을 원한다면 일을 태만히 하여 사용자로부터 해고를 유도(?)할 수 있는 것이다. 이렇게 되면 실업 발생률은 높아지게 되어 민간 보험시장에서 실업보험은 보험상품으로 존재하기 어렵게 된다.

이러한 이유로 실업보험은 국가가 나서서 강제로 가입시킨 후, 도덕적 해이의 문제를 줄이기 위하여 사람들의 행위를 조정·통제할 수 있는 다양한 장치를 마련해야 한다. 예를 들면, 비자발적 실업여부에 대한 엄격한 심사, 실업된 후의 행위들에 대한 통제, 국가에 의한 실업자들에 대한 일자리 알선 등이다.

여섯째, 위험발생의 비독립성 문제가 나타나는 경우이다.

민간 보험 시장에서 보험회사가 살아남기 위해서는 재정안정이 이루어져야 된다. 즉, 보험료를 통한 수입이 보험금으로 나가는 지출보다 적어서는 안 된다. 이렇게 되기 위해서는, 보험수리상 어떤 보험 가입자의 위험의 발생 가능성이 다른 사람들의 위험 발생 가능성과는 독립적으로 결정되어야 한다. 그래야만 보험 가입자들 가운데 일정한 비율은 위험이 발생하고, 일정한 비율은 위험이 발생하지 않아, 후자의 보험료로 전자에게 보험급여를 할 수 있어 전체적으로 재정안정이 이루어질 수 있는 것이다.

반면에 위험발생이 비독립적일 때, 즉 어떤 사람의 위험발생이 다른 사람의 위험 발생과 연계가 되어 있으면 재정 안정을 이룰 수 없게 되어 민간 보험 시장에서는 이러한 위험에 대비한 보험상품이 존재하기 어렵게 된다. 대표적인 예가, 전염병이다. 전염병이 발생하면 사람들이 그 병에 걸릴 가능성이 서로 연계되어 있기 때문에 전염병에 대한 보험은 민간 보험 시장에서 존재하기 어렵다.

실업에 대비한 보험도 위험 발생의 비독립성의 문제가 심각할 수 있다. 왜냐하면, 오늘날의 실업은 많은 경우 개인들의 노력이나 행위와는 상관없이 그들이 일하는 기업, 산업, 그리고 국가 전체의 경제상황, 심지어는 세계 경제의 상황에 크게 영향을 받을 수 있기 때문에 어떤 사람의 실업할 가능성은 다른 사람의 실업할 가능성과 연계되어 있다고 볼 수 있다. 이러한 상황에서는, 실업이 안 된 사람으로부터의 보험료로 실업이 된 사람에게 보험 급여를 하는 것이 불확실하기 때문에 민간 보험으로는 불가능해진다.

마지막으로 규모의 경제가 존재하는 경우이다.

시장에서 어떤 재화가 효율적으로 배분되기 위해서는 시장의 가격이 수많은 공급자와 수요자의 거래에 따라 형성되어야 한다. 만일 독점력을 가진 어떤 개인에 의해 시장의 가격이 영향을 받는다면, 자원은 비효율적으로 배분된다. 따라서 독점이나 독과점 또는 담합과 같은 행위는 경제법에 의해 강력하게 규제되고 있다. 또한 규모의 경제가 존재하는 재화의 경우, 규모가 클수록 더 싼 가격으로 재화를 생산할 수 있기 때문에 시장에서의 생산자보다는 정부가 개입하여 직접 제공하는 것이 더 효율적이다. 사회복지 재화는 대체로 규모의 경제라는 속성을 많이 가진다. 대중교육, 대량의 공공주택 건설, 전 국민 의료서비스, 전 국민 사회보험 등이 바로 그러하다. 따라서 이런 사회복지 재화는 시장에서 공급되기보다는 정부에 의해 조직될 때 더 효율적으로 배분될 수 있다(백종만 외, 2001).

4. 전문직업적 동기

1) 원조 행위의 전문직화

근현대사회에 들어서면서 이른바 전문직이 다양하게 형성되었다. 어떤 직업이 전문직업이라고 사회적으로 승인받게 되면 사회적으로 상승된 지위를 획득하고 관련 분야에서의 독점을 사회적으로 인정받아 독자적인 직업 영역을 구성하게 된다.

19세기말부터 서구사회에서는 사회복지와 관련된 활동들 역시 자원봉사와 같이 무보수적 성격을 가진 활동에서 출발해서 점차 보수를 받고 전적으로 타인을 돕거나 빈곤한 사람들의 문제에 개입하도록 배치된 특정한 사람들에 의해 수행되게 되었다. 20세기 초 미국에서는 단순히 임금을 받는 직업적 성격을 넘어서 전문직으로서의 지위를 사회적으로 인정받으려는 조직적인 노력이 나타나 이후 사회복지사(social worker)라는 전문자격과 전문직업이 사회적으로 승인받게 되었다. 1960년대에는 윤리강령, 대학원 프로그램, 자격증제도 운영, 대중홍보, 원조직으로서의 위상 확보, 전문화와 인원제한 등을 통하여 전문직으로 자리잡고 위상을 강화하게 된다(김성천 외, 2009)

원조행위가 전문직화되었다는 것은 사회복지 전문가가 타인을 원조하는 행위의 동기가 순수한 이타적 동기에 의한 것이 아니라 전문가로서의 직업적 동기에 기반해서 이루어진다는 것을 의미한다. 전문가에 의한 직업적 노동의 일종으로 전문직의 권위와 지식에 기초하여 확보한 서비스 시장 혹은 노동시장에서의 행위로서 사회복지 활동이 수행되기 시작하였다는 것이다. 보통 사람들의 경우 직업적 노동은 이기적 행위에 해당하기 때문에 전문직업적 동기는 클라이언트(사회복지실천활동의 수혜자)만을 위해서가 아니라 전문가의 자기이해가 관련된 동기라고 하겠다. 물론 모든 사회는 전문가들에게 전문적 활동을 할 수 있는 독점적 권한을 부여하는 대신 그들의 행위가 이기적인 것으로 변질되지 않도록 감시와 통제를 하게 된다. 사전적 의미서도 전문가는 "장기간 학습한 체계적인 지식을 이용하여 자기 이익을 추구하기에 앞서 공공에 대한 봉사를 지향하는 직업"(동서문화, 1999)으로 정의되고 있어 전문직은 일반직과 달리 금전적 이익추구보다는 타인을 위한 서비스 제공에 중점을 둔다(박용순, 1999). 그렇지만 전문가는 자신의 이기적 동기(직업적 동기)를 동시에 갖고 있기 때문에 이타심과 이기심 사이에서 갈등하게 된다. 전문직의 실력과 권위를 인정하고 존중해야 한다는 것을 의미하는 동시에 그 권위가 부당하게 권력화하는 걸 비판하는 의미로도 쓰이는 전문가주의(professionalism)라는 개념은 공익에 이바지하는 자비와 기술 및 지식의 얼굴과 함께 공익을 핑계로 남을 제한하고 통제하는 이기적 얼굴로 묘사되는데(Jones et. al, 1983) 그만큼 전문직에는 양면적 요소가 함께 들어있다. 전문직으로 인정받게 되면서 사회복지사들이 사회정의의 실현과는 거리를 두고 사회문제의 통제자 역할을 담당하고 있다는 비난과 우려를 받았던 것도 이런 양면성에서 비롯된 것이라 할 수 있다.

결국 전문직업적 동기는 전문가에 의해 타인을 원조하는 것이 사회적으로 필요하다고 승인되어서 일어나는 활동임과 동시에 전문가들이 자신의 전문 영역을 확장하고 그 안에서 활동하기위해서 사회복지를 넓히려고 한다는 이중적 의미를 갖고 있다.

2) 전문직으로서의 사회복지사(social worker)

전문직은 정해진 규정에 의해 일정 기간 전문지식과 기술을 습득하고 제도적 장치에 의해 사회가 인정하는 자격을 갖춤으로써 누구나 인정하는 권한을 토대로 해당 전문 영역에서 공익을 위해 활동하는 직업을 의미한다. 넓은 의미의 사회복지 영역에서 활동하는 전문직은 사회복지사를 비롯하여 심리학자, 사회학자, 상담가, 정신과의사, 간호사, 행정가, 사회조사전문가 등이 있다. 사회복지학과에서는 여러 전문직 중에서도 사회복지사(social worker)의 육성에 초점을 맞추어 교육하고 있다.

우리나라에서 사회복지사라는 전문자격을 획득하기 위해서는 대학교육 이상의 교육을 통해 사회복지 전반을 이해하고 전문적 지식과 기술을 획득하여야 한다. 사회복지사업법은 사회복지사의 자격을 1급, 2급, 3급으로 나누어 규정하고 있는데 이중 2급 이상의 자격을 획득하기 위해서는 전문대학 이상의 교육수준을 요구하고 있다. 또, 1급 자격을 획득하기 위해서는 정해진 국가시험에 합격하여야 한다. 동법은 사회복지전담공무원은 사회복지사의 자격을 가진 자로 한하고 있으며, 사회복지법인 또는 사회복지시설을 설치·운영하는 자는 사회복지프로그램의 개발 및 운영업무, 시설거주자의 생활지도업무, 사회복지를 필요로 하는 사람에 대한 상담업무 등에는 반드시 사회복지사를 채용하여 업무를 하도록 하고 있다. 이렇게 법적·제도적 규정을 통해 사회복지사는 전문직으로서의 자격과 전문영역을 보장받고 있다.

물론 전문직의 성립이 법적 근거에만 의존하는 것은 아니다. 오히려 법적 자격은 사회적으로 승인된 이후에 따라오는 실용적 측면이라고 할 수 있다. 사회복지의 전문직과 관련하여 그린우드(Greenwood)는 체계적 이론의 전문성, 클라이언트가 인정하는 권위, 활동을 위한 지역사회의 재가, 클라이언트와 동료관계를 위한 윤리강령, 전문적 문화가 필요하고 하였다(박종우, 1994). 파발코(Pavalko)는 여기에 더해서 사회적으로 인정받는 욕구를 다루는 것과 활동에의 헌신이 전문직으로 인정받기 위해 필요한 속성이라고 정리한다(김성천 외, 2009). 이들이 정리한 내용을 간추리면 다음과 같다.

첫째, 체계적 이론체계를 갖추고 이를 교육하여야 한다. 전문직을 위한 준비는 먼저 체계적 이론을 일정한 수준으로 갖추어 이루어져야 함을 강조하고 있다. 특히 체계적 이론이 전문직을 위해 매우 중요하기 때문에 전문직을 위한 준비는 실제적인 경험인 동시에 지적인 경험이라야 한다. 이론의 습득은 대학과 같은 공식적인 교육기관을 통해 이루어지는 것이 바람직하다. 이렇게 체계적 이론의 습득을 강조하는 것은 전문직과 비전문직을 구분하는 중요한 요소 중 하나가 바로 전문지식과 기술이며, 이 전문지식과 기술의 습득은 과학적인 방법을 동반하고 있는 지식체계에 기반하고 있기 때문이다.

둘째, 클라이언트가 인정하는 권위를 갖는다. 공식적인 교육과정은 사회적으로 인정을 받기 때문에 이 과정을 통해 익힌 지식은 전문적 권위의 기반이 된다. 전문직은 클라이언트를 상대할 뿐만 아니라 클라이언트와 전문적 관계를 형성한다. 이 전문적 관계에서 전문가는 클라이언트에게 문제해결의 방안을 제시하고, 클라이언트는 전문가의 제시에 따르게 된다. 왜냐하면 클라이언트는 전문적 이론을 바탕으로 하는 지식이 없으므로 클라이언트 자신의 욕구와 이 욕구를 충족하기 위한 판단 능력이 충분하지 않기 때문이다. 즉 클라이언트는 전문적 서비스의 내용을 평가할 능력을 갖추고 있지 않다.

따라서 전문적 권위에 대한 클라이언트의 복종은 클라이언트가 자신의 문제상황에 대해 전문가가 특정 권한을 갖는데 근거가 되고 있다.

셋째, 활동을 위한 지역사회의 재가를 기반으로 한다. 전문가의 활동을 위한 지역사회의 재가는 지역사회가 전문가에게 일련의 권력과 특권을 부여함으로써 이루어진다. 이 지역사회의 재가는 법적인 기관으로부터 받는 공식적 재가와 지역사회의 친목조직 등으로부터 받는 비공식적 재가를 포함한다.

넷째, 클라이언트와 동료관계를 위한 윤리강령을 중시한다. 클라이언트와 지역사회로부터 전문가에게 부여된 권력과 특권은 남용될 위험이 뒤따르고 있다. 이를 위해 전문가가 지켜야 할 윤리강령이 필요하다. 전문직의 윤리강령은 자율적이면서 규제적이고 나아가 구속력을 갖는다. 특히 전문직의 종사자가 지켜야 할 윤리강령은 다른 일반직업의 윤리강령보다 이타적이며 공중을 위한 이익을 추구하는데 초점을 둔다.

다섯째, 전문적 문화에 초점을 둔다. 모든 전문직은 공식, 비공식 집단의 관계망을 통하여 운용된다. 예컨대 공식집단으로 병원, 대학, 법률사무소, 전문가협회 등을 들 수 있다. 이들 기관은 전문가를 양성하거나 동료의식을 고취하고 집단이익 추구를 위해 역할을 수행한다. 바로 이 공식, 비공식 집단을 통하여 얻어진 사회적 역할의 상호작용이 전문적 문화를 형성한다. 이 전문적 문화는 전문적 가치, 규범, 상징 등으로 구성된다.

3) 사회복지사의 전문적 가치와 윤리

사회복지사에게 윤리는 사회복지사 자신의 전문적 가치를 실천적 행동으로 전환하도록 돕는 지침이며 기준이 된다. 전문가 집단이 공식적으로 승인하고 있는 윤리강령은 실천에서 전문가들이 따라야 하는 윤리적 행동의 원칙과 그 가치를 기술한 것이다. 전문가 윤리는 일반윤리와는 우선순위와 강조점, 의도, 적용 등에서 차이가 난다. 예컨대 일반윤리와 전문가 윤리는 공통적으로 평등의 원리를 강조하지만 특별히 전문가 윤리는 다른 사람의 이익보다는 클라이언트의 이익에 우선순위를 둔다(Loewenberg & Dolgoff, 2000).

사회복지실천에서 윤리는 사회복지의 기본 가치를 반영하고 실천과정에서의 행동 지침을 제공함으로써, 전문가 집단이 가치 기반을 공유하도록 돕고 윤리적 딜레마(ethical dilemma)에 대처할 수 있도록 하며 전문지식과 기술의 개발에 기여하고 있다.

우리나라의 경우 한국사회복지사협회(KASW)가 윤리강령을 처음 만들어서 여러 번의 개정을 통해 한국 사회복지실천에서 적용될 수 있도록 수정하여 왔다. 현재 사용되고 있는 윤리강령은 전문, 윤리기준, 사회복지사 선서와 같이 세 부분으로 구성되어 있는데, 이 중 윤리기준은 다음과 같다.

사회복지사 윤리강령 중 윤리기준

Ⅰ. 사회복지사의 기본적 윤리기준

1. 전문가로서의 자세
1) 사회복지사는 전문가로서의 품위와 자질을 유지하고, 자신이 맡고 있는 업무에 대해 책임을 진다
2) 사회복지사는 클라이언트의 종교·인종·성(sex)·연령·국적·결혼상태·성 취향(sexual orientation)·경제적 지위·정치적 신념·정신, 신체적 장애·기타 개인적 선호, 특징, 조건, 지위를 이유로 차별대우를 하지 않는다.
3) 사회복지사는 전문가로서 성실하고 공정하게 업무를 수행하며, 이 과정에서 어떠한 부당한 압력에도 타협하지 않는다.
4) 사회복지사는 사회정의 실현과 클라이언트의 복지증진에 헌신하며, 이를 위한 환경조성을 국가와 사회에 요구해야 한다.
5) 사회복지사는 전문적 가치와 판단에 따라 업무를 수행함에 있어 기관 내외로부터 부당한 간섭이나 압력을 받지 않는다.

6) 사회복지사는 자신의 이익을 위해 사회복지직의 가치와 권위를 훼손해서는 안 된다.
7) 사회복지사는 한국사회복지사협회 등 전문가단체 활동에 적극 참여하여 사회정의실현과 사회복지사의 권익옹호를 위해 노력해야 한다.

2. 전문성 개발을 위한 노력
1) 사회복지사는 클라이언트에게 최상의 서비스를 제공하기 위해, 지식과 기술을 개발하는 데 최선을 다하며 이를 활용하고 전파할 책임이 있다.
2) 클라이언트를 대상으로 연구하는 사회복지사는 저들의 권리를 보장하기 위해, 자발적이고 고지된 동의를 얻어야 한다.
3) 연구과정에서 얻은 정보는 비밀보장의 원칙에서 다루어져야 하고, 이 과정에서 클라이언트는 신체적, 정신적 불편이나 위험·위해 등으로부터 보호되어야 한다.
4) 사회복지사는 전문성을 개발하기 위해 노력하되, 이를 이유로 서비스 제공을 소홀히 해서는 안 된다.
5) 사회복지사는 한국사회복지사협회 등이 실시나는 제반 교육에 적극 참여하여야 한다.

3. 경제적 이득에 대한 태도
1) 사회복지사는 클라이언트의 지불능력에 상관없이 서비스를 제공하여야 하며, 이를 이유로 차별대우를 해서는 안 된다.
2) 사회복지사는 필요한 경우에 제공된 서비스에 대해, 공정하고 합리적으로 이용료를 책정해야 한다.
3) 사회복지사는 업무와 관련하여 정당하지 않은 방법으로 경제적 이득을 취하여서는 안 된다.

Ⅱ. 사회복지사의 클라이언트에 대한 윤리기준

1. 클라이언트와의 관계
1) 사회복지사는 클라이언트의 권익옹호를 최우선의 가치로 삼고 행동한다.
2) 사회복지사는 클라이언트에 대하여 인간으로서의 존엄성을 존중해야 하며, 전문적 기술과 능력을 최대한 발휘한다.

3) 사회복지사는 클라이언트가 자기결정권을 최대한 행사할 수 있도록 도와야 하며, 저들의 이익을 최대한 대변해야 한다.
4) 사회복지사는 클라이언트의 사생활을 존중하고 보호하며, 직무 수행과정에서 얻은 정보에 대해 철저하게 비밀을 유지하여야 한다.
5) 사회복지사는 클라이언트가 받는 서비스의 범위와 내용에 대해, 정확하고 충분한 정보를 제공함으로써 알 권리를 인정하고 존중해야 한다.
6) 사회복지사는 문서·사진·컴퓨터 파일 등의 형태로 된 클라이언트의 정보에 대해 비밀보장의 한계·정보를 얻어야 하는 목적 및 활용에 대해 구체적으로 알려야 하며, 정보 공개시에는 동의를 얻어야 한다.
7) 사회복지사는 개인적 이익을 위해 클라이언트와의 전문적 관계를 이용하여서는 안된다.
8) 사회복지사는 어떠한 상황에서도 클라이언트와 부적절한 성적 관계를 가져서는 안된다.
9) 사회복지사는 사회복지 증진을 위한 환경조성에 클라이언트를 동반자로 인정하고 함께 일해야 한다.

2. 동료의 클라이언트와의 관계
1) 사회복지사는 적법하고도 적절한 논의 없이 동료 혹은, 다른 기관의 클라이언트와 전문적 관계를 맺어서는 안된다.
2) 사회복지사는 긴급한 사정으로 인해 동료의 클라이언트를 맡게 된 경우, 자신의 의뢰인처럼 관심을 갖고 서비스를 제공한다.

Ⅲ. 사회복지사의 동료에 대한 윤리기준

1. 동료
1) 사회복지사는 존중과 신뢰로서 동료에 대하며, 전문가로서의 지위와 인격을 훼손하는 언행을 하지 않는다.
2) 사회복지사는 사회복지직의 이익과 권익을 증진시키기 위해 동료와 협력해야한다.
3) 사회복지사는 동료의 윤리적이고 전문적인 행위를 촉진시켜야 하며, 이에 반하는 경우에는 제반 법률규정이나 윤리기준에 따라 대처해야 한다.

4) 사회복지사가 전문적인 판단과 실천이 미흡하여 문제를 야기시켰을 때에는, 적절한 조치를 취하여 클라이언트의 이익을 보호해야 한다.
5) 사회복지사는 전문직 내 다른 구성원이 행한 비윤리적 행위에 대해, 제반 법률규정이나 윤리기준에 따라 조치를 취해야 한다.
6) 사회복지사는 동료 및 타전문직 동료의 직무 가치와 내용을 인정·이해하며, 상호간에 민주적 직무관계를 이루도록 노력해야 한다.

2. 슈퍼바이저
1) 슈퍼바이저는 개인적인 이익의 추구를 위해 자신의 지위를 이용해서는 안된다.
2) 슈퍼바이저는 전문적 기준에 의해 공정하게 책임을 수행하며, 사회복지사·수련생 및 실습생에 대한 평가는 저들과 공유해야 한다.
3) 사회복지사는 슈퍼바이저의 전문적 지도와 조언을 존중해야 하며, 슈퍼바이저는 사회복지사의 전문적 업무수행을 도와야 한다.
4) 슈퍼바이저는 사회복지사·수련생 및 실습생에 대해 인격적·성적으로 수치심을 주는 행위를 해서는 안된다.

Ⅳ. 사회복지사의 사회에 대한 윤리기준

1) 사회복지사는 인권존중과 인간평등을 위해 헌신해야 하며, 사회적 약자를 옹호하고 대변하는 일을 주도해야 한다.
2) 사회복지사는 필요한 사회서비스를 개발하기 위한 사회정책의 수립·발전·입법·집행에 적극적으로 참여하고 지원해야 한다.
3) 사회복지사는 사회환경을 개선하고 사회정의를 증진시키기 위한 사회정책의 수립·발전·입법·집행을 요구하고 옹호해야 한다.
4) 사회복지사는 자신이 일하는 지역사회의 문제를 이해하고, 그것을 해결하는 일에 적극적으로 참여해야 한다.

Ⅴ. 사회복지사의 기관에 대한 윤리기준

1) 사회복지사는 기관의 정책과 사업목표의 달성·서비스의 효율성과 효과성의 증진을 위해 노력함으로써, 클라이언트에게 이익이 되도록 해야 한다.
2) 사회복지사는 기관의 부당한 정책이나 요구에 대하여, 전문직의 가

치와 지식을 근거로 이에 대응하고 즉시 사회복지윤리위원회에 보고해야 한다.
3) 사회복지사는 소속기관 활동에 적극 참여함으로써, 기관의 성장발전을 위해 노력해야 한다.

VI. 사회복지윤리위원회의 구성과 운영

1) 한국사회복지협회는 사회복지윤리위원회를 구성하여, 사회복지윤리실천의 질적인 향상을 도모하여야 한다.
2) 사회복지윤리위원회는 윤리강령을 위배하거나 침해하는 행위를 접수받아, 공식적인 절차를 통해 대처하여야 한다.
3) 사회복지사는 한국사회복지사협회의 윤리적 권고와 결정을 존중하여야 한다.

제 2 절 사회복지와 이데올로기

1. 사회복지에 대한 상반된 관점

사회복지학뿐 아니라 대부분의 사회과학 영역에서 사회를 바라보는 시각과 이론적 관점은 통일되어 있지 않다. 사람들은 자신이 보는 방향과 각도에 따라 사회현상 및 사회문제를 다르게 인식하고 있으며, 여기에는 각자의 경험과 가치관이 반영되어 있다. 이처럼 자신의 가치관에 기초하여 현상을 바라보는 시각을 관점이라고 할 수 있다. 사회복지를 바라보는 관점 역시 사회복지가 어떠해야만 한다고 생각하는 가치관에 따라서 다르며, 관점의 차이에 따라 사회복지의 필요성, 기능과 그 영향력과 효과 등에 대한 평가 등에서 입장이 갈라진다.

사회에 대한 이론적 관점의 스펙트럼은 매우 넓고 다양하지만 가장 크게 나누어 볼 때 기능주의(functionalism)와 갈등주의(conflict-ism)가 두 범주가 양극단에 자리하고 있다. 사회복지이론도 기본적으로 이 두 가지 양립된 관점에 영향을 받고 있으며, 양자의 통합인 신갈등주의(neo-conflictism)도 있다.

각각의 입장은 사회복지를 이해하는 태도에서 상당한 차이를 보인다. 많은 사람들이 사회복지는 이타주의에 근거를 두고 있다고 생각하고 있지만, 사회복지는 이타주의와는 달리 취약한 지위의 사람들을 통제하려는 사람들의 정치적·경제적·사회적 이해관계가 동태적으로 상호 작용하는 과정에서 생성되는 측면도 있다. 즉, 사회복지는 욕구를 가진 사람들을 돕는다는 측면과 사회의 여러 제도와 구조, 질서를 유지하려는 두 가지 의도의 양면성을 가지고 있는데 관점에 따라 어느 한 측면을 좀더 강조하기도 하며, 사회복지에 대한 평가도 다르게 내리고 있다.

1) 기능주의 관점

기능주의는 사회를 하나의 균형 있는 유기체로 파악하며, 구성원들 간의 협동에 의하여 합의되고 조직되는 안정된 통합체계로 보는 관점이다. 이 관점에 따르면 전체 사회는 하나의 몸에 비유될 수 있는데, 사회 내의 개인과 여러 기관들은 세포나 장기(臟器)와 같이 몸을 구성하는 부분이 된다. 신체의 각 부분들이 몸 전체의 건강상태를 유지하도록 각자의 역할을 다하는 것과 마찬가지로 사회의 각 부분들은 전체 사회체제를 유지하기 위한 자신의 기능을 수행하고 있는 것으로 이해된다. 따라서 신체 일부분이 손상되는 몸 전체의 건강이 훼손되는 것처럼 사회체계의 각 하위부분이 평형상태를 유지하지 못하고 기능을 제대로 수행하지 못할 때 사회문제가 발생하게 된다.

이 관점에서 사회복지는 인간 욕구를 충족시키는 동시에 특정한 사회질서와 제도의 유지에 기여하는 하나의 하위체계로 간주된다. 사회를 통합시키고 안정시키기 위해서 갈등이나 불만을 제거하고,

사회에 적응하지 못하는 구성원을 사회에 적응할 수 있도록 하는 것이 사회복지의 기능론적 접근방법이다. 예를 들면 공공부조 프로그램이나 전통적인 치료프로그램들은 이 관점에서 사회에 기능적이라고 긍정된다. 낮은 수준의 지원으로 저소득층의 생계를 도와줌으로써 조세부담을 줄이고 사람들이 복지수혜자의 지위에서 벗어나서 자립하도록 유도한다거나 정신적으로 병든 사람들을 사회로부터 격리시켜 수용하고 이들이 일반 사회에 복귀하도록 치료하는 것, 심리적으로 또는 정서적으로 사회의 규범에 적응하지 못하는 개인이나 가족이 사회적 기능을 제대로 할 수 있도록 변화시키는 등의 활동은 사회복지의 특징이며 장점으로 인식한다.

또, 사회정책을 통해 사회체계와 성원의 기능을 향상시키려는 노력도 이 관점에 속한다. 예를 들어 고용정책이나 교육정책 등을 통해 기능적 향상을 도모한다.

이와 같이 기능론적 사회복지는 체계의 기능을 확대시키거나 안정을 위한 구조적 적응을 그 핵심으로 한다(김영모, 2000).

2) 갈등주의 관점

이와 대조적으로 갈등주의 관점은 사회가 이해관계에 의해서 형성되어 있고 제한적인 자원과 권력이 불균등하게 분배됨으로써 필연적으로 갈등이 발생할 수밖에 없다고 파악한다. 이 관점에 따르면 사회현상은 대립적 모순을 내포하고 있으며 모순은 사회의 변화를 끊임없이 추동하여 새로운 사회체계로 이끄는 힘으로 작용한다. 대표적인 학자인 마르크스(K. Marx)의 변증법적 갈등이론은 사회현실을 희소자원(지위, 권력, 재산, 욕구, 기회, 이익)을 소유하고 지배하려는 경쟁과 투쟁이라는 갈등으로 파악한다. 사회는 본질적으로 대립의 관계, 갈등의 관계를 안고 있으며, 이해관계가 서로 다른 대립집단간의 갈등을 통해 새로운 구조와 상태로 옮겨가고 있다. 따라서 사회는 갈등으로 인하여 끊임없이 변동하게 된다(김상균 · 김성이, 1999).

이 관점에서 사회복지는 사회의 권력 엘리트들이 근본적인 사회변화를 예방하고 대중들을 통제하기 위하여 의도적으로 도입한 것으로, 사회복지제도가 자본주의 사회의 근본적인 변화를 거부하고 취약계층을 포섭하기 위한 수단이라고 비판된다. 다른 한편으로는 사회문제의 원인을 개인의 결함보다는 갈등을 내포한 사회구조의 결함으로 보기 때문에 근본적인 사회구조의 개혁을 요구하며 행동주의적인 실천을 긍정적으로 바라본다.

갈등주의 관점에서 미국의 공공복지를 연구한 피븐(Piven)과 클로와드(Cloward)는, 역사적으로 빈민들이 착취에 항거할 때에 복지프로그램이나 각종 편익들이 생겨나고 시위나 저항이 줄어들 때까지 확대되었다고 주장한다. 대중적인 저항이 끝나면 복지가 줄어들기도 하지만 저항이전의 수준으로까지 내려가지는 않기 때문에 한동안 빈민들은 사회체제에 순응하게 된다는 것이다(Piven & Cloward, 1993). 이러한 입장에서 보면 복지프로그램의 확대는 이타주의 동기가 아니라 정치·경제적 동기에서 이루어지는 것이며, 사회복지를 통해 빈민들의 이익을 실질적으로 얻어내기 위해서는 끊임없이 저항행동을 벌여야 하며, 근본적인 사회체제에 도전해야 한다.

최근 갈등론자들 중 정통 마르크스주의의 입장은 상당히 줄어들었지만 급진적 페미니스트 또는 사회주의 페미니스트들도 갈등주의 입장에서 사회복지를 비판적으로 바라보고 있다.

3) 신갈등주의 관점

신갈등주의 관점은 통합적 관점이라고 부르기도 하는데 이 관점은 갈등을 사회악으로 보는 기능주의의 입장과는 달리 갈등을 사회화의 한 형태인 동시에 사회를 재통합시켜 주는 기제로 파악한다. 또, 고전적 갈등론자처럼 갈등을 일면적으로 파악하지 않고 갈등의 원천도 다양하다고 이해한다. 따라서 이 관점에서 사회구성원들의 이익은 서로 조화될 수 있으며 갈등을 제도화하여 수용하는 것이 주요 과제가 된다.

이 과정에서 사회복지는 사회갈등의 제도화와 연결될 수 있다. 입법과 정책수립을 통해 갈등을 수용함으로써 구성원들의 이익은 조정될 수 있는데, 사회정책에서 사회보장제도의 도입이나 노사협의제도와 같은 활동은 갈등을 수용하는 대표적 기제로 작용한다. 또 사회사업에서 개혁적 모델이나 지역사회조직사업과 같이 갈등을 인정하고 개입하려는 시도들도 이 관점에 가깝다(김상균 외, 2001).

2. 사회복지와 이데올로기

이데올로기(ideology)라는 용어는 한 개인이나 집단, 특정 계층의 사람들에 의해 공통으로 소유되는 신념 또는 가치의 체계로서, 인간·자연·사회에 대해 품는 현실적이며 이념적인 의식의 제형태를 가리키는 말이다. 사회복지에 있어서 이데올로기는 중요한 내적 요소가 되는데, 각 사람이 갖고 있는 가치나 신념에 따라 사회문제 원인과 해결에 대한 선택지가 상이하게 나타나며 이 선택의 궁극적인 지침으로서 이데올로기가 작용하게 된다(백종만 외, 2001).

사회복지와 관련된 일반적인 이데올로기로는 자유지상주의, 자유주의, 사회민주주의, 마르크스주의 등 다양한 이념들이 영향을 미치고 있으며, 이외에도 학자에 따라 인도주의와 민주주의, 개인주의와 집합주의, 자신사랑과 박애사랑, 자발주의와 협동주의, 선별주의와 보편주의, 심지어 탈시설화, 민영화, 노멀라이제이션(정상화), 제3의 길 등도 하나의 이념으로써 사회복지와 연결된다고 지적되고 있다(김영모, 2000; 김상균 외, 2007). 이들 이념들의 스펙트럼은 매우 다양하며 따라서 각 이념에 따라 사회복지에 대한 태도도 상이하게 나타난다. 가장 크게는 자유주의와 개입주의의 입장으로 대별될 수 있는데 자유주의는 사회복지에 대한 정부의 개입을 반대하며, 개입주의는 찬성한다. 이 극단적 양자의 사이와 그 너머에서 네 가지 혹은 그 이상의 이념들이 자리하고 있다고 할 수 있다.

사회복지에 영향을 미치는 이데올로기를 집중적으로 분석한 대표적인 연구로는 조지(V. George)와 윌딩(P. Wilding, 1976, 1994)과 휴잇(Hewitt, 1992) 등이 있다. 그 중에서도 조지와 윌딩의 연구는 사회복지에 영향을 미치는 이념체계를 체계적으로 분석한 것으로 인정받고 있다.

다음에서는 조지와 윌딩의 이데올로기 체계와 함께 기초적인 수준에서 알아두어야 할 선별주의와 보편주의, 제3의 길 등을 좀 더 살펴본다.

1) 조지와 윌딩의 이데올로기 모형

조지와 윌딩의 이데올로기 모형 변화
George와 Wilding은 초기 저작인 『이데올로기와 사회복지(Ideology and Social Welfare)』(1976)에서는 반집합주의, 소극적 집합주의, 페이비언 사회주의, 마르크스주의의 4가지 이데올로기를 제시하였고, 이후 『복지와 이데올로기(Weflare and Idelolgy』(1994)에서는 이전의 연장선상에 있는 신우파, 중도노선, 사회민주주의, 마르크스주의와 함께 페미니즘, 녹색주의를 추가하여 6가지 이데올로기를 분석하고 있다.

조지와 윌딩(1994)은 복지국가를 둘러싼 논쟁과 관련된 정치 이데올로기를 신우파(The New Right), 중도노선(The Middle Way), 사회민주주의(Democratic socialism), 마르크스주의(Marxism), 페미니즘(Feminism), 녹색주의(Greenism) 등의 6가지로 제시하고 있다. 이들 중 앞의 세가지 이념은 전통적인 정부 개입의 정당성 논쟁에 크게 영향을 미쳐왔으며, 마르크스주의와 페미니즘, 그리고 녹색주의는 다른 맥락에서 복지국가 체제를 넘어선 근본적인 변혁을 제기하고 있다.

① 신우파

신우파는 1970년대 경제위기 이후부터 다시 등장한 이데올로기로, 서구의 지식계와 정치계에서 나타난 국가활동을 비난하는 고전적 자유주의의 새로운 형태이다. 이들은 자유를 소극적인(negative) 개념, 즉 강제가 없는 상태(absence of coersion)로 파악한다. 신우파는 평등보다는 자유를 명백히 우선시하기 때문에 결과적으로 불평등을 옹호하는 입장이 된다. 이들은 상이한 지위에 부가되는 상이한 사회적 평가를 철폐한다면 근로의욕이 상실된다고 주장한다. 더욱이 평등을 이루려면 국가가 강제적으로 개입해야 하는데, 이는 개인의 자유를 침해하는 것과 같다. 유산의 상속도 소득처분의 자유와 공리주의라는 명분 아래 정당화된다.

전반적인 면에서 신우파는 정부의 개입이 유해하다고 주장하기 때문에 자유지상주의(Libertarian)에 가까운 모습을 보이기도 한다. 복지국가는 개인의 자유를 침해할 수밖에 없다는 것이 그들의 주장이다. 신우파가 생각하는 이상적 복지사회는 국가의 역할이 축소되는 대신 시장이 더 많은 역할을 수행하는 형태이다. 시장이야말로 소비자의 선호를 발견하고 조정하는 최선의 체계라고 주장한다. 시장에서의 경쟁은 서비스의 질을 향상시키며, 개인의 책임과 이기심 등 인간 본성에 적합한 측면이 있기 때문에 시장을 활성화하도록 불필요한 개입은 억제되는 것이 바람직하다는 입장을 취한다.

② 중도노선

중도노선은 국가 차원의 복지정책을 통해 자본주의의 사회적 폐해를 완화할 필요가 있고, 또한 그것이 가능하다는 생각에 기초하고 있다. 실용적(pragmatic) 성격을 지닌 중도노선은 신우파와 유사하게 자유, 개인주의, 그리고 경쟁적 사기업을 신봉하지만, 자유에 대한 신뢰의 강도는 다르다. 중도노선에서는 중심가치들을 절대적 가치로 믿지 않으며, 조건부로 신봉한다. 즉, 가치에 대한 믿음의 정도는 지적 실용주의(intellectual pragmatism)에 의해 제한되며, 자본주의의 효율적이고도 공평한 운용을 위해서는 적절한 규정과 통제를 필요로 하기 때문에 정부의 역할을 긍정적으로 보고 있지만 그렇다고 무제한적 또는 만능적 역할을 감당할 수 있다고는 보지 않는다. 정부의 행동이 필연적이거나 효율적일 때만 국가개입을 제한적으로 긍정하며, 근본적으로는 정부의 개입을 최소화시키는 것이 바람직하다는 것이다. 사회정책은 사회병리를 개선하고 바람직한 가치를 증진하며 사회결속을 유지하는 경우에만 유용하다고 확신한다.

③ 사회민주주의

사회민주주의의 중심적 사회가치는 평등, 자유, 우애(fraternity)이다. 여기에서 평등개념은 과도한 불평등의 감소를 의미한다. 그리고 그것은 국민최저선(national minimum)의 설정, 기회평등의 촉진, 취약계층에 대한 적극적 차별의 시행을 통해 이루어질 수 있다고 본다. 이들에게 자유는 적극적(positive) 자유를 뜻한다. 시장체계의 정의롭지 못한 분배를 시정하는 것이 정부의 역할이라고 그들은 주장한다. 한편, 경제성장 없이는 사회주의 목표를 성취할 수 없기 때문에 경제성장을 보장하기 위한 정부의 책임은 필수적이다. 즉, 경제성장은 국민들에게 선택권을 넓혀 주고, 빈부격차를 감소시켜 주며, 사회적 자본을 증대시켜 주기 때문에 꼭 필요하다. 그런데 경제성장에는 내재적으로 불평등이 뒤따르기 때문에 정부는 불평등 완화조치도 함께 취해야 한다는 것이다. 사회민주의자들이 바라는 사회주의의 핵심적 특징은 점진주의와 민주주의이다. 최근의 사회민주주주의자는 중앙집권적, 관료주의적, 단일 서비스에 대한 지지는 포기하였다. 대신에 대중참여와 능력고취(empowerment), 소비자 선택 등을 강조하고 있다. 이들은 자본주의를 철폐하는 것이 아니라 인간화하여 다양한 협력과 참여 수단을 통해 좀더 사회적으로 통제되고 규제되는 시장을 만들고자 노력한다.

④ 마르크스주의

마르크스주의자들은 사회민주주의와 마찬가지로 자유, 평등, 우애를 중시한다. 하자만 사회민주주의와는 달리 복지의 확대를 통해 자본주의를 수정할 수 있을 것이라고 기대하지 않고 보다 본질ㅈ거인 자본주의의 변화를 통해 생산 및 분배 수단을 사회화하고자 노력한다. 그들 역시 자유를 광의적이며 적극적인 개념으로 사용하여 경제적 평등을 포함하여야 자유롭다고 주장한다. 빈곤과 실업의 공포로부터 해방되는 경제적 자유와 기회의 실존이 뒷받침될 때만이 진정한 자유라고 생각한다. 신우파에게 자유의 개념이 불평등과 동의어라면, 마르크스주의자에게 경제적 평등 없는 자유는 기만이다. 마르크스주의에서 경제적 평등과 계급갈등에 대한 강조는 사회경제적 측면에서 정부의 강력하고 적극적인 역할로 이어진다. 경제적 평등은 산업민주주의와 대기업 및 영리단체의 국유화를 요구하게 되며 산업민주주의와 생산수단의 국유화를 통해 국가가 시장보다 우위에서 사회를 조정해 나가기를 기대한다.

⑤ 페미니즘

페미니즘은 성차별적 정치권력의 구조와 성별 차별이 존재하는 사회체제에 관심을 갖고 복지국가를 이해하고 있다. 복지국가의 발달에 관한 페미니즘적 분석의 가장 큰 기여는 불평등에 관한 새로운 시각의 제시라 할 수 있다. 서유럽 복지국가의 예에서 보면, 복지국가의 발달은 자본과 노동간 투쟁의 타협안으로 이해되어 왔는데 페미니즘은 성차별적인 정치권력의 결과로 보아야 한다는 통찰을 추가하였다. 이에 페미니스트의 복지국가관은 양가감정적(ambivalent)이다. 복지국가는 성차별 체계(gender system)의 현대적 양상에 지나지 않는다는 입장과, 여성친화적 국가라는 호의적 반응이 공존하고 있는 것이다. 페미니즘의 시각은 크게 자유주의적 페미니즘, 사회주의적 페미니즘, 급진적 페미니즘 등으로 나뉘어져서 여성의 불평등한 지위와 원인, 개선의 방향에서 의견이 나뉘고 있다.

첫째, 자유주의적 페미니즘(liberal feminism)은 교육, 직업, 사회적 위치 등에서 남성과의 동등한 권리획득에 주된 관심을 보인다. 국가를 중립적, 몰이해적, 중재적인 존재로 간주한다. 그러나 국가관이 단순하고 순진하다는 약점을 지니고 있으며, 여성 불평등을 공적 영역에만 한정시킨다는 비판을 받기도 한다.

둘째, 사회주의적 페미니즘(socialist feminism)은 현 사회를 가부장 중심의 자본주의사회라고 본다. 그리하여 여성의 무임금 가사노동은 차세대 노동자를 재생산하고 남성가구주에게 무급의 서비스를 제공한다고 해석한다. 복지국가의 가족정책은 가부장적 자본주의의 착취체계를 유지시킨다고 비판하면서 자본주의적 페미니즘(capitalist feminism)이라고 부른다. 그러나 이 입장은 자본주의 내에서 이룩한 성불평등에 대한 개혁이나 완화의 성과를 인정하지 않는 현실적 약점을 지니고 있다.

셋째, 급진적 페미니즘(radical feminism)은 여성집단은 남성집단에 의해 억압받는 존재로 파악한다. 억압의 뿌리는 생물학에 근거하거나 고용과 피용의 관계라고 본다. 특히 강간이나 가정폭력 등에 주목하며, 남성과 여성을 적대관계로 본다. 그러나 이들은 여성간에 존재하는 상이한 이해관계와 위치를 무시하는 이념적 경직성을 보이고 있다. 더욱이 남녀관계를 불가피한 갈등관계로 간주하며 생물학적 환원주의에 빠진 결과, 실질적 해결책이나 희망을 주지 못한다는 비판을 받는다(김상균 외, 2007).

페미니스트들은 양면적 복지국가관을 보이면서도, 복지국가가 여성특유의 욕구에 대한 배려에 실패했음을 강조한다. 빈곤의 여성화(feminization of poverty)현상에서 볼 수 있듯이 복지국가가 여성에게 적절한 독립적 소득을 보장하지 못했다는 것이다. 그리고 복지국가에서도 돌봄(care) 역할은 당연히 여성이 해야 하는 것으로 간주되며 이를 개인적이고 사적 영역에 속한 것으로 파악한다는 점을 비판하고 있다.

⑥ 녹색주의(Greenism)

녹색주의는 선진 산업사회의 정부 역할에 관해 다섯 가지 기본적 비판을 가한다. 첫째, 경제성장과 소비의 지속 확대가 가능하며 바람직하다는 신념에 입각한 복지국가는 잘못되었다. 둘째, 공업, 농업, 의료부문이 사용하는 대규모 기술은 유해하다. 셋째, 산업사회의 탐욕적이고 개인주의적인 정신은 자원고갈을 촉진시킨다. 넷째, 복지국가의 사회복지서비스는 사회문제의 원인이 아닌 현상만을 다루고 있다. 다섯째, 경제성장과 소비의 감축과 마찬가지로 공공복지 지출도 축소되어야 한다.

녹색주의자들도 상반되는 두 가지 입장으로 나뉘어지는데 한쪽에서는 밝고 약한 녹색주의가 위치하여 환경친화적 경제성장과 소비를 통해 경제의 성장과 소비를 인정하면서 자연과의 공존을 추구한다. 다른 한쪽의 어둡고 강한 녹색주의자들은 과학기술로는 현재의 환경문제를 해결할 수 없고 오직 경제성장과 소비의 축소를 통해서 인간이 다른 종과 평등하게 생활해야 한다고 주장한다.

〈표 2-1〉 조지와 윌딩의 이데올로기 모형

	사회적 가치	정부의 역할	복지와 이상사회
신우파	신우파의 3대 가치는 자유, 개인주의 그리고 불평등이며, 그 중에서도 자유는 으뜸가는 가치	정부의 개입이 유해하다고 주장	국가의 역할이 축소되는 대신 시장이 더 많은 역할을 수행하는 형태
중도노선	실용적(pragmatic) 성격을 지닌 중도노선은 여러 가지 측면에서 신우파와 유사한 가치를 신봉자유, 개인주의, 그리고 경쟁적 사기업에 대한 강조	· 합리적 행동에 기반한 정부활동의 성격을 호의적인 것으로 인식 · 부의 행동이 필연적이거나 효율적일 때로만 국가개입을 제한하며, 근본적으로는 정부의 개입을 최소화시키는 것이 바람직하다는 태도	· 질서와 안정이 유지되는 상황에서만 개인과 지역사회가 성장 · 발전 · 바람직하고 실행 가능한 목적을 성취하기 위해 사회정책은 실용적이어야 함
사회 민주주의	평등, 자유, 우애와 민주주의와 인도주의	· 시장체계의 정의롭지 못한 분배를 시정하는 것이 정부의 역할 · 경제성장을 보장하기 위한 정부의 책임은 필수적	점진주의와 민주주의를 통한 사회주의
마르크스주의	자유, 평등, 우애	· 정부의 강력하고 적극적인 역할 주장 · 경제적 평등은 산업민주주의와 대기업 및 영리단체의 국유화를 요구	보편적 평등이 달성되는 사회주의
페미니즘	양성 평등	· 복지국가는 성차별 체계(gender system)의 현대적 양상에 지나지 않는다는 입장과 여성친화적 국가라는 호의적 반응이 공존 · 복지국가가 여성특유의 욕구에 대한 배려에 실패했음을 강조	남성과 여성간의 차별과 억압이 사라진 사회
녹색주의	환경을 무질서한 착취로부터 보호하고 방어	경제성장과 소비의 확대를 추구하는 정부의 방향은 잘못된 것	인간이 자연계와 공존할 수 있는 사회

2) 보편주의와 선별주의

보편주의와 선별주의의 이념적 차이는 일반적으로 수급대상자를 어떻게 할 것인가를 둘러싼 논쟁에서 자주 드러난다. 이 차이가 이데올로기라고 할 수 있는 신념과 가치 체계를 담지하고 있는가에 있어서는 이견이 있을 수 있지만, 사회복지의 실현에서 중요한 논쟁이기 때문에 두 입장을 이해하는 것은 중요하다.

보편주의(universalism)란 급여는 사회적 권리(social right)로서 모든 사람에게 주어져야 한다는 원리에 근거하고 있다. 이에 따라 급부형태는 차치하고 중요한 것은 급부를 행하는 데 있어서 원칙적으로 대상자(수급자)에 특수한 자격 혹은 조건을 붙이지 않고 이루어져야 하는 입장으로서 아동수당이나 전체 노인을 대상으로 하는 보편적 서비스, 공공교육 등의 예에 적용되는 원리이다.

반면 선별주의(selectivism)란, 급여는 개인의 욕구(individual needs)에 기초하여 주어져야 한다는 원리로, 개인의 욕구를 확인하기 위해 주로 자산조사(means-test)에 기반하여 급여가 제공된다. 대표적인 경우가 공공부조이다.

사회정책의 많은 논쟁들에서 보편주의를 옹호하는 사람들과 선별주의를 옹호하는 사람들간의 끊임없는 줄다리기가 계속되어 왔다(Gilbert, Terrell, 2007). 보편주의자들은, 사회정책을 빈민이나 장애인 또는 특별히 어려움에 처한 사람들에게 국한된 문제가 아니라, 사회구성원 모두가 당면하는 문제에 대한 사회 전체의 대응이라고 생각한다. 보편주의자들이 보기에는 사회구성원 모두는 사회에서 나타나는 다양한 문제와 욕구에 언젠가는 한번 직면하게 된다는 점에서 모든 시민들은 "위험에 처해 있는" 것이다. 따라서 부자냐 빈곤한 사람이냐 혹은 남자냐 여자냐 하는 등의 기준에 따라 서로 다른 이질적인 집단으로 구분할 것이 아니라 문제와 욕구에 대응할 수 있는 광범위한 프로그램의 조직이 필요한 것이다. 정치적 권리가 모든 사람에게 주어지듯이 사회적 권리 역시 모든 사람에게 주어져야 하는 것이며, 이러한 입장에서 사회보험, 공공교육, 노인 의료서비스 등을 소득 수준에 관계없이 제공하여야 하며 이를 통해 좀더 나은 복지국가가 달성되는 것이다. 보편적 제도를 통해 사회구성원은 주는 자와 받는 자로 분리되지 않고 인간의 존엄성과 사회통합을 유지할 수 있으며, 이를 통해 사회적 효과성을 높일 수 있다는 점이 강조된다.

이 입장에서는 경제적 기준에 따라 수급자격을 결정하는 제도는 사회구성원들을 분열시키고 사회 내에 차별을 조장한다. 또한 선별된 급여 수급자들은 자신이 권리를 가지고 있음에도 치욕감 또는 낙인감을 갖게 되기 때문에 복지국가는 지양해야 하는 제도이다. 물론 보편적 제도는 선별적인 프로그램보다 더 많은 비용이 든다. 하지만 한정된 대상자를 가진 프로그램일수록 정치적으로 취약하여 공격받기 쉽기 때문에 오히려 보편적이 프로그램이 정치적 이점을 갖고 있다는 점도 주목해야 한다.

반면, 선별주의자들은 유한한 자원의 효율적 배분을 위해서는 대상자를 선별하는 것이 필요하다고 생각하며, 사회복지분야에 있어서는 오래전부터 이러한 원리가 폭넓게 적용되어 왔다. 이 입장에서 보면 사회복지의 혜택을 받고 싶어하는 개인과 가족은 자신들에게 혜택이 주어져야 하는 필요(need)를 입증해야 한다. 따라서 보편적인 급여보다는 욕구가 증명된 빈민 등만을 대상으로 하는 급여가 선호된다. 이러한 이념에는 적절한 사회 정책은 그 범위가 제한되어야 하며 스스로의 욕구를 충족시킬 능력이 있는 사람은 정부로부터 급여를 받아서는 안된다는 생각이 깔려있다. 이를 통해 세금을 납부하고 복지 비용을 내는 사람들은 소수의 사람들을 위해서만 기꺼이 비용을 감당하게 되며, 수급자격을 제한함으로써 전체적인 지출을 감소시키고 욕구가 큰 사람들에게 재원을 집중시킬 수 있다고 주장한다. 이들은 빈곤을 퇴치하는 데는 기꺼이 동의하기 때문에 빈곤한 사람들에게 초점을 맞추어 욕구가 전혀 없거나 그다지 많지 않은 사람들을 위해서 비용이 낭비할 이유는 없다고 생각한다. 선별주의자들은 충족되지 않은 욕구가 광범위하게 존재하기 때문에 희소한 공공자원에 대해 빈민들이 최우선적인 요구권을 가져야만 형평이 회복될 수 있다고 주장한다(Gilbert, Terrell, 2007).

〈표 2-2〉 보편주의와 선별주의의 비교

구 분	보편주의	선별주의
주요내용	· 사회의 모든 구성원들에게 정부가 서비스나 재정적인 원조를 제공하는 것. · 자산조사가 필요하지 않으며, 특정한 인구 범주(아동, 장애인, 65세 이상 노인 등) 또는 시민이라는 사실 외에 어떤 자격요건을 필요로 하지 않는다.	· 사회복지 대상자들을 사회적·신체적·교육적 기준에 따라 요건을 매우 엄격히 제한하여 구분한 다음 복지서비스를 제공하는 것. · 자산조사를 통해 원조의 필요가 있다고 인정된 사람들, 즉 결손가정, 장애인, 무능력자, 도움이 필요한 노인, 빈민 등만을 복지서비스의 대상으로 한다.
장 점	최저소득을 보장함으로써 빈곤을 예방할 수 있고, 수혜자에게 심리적·사회적 낙인을 가하지 않으며, 행정절차가 용이하고, 시혜의 균일성을 유지할 수 있으며, 모든 시민의 구매력을 일정 수준에서 유지(유효수요)함으로써 경제적 안정과 성장에 기여한다.	서비스를 도움이 필요한 사람에게 집중시킬 수 있고, 자원의 낭비가 없으며, 비용이 적게 든다.
단 점	비용이 많이 들며, 한정된 자원을 꼭 필요한 부분에 효과적으로 사용하는 데는 한계가 있다.	자산조사 과정과 일반 시민들과의 사회적 관계에서 낙인을 피할 수 없다.
복지이념	제도적 모형	잔여적 모형
예	아동수당, 가족수당, 아동에 대한 의무교육, 모든 65세 이상 노인에 대한 교통비 지급	공공부조 빈민을 위한 공공주택

자료: 사회복지교육연구센터(2009).

보편주의와 선별주의의 논쟁은 한국에서도 자주 나타난다. 2009년 경기도의회에서 무상급식을 둘러싸고 벌인 논쟁에서도 무상급식 제도가 부잣집 아이들에게까지 재정을 낭비하게 만든다는 비판이 등장했으며, 결국 선별적인 급식지원제도가 선택되었다. 선별과정에서 결식아동들이 느끼는 수치심과 낙인감 등의 문제가 제기되고는 있지만 아직까지 한국 사회에서는 보편주의에 대한 지지가 대중적으로 선별주의를 압도하고 있지는 못하다. 서국 복지국가의 역사에서 볼 때 보편주의 프로그램의 도입을 통해 중간계층까지 복지혜택이 주어짐으로써 복지체계가 정치적으로 더욱 굳건해진 경험을 상기해 볼 필요가 있다.

3) 제3의 길과 사회투자국가

제3의 길은 기존의 사회민주주의 복지국가와 1980년대 이후의 신자유주의 정책을 모두 비판하며 20세기 말 유럽에서 등장한 정치이데올로기를 가리키는 용어이다. 제3의 길은 기존에 복지국가를 지지해왔던 사회민주주의(제1의 길)의 문제점을 지적하는 동시에, 이에 대한 비판으로 영향력을 확대해왔던 신자유주의(제2의 길)를 추종하는 것이 아니라 양자의 단점을 배제하고 장점만을 받아들여 융화시킨 새로운 노선과 복지정책의 기본 틀을 제시한 입장을 통칭하는 개념으로 사용되었다.

1970년대 중반이후 복지국가 성장의 기반이었던 사회민주주의는 복지국가 위기와 함께 점차 영향력을 잃어갔고, 이에 대한 사회적 비판의 분위기와 함께 시장경제의 효율성과 자유를 강조하는 신자유주의가 **대처리즘과 레이거노믹스** 하에서 채택되어 번영을 누리게 되었다. 그러나 신자유주의는 사회적 부의 절대적 크기를 증가시키는 데는 기여하였지만, 빈부 간 격차를 심화시키는 등 새로운 문제점을 노출시켰다. 신자유주의의 폐해가 드러나면서 유럽에서는 과거의 사회민주주의로 회귀하는 대신에 사회민주주의와 신자유주의의 장점을 결합하고 단점을 시정한 제3의 이념을 추구하는 정치적 입장이 지지받기 시작하였는데, 이것이 바로 제3의 길로 통칭되는 새로운 좌파 노선이다. 1990년대 후반 유럽에서는 이러한 새로운 좌파 노선을 내세운 젊은 정치가들이 사회적 지지를 얻기 시작하였고, 영국의 블레어나 독일의 슈뢰더와 같은 사람들이 제3의 길이라고 분

대처리즘과 레이거노믹스
대처리즘(Thatcherism)은 1979년 총선거에서 보수당의 승리로 집권한 대처 수상에 의한 신보수주의 정책을 의미한다. 대처는 노동당 정부가 고수해 왔던 각종 국유화와 복지정책 등을 포기하고 민간의 자율적인 경제활동을 중시하는 강력한 경제개혁을 추진했는데, 이 과정에서 복지를 위한 공공지출의 삭감과 세금인하, 국영기업의 민영화, 노동조합의 활동규제 등으로 사회권이 후퇴되는 부정적 결과를 가져오기도 하였다.
레이거노믹스(Reaganomics) 역시 비슷한 시기인 1981년 미국 대통령에 당선된 레이건이 경제의 재활성화를 통하여 '힘에 의한 위대한 미국'의 재건을 기한다는 국가정책으로 구체적으로는 세출의 삭감, 소득세의 대폭감세, 기업에 대한 정부 규제의 완화, 안정적인 금융정책 등을 추진하며 케인즈주의와는 다른 경제 정책을 펼쳤다.
대처와 레이건의 정책 기조는 1980년대 세계적인 신보수주의의 강세를 이끈 핵심적인 내용이 되었다.

류할 수 있는 정치노선을 내세워 집권에 성공하면서 주류 이데올로기로 부각되었다.

제3의 길의 입장은 '자본주의 죽이기'가 아닌 '인간의 얼굴을 한 자본주의'로 그 목표를 설정한다. 즉, 인도주의적 자본주의 내지 인간 중심적 자본주의를 지향한다. 제3의 길은 영국의 '블레어리즘 또는 블레어노믹스'와 독일 슈뢰더의 '새로운 중도' 노선과 맥을 같이 하는데, 정책적 측면에서 살펴보면, 시장의 효율과 사회복지의 형평을 동시에 추구하면서, 경제성장과 사회복지를 동시에 유지·발전시킨다는 것을 기본 정책노선으로 설정하고 추구해 나가고 있다. 또 복지정책의 지향을 살펴보면, 국민들이 단순히 복지의 수급자만이 아니라 노동시장에서 생산적인 활동에 참여할 의무를 진 개체라는 개인주의, 즉 상품화를 추구하면서, 다른 한편에서는 공정한 기회균등과 분배적 정의를 실현함으로써 공동체적 사회연대를 달성하려는 집합주의(collectivism), 즉 탈상품화(de-commodification)를 자본주의 시장경제체제 내에서 동시에 추구하고 있다. 이러한 측면에서 제3의 길은 '인간의 얼굴을 한 시장경제'를 추구하고 있다.

영국에서 이 이념의 이론적 토대를 제공한 기든스(Anthony Giddens)는 전통적 사민주의의 성과물인 복지국가가 급속한 사회경제적 변화를 제대로 따라가지도 못할 뿐만 아니라 재분배체계로서의 기능도 제한적이라고 진단하고 새로운 노선의 목표로 복지국가를 대체한 사회투자국가를 제시하였다(Giddens, 1998). 사회투자국가는 복지의 투자적 성격과 생산적 성격을 강조하며, 복지와 성장, 사회정책과 경제정책의 상호보완성을 강조한다. 다른 한편에서는 유럽연합(EU) 역시 복지정책의 생산적 측면을 강화하려는 노력을 기울이고 있다. 유럽연합이 2000년 주최한 리스본 정상회담에서는 유럽의 사회모델을 근대화시키는 핵심 요인으로 인적자본에 대한 투자를 강조하고 있다. 유럽 연합의 인적자본에 대한 투자는 특히 아동에 대한 복지를 미래의 생산성과 연관시켜서 복지가 갖는 장기적 투자의 성격을 강조하고 있다(대통령자문정책기획위원회, 2007).

이러한 사회투자국가 논의는 다음의 몇 가지 내용을 강조하고 있다.

첫째, 복지에 대한 투자적 관심: 복지를 현재의 지출이 아닌 미래의 투자로 파악한다. 특히 아동에 대한 복지지출은 미래에 이들의 생산성 증가로 이어진다는 점에서 미래에 대한 투자로 볼 수 있다.

둘째, 삶의 주기에 대한 관심: 삶의 과정에서 특정 기간에 나타나는 상황이 이후 미래의 상황에 영향을 준다는 점을 강조하고 있다. 예를 들어 젊은 시절의 고용불안정성은 은퇴 후 빈곤으로 이어지기 때문에 정책은 현재의 상황 개선에만 주목하는 것이 아니라 미래 상황의 개선이라는 관점에서 평가된다.

셋째, 경제활동에 대한 관심: 현금지급을 통해 위기 해결을 주로 했던 전통적인 소득보장정책과는 달리 경제활동을 통한 위기해결을 강조한다. 따라서 적극적 노동시장정책과 비경제활동인구의 활성화(activation) 전략에 관심을 갖는다.

이러한 사회투자국가 전략은 경제정책과 사회정책의 통합, 시민권의 권리와 의무의 균형, 기회의 평등 강조 등 전통적 복지국가의 가치와 함께 시장의 성장을 조화롭게 이루고자 하는 고민을 담고 있다. 이러한 요소는 제3의 길의 핵심적인 특징이기도 하다.

제 3 장

사회복지의 구조와 체계

사회복지가 추구하는 궁극적 목표의 하나는 대상자(개인, 가족, 집단, 공동체 구성원 등)들에게 그들이 필요로 하는 급여와 서비스를 제공하여 문제를 해결하는 것이다(김상균 외, 2007). 이를 위해 사회복지를 추구하는 사람들은 기관이나 조직을 통해서 누구를 대상으로 할 것인가에 대한 기준을 마련하고 이들의 욕구나 문제를 충족하고 해결해 줄 수 있는 적합한 자원이 이들에게 연결되도록 하고 있다. 이 과정에서 알 수 있는 사회복지의 기본적인 구성요소는 공급자(주체), 욕구나 문제를 지닌 대상자(객체), 대상에게 지급되는 급여와 서비스(급여), 욕구 해결에 필요한 자원(재원) 그리고 욕구와 자원을 연결시켜주는 전달체계 등이다. 그리고 이 전반에는 사회복지가 추구하는 가치가 깔려 있다.

이 장에서는 사회복지의 구성요소를 가치, 주체와 재원, 대상자(객체), 급여, 전달체계 등 다섯 가지로 나누어 살펴본다.

제 1 절 사회복지의 가치

사회복지의 실현과정에서 가치는 프로그램을 수립하고 집행하는데 기초가 된다. 특히 사회가 합의하고 있는 가치는 그 사회가 실현하는 사회복지의 내용과 수준에 큰 영향을 미친다. 하지만 보편적인 가치가 무엇인가에 대해서는 의견이 엇갈리고 있고, 변화하는 환경 속에서 가치 역시 달라지기 때문에 다양한 가치들을 고찰하면서 사회복지의 기본적이고 핵심적인 가치를 정리하는 것이 필요하다(김성천 외, 2009).

이 절에서는 사회복지에서 중요하게 여기는 가치 중에서 우선 순위가 높은 평등과 자유를 살펴보며, 평등과 함께 논쟁이 되는 효율을 같이 다룬다.

1. 평등과 효율

1) 평등

사회복지정책들이 추구하는 목표들 가운데 가장 기본적이고 중요한 것은 평등의 가치를 구현하는 것이다. 그런데 문제는 평등이라는 개념이 복잡하고 모호하여 논란이 많다는 것이다. '평등'이라는 개념을 둘러싼 논란은 여러 차원에서 다양하다. '평등'의 개념을 둘러싼 논란은 크게 보면 적어도 다음의 세 가지 차원에서 벌어진다. 첫째는, 누구를 평등하게 할 것이냐의 차원이고, 둘째는, 얼마나 혹은 어떻게 평등하게 할 것이냐의 차원이고, 셋째는, 평등에 이르는 과정이 평등하면 평등하냐는 차원이다(송근원 · 김태성, 1995).

첫 번째의 논쟁은 평등의 대상에 누구를 포함시켜야 하는가의 문제이다. 즉 평등이 누구와 누구 사이의 평등을 의미하는가의 문제이다. 여기에는 '사회적 위치'의 차이, 특정집단의 소속 여부, 특정지역의 소속여부 등이 고려된다. 두 번째의 논쟁은 무엇을, 얼마나, 어떻게 평등하게 할 것이냐 즉 평등의 정도나 형태에 관한 것이다. 여기에는 급여수준, 급여의 종류와 형태, 수급자 단위, 소득의 측정기간 등이 문제가 된다. 세 번째 논쟁은 '평등'을 이루는 과정이 '평등'하면 결과가 불평등하더라도 정당한 것인가의 문제이다. 여기서는 뒤에서 살펴볼 기회의 평등 개념을 어떻게 받아들이느냐 하는 것이 쟁점이 된다.

평등의 개념은 일반적으로 크게 세 가지로 나누어진다. 수량적 평등(numerical equality), 비례적 평등(proportional equality) 그리고 기회의 평등(equal opportunity)이 그것이다. 이 중 가장 적극적인 것은 수량적 평등이다. 이는 모든 사람들을 똑같이 취급하여 사람들의 욕구나 능력의 차이에는 관계없이 사회적 자원을 똑같이 분배하여 완전한 결과의 평등(equality of results)을 이루는 것을 말한다.

다른 하나는 흔히 공평(equity)이라 불리는 비례적 평등(proportional equality)의 개념으로 사람들의 노력, 능력, 사회적 역할, 사회적 기여도 등에 따라 결정되는 넓은 의미의 '사회적 위치'에 따라 사회적 자원을 다르게 분배하는 것이 평등하다는 개념이다. 즉 '사회적 위치'가 높은(예를 들면, 노력을 많이 한) 사람들에게 더 많은 사회적 자원을 주어야 한다는 것이다. 다른 말로 이야기하면 '사회적 위치'가 같은 사람들 사이의 평등을 말한다. 완전한 결과의 평등을 강조하는 수량적 평등은 현실세계에서 존재하기 어렵기 때문에 대부분의 사람들이 평등이라면 떠올리는 것은 공평의 개념이다. 이것은 또한 자본주의 사회가 작동하기 위한 가장 중요한 가치이기도 하다. '노력을 많이 한 사람에게 사회적 자원이 많이 주어지지 않으면 누가 노력을 하려고 하는가?' 그래서 대부분의 사람들에게는 공평은 바람직한 것으로 받아들여진다. 결과의 평등과 비교한다면 상대적으로 불평등이 존재할 수 있지만 수량적 평등의 비현실성을 고려한다면 우리가 주변에서 불평등한 사회를 탓할 때 반대로 연상하게 되는 평등한 사회가 바로 공평의 가치가 실현된 사회인 것이 당연하다.

그렇다고 현실 정책에서 결과의 평등을 무시하는 것은 아니다. 비록 결과의 완전한 평등은 아니더라도 많은 사회복지정책이 수량적 평등의 가치를 반영함으로써 결과의 평등을 부분적으로나마 목표로 삼고 있다. 소득재분배의 목표를 달성하기 위해서 빈곤층에게 그들의 능력과 기여에 상관없이 사회적 자원을 할당해 줌으로써 부자들과의 소득 격차를 줄이고 있는 것이 대표적인 예이다. 비례적 평등이 반영된 경우는 사회보험에서 보험료를 많이 낸 사람에게 많은 급여를 한다거나 공공부조 정책에 반영되었던 열등수급의 원칙(less eligibility) 등에서 찾아볼 수 있다.

마지막 평등의 개념은 기회의 평등이다. 이것은 세 가지 평등 개념 가운데 상대적으로 가장 소극적인 것으로 이 개념에 의하면 결과가 평등한가 아닌가의 측면은 중요하지 않고 과정상의 기회만을 똑같이 해준다는데 초점이 맞추어진다. 결과의 불평등은 결과에 이르는 기회가 평등하게 주어지지 않았기 때문에 초래한다고 보고, 기회를 평등하게 주어 시장에서 자유경쟁을 통하여 결과를 결정하게 하는 방법이다. 기회의 평등은 자본주의 사회에서 많은 사람들이 '평등'의 개념으로 쉽게 떠올리는 개념으로, '결과의 평등'에 비하여 이념적인 논란이 비교적 적고, 정책적으로 시행하는 것이 비교적 쉽기 때문에 현실적이다(Hochschild, 1981).

또한 이상적으로 볼 때도, 시장경제가 충분히 작동하기 위해서도 모든 사람들의 잠재능력이 충분히 발휘되어야 하는데 이를 위해서도 모든 사람들에게 기회를 평등하게 해준다는 것이 중요하다. 그렇지만 이 경우 과정상의 기회만 평등하다면 그로 인한 결과의 불평등은 문제가 되지 않으며 따라서 이러한 평등 개념을 취한다면 기회의 평등이라는 이름 아래 수많은 결과의 불평등이 정당화될 가능성이 높다. 사회복지에서 기회의 평등을 강조하는 대표적인 사례가 1960년대 미국의 **'빈곤과의 전쟁'** 프로그램들이다. 이 시기 빈곤에 대한 재발견이 이루어지면서 각종의 빈곤층 대상 교육·훈련 프로그램들, 특히 영유아와 아동에 대한 프로그램들이 강조되었는데, 이 때 중요한 가치로서 기회의 평등이 부각되었다. 그러나 기회평등에 초점을 맞춘 프로그램은 결과의 평등을 달성하는 데는 상당히 실패했다고 평가되고 있다. 또한 어떤 기회를 언제 어떻게 평등하게 할 것이냐의 문제가 남아있는데, '기회'는 무수히 많은 형태가 있고, 또

빈곤과의 전쟁(war on poverty)
1962년 존슨 행정부에서 실시한 반빈곤정책의 기조. 소득지원과 함께 환경적 차원의 변화를 목적으로 하는 사회적 서비스(직업훈련, 교육사업, 보육사업, 아동 및 청소년 사업)를 병행하였다.

한 그러한 기회들을 언제 어떻게 주느냐에 따라 무수히 많은 방법이 있을 수 있다.

따라서 이상적인 의미의 '기회의 평등'은 이러한 모든 방법들을 고려하여 모든 '기회'들을 평등하게 해야 하는데 이것은 현실적으로 불가능하다. 대표적인 예가 사람들이 갖고 있는 '유전인자'라는 '기회'의 평등이다. 사람들은 태어나면서 서로 다른 유전인자를 갖는데 이러한 유전인자의 차이라는 기회의 불평등은 이후의 결과의 불평등에 상당한 영향을 준다. 따라서 유전인자를 평등하게 하지 않는 한 '기회의 평등'의 개념은 근본적으로 한계를 갖고 결과의 불평등은 존재할 수밖에 없는 것이다. 환경적인 측면에서도 사람들은 태어나면서 서로 다른 가족 환경에서 자라는데, 이로 인해 많은 결과의 불평등이 발생한다.

따라서 기회의 평등을 위해서는 '가족 환경'의 평등을 이루어야 하나 이것도 현실적으로 쉽지 않다. 미국의 역사적 경험에서 빈곤과의 전쟁 프로그램 통해 저소득층의 아동들이 학업성적이나 학력이 어느 정도 높아졌지만 성인이 되어 노동시장에 진출하여 사회·경제적인 성공을 이루지는 못한 가장 중요한 이유가 바로 유전과 환경의 측면에서의 기회의 평등이 제대로 이루어지지 않았기 때문이다.

2) 효율

사회복지의 가장 중요한 기본적인 목표는 평등의 가치를 구현하는 것이다. 그렇다고 효율의 가치를 무시할 수는 없다. 아무리 평등의 가치를 훌륭히 이루는 사회복지정책이라 하더라도 효율의 가치를 크게 훼손하면 바람직한 정책이라 할 수 없다. 예를 들면, 소득재분배의 효과가 커 평등의 가치를 이루는 데는 성공한 정책이라도 이것이 국가경제에 큰 해를 주어 재분배할 자원 그 자체를 크게 줄인다면 이 정책은 바람직하다고 볼 수 없다. 효율의 핵심적인 의미는 최소한의 자원을 투입해서 최대한의 결과(목표)를 얻는 것을 말한다. 예를 들면, 어떤 조직이 효율적이라 할 때는 이 조직은 최소한의 비용으로 그 조직이 추구하는 목표를 최대한 달성했다는 것을 의미한다.

이상적으로 본다면, 평등과 효율의 가치 모두를 크게 이룰 수 있는 사회복지정책들이 많으면 바람직하다. 그러나 현실적으로 평등의 가치를 크게 이룰 수 있는 정책은 효율의 가치를 훼손할 수 있고, 반대로 효율의 가치만을 강조하다 보면 평등의 가치를 이루기가 어렵다. 예를 들면, 사회복지 프로그램 가운데 공공부조는 평등의 가치를 이룰 수 있으나 효율의 가치는 어느 정도 희생이 될 수 있다(Okun, 1975 : Le Grand, 1991).

사회복지에서 효율은 수단으로서의 개념이 중시되는데, 대표적으로 목표효율성(target efficiency)과 운영효율성(administrative efficiency)이 있다.

목표효율성이란 정책이 주목표로 하는 대상자들에게 그 정책에서 사용할 수 있는 자원들이 얼마나 집중적으로 주어졌는가를 판단하는 기준이다. 예를 들면, 저소득층의 소득향상을 목표로 하는 정책이라면 이 정책에서 사용되는 자원이 저소득층에게만 집중적으로 급여가 이루어져야 목표 효율성이 높은 것이다.

반면에 운영 효율성은 정책을 운영하는데 있어 얼마나 적은 비용을 사용하는가를 따지는 기준이다. 사회복지정책을 운영하는 데에는 재원을 마련하는 과정이나, 급여를 하는 과정에서 대상자의 선정, 전달체계의 수립 등에서 많은 비용이 필요하다.

이렇게 운영비용이 큰 상황에서는 사회복지정책을 위해 납세자나 민간 기여자들이 기여한 액수와 사회복지의 수급자들이 받는 액수 사이의 차이가 크면 운영 효율성에 문제가 있는 것이다. 예를 들면, 빈자들을 위하여 부자들이 100억원을 기여했는데 실제로 빈자들이 받은 액수는 50억원이고 나머지는 운영비로 사용되었다면 운영의 비효율의 문제는 심각한 것이다.

따라서 사회복지에서는 효율 그 자체가 중요한 목표이기보다는 다른 목표들, 예를 들어 평등이나 자유를 달성하고자 하는 목표가 있을 때 그 수단을 가장 효율적으로 조직해야 한다는 의미에서 효율의 가치를 인정하고 있다.

3) 평등과 효율의 논쟁

평등을 추구하는 사회복지정책들은 형태는 달리 하더라도 기본적으로 소득이 높은 계층에서 낮은 계층으로 소득을 재분배하는 것을 목표로 한다. 이 경우 당연히 어떤 사람들의 소득은 증가하고 어떤 사람들은 소득이 줄어든다.

이 때 만일 소득이 증가한 사람들의 소득증가분과 감소한 사람들의 소득감소분이 정확히 일치해서 사회 전체적으로는 소득이 줄지 않는다면 이것은 단순히 소득의 이전(transfer)만 발생하는 이른바 제로섬(zero-sum)의 상황(즉 증가한 부분과 감소한 부분을 합치면 0이 되는)이 되어 효율은 문제가 되지 않는다.

이 경우에는 재분배에 관한 논쟁도 규범적이어서 윤리적 혹은 철학적 관점에 초점이 맞추어진다. 그래서 평등은 바람직한가? 왜 재분배를 해야 하는가? 등에 관한 다양한 윤리적 관점에 따라 재분배에 대하여 찬성하기도하고 반대하기도 한다. 사실 역사적으로 볼 때 사회의 재분배의 정도는 대부분 이러한 규범적이고 정치적인 이유로 결정되었다고 볼 수 있다. 즉 효율의 문제와 상관없이, 재분배를 선호하는 가치가 지배하는 사회는 정치적으로 재분배가 많이 이루어지는 것이다.

그렇다면 효율이 왜 문제인가? 효율이 문제가 되는 것은 상기의 제로섬의 상황과 달리, 소득을 재분배하는 과정에서 사람들의 소득을 발생시키는 행위에 영향을 주어 사회전체적으로 소득이 줄어드는 결과가 발생할 수 있다는 점 때문이다. 즉 소득 증가분보다 소득 감소분이 더 큰 이른바 '네가티브 섬(negative-sum)'의 상황이 발생하여, 이른바 사회전체의 '파이(pie)'가 줄 수 있다는 점 때문이다.

이렇게 사회전체의 '파이'가 줄게 되면 재분배할 자원자체가 줄어들어 결국 재분배의 대상이 되는 사람들에게 돌아갈 자원자체도 줄게 되어 사회구성원 모두가 손해를 볼 수 있게 된다. 이렇게 되면 효율의 문제는 심각해질 수 있고 따라서 평등과 효율의 대체적인 관계는 중요해진다.

사회복지 정책들이 사회 전체의 사회적 자원을 줄일 수 있는가? 줄인다면 구체적으로 어떤 이유들 때문에 그러한가? 평등 추구의 사회복지정책들이 경제적 효율을 해칠 수 있다는 주장들은 다양하게 제기되고 있으며, 반면 이에 대한 반론도 만만치 않기 때문에 성장과 분배 논쟁은 끊임없이 벌어지고 있다. 여전히 진행되고 있는 평등과 효율 또는 성장과 분배의 논쟁 중 주요한 몇 가지를 살펴보자.

첫째, 사회복지 때문에 사람들의 근로동기가 약화될 수 있다는 주장이 있다. 사회복지는 사람들의 근로동기에 두 가지 측면에서 영향을 줄 수 있다. 하나는 사회복지정책에 필요한 재원을 위해 세금을 부담해야 하는 납세자(일반 국민) 측면이고, 다른 하나는 정책의 수급자의 측면이다. 오늘날 서구 복지국가들의 조세부담률(사회보장성 조세를 포함해서)은 GDP의 50%에 가깝다. 즉 소득의 반 이상을 세금으로 낸다고 할 수 있다. 이렇게 사회복지정책 때문에 사람들의 조세부담이 크게 늘어서 근로동기가 떨어진다는 주장이 있다. 또, 복지급여에 의존함으로써 근로동기가 줄어든다고 보기도 한다.

그러나 조세는 한편으로는 세금이 증가된 만큼 사람들의 가처분 소득이 줄이게 되어 이 때 이전의 생활수준을 유지하기 위해서는 더 많은 일을 해야 하는 소득효과가 발생한다. 반면에 세금이 높아지면, 이전보다 일한 시간만큼의 실질소득, 즉 실질임금률이 낮아지기 때문에 그만큼의 여가의 기회비용이 싸지게 되어 일을 덜 하려는 대체효과도 발생한다. 따라서 사회복지정책으로 세금이 증가할 때 납세자들의 근로동기는 소득효과와 대체효과 가운데 어느 것이 더 크게 나느냐에 따라 다르고 이것은 사람들에 따라 다르기 때문에 이론적으로는 알 수 없고 실증적인 연구 결과도 서로 다르게 나타나고 있다. 사회복지정책의 수급에 있어서도 프로그램별로 그 효과는 서로 다르다. 국민연금, 실업보험, 공공부조 등이 미치는 영향이 다르고, 설사 근로동기의 약화가 있다 하더라도 이들 프로그램의 정당성 자체가 도전받을 수는 없다.

둘째, 사회복지가 확대되면 개인들의 저축 및 투자동기를 약화시켜 자본축적을 어렵게 하여 투자가 줄어 결국 생산성을 낮추어 경제성장에 해가 된다는 주장이 있다. 사회복지가 확대되면 조세부담이 늘어나게 되는데, 이렇게 되면 납세자들의 가처분 소득이 줄게 되고 이것은 저축할 수 있는 능력 자체를 줄게 만들어 납세자들의 개인적인 저축액이 줄 수 있다. 그런데 이러한 관점은 두 가지의 측면에서 반박이 가능하다. 하나는 비록 납세자들의 저축액은 줄더라도, 사회복지 수급자들(대표적인 예로 국민연금 수급자)의 소득이 올라 저축할 능력이 커져 사회 전체적으로 볼 때 개인 저축량은 변화가 없을 수 있다는 점이다. 다른 하나는 많은 사람들은 살아가면서 여러 가지의 이유로 일정한 액수의 목표에 따라 저축을 한다는 것이다. 그래서 비록 가처분 소득이 줄어 저축 능력은 줄었다 하더라도 다른 소비를 줄여서라도 목표한 저축액을 달성하기 위하여 저축을 한다는 것이다(Aaron, 1982). 이러한 이유들로 납세자들이 단순히 조세부담의 증가로 가처분 소득이 줄어 개인저축량이 준다는 주장은 실증적인 연구들에서 뒷받침이 되지 못하고 있다.

일반적으로 사회복지 제도가 발전할수록 개인들이 저축할 동기가 약화될 수 있다. 왜냐하면, 사람들이 살아가면서 봉착하는 여러 가지의 위험들(노령, 질병, 실업, 장애, 빈곤 등)에 대하여 국가가 사회복지제도로 보장해 주기 때문에 개인들 스스로 이러한 위험에 대비한 저축을 할 필요가 적어지기 때문이다. 실제로 서구 복지국가들에서의 개인저축률(가계저축률)은 10%대로 낮다.

그러나 사회복지정책으로 개인저축이 어느 정도 준다 하더라도 이것이 낮은 투자로 이어져 경제성장을 낮추는데 직접적으로 영향을 주는 것은 아니다. 왜냐하면, 경제성장을 위해서는 국가의 총 투자량이 중요한데 개인저축으로 인한 투자량은 국가 전체의 그것의 극히 적은 일부에 지나지 않는다(서구복지국가들의 경우 대략

10%)(Lampman, 1984).

따라서 국가의 총 투자량을 늘리는 것이 중요한데 이것은 정부의 다양한 재정, 금융정책 등을 통해서 이루어질 수 있고, 국민연금을 적립방식으로 운영하든지, 안 되면 외국으로부터 자본을 빌려오든지, 아니면 외국으로부터 직접 투자를 장려하는 등의 다양한 방법을 사용하면 된다.

셋째, 사회복지정책을 통한 급여형태 가운데 어떤 것들은 수급자들의 재화나 서비스에 대한 선택을 왜곡시켜, 결과적으로 사회적 자원이 비효율적으로 배분된다는 주장이 있다. 특히 현물이나 서비스로 급여를 하게 되면, 수급자들의 재화나 서비스의 선택에 제한을 두기 때문에 자신들의 효용을 극대화할 수 있는 선택을 할 수 없게 되어 불필요하게(즉, 자신들이 원하지 않는) 이러한 현물이나 서비스를 많이 사용하게 되어, 결국 사회전체로 볼 때 사회적 자원이 비효율적으로 배분되는, 즉 자원의 낭비가 발생하는 것이다. 그러나 이는 현금으로 급여할 때 수급자들이 '합리적'으로 재화나 서비스를 선택할 때만 성립한다. 만일 수급자들이 이러한 '합리적 선택'을 못한다면 현물이나 서비스로 급여하는 것이 사회적으로 더 바람직하다. 예를 들면, 가난한 집의 아동들의 영양상태를 높이려는 목적으로 현금 급여를 하였는데 아동의 부모가 이 돈으로 술을 구입하는 '비합리적' 선택을 한다면 이러한 행위를 막기 위하여 음식이라는 현물을 제공하는 것이 사회 전체로 볼 때 더 바람직한 것이다.

또한 사회복지의 현물이나 서비스 형태의 급여는 대부분 교육, 의료, 영양, 주택 등으로 이러한 것들은 수급자들의 생활에 가장 기본적인 것일 뿐만 아니라 이들의 인적 자본을 높이는데 중요한 것들이다. 따라서 이러한 현물이나 서비스들이 수급자들의 효용을 어느 정도 감소시키고 따라서 불필요하게 많이 사용하는, 즉 사회적 자원의 낭비를 가져온다 하더라도, 이렇게 사회적으로 바람직한 방향에서 사용되는 낭비는 어느 정도 감수할 수 있다.

네 번째 이유는 사회복지가 확대되면 생산성이 높은 생산부문에서 사용되어야 할 인적, 물적 자원이 줄어들어 국민 총생산이 줄어든다는 주장이 있다. 국민 총생산을 늘리기 위해서는 생산성이 높아져야 되고, 생산성이 높아지기 위해서는 생산부문에의 자본투자가 있어야 한다. 그런데 여기서 사회복지 부문의 확대 때문에 생산부문에 투자할 자본이 줄어든다는 것이다. 대표적인 예를 들면, 생산부문의 사용자가 피고용자를 위한 각종의 사회보장성 조세의 부담이나 사회복지서비스 때문에 총 노동비용이 커져서 생산성 향상을 자본 투자를 못한다는 것이다.

그러나 이러한 주장은 다음의 두 가지 측면에서 반박할 수 있다. 첫째는, 사회복지가 확대되어 생산부문이 어느 정도 위축이 될 수 있지만, 사회복지의 확대가 생산부문의 위축의 근본적이고 직접적인 원인은 아니라는 점이다. 오히려 그 반대로 생산부문의 위축이 사회복지의 확대를 필요로 했다는 것이 더 타당하다.

다섯째, 가족구조의 변화를 초래하여 생산활동에 참여할 수 있는 사람들의 숫자를 줄이는 반면에, 사회복지 수급자의 숫자를 늘린다는 주장이다. 오늘날 서구 복지국가들에서 가족구조가 변한 것은 사실이다. 그래서 노인 단독가구나 여성 세대주 가구가 크게 늘어났는데, 이러한 가구들은 성격상 노동시장에 참여할 가능성은 적은 반면에 빈곤할 가능성은 크기 때문에 사회복지 수급자가 될 가능성이 큰 것도 사실이다.

그러나 사회복지가 노인이나 여성세대주 가구들의 증가에 직접적이고 가장 중요한 요인은 아니다. 노인이나 여성세대주 가구의 증가의 더 중요한 이유는 산업사회 혹은 후기산업사회의 일반적 특성들, 예를 들면, 생활양식의 변화, 남녀평등권의 확대로 인한 여권의 신장, 결혼, 이혼 등에 관한 가치관의 변화 등의 사회·문화적인 요인들이 중요하다.

마지막으로 사회복지가 확대되면 지하경제가 커질 수 있다는 주장이 있다. 사회복지정책이 확대되면 일반조세나 사회보장성 조세의 부담이 증가하기 마련이다. 조세부담이 증가되면, 사용자, 피고용자,

자영업자, 자본 소득자 등 모두가 소득신고를 안 하거나 혹은 과소보고 할 가능성이 커져 그만큼 지하경제의 규모가 커질 가능성이 있다.

그러나 사회복지의 확대로 인한 조세부담의 증가로 사람들의 탈세동기가 커질 수 있다는 점은 어느 정도 사실이라 하더라도 실증적인 자료들에 따르면 사회복지의 확대가 직접적으로 지하경제를 크게 늘렸다는 주장은 한계가 있다. 왜냐하면, 한 나라의 지하경제의 규모는 조세체계, 소득파악의 정도, 국민들 사이의 연대감의 정도, 조세에 대한 가치관 등의 다양한 요인들에 의하여 결정되기 때문이다. 예를 들어, 아무리 탈세할 동기가 커진다 하더라도 사람들의 소득 파악이 정확히 되어 있는 나라에서는 실제로 탈세행위를 하기가 어려운 것이다. 이것은 사회복지 확대로 인한 조세부담이 큰 나라가 반드시 지하경제가 큰 것이 아니라는 사실에서 뒷받침된다. 예를 들면, 복지 선진국인 스웨덴을 비롯한 스칸디나비아 국가들의 지하경제의 규모는 비교적 낮아 GDP의 5% 정도 이내인 반면, 이러한 국가들보다 사회복지가 발전이 안 된 이탈리아나 스페인의 규모는 10~20%대로 높다. 무엇보다도 사회복지를 위한 조세부담이 매우 낮은 우리나라는 지하경제의 규모가 GDP의 15% 이상이라는 사실이 이를 더욱 뒷받침한다.

제 2 절 사회복지의 주체와 재원

2절에서 살펴볼 구성요소는 사회복지의 공급과 관련된 요소이다. 사회복지 공급을 위해서는 공급의 주체와 자원이 필요한데 일반적으로 주체가 자원의 동원 책임을 함께 가지고 있는 경우가 많기 때문에 공급자(주체)와 재원의 문제는 밀접하게 연결되어 있다.

1. 공급 주체

공급주체는 그것을 계획하고 실천하는 주체가 사회의 공공조직(정부의 행정기관 또는 이에 준하는 기관)인가 아닌가에 따라 공공부문(public sector)과 민간부문(civilian sector) 또는 사적 부문(private sector)[1]으로 구분한다. 어떤 사회복지 공급에 있어서 주체가 누구인가를 구분하는 기준은 실제 제공을 누가 하는가와 함께 재원이 어디에 근거하는가를 같이 고려한다. 따라서 최종적인 제공이 민간기관이라 할지라도 사회복지 프로그램이 계획과 재원의 책임이 국가나 지방자치단체에 있을 경우 공공부문으로 구분하기도 한다.

공공부문 공급자는 급여를 제공하는 주체가 정부기관, 이에 준하는 공공조직(특별법에 의한 기관, 공단 등) 또는 민간기관이면서 정부기관의 서비스 위탁이나 구입 등으로 공공기관과 같은 역할을 하는 공급자를 말한다(김상균 외, 2001). 현재 사회복지의 상당부분을 공공부문에서 공급하고 있는데 우리나라의 경우 국민연금, 국민건강보험, 고용보험, 산업재해보상보험, 노인장기요양보험 등과 같은 사회보험 프로그램, 국민기초생활보장과 같은 공공부조 프로그램, 아동, 노인 또는 장애인 등에게 제공되는 국공립 시설보호 서비스, 보육서비스, 각종 상담기관 등이 대표적인 공공부문 공급자이다. 법률에 의해 정부에서 제공하는 서비스(statutory services)와 정부(중앙 또는 지방)에서 서비스시설을 건립하여 민간기관에 운영을 위탁하는 경우(사회복지관 등)가 공공부문 공급에 해당된다. 사회복지 역사를 볼 때 20세기 이전까지는 주로 민간단체나 조직에 의해 사회

1) 사적부문(private sector)에서 'private'이라는 의미는 '공공(public)'과 반대되는 개념으로 쓰일 때도 있고, 때로는 '이윤을 추구(영리, for-profit)'한다는 의미로 사용되어 '비영리(nonprofit)'과 반대의 개념으로 쓰는 경우도 있기 때문에 용어가 쓰이는 맥락에 따라 유의해서 살펴보아야 한다.

복지가 제공되었지만, 20세기 이후 이른바 복지국가의 시대를 지나면서 공공부문이 사회복지의 기본적인 책임을 맡는 것이 일반화되었다.

하지만 민간부문도 여전히 중요한 공급자로서 역할을 하고 있다. 특히 사회복지서비스 영역에서 민간부문의 역할은 여전히 상당하며, 비공식부문과 같이 조직화되지 않고 제공되는 사회복지 부문도 남아있다. 민간부문 사회복지의 특성은 사회복지서비스를 공급하는 주관자가 민간단체나 개인이고, 서비스재원도 대부분 지역사회나 공동체의 개인, 가족, 사회단체 및 기업 등에 기반하는 점이다. 민간부문은 공공부문의 독과점으로 인한 비효율을 교정하며 다양한 서비스의 제공에 있어 이점이 있다.

그러나 완전히 공공부문으로부터 떨어져나간 민간부문은 크지 않으며 많은 경우 공공과 민간의 책임 분담이 이루어지고 있다. 특히 복지다원주의(welfare pluralism)이 강조되면서 주체의 구분이 큰 의미를 갖지 않는다는 주장도 있다. 복지다원주의는 한 사회에서 복지공급의 원천을 다양화하여 국가 이외에 시장, 비공식부문, 자원부문(voluntary sector) 등을 활용하자는 입장이다. 복지국가 위기 이후에 정부의 역할 확대가 한계에 부딪히고 다양한 비판이 나타나면서 민간기업과 비영리조직의 역할이 상대적으로 강조되기 시작하면서 확산된 개념이다. 복지의 혼합경제(mixed economy of welfare)도 유사한 개념으로 쓰인다.

2. 재원

모든 사회복지에는 재원이 필요하고, 정책의 내용들, 즉 누구에게 무엇을 얼마나 어떻게 급여할 것이냐는 재원이 어떠하냐에 따라 크게 영향을 받는다. 사회복지에 사용되는 재원은 주체와 마찬가지로 공공부문 재원과 민간부문 재원으로 나눌 수 있다.

1) 공공부문 재원

공공부문 재원은 크게 보면 세 가지다. 첫째는, 조세로 이루어지는 정부의 일반예산이다. 많은 사회복지정책들은 그 재원을 정부의 일반예산에 의존한다. 대표적인 예가 우리나라의 국민기초생활보장제도이다.

둘째는, 4대 사회보험인 국민연금, 건강보험, 고용보험(실업보험), 그리고 산재보험을 위한 사용자와 피고용자가 부담하는 보험료이다. 이것이 공공부문 재원인 이유는 사회보험료를 국가에 의하여 조세처럼 강제로 부과하고 또한 관리, 운영도 공공기관에서 하기 때문이다. 그래서 많은 나라에서 사회보험료를 사회보장성 조세(social security tax)로 불리우고, 또한 조세부담률에 포함시켜 조세수입으로 간주한다.

셋째는, 이른바 조세지출(tax expenditure)이다. 이것은 국가가 특별한 목표를 위하여 대상자들에게 세금을 감면해 주는 제도로 국가의 입장에서는 세금을 감면안하고 거두어 특정한 목표를 위하여 지출할 수 있기 때문에 성격상 정부예산의 일종으로 볼 수 있기 때문에 공공부문 재원으로 분류한다.

① 일반예산

가장 중요한 재원은 정부의 일반예산이다. 여기에는 다음의 세 가지 이유가 있는데, 첫째 사회복지정책이 추구하는 가장 중요한 가치인 평등(소득재분배)을 구현하는 데 가장 필요하다는 점이다. 이것은 두 가지로 나누어 설명할 수 있는데, 하나는, 대부분의 국가들에서 일반예산을 구성하는 조세들이 전체적으로 볼 때 사회보장성 조세나 조세지출에 비하여 누진적이어 재원조달 방법 그 자체에서도 소득재분배 효과를 높일 수 있다. 급여의 측면에서 일반예산으로 주로 재원이 이루어지는 사회복지정책들이 더 소득재분배적인 급여를 할 수 있다는 점이다. 사회보장성 조세를 재원으로 하는 사회보험의 경우는 보험이기 때문에 보험수리원칙을 완전히 무시할 수 없기 때문에 소득재분배효과가 제한적이고, 조세지출은 대개 역진적이다.

둘째, 정부의 일반예산은 일반 국민들의 조세로 이루어졌기 때문에 이것을 재원으로 한 사회복지정책은 급여대상을 전 국민으로 넓힐 수 있고, 또한 급여내용의 보편성을 이룰 수 있는, 즉 급여의 양과 질에 있어서 동일성을 유지할 수 있는 것이다.

셋째, 일반예산의 재원은 안정성과 지속성의 측면에서 바람직하다. 일반적으로 대부분의 국가들에서 조세수입은 안정적으로 이루어진다. 물론 극도로 경기가 침체가 되면 조세수입이 다소 줄어들 수 있으나, 이 경우에도 적자재정을 통해서라도 정책에 필요한 재원의 안정을 이룰 수 있는 것이다.

② 사회보장성조세

일반예산의 증가에는 조세저항이 뒤따르기 때문에 지속적으로 늘리기가 어렵고, 특히 조세들의 누진성이 크면 클수록 중산층을 포함한 일반국민들의 조세저항이 커서 조세수입을 늘리는 데 한계에 부딪힌다. 그래서 많은 국가들에서는 사회보장성조세의 비중이 일반예산보다 크다. 우리나라의 경우도 사회보장성조세가 정부의 일반예산보다 크다.

사회보장성 조세를 재원으로 하는 사회보험도 보험이기 때문에 보험의 내상이 되는 위험(노령, 실업, 질병, 장애 등)이 발생할 때, 소득이 중단 혹은 감소를 대비하여 이전의 소득수준을 가능한 한 유지하고자 한다. 따라서 보험의 이러한 목표를 이루기 위하여는, 보험료를 많이 낸 사람들(고소득층)은 보험료를 적게 낸 사람들(저소득층)에 비하여 위험이 발생할 때 급여액의 차이를 두어 후자보다 전자에게 더 많은 급여를 해야 하는 것이다. 사회보험의 이러한 목표는 정부의 일반예산으로는 이룰 수 없다. 일반예산은 일반국민들이 낸 세금이기 때문에 이러한 재원으로 고소득층에 더 많은 급여를 하는 것은 정치적으로 불가능하다. 또한 사회보장성 조세는 일반조세처럼 강제로 부과하기 때문에 세금의 성격을 갖고 있으나, 사회보장성 조세는 일반조세와 달리 미래에 받을 수 있는 사회보장급여에 대한 일종의 '권리'를 갖는 것으로 생각하기 때문에 조세저항이 상대적으로 적기 때문에 사회보장성 조세를 높이는 것이 상대적으로 용이하기 때문에 정치적인 측면에서 선호된다.

③ 조세지출

조세지출제도는 소득분배 차원에서 보면 역진적이어 소득불평등을 증가시킨다. 따라서 조세지출을 대폭 줄여 과세대상을 넓히게 되면, 개인소득세의 누진율을 크게 높이지 않아도 조세수입을 늘릴 수 있고, 이렇게 늘어난 조세수입으로 적극적인 소득보장정책에 사용한다면 소득불평등도 줄고 가난한 사람들의 복지도 높아질 수 있다.

2) 민간부문 재원

서구복지국가들에서는 사회복지에 사용되는 재원 가운데 공공부문재원이 민간부문재원보다 압도적으로 많다. 그럼에도 불구하고 민간부문 재원을 통한 사회복지도 여전히 중요한 역할을 하고 있다. 특히 최근에 서구복지국가들에서 공공부문의 재원의 한계로 '민영화'를 강조하는 상황에서 민간부문의 재원이 과거보다 더 중요한 역할을 하고 있는 추세이다. 민간부문의 재원은 크게 보면 다음의 4가지 ① 기업복지 ② 자발적 기여 ③ 사용자 부담 ④ 비공식부문의 소득이전 등이 있다.

① 기업복지

먼저 기업복지란 간단히 말하여 기업의 사용자가 피고용자에게 주는, 임금 이외의 추가적인 사회복지성 급여를 말한다. 일반적으로 기업복지의 프로그램들은 공공부문의 사회복지와 상당한 영역에서 유사하게 제공되어 공공복지에 더해지고 있다. 예를 들면, 소득보장의 영역에서는 공공복지인 국민연금에 더하여 기업연금을, 건강분야에서는 건강보험의 본인부담금에 대해 기업에서 의료비 지원을, 교육 분야에서는 피고용자 본인 혹은 자녀들을 위한 학비보조 프로그램 또는 대여 프로그램을, 주택의 영역에서는 사원주택 혹은 주택수당 등을, 개별적 사회서비스에서는 직장보육시설이나 보육수당 제공 등을 실시하고 있다.

그렇다면 기업복지의 재원은 왜 필요한가? 우선 사용자의 입장에서는 피고용자들에게 임금을 주는 대신 이러한 기업복지의 형태로 급여하는 것이 조세 부담의 측면에서 유리하기 때문이다. 사용자는 피고용자를 위해 각종의 사회보장성 조세를 부담하게 되는데 이 때 임금이 높으면 높을수록 사회보장성 조세의 부담이 커지게 되기 때문에 임금대신 기업복지의 형태로 급여를 하면 그 만큼 조세부담이 줄어든다. 또한 기업복지에 사용하면 국가에 의해서 여러 가지 세제상 혜택을 주기 때문에 그 만큼 과세대상소득이 줄어들어 세금부담이 줄어든다.

둘째, 사용자의 입장에서는 양질의 피고용자들을 고용하거나 유지하는데 필요한 동기강화를 위해서도 기업복지가 필요하다. 이른바 내부노동시장이론에 따르면, 피고용자들의 임금은 반드시 생산성에 따라 결정되는 것이 아니기 때문에 이윤이 많이 발생하는 기업이라도 피고용자들에 대한 임금은 다른 기업들에 비하여 크게 높일 수 없는 한계가 있다. 이러한 상황에서는 사용자는 생산성이 높은 근로자들을 고용하고 유지하기 위하여 임금이외의 다른 부가급여(fringe benefit)를 많이 제공해야 되는데 이를 위해서 기업복지가 필요한 것이다.

부가급여
고용주가 근로자에게 제공하는 기업복지 급여 가운데 현금을 제외한 현물급여. 예를 들어 사택이나 차량 제공, 학자금 보조, 주택자금 저리 융자, 국민연금이나 기업연금 등에 대한 고용주 부담금, 구내식당 등 회사 내 편의시설 제공 등.

셋째, 일반적으로 기업복지의 주요 수급자들은 저임금 근로자가 아니라 중간 혹은 고임금 근로자들이다. 이들에게는 공공부문의 사회복지제도로부터의 급여가 충분하지 않기 때문에 부족한 부분을 기업복지가 해결한다. 예를 들면, 공공부문의 국민연금의 급여만으로는 불충분하기 때문에, 기업연금으로 보충한다.

마지막으로, 피고용자들도 임금대신에 기업복지의 형태로 급여를 받는 것이 세제상 유리하다. 일반적으로 기업복지의 급여는 과세대상에서 제외되기 때문에 그러하다.

그러나 기업복지에는 중대한 결함이 있는데, 가장 큰 문제점은 사회의 소득불평등을 악화시킨다는 점이다. 기업복지는 법적으로 강제되는 것이 아니기 때문에 모든 근로자에게 제공되지 않고 기업마다 내용과 수준이 다르게 제공된다. 결국 실제로 기업복지의 혜택을 받는 사람들은 상대적으로 규모가 크거나 이윤이 많이 나는 기업의 종사자로서 이들의 대부분은 중간 혹은 고소득층이다. 이들은 급여도 중간 혹은 고임금인 근로자들이기 때문에 결국 기업복지는 사회의 불평등을 더 심화시키는 것이다. 사실 사회의 소득불평등을 줄이기 위해서는 기업복지에 대해 조세감면 혜택을 주지 않고 세금으로 거두어 조세수입을 늘려 저소득층을 위한 국가의 소득재분배정책에 사용하면 소득불평등을 줄일 수 있는 것이다.

② 자발적 기여

다음으로 살펴볼 민간부문 재원은 자발적 기여(voluntary contrubution)이다. 자발적 기여는 개인, 기업, 재단(foundation) 등이 사회복지를 위해서 자발적으로 (즉 강제적이 아닌) 기여한 재원을 말한다. 이러한 자발적 기여는 공공부문의 사회복지가 발전되기 이전에는 중요한 역할을 하였고, 오늘날에도 국가에 따라 사회복지분야에 따라 여전히 중요한 기능을 한다. 예를 들면, 서구복지국가들 가운데 미국이 이러한 자발적 기여를 재원으로 한 사회복지가 발전되어 있고, 사회복지분야에서는 사회복지 서비스 분야에서 자발적 기여를 재원으로 한 프로그램들이 많다. 자발적 기여를 재원으로 하는 사회복지 프로그램들은 대개 비영리 사회복지조직들에 의하여 제공되는 사회복지서비스로서 소규모 단위를 대상으로 하여 다양한 사회복지에의 수요를 해결할 수 있는 장점을 가지고 있다. 이 프로그램을 통해 전 국민을 대상으로 대규모로 획일적인 서비스를 제공하는 국가복지를 보완해 줄 수 있으며, 특히 종교적, 언어적, 인종적 등의 측면에서 이질적인 사람들로 구성된 사회에서는 더욱 그러하다. 또한 자발적 기여를 재원으로 하는 프로그램들은 새롭고 창의적인 서비스 프로그램의 개발이 용이하고 다양한 수요에 맞추어 융통적으로 운영할 수 있다. 일반국민의 세금을 재원으로 하는 국가복지는 책임성(accountability)과 관료성 때문에 이러한 측면에서 한계가 있다.

반면에 자발적 기여의 문제점은 공공사회복지에 비하여 소득재분배 효과가 낮다는 점이다. 이것은 자발적 기여를 재원으로 하는 프로그램들이 반드시 소득이 낮은 사람들에게만 급여를 하지 않기 때문이다. 또, 자발적 기여를 재원으로 하는 프로그램들이 대상을 집단적 혹은 지역적으로 다양하게 하여 급여가 되기 때문에 일반국민 전체를 대상으로 하는 포괄적이고 통합적인 국가 사회복지 정책에 대한 필요성이 줄게 되고, 이렇게 되면 국가복지의 확대를 위해 세금을 늘리는 것에 대한 조세저항을 비롯한 정치적 저항이 커져 국가복지의 확대에 어려움을 준다. 그리고 자발적 기여는 기여의 주체들이 자발적으로 기여하기 때문에 기여주체들의 상황의 변화(예, 기업의 경우 수지의 악화)로 기여액의 변화가 클 수 있어 재원의 지속성과 안정성이 문제가 될 수 있다.

③ 사용자 부담

사용자 부담(user fee)은 공공부문이든 민간부문이든 사회복지서비스를 받는 사람이 서비스의 비용에 대하여 본인이 일부분 부담하는 것을 말한다. 공공부문의 프로그램에서도 사용자부담은 존재하는데 우리나라의 건강보험의 경우 의료서비스 비용의 일부는 본인이 부담하도록 하고 있다. 민간부문 프로그램을 통해 제공되는 사회복지서비스들은 부담능력이 있는 사람들에게는 비용의 전부 또는 일부를 부담하도록 하고 있다. 사용자부담은 '도덕적 해이(naral hazard)'의 문제를 해결하는데 도움이 되기 때문에 이론적 측면에서 적절히 부과하는 것이 권장된다. 일반적으로 사회복지서비스를 완전히 무료로 제공하게 되면, 수급자들은 그 서비스를 가능한 한 안 받으려는 행위들을 충분히 안하게 되어 서비스를 불필요하게 남용할 수 있다. 예를 들어, 의료서비스의 경우 사용자부담이 없으면 사람들은 질병에 걸리지 않도록 하는 예방행위들을 등한시하여 불필요하거나 지나치게 많은 의료서비스를 사용할 수 있다. 그렇기 때문에 일정 액수 미만의 서비스의 경우 본인이 부담하게 한다든지, 아니면 전체 서비스 비용의 일정 비율을 본인이 부담하게 하면 이러한 남용을 막을 수 있어 결과적으로 전체 의료서비스 비용을 줄일 수 있는 것이다.

그리고, 사회복지서비스의 수급자들이 비록 일부분이지만 비용을 부담시키면 그들은 제공되는 서비스의 형태의 질에 대하여 관심이 높아지게 되고, 이것은 서비스 제공자들로 하여금 보다 높은 질의 서비스를 제공하도록 하게 하는 동기강화를 유발할 수 있다. 서비스를 완전히 무료로 받을 때 발생할 수 있는 일종의 치욕감을 줄여 자기존중(self-respect)을 높일 수 있는데, 이것은 수급자들로 하여금 서비스를 좀더 적극적으로 이용하도록 할 수 있게 하여 결과적으로 서비스의 목표를 더 용이하게 이룰 수 있다.

반면에 사용자부담은 소득재분배를 악화시킬 수 있다. 사용자 부담의 방법은 여러 가지가 있을 수 있으나 대개는 서비스 비용의 일정 비율이나 일정액을 소득수준에 상관없이 부담시킨다. 대표적인 예가, 우리의 건강보험에서의 서비스에 대한 본인부담이 그러하다. 이렇게 소득수준에 상관없이 일정액 혹은 일정비율을 서비스 사용자가 부담하게 되면 소득수준이 낮은 사람들이 높은 사람들에 비하여 부담이 높게 되는 전형적인 역진성의 문제가 발생한다. 이렇게 되면 저소득층들은 사용자 부담이 '부담'이 되어 서비스를 이용하기를 꺼리게 되어 고소득층보다 서비스 이용을 적게 할 수 있다. 특히 우리의 건강보험에서는 본인부담률이 매우 높기 때문에, 이러한 현상이 더욱 크게 나타나고 있다.

④ 비공식부문

마지막으로 비공식부문(informal sector) 재원이 있다. 지금까지는 공공부문이든 민간부문이든 공식적인 사회복지제도에서 사용되는 재원에 관하여 논의하였다. 그러나 사람들의 복지는 공식적인 제도뿐만 아니라 비공식적인 방법으로도 많이 해결된다.

가족, 친척, 이웃 등의 비공식부문에 의한 사회복지는 어느 나라에서나 공공부문의 사회복지가 확대되기 이전에는 중요한 역할을 했으나, 오늘날 국가복지가 발전한 서구복지국가들에서는 그 중요성이 크게 줄었다. 그럼에도 불구하고 우리나라를 비롯한 일부국가들에서는 문화적인 특수성 등의 이유로 비공식부문의 재원이 매우 중요하며, 우리나라의 경우 오늘날에도 아동과 노인에 대한 부양에 있어 비공식부문의 재원이 공공부문의 재원보다 크다.

이렇게 비공식부문의 사회복지가 큰 것이 바람직한가? 우선은 문화적인 특수성으로 어떤 국가들에서는 비공식 부문의 사회복지가 어느 수준까지는 필요하다. 예를 들어, 우리의 노인 공경의 유교문화에서는 자녀들이 그들의 연로한 부모들을 잘 모시는 것은 좋은 미덕이라 할 수 있기 때문에 서구복지국가들처럼 노인들의 복지를 국가가 우선적으로 책임지는 방식이 우리에게 적합하지 않을 수 있다.

또한 비공식부문의 사회복지는 비물질적인 측면에서 공식부문 보다 우월할 수 있다. 예를 들면, 노인요양 서비스의 경우, 국가 복지에 의한 낯선 사람들에 의하여 노인을 요양하게 하는 것 보다 자녀들이 그러한 일을 하는 것이 노인의 정서적인 측면에서의 복지를 더 높일 수 있는 것이다.

그러나 비공식 부문 사회복지의 가장 큰 문제는 소득계층별로 비공식부문 사회복지의 수급의 불평등이 크다는 점이다. 일반적으로, 자본주의 사회의 세대간 불평등(generational inequality)의 속성 때문에 사회복지의 급여를 받아야 할 소득이 낮은 사람들은 대개 그들의 가족이나 친척들도 소득이 낮아 가족간 이전으로부터의 소득이 없거나 낮을 수밖에 없다. 예를 들어, 가난한 노인들의 경우 그들의 자녀들도 대개 가난하여 그들의 부모를 도와줄 경제적 능력이 적은 것이다.

따라서 국가복지가 미약한 상황에서 이러한 비공식부문의 사회복지에 크게 의존하게 되면 소득이 낮은 사람들의 복지는 크게 낮아져 결국 사회복지가 추구하는 근본적인 목표인 평등의 가치를 구현하기에 어렵게 되는 것이다.

제3절 사회복지의 대상

사회복지의 재화나 서비스를 누구에게 급여할 것인가의 문제는 3장에서 살펴본 보편주의와 선별주의의 이념과 밀접한 관계를 갖고 있다. 어떤 사람들은 대상을 제한하지 않고 누구에게나 급여를 제공하기를 원하지만, 다른 사람들은 보다 엄격한 기준을 가지고 필요한 사람들에게만 자원을 집중하고자 한다. 결국 프로그램별로 대상을 각기 다르게 정하게 되고 이때 기준으로 삼는 자격조건을 다양하다. 사회복지의 급여자격 조건은 세부적으로는 다양할 수 있으나, 크게 보면 첫째는 인구학적 조건, 둘째는 기여의 조건, 그리고 셋째는 소득/자산조사의 조건이다. 여기서는 이러한 세 가지의 조건이 어떤 내용이며 각각 특성이 어떻게 다른지를 살펴보자.

1. 인구학적 조건

사회복지제도들 가운데 일명 '데모그란트(demogrant)'라고 불리는 인구학적인 조건만으로 급여가 주어지는 것들이 있다. 대표적인 예가, 아동수당(가족수당)으로 아동을 키우는 가구이면 소득수준에 상관없이 누구에게나 급여하는 제도이다. 인구학적 조건만으로 급여하는 사회복지제도는 다른 조건들에 의한 제도들에 비하여 가장 발전된 형태라 할 수 있다. 즉 이것은 사회복지수급의 권리, 즉 사회권(social right)을 가장 크게 반영한 것이라 할 수 있다. 이들 프로그램은 사회수당이라고 불리기도 하는데 가장 보편주의 이념을 크게 반영한 프로그램이다.

인구학적인 조건만으로 급여하는 것이 사회복지정책의 2대 목표인 평등과 효율의 가치를 이루는 데 있어서 얼마나 바람직한가? 인구학적인 조건만으로 급여를 하는 사회복지정책의 가장 큰 장점은 사회통합을 가장 크게 이룰 수 있다는 점이다.

사회복지제도를 통하여 사회통합을 이루기 위하여는 사회복지 수급자와 사회복지를 위해 세금을 내는 납세자 간의 반목과 대립이 없어야 되고, 또한 수급자가 치욕감을 갖지 않아야 되는데, 인구학적 조건만으로 급여를 하면, 부자와 빈자 모두에게 주어지고 모든 국민이 하나의 권리로 수급을 하기 때문에 이러한 문제들이 없다.

두 번째의 장점은, 효율의 측면에서 수급자들의 소득여부에 상관없이 급여가 이루어지기 때문에 수급자들의 근로동기를 약화시키지 않는다.

세 번째는, 불필요한 가족 구조의 변화를 발생시키지 않는다는 점이다. 예를 들면, 보편적 연금의 경우, 65세 이상 노인이면 누구에게나 급여를 하기 때문에 보편적 연금의 경우 노인 단독 가구로 독립할 동기가 발생하지 않는다.

넷째는, 정책의 운영의 효율성이 크다는 점이다. 급여를 할 때 인구학적 조건만을 따지기 때문에 운영비용이 적게 든다. 예를 들면, 아동수당의 경우 가구에 아동의 유무만 판단하면 된다.

반면에 인구학적 조건의 프로그램들은 다음과 같은 단점들도 갖고 있다.

첫째는, 주어진 자원으로, 소득이 높은 사람으로부터 소득이 낮은 사람에게로의 수직적 재분배의 효과가 약하다. 예를 들면, 보편적 연금의 경우 젊은 사람들로부터 노인에게로 소득재분배가 발생하는데, 이 때 소득이 높은 노인이 있는 반면에 젊은 사람들 가운데 소득이 낮은 사람들이 있기 때문이다.

둘째는, 인구학적인 조건만으로 급여를 하게 되면 수급자 숫자가 많기 때문에, 주어진 재원 내에서 급여액의 수준을 높이기가 어렵다. 일반적으로 사회복지의 재원이 제한된 상황에서는 사회복지에의 필요(needs)가 높은 사람들에게 인간다운 최소한의 생활을 보장해 줄 수 있는 급여액을 집중적으로 주어져야 하는데 인구학적인 조건의 급여는 이러한 목표를 이루기가 어렵다. 즉, 인구학적 조건의 급여는 대상효율성(target efficiency)이 낮다.

2. 기여의 조건

오늘날 서구복지국가들에서 가장 크고 중요한 사회복지제도는 국민연금, 질병보험, 실업보험, 산업재해보상보험의 4대 사회보험이다. 이러한 국가들에서 4대 사회보험에의 지출이 총 사회복지지출의 50%가 넘는다. 이러한 사회보험들로부터 급여를 받기 위한 가장 중요한 조건이 수급자들에 의한 기여, 즉 보험료 납부이다(다만 산업재해보상보험은 대부분의 국가들에서 수급자가 기여하는 것이 아니라 사용자가 기여한다).

기여를 조건으로 급여를 제공할 경우 우선 수량적 평등(결과의 평등)는 부분적으로만 달성된다. 예를 들어, 국민연금의 경우 대부분의 국가들에서 급여계산방식이 저소득층, 즉 보험료를 적게 납부한 사람들에게 유리하여 저소득층은 고소득층에 비교할 때 보험료를 적게 납부한 것에 비하여 급여액은 상대적으로 많이 받을 수 있어 수량적 평등, 즉 수직적 재분배를 이룬다. 그렇지만 보험료를 조금이라도 많이 납부한 사람이 더 많은 급여를 받도록 하고 있기 때문에 소득의 차이가 급여의 차이로 연결된다는 한계는 여전히 남게 된다. 이렇게 보험료를 많이 납부한 사람들이 적게 납부한 사람들에 비하여 급여액이 많다는 사실은 비례적 평등-공평(equity)-이라는 관점에서는 적절한 것이다.

기여를 조건으로 하는 사회보험은 또한 수평적 소득재분배를 발생시킨다. 예를 들어, 질병보험의 경우 건강한 사람들로부터 질병이 발생한 사람에게로, 국민연금의 경우 현재 일을 하면서 보험료를 납부하는 사람으로부터 은퇴한 노인에게로, 혹은 배우자가 없는 사람들로부터 배우자가 있는 사람에게로, 실업보험의 경우 취업자로부터 실업자에게로 소득재분배가 이루어진다.

이렇게 수평적 소득재분배가 발생되면 수직적 소득재분배 효과는 약화될 수 있다. 즉 건강하거나, 현재 일을 하거나, 배우자가 없는 사람들의 소득수준이 그렇지 않은 사람들에 비하여 낮을 수도 있기 때문이다.

지금까지 논의했듯이, 기여를 조건으로 하는 사회보험은 수량적 평등, 비례적 평등, 수평적 소득재분배 모두를 발생시킨다. 그렇다면 전체적으로 볼 때 어느 정도의 평등을 이룰 수 있는가? 이것은 실증적인 조사를 통해서만 알 수 있는데, 대부분의 국가들에서 기여의 조건의 사회보험, 특히 국민연금은 사회의 소득불평등을 낮추는 데 크게 기여하는 것으로 나타난다.

3. 소득/자산조사의 조건

사회복지 급여에의 자격조건으로 소득/자산조사의 조건은 역사적으로 가장 오래되었다. 앞에서 논의한 기여의 조건의 사회보험은 19세기 말에 시작되었고, 인구학적 조건의 사회복지제도는 20세기 초・중반에 등장한 반면에, 소득/자산조사의 조건의 사회복지제도는 훨씬 이전부터 시작되었다고 볼 수 있다.

이렇게 소득/자산조사의 조건의 사회복지제도는 역사적으로 가장 오래되었지만 일반적으로 사회복지제도 가운데 가장 발전이 안 된 것으로 여겨진다. 왜냐하면, 인구학적 조건의 사회복지제도가 사회권을 가장 크게 반영하는 것이고, 기여의 조건은 '계약상'의 권리를 반영하여 모든 수급자의 권리를 상당부분 인정하는 반면, 소득/자산조사의 제도는 수급자에게 권리로서 급여하는 성격이 약해서 일종의 '적선(dole)'의 형태로 수급자에게 주어지기 때문이다.

소득/자산조사의 조건은 크게 보면 두 가지로 나눌 수 있다. 하나는, 소득/자산조사의 조건만으로 급여가 이루어지는 것으로 고도로 발전된 복지국가들에서 근로능력여부나 다른 인구학적 조건에 상관없이 일정한 소득/자산 이하이면 누구에게나 급여를 하는 것을 말한다.

다른 하나는 소득/자산조사 이외의 인구학적 조건을 비롯한 다른 여러 가지의 조건이 충족되어야만 급여가 주어지는 형태이다. 이러한 것을 흔히 범주적 공공부조(categorical public assistance)라 한다. 대표적인 예가 미국의 공공부조제도인 SSI(Supplemental Security Income)로 수급자는 일정한 소득/자산 이하이면서 65세 이상 노인이든지 아니면 장애인이어야 한다.

우리의 국민기초생활보장제도는 수급자가 되기 위해서는 일정한 소득/자산 이하이면서 동시에 부양의무자가 없어야 되고, 근로능력이 있는 경우에는 교육, 훈련, 취업에의 조건으로 급여가 주어지기 때문에 후자의 형태라 할 수 있다.

평등의 반영 측면에서 소득/자산조사의 조건의 사회복지제도는 수량적 평등(결과의 평등)을 가장 확실히 이룰 수 있다. 즉 수직적 소득재분배의 효과가 가장 크게 나타난다. 이것은 우선 이러한 제도의 재원이 대개 누진성이 높은 정부의 일반예산에 의존한다는 점과, 무엇보다도 급여가 소득이 낮은 사람들에게만 선별적으로 이루어지기 때문에 명확하게 고소득층으로부터 저소득층으로 소득이전이 이루어지기 때문이다.

제 4 절 사회복지 급여

사회복지정책을 통하여 제공되는 급여의 형태는 다양한데, 크게 보면 현금, 물질적 재화와 서비스(현물), 증서, 기회 그리고 권력 등의 5가지이다. 그렇다면 모든 급여를 가장 단순한 현금으로 제공하지 않을까? 이것의 이유는 다양한 급여형태는 서로 다른 장점과 단점을 갖고 있기 때문이다. 여기에서는 다양한 급여형태가 필요한 이유들을 각각의 장단점을 통해 살펴본다.

1. 현금급여

오늘날 서구복지국가들에서 급여형태 가운데 지출액이나 수급자 숫자 등에서 가장 비중이 큰 것이 현금이다. 그리고 일반적으로 사회복지가 발전할수록 현금의 비중이 커지는 경향이 있다. 그렇다면 왜 사회복지가 발전할수록 현금급여를 선호하는가?

이것의 가장 중요한 이유는 현금으로 급여할 때 수급자의 효용(만족)이 극대화되기 때문이다. 즉 수급자가 현금으로 받으면 이 돈으로 자신들이 원하는 재화나 서비스를 구입할 수 있어 만족을 극대화할 수 있는 것이다. 모든 수급자들의 이러한 행위를 하게 되면 사회적 자원을 가장 효율적으로 사용하게 되는 것이다.

예를 들어 월 100만원의 국가지원으로 살아가는 사람의 경우를 설정해보자, 이 사람은 이 돈으로 자신의 효용을 극대화하는 재화나 서비스를 구입하고자 할 것이다. 그래서 이 사람은 육체적 생존을 위하여 일정한 양의 쌀을 비롯한 음식을 구입하고, 나머지 돈은 다른 재화나 서비스를 구입해서 최대한의 만족을 얻고자 한다. 만일 이 사람에게 100만원의 현금으로 최대한의 효용을 주는 소비의 조합에서 쌀이 월 10㎏이며 구입비용이 10만원이고, 나머지 음식을 소비하는데 드는 비용이 5만원이라고 한다면 이 사람은 85만원의 금액을 다른 곳에 사용해야 자신의 효용을 최대화할 수 있다. 그런데, 국가가 현금을 지급하는 대신 일정량의 쌀과 부식을 직접 현물로 제공하기로 한다면 효용은 어떻게 변할까? 국가가 각 사람의 효용을 측정하는 것이 불가능하므로 일정량은 모두에게 제공하는 방식을 선택하게 될 것이다. 그래서 선택된 쌀이 15㎏(15만원)이고 부식이 10만원 상당이라고 하면 이 사람의 경우 다른 영역에 쓸 수 있는 현금이 75만원으로 줄어들게 된다. 그런데 이 사람은 쌀과 음식에 대한 자신의 선호가 국가가 지급한 현물보다 적고 다른 영역에 대한 선호가 더 높은 사람이다. 그럼에도 현물지원에서 개인적 선호를 반영하지 못하기 때문에 국가는 100만원의 지원을 동일하게 하더라도 현금으로 모두 지급할 때보다 현물이 지원될 경우 이 사람의 총효용은 감소하게 된다.

그러나 현금급여가 수급자의 효용을 높일 수 있다는 전제조건은 수급자가 현금으로 재화를 구입할 때 '합리적'인 선택을 해야 하는데 어떤 사람들은 이러한 '합리적'인 선택을 못할 수 있다. 상기의 예에서, 30만원의 현금급여를 했을 때 수급자가 이 돈으로 쌀을 전혀 구입하지 않고 모두 도박으로 날린다면 급여를 하는 입장에서 볼 때 이 사람의 '객관적' 효용도 낮아질 뿐만 아니라, 사회 전체의 효용도 낮아지는 것이다. 이러한 극단적인 예가 아니더라도, 오늘날과 같은 사회에서는 수급자들의 합리적인 선택에 맡겨 두기에는 복잡한 재화나 서비스들이 많기 때문에 현금으로 급여했을 때 수급자들이 합리적인 선택으로 효용을 극대화하기가 어려운 경우가 많이 있다.

효용의 문제보다 수급자의 수급에의 권리를 인정하여 인간의 존엄성의 유지라는 가치를 높일 수 있다는 점이 현금급여의 더 중요한 특성이다. 특히 현물급여를 선별적으로 제공할 때 발생할 수 있는 수급자의 치욕감이 상당히 높기 때문에 이에 대한 고려가 더욱 중요하다. 예를 들면, 주택수당의 형태로 현금으로 급여하면 영구임대주택에 살게 하는 것보다 치욕감을 줄일 수 있다. 결식아동에 대한 별도의 급식소는 아동들이 식사지원을 회피하게 만들게 된다.

현금급여의 세 번째 장점은 수급자들의 선택의 자유, 이른바 소비자 주권을 높일 수 있다는 점이다. 현금급여는 수급자들의 선택의 폭을 넓혀 다양한 취향을 반영할 수 있고, 무엇보다도 민주주의 사회에서 그 자체로 매우 중요시되는 가치인 자유나 자기결정(self-determination)의 권리를 높인다는 점이다. 이와 대조적으로 현물급여는 국가로부터의 '보호자주의(paternalism)'에 따라 수급자의 소비의 '강제화'를 통해서 개인의 자유나 자기 결정을 침해하는 것이다.

마지막으로, 현금급여는 현물급여에 비하여 프로그램의 운영비용이 적게 든다. 현물급여를 하기 위하여는 현물을 보관, 관리, 전달하는 데 많은 비용이 든다. 실제로 미국에서의 저소득층을 위한 공공아파트들은 관리, 유지가 제대로 안 되어 슬럼화가 되었다. 주택수당처럼 현금으로 급여를 하면 이러한 문제가 발생하지 않는다.

2. 현물급여(물질적 재화나 서비스)

대부분의 국가들에서 현물급여 가운데 가장 큰 것이 의료와 교육서비스로 많은 서구의 복지국가들에서 이 두 개의 서비스에 GDP의 10% 이상을 사용한다. 이 밖의 현물급여의 형태는 음식, 주택, 에너지, 각종의 직업훈련 서비스, 상담서비스 등이다.

왜 현물급여가 필요한가? 가장 중요한 이유는 정책의 목표효율성을 높일 수 있다는 점이다. 모든 정책들은 세부적인 목표들을 갖고 있는데 정책의 성공여부는 이러한 목표들을 얼마나 효율적으로 이루었는가에 따라 결정된다. 그런데 현물로 급여할 때가 현금으로 급여할 때보다 수급자들의 소비단위에서의 통제력이 크기 때문에 정책목표에 맞도록 소비를 강제화시키기 때문에 더 효율적으로 정책

목표를 이룰 수 있는 것이다.

예를 들면, 정책의 목표가 가난한 사람들로 하여금 인간다운 생활을 할 수 있는 주택에 살도록 하는 데 있다면, 직접 주택을 지어 그들이 살게 하는 것이 효율적이다. 만일 주택수당을 줄 경우 수급자가 이것으로 주택비용으로 사용하지 않고 다른 용도로 사용할 가능성이 있어 실제의 정책목표를 이루지 못하는 비효율성이 발생할 수 있는 것이다.

둘째, 현물급여는 현금급여보다 경제적 필요(needs)를 많이 가진 사람과 그렇지 않은 사람을 더 확실하게 구분할 수 있어 급여가 필요한 대상자들에게 집중적으로 급여를 할 수 있는, 즉 대상효율성을 높일 수 있다. 이것의 이유는 현물급여는 현금급여보다 수급자들의 효용을 낮게 하고 또한 치욕을 불러일으키기 때문에 경제적 필요가 높은 사람들만 신청하는 경향이 있기 때문이다. 즉 현금급여를 하게 되면 수급을 위해 신청을 하는 사람들도 현물급여에는 신청할 동기가 약해지는 것이다.

이러한 이유로 현물급여의 수급자들은 현금급여의 수급자들에 비하여 급여의 남용이나 오용을 할 가능성이 적다. 현금급여의 경우에는 불필요한(?) 수급자들이 급여를 받기 위하여 비도덕적이고 불법적인 행위를 할 가능성이 큰 것이다. 따라서 사회복지에 사용할 자원이 적은 경우 정말로 경제적 필요가 높은 사람들에게 선별적으로 급여를 하기 위하여는 현물급여가 선호되는 것이다.

셋째, 현물급여는 현금급여에 비하여 정치적인 측면에서 선호된다. 일반적으로 납세자들은 자신들이 낸 세금이 어떤 용도로 사용되어 어떤 목표를 이루었는가에 대해 관심이 있다. 즉 납세자들은 자신들이 낸 세금으로 가시적이고 구체적인 어떤 성과를 이루었는가를 보기를 원한다.

예를 들면, 가난한 집안의 아동들이 의료서비스를 받아 건강해졌다든지, 무상교육을 받아 진학률이 높아졌다든지 등이다. 현물급여는 이렇게 납세자들이 원하는 구체적인 목표를 비교적 명확하게 이룰 수 있기 때문에 납세자들은 일반적으로 현금급여보다 현물급여를 선호한다. 그래서 현금급여를 확대하는 것에는 강력히 반대를 해도 현물급여를 확대하는 것에는 비교적 저항이 약하다.

현물급여는 또한 특정의 현물을 생산하거나 제공하는 집단들에 의해서도 선호되어 정치적으로 채택될 가능성이 크다. 예를 들면, 음식을 제공하는 프로그램들은 농산물 생산자들에게, 저소득층을 위한 공공주택 프로그램은 건설업자들에게 수요가 증대됨으로 인하여 이득이 주어지기 때문에, 이러한 집단들이 강력하게 주장하여 현물급여의 프로그램들이 채택되는 것이다.

3. 증서(voucher)

지금까지 현금급여와 현물급여의 장점과 단점을 논의하였다. 현금급여와 현물급여의 장점을 살리면서 단점을 피할 수 있는 제3의 급여형태가 증서이다. 증서는 수급자가 일정한 용도 내에서 원하는 재화나 서비스를 자유롭게 선택할 수 있게 해주는 급여형태이다. 가장 널리 알려진 것이 미국에서 오늘날 수천 만 명이 사용하는 '식품권(food stamp)'이라는 증서이다. 수급자들은 이 증서로 음식물만을 구입할 수 있고 음식물 내에서는 다양한 선택을 할 수 있다.

증서는 현금급여와 현물급여의 중간적인 성격을 갖고 있어, 현금급여의 장점인 소비자 선택의 자유를 비록 제한적이지만 살릴 수 있으면서, 현금급여의 단점인 무제한의 선택의 자유에서 발생하는 '비합리적인 선택'의 문제를 어느 정도 줄일 수 있다. 예를 들면, 음식물 증서의 경우 음식물 이외의 용도(예, 술의 구입)로는 사용할 수 없기 때문이다.

증서는 또한 재화나 서비스의 공급자들 사이의 경쟁을 유발시켜 재화나 서비스의 질을 높일 수 있다. 대표적인 예가 교육증서이다. 지금까지의 교육서비스는 일정 지역 내에서 배정받은 학교에서 학생들에게 일방적으로 제공되었으나, 교육증서에서는 수급자들이 학교 선택을 할 수 있기 때문에, 학교들끼리의 경쟁을 유발시켜 질이 높은 교육서비스를 제공하도록 하는 동기부여를 할 수 있다.

증서는 현물급여의 장점인 정책의 목표효율성이나 대상효율성을 높일 수 있다. 예를 들면, 음식물 증서의 경우 수급자들의 영양상태의 개선이라는 목표를 현금급여보다 더 확실히 이룰 수 있고, 또한 경제적 필요가 많은 사람들에게 선별적으로 급여할 수 있다.

증서는 또한 현물급여보다 비록 제한적이나마 수급자들의 효용을 높일 수 있다. 음식물 증서의 경우 음식물이라는 넓은 범위에서 선택의 폭이 넓어지기 때문에 자신들의 효용을 높이는 음식물을 선택할 수 있기 때문이다.

이처럼 증서는 적어도 이론적으로는 현금급여와 현물급여의 장점들을 모두 갖고 있다. 그럼에도 불구하고 대부분의 서구의 복지국가들에서 증서는 중요한 급여형태가 아니다. 특히 유럽의 복지국가들에서는 증서의 형태는 드물다.

왜 그럴까? 가장 중요한 이유는 역설적이지만 바로 증서의 '중간적인 성격' 때문이다. 일반적으로 민주주의 사회에서 어떤 정책이 채택되고 유지되기 위하여는 강한 정치적 지지세력이 있어야 하는데, 증서는 그것의 중간적인 성격 때문에 확고한 지지세력이 존재하기가 어렵다.

예를 들면, 수급자의 효용 극대화나 개인의 선택의 자유의 가치를 중시하는 사람들은 현금급여를 강력히 주장하여 중간적인 성격의 증서를 지지하지 않는다. 반면에 목표효율성이나 대상효율성의 가치를 중시하시는 사람들은 이 가치를 확실히 구현할 수 있는 현물급여를 선호한다.

또한 이론적인 측면과 달리 현실세계에서의 증서는 많은 오용과 남용의 문제가 있어 현물급여의 장점인 목표효율성을 이루는 데 큰 어려움이 있다. 예를 들어, 미국에서는 '식품권(food stamp)'의 경우 많은 사람들이 이 증서로 음식물 이외의 용도로 사용하여(예, 술,

도박, 심지어 매춘부 구입), 원래의 목표를 제대로 이루지 못하고 있다고 비판을 받아왔다. 또한 정치적 이유에서 필요이상의 발행이 이루어졌다는 논쟁에 휩싸이기도 한다.

그렇지만 최근 우리나라에서는 오남용의 문제를 보완하여 전자카드를 활용한 이용권(바우처) 제도를 확대해가고 있다. 2007년 사회서비스 확대를 추진하면서 '노인돌보미서비스', '중증장애인활동보조인 서비스', '산모·신생아 도우미서비스', '지역사회서비스혁신 사업' 등의 사회서비스에 대한 지원을 전자이용권 형태로 제공하기 시작하면서 도입되었다. 이 제도는 국민의 수요에 부응하는 다양하고 질 좋은 사회서비스 보장을 위해 노인, 장애인, 산모, 아동 등 국민에게 서비스를 지원하되 지원의 형태를 현금이 아닌 이용권으로 하고 있다. 정부의 도입 취지에 따르면 전자이용권을 발급하여 수요자에게는 서비스를 선택의 기회를 주고, 사회서비스 공급기관 간의 서비스 경쟁을 유도하여 품질의 향상을 유도하기 위한 목적으로 선택된 형태이다. 그리고 이 프로그램에서 바우처 금액은 정부지원금과 소비자의 권리의식과 본인의무를 위한 본인부담금으로 구성되어 있다.

하지만 사회서비스 인프라가 충분히 갖춰져 있지 않은 상태에서 도입되었기 때문에 목적한 바와 같이 선택권이 부여되었다고 보기에는 어렵다. 또한 본인부담금에 대한 이용자의 부담이 높다는 점과 전달과정에서의 혼선과 업무부담 증가 등의 문제가 제기되었기 때문에 개선을 통해 효율적인 급여로서 자리하기 위해서는 좀더 많은 시간이 필요할 것으로 보인다.

4. 기회

지금까지 논의한 급여형태들은 형태의 차이는 있지만 모두 수급자들의 경제적 안녕(economic well being)을 직접적으로 높이는 것들이다. 반면에 기회는 수급자들에게 경제적 안녕을 높일 수 있는

'기회'만을 제공한다.

대표적인 것이 사회적 약자 집단 - 예를 들면, 소수인종, 여성, 노인, 장애인, 빈곤층 등 - 등에게 진학, 취업, 진급 등에서 유리하게 해 주어, 시장에서의 경쟁에서의 불이익을 제거하여 평등한, 즉 공정한 경쟁을 하도록 해 주는 형태이다.

기회라는 형태의 급여를 하는 논리적 근거는 이러한 집단에 속한 사람들은 사회에서 부정적 차별을 받고 있기 때문에 이것을 보상하기 위하여는 다른 사람들과 **적극적 차별**(positive discrimination)을 해야 한다는 것이다.

적극적 차별
부정적 차별은 같은 집단을 다르게 대우하는 것이라면, 적극적 차별 또는 긍정적 차별은 부정적 차별을 해소하기 위해 각 집단을 다르게 대우하는 것이다. 예를 들어 같은 일을 하는 남성과 여성에게 다른 급여를 하는 것을 부정적 차별이고, 여성이나 장애인에 대한 의무 고용제도는 긍정적 차별이다.

대표적인 예가, 미국에서 널리 알려진 'Affirmative Action' 프로그램으로 소수인종, 여성 등에게 대학입학, 취업, 진급 등에서 유리하게 해 준다. 우리나라도 얼마 전부터 이와 유사한 형태로, 여성, 노인, 장애인, 빈곤층 자녀들에게 대학입학이나 취업 진급 등에서 유리하게 해 준다.

기회의 형태로 제공하는 정책의 궁극적인 목표는 수급자들이 노동시장에서의 경쟁에서 차별 등의 이유로 불이익을 당하는 것을 없애 이러한 사람들의 소득을 높이는 데 있다. 그래서 현실적으로 여러 가지의 이유로 이들에게 단순히 기회를 준다 해도 이들의 소득이 크게 높아지지는 않는다.

우리나라의 예를 들면, 일정한 인원의 장애인을 의무적으로 고용하게 되어 있으나 대부분의 기업들이나 심지어는 정부기관에서도 이러한 경향을 따르지 않아 이들의 소득이 높아지지 않는다. 결론적으로 이야기하면, 기회라는 형태로 급여하는 것은 다른 급여형태에 비하여 사회복지의 궁극적인 목표인 소득의 평등을 이루기가 어렵다.

5. 권력

지금까지 논의한 모든 급여형태들은 정책결정자들이 일방적으로 결정하여 수급자들에게 급여하는 것이다. 반면에 권력의 형태는 수급자들로 하여금 사회복지정책의 결정과정에 참여시켜 정책내용, 즉 누구에게 무엇을 얼마나 급여할 것인가를 결정하게 하는데 수급자들의 입장을 반영하게 하는 것이다.

원론적으로 볼 때 이렇게 수급자들에게 정책결정에의 권력을 부여하는 것은 소극적인 다른 급여형태들에 비하여 수급자들의 이익을 가장 적극적이고 획기적으로 높일 수 있다.

권력의 형태로 급여하는 대표적인 예가, 미국에서 1960년대 중반 이후에 강조되기 시작한 시민참여(citizen participation)를 강조하는 다양한 지역사회운동 프로그램들이다(community action program). 이것을 통하여 지역사회의 다양한 사회복지프로그램에 수급자들을 참여시켜 정책을 결정하게 하여 수급자들의 이익을 반영하려고 한 것이다.

그러나 이러한 이상적인 측면과 달리, 현실 세계에서는 수급자들에게 정책결정에의 권력을 준다 해도 이것은 다분히 명목적(nominal)이어서–이러한 현상을 흔히 '토큰이즘(tokenism)'이라 한다–정책결정에는 실질적인 영향을 주지 못하는 경우가 대부분이다.

이것의 가장 중요한 이유는 수급자들이 결정하는 정책에 대한 전문성이 부족하여, 주요 정책결정자들의 입장을 그대로 따르는 경향이 크기 때문이다. 또한 대개의 경우 수급자 대표(?)들은 주로 정책결정자들에 의하여 선발되는 경향이 크다. 이러한 이유로 수급자 참여는 대부분 형식적인 참여에 그치고, 정책의 내용을 실질적으로 수급자들의 이익에 부합되도록 결정할 수 있는 권력이 주어지는 것이 아니다. 즉 수급자 참여라는 것도 기회의 경우처럼 주요 정책결정자들의 결정을 합리화하기 위한 도구에 그칠 가능성이 크다.

제5절 사회복지 전달체계

사회복지재화나 서비스를 제공하기로 하고 대상을 정하고 재원을 마련했으면, 마지막으로는 이 재화와 서비스를 제공주체로부터 대상자에게 옮기기 위해서 생산과 전달의 역할을 수행할 기관과 조직을 활용하게 된다. 이 과정에 참여하여 일종의 통로 역할을 하는 기관과 조직을 전달체계라고 한다.

사회복지를 수급자들에게 전달하는 체계는 다양하여 사회복지영역별(예를 들면, 소득보장, 건강, 사회복지서비스 등), 혹은 동일 영역 내에서도 개별 프로그램별(예를 들면, 소득보장의 영역 내에서도 국민연금, 공공부조 등)로 다르다.

여기서는 사회복지재화나 서비스를 전달하는 두 개의 커다란 축인 공공부문과 민간부문 사이의 다양한 역할 분담 형태에 따라, 첫째, 재원을 누가 부담하는가, 둘째, 재화나 서비스를 누가 제공하는가, 셋째, 누가 조정하는가의 세 가지 차원에서 ① 완전중앙정부 ② 완전지방정부 ③ 중앙정부와 지방정부의 혼합체계 ④ 정부와 민간부문과의 혼합형태 ⑤ 완전민간부문의 5가지로 전달체계를 분류하여 논의하고자 한다(Savas, 1982).

1. 완전중앙정부

사회복지 발전의 역사는 어떻게 보면 중앙정부, 지방정부, 민간부문의 역할에서의 변화의 역사라 할 수 있다. 즉 사회복지 발전의 초기단계에서는 민간부문이, 다음 단계에서는 지방정부가, 그리고 마지막 단계에서는 중앙정부가 가장 중요한 역할을 해 왔다.

따라서 오늘날 발전된 서구의 복지국가들에서는 중앙정부의 역할이 가장 커서, 이러한 국가들에서 제공되는 사회복지 재화나 서비스의 대부분은(수급자의 숫자나 지출액에서) 중앙정부에서 급여자격, 재원, 급여액, 세부적인 전달체계 등에 관한 모든 사항을 결정하여 제공된다. 예를 들면, 오늘날 서구복지국가들에서 가장 비중이 큰 4대 사회보험은 대부분의 국가에서 중앙정부에 의해 독점적으로 제공된다.

왜 중앙정부의 역할이 이렇게 커야만 되는가? 가장 중요한 이유는, 사회복지재화나 서비스는 속성상 공공재적인 성격이 있기 때문에 모든 국민들에게 제공하는 것이 사회전체의 편익(social benefit)이 큰데 이것은 현실적으로 중앙정부만이 할 수 있기 때문이다.

둘째, 어떤 재화나 서비스는 대상이 되는 사람이 많을수록 기술적인 측면에서 유리하다. 예를 들면, 사회보험의 경우는 가입대상이 많으면 많을수록 여러 가지 측면에서(위험분담, 재정안정, 역의 선택의 문제 해결 등) 유리하다. 따라서 가장 큰 단위인 중앙정부에서 모든 국민들을 대상으로 포괄적으로 관리하는 것이 바람직하다.

셋째, 사회복지정책이 추구하는 가장 중요한 목표인 평등(소득재분배)과 사회적 적절성의 가치들을 구현하는 데 중앙정부가 유리하다. 이것은 두 가지 측면에서 이야기할 수 있는데, 하나는 중앙정부에 의해서만 조세의 징수와 급여의 두 가지 측면에서 모든 국민들이 소득분배형태에 영향을 줄 수 있다. 예를 들면, 중앙정부에 의해서 모든 고소득층에 대한 높은 누진율을 적용하는 조세를 재원으로 모든 저소득층에 급여를 하게 되면 국가전체의 소득재분배 효과는 커지는 것이다.

다른 하나는 중앙정부의 소득재분배 정책에 대한 정치적 저항이 적을 수 있다는 점이다. 중앙정부의 어떤 결정에 대한 국민전체의 저항은 조직과 인력의 측면에서 쉽지 않기 때문이다(Wilensky, 1975).

넷째, 중앙정부는 또한 다양한 사회복지에 대한 필요(needs)를 체계화하여 다양한 사회복지 정책들을 통합·조정하거나, 이러한 정책들을 지속적이고 안정적으로 유지하는 데 유리하다.

반면에 중앙정부가 사회복지의 재화나 서비스를 독점적으로 제공하는 전달체계는 몇 가지 문제점도 갖고 있다. 첫째, 중앙정부에서 제공되는 재화나 서비스는 공급자가 독점적이기 때문에 공급자가 다수인 경쟁적인 체계에 비하여 재화의 질이 낮거나 가격이 비쌀 수가 있다.

둘째, 중앙정부에 의해 제공되는 재화나 서비스는 정부조직의 관료성으로 인하여 수급자들의 수요에 대한 대응이 빠르지 못하거나, 지역특수적인 수요에 대한 대응이 융통적이지 못할 수 있다. 즉 새로운 수요나 변화된 수요에 대한 대응이 늦어, 창의적인 재화나 서비스의 개발이 어렵다.

2. 지방정부

오늘날 서구 복지국가들에서 제공되는 사회복지의 재화나 서비스들 가운데 완전히 지방정부 단독으로(재원까지 포함하여) 제공하는 것들은 규모에 있어 크지 않다. 그럼에도 불구하고 국가에 따라 혹은 재화나 서비스에 따라 지방정부의 전달체계가 중요할 수 있다.

예를 들면, 미국이나 영국은 다른 유럽의 복지국가들에 비하여 지방정부의 역할이 상대적으로 크다. 예를 들면, 미국의 경우 교육서비스는 거의 대부분 지방 정부의 주도 하에 제공되고, 공공부조나 개별적 사회서비스에서도 지방정부의 역할이 크다. 유럽의 복지국가들에서도 재화나 서비스에 따라 지방정부의 역할이 큰 것이 있는데 대표적인 것이 공공부조이다.

전술했듯이 사회복지가 발전할수록 지방정부의 역할은 중앙정부에 비하여 축소되는 경향이 있다. 그러나 1970년대 중반 이후 이른바 '복지국가의 위기'의 시대를 맞아 중앙정부의 재정이 악화되면서, 이른바 '**신연방주의**(new federalism)'의 기치 하에 요즘에는 지방정부의 역할이 다시 커지는 경향이 잇다(그렇다고 지방정부의 비중이

신연방주의(new federalism)
주 정부에 좀더 많은 재량권을 부여하는 것을 핵심내용으로 하는 공화당의 전통적 입장에서 출발하여 리저드 닉슨, 로널드 레이건 전 대통령 등이 강조한 통치이념으로 연방예산의 삭감을 통하여 보건, 교육, 환경, 사회복지분야에서의 연방정부의 기능을 축소하고, 규제완화와 민영화를 장려함.

중앙정부보다 큰 것은 아니어, 대부분의 서구의 복지국가들에서는 중앙정부의 비중이 여전히 압도적으로 높다).

그렇다면 지방정부의 전달체계가 왜 중요한가? 가장 중요한 이유는 지방정부가 제공하는 것이 지역주민들의 사회복지에의 필요(needs)를 더 효율적으로 해결할 수 있다는 점이다. 오늘날 복지국가들에서 제공되는 사회복지재화나 서비스는 종류도 많을 뿐만 아니라 운영에 필요한 세부적인 절차들이 복잡하여 중앙정부에서 모든 일들을 하기가 어렵기 때문에 이러한 측면에서 지방정부 단위로 제공하는 것이 바람직할 수 있다.

둘째, 지방정부 단위로 제공하게 되면 지방정부들간의 경쟁을 유발시켜 경쟁논리에 의하여 재화의 질과 가격의 측면에서 수급자들에게 유리해질 수 있다.

셋째, 지방정부 전달체계에서는 중앙정부에 비하여 비교적 창의적이고 실험적인 서비스 개발이 용이하여 수급자들의 변화하는 수요에 적극적으로 대처해 나갈 수 있다.

넷째, 지방정부의 전달체계에서는 수급자들이 정책결정에 참여할 기회가 높아질 수 있어 정책에 수급자들의 입장이 반영될 가능성이 높아진다(Heald, 1983).

반면에 지방정부 단독의 전달체계는 몇 가지 문제점이 있는데, 우선 지역간의 수급자들 사이의 불평등을 야기하여 사회통합을 저해하는 점이다. 대표적인 예가, 미국의 교육서비스이다. 미국에서 교육서비스는 지방 정부에서 거의 완전히 독립적으로 제공되기 때문에 지역에 따라 서비스의 질이 크게 차이가 나서 사회통합을 저해한다.

둘째, 지방정부의 단위는 중앙정부에 비해서 규모의 경제의 효과가 적어 기술적인 측면에서 불리하고(예를 들면, 사회보험의 경우 지방정부 단위로 하는 것이 어렵다), 셋째, 지방정부 단위의 사회복지 프로그램들은 단편화될 가능성이 크고 마지막으로 프로그램의 재정의 측면에서 안정성과 지속성을 유지하기가 어렵다.

3. 중앙정부와 지방정부의 혼합체계

지금까지 중앙정부와 지방정부가 독자적으로 사회복지 재화나 서비스를 제공할 때의 장점과 단점을 논의하였다. 여기서 보듯이 각 전달체계의 장점과 단점을 서로 보완하게 되면 이상적인 전달체계가 될 수 있다. 그래서 오늘날 복지국가들에서 제공되는 사회복지 재화나 서비스들 가운데 많은 것들은 중앙정부와 지방정부의 혼합체계 형태로 전달된다.

중앙정부와 지방정부의 혼합체계는 다양한 형태가 있을 수 있으나, 주된 형태들은 중앙정부가 지방정부에 재원을 일부 보조하는 대신에, 지방정부의 전달체계의 방법에 일정한 규제를 하는 것인데 이것은 크게 4가지의 형태로 분류할 수 있다(Gilbert, et al., 1993).

1) 재정적 규제

중앙정부가 지방정부에 재정적으로 규제하는 방법은 크게 세 가지다. 첫째는, 조건적 지원(conditional grants)−흔히 범주적 지원(categorical grants)이라 부른다−으로, 사용될 세부적인 항목(예를 들면, 대상인구집단, 프로그램의 목표 등에 따라 분류된)을 지정하여 제공한다.

조건적 지원은 재정적 규제방법에 따라 다시 세 가지로 나눌 수 있다. 하나는 무제한 'matching'의 방법으로, 중앙정부가 지원하는 액수의 일정한 비율을 지방정부가 부담하게 하는 것이다(대개의 경우 50%로 중앙정부가 100억 원을 지원하면 지방정부도 100억 원을 부담해야 한다. 그러나 어떤 경우에는 지방정부의 소득수준의 차이를 고려하여 차등률을 적용하여 소득이 낮은 지방정부의 부담률을 낮추기도 한다).

다른 하나는 제한적 'matching'의 방법으로, 중앙정부의 지원액의 상한선이 있고 그 안에서 matching이 이루어지는 방법이다. 마지막으로 주어진 항목에 사용하도록 'matching'이 없이 단순히 일정한 액수를 지원하는 방법이다.

제한적이든 무제한적이든 'matching'이 필요한 것은 두 가지 이유인데, 한편으로는 중앙정부의 재정부담을 줄일 수 있고, 다른 한편으로는 중앙정부가 바라는 목표를 이루는 데 지방정부의 적극적인 역할을 유발시킬 수 있기 때문이다. 즉 지방정부는 일정한 재정적 부담을 하기 때문에 그 프로그램의 운영을 더 책임 있게 할 수 있는 것이다.

두 번째의 중앙정부에 의한 지방정부에 대한 재정적 규제의 방법은 이른바 'block grant'이다. 이것은 상기의 범주적 지원처럼 세부적인 프로그램 항목별로 지원하는 것이 아니라 프로그램의 기능별로 크게 묶어 지원하는 것이다. 이 방법은 범주적 지원에 비하여 지방정부의 독립성을 높일 수 있어 지방정부의 수급자들의 특수한 수요에 대해 보다 융통성 있게 대처할 수 있는 장점이 있다. 그러나 이 방법은 범주적 지원에 비하여 중앙정부의 재정부담을 줄일 수 있기 때문에 재정이 열악한 지방정부에게는 불리하다.

세 번째의 방법은 중앙정부의 예산 가운데 일정부분을 지방정부에 할당하는 것이다. 이것은 지방정부의 독립성을 가장 높일 수 있어, 지방정부는 재원만 중앙정부에 의존할 뿐 전달체계에 관한 모든 것들은 독립적으로 결정할 수 있기 때문에 지방정부의 전달체계의 장점을 크게 살릴 수 있다.

2) 프로그램 규제

일반적으로 중앙정부가 지방정부에 재정적 지원을 할 때는 지방정부 프로그램에 대한 규제를 한다. 특히 범주적 지원의 경우는 그러한데, 이 경우에는 지방정부의 프로그램의 세부적인 내용, 즉 대상과 자격, 급여의 형태와 액수, 세부적인 전달방법 등에 관하여 규제한다. 이러한 프로그램 규제에서는 지방정부의 독립성이 크게 줄 수 있어 지방정부의 전달체계의 장점을 살리기가 어렵다. 바람직한 방법은 중앙정부가 지방정부에 재정지원을 하나, 지방정부의 프로그램의 운영에 대하여는 규제를 안 하는 것이다. 이러한 측면에서 세 번째의 재정적 지원의 방식이 바람직하다 할 수 있다.

3) 수급자 숫자나 사회복지에의 필요에 따른 규제

중앙정부가 지방정부에 재정지원을 할 때 어떤 경우에는 지방정부의 수급자(잠재적 수급자 혹은 단순히 인구수)의 숫자나 혹은 사회복지에의 필요(needs)가 있는 사람들의 숫자에 따라 차등 지원한다. 즉 중앙정부는 사회복지에의 필요가 많다고 판단하는 지방정부에 더 많은 재정지원을 하는 것이다.

예를 들면, 교육서비스의 경우 저소득층이 많이 거주하는 지역에 더 많은 재정지원을 하는 것이다. 이 방법은 지방정부 단독의 전달체계의 가장 큰 단점인 지역간 불평등의 문제를 해결할 수 있는 장점이 있다.

4) 절차적 규제

중앙정부가 지방정부에 재정지원을 할 때 어떤 경우에는 프로그램 운영에서 일정한 절차에서 규제한다. 예를 들면, 정책결정과정에 수급자를 참여시킬 것, 급여자격 심사나 급여할 때 차별을 금지할 것, 또는 프로그램의 진행에 대한 보고와 감사를 요구하는 것 등이다.

중앙정부가 절차상의 규제를 필요로 하는 기본적인 이유는, 지방정부가 프로그램을 운영할 때 남용과 오용을 막고, 또한 중앙정부가 원하는 가장 기본적인 목표-예, 인권의 존중, 시민참여 등-를 이루고 있는가를 보고자 하는 것이다.

4. 정부(중앙정부 혹은 지방정부)와 민간부문의 혼합체계

사회복지 재화나 서비스들 가운데 어떤 것들은 정부와 민간부문의 혼합체계를 통하여 제공되기도 한다. 이러한 전달체계는 특히 오늘날 공공부문의 재정악화로 '**민영화(privatization)**'를 강조하는 분위기에서 커지는 경향이 있다(Kamerman and Kahn, 1989).

민영화
국가 및 공공단체가 특정기업에 대해 갖는 법적 소유권을 주식매각 등의 방법을 통해 민간부문으로 이전하는 것. 넓은 의미에서는 외부계약, 민간의 사회간접자본시설 공급, 공공서비스사업에 대한 민간참여 허용 등을 모두 포함하나, 일반적으로는 외부계약 등과 구분하여 좁은 의미로 사용한다.

정부와 민간부문과의 혼합체계로 제공되는 재화나 서비스들은 국가에 따라 다양하다. 예를 들면, 영국과 일본의 국민연금 프로그램 가운데 일부는 정부의 일정한 규제 하에 민간보험회사와의 계약을 통해 운영된다. 또한 미국의 산재보험은 전통적으로 지방정부와 민간보험회사와의 계약을 통하여 운영된다.

그러나 대부분의 국가에서 정부와 민간부문의 혼합체계를 통하여 제공되는 대부분의 재화나 서비스는 개별적 사회서비스(사회복지서비스)들이다. 그런데 대부분의 국가들에서 개별적 사회서비스는 전체 사회복지지출에서 차지하는 비중이 적기 때문에 전체적으로 볼 때 정부와 민간부문의 혼합체계는 지금까지 논의한 전달체계에 비하여 그 역할이 상대적으로 작다고 할 수 있다.

정부와 민간부문 혼합체계의 세부적 형태들은 다양할 수 있다. 기본적으로 볼 때 전술한 중앙정부와 지방정부 혼합체계의 형태들과 유사하다. 즉 사회복지 프로그램의 운영은 민간부문이 하도록 하되, 정부가 민간부문에 재정지원을 하면서 일정한 조건들을 붙여 여러 가지의 규제를 한다는 점에서 유사한 것이다.

예를 들면, 정부가 재정지원을 할 때 민간부문으로 하여금 'matching'을 요구하거나, 프로그램의 내용을 규제하거나, 수급자의 숫자에 따라 재정지원에 차등을 두거나, 프로그램의 운영에서 절차상의 규제 등을 한다.

그렇다면 왜 정부와 민간부문의 혼합체계가 필요한가? 가장 중요한 이유는 이러한 혼합체계를 통하여 민간부문의 시장원리에서의 장점들 -효율성, 경쟁성, 선택의 자유, 접근성, 대응성, 융통성 등-을 살릴 수 있기 때문이다.

그러나 다른 한편으로는 정부와 민간부문의 혼합체계는 민간부문의 단점들-공공재적 성격을 갖춘 재화의 제공의 어려움, 평등의 가치를 구현하기가 어렵다는 점, 규모의 경제에서의 단점 등-도 크게 나타날 수 있다.

따라서 국민들의 복지를 국가가 책임진다는 오늘날의 복지국가들의 기본목표에 비추어볼 때 비록 민간부문의 장점이 있다 하더라도 그것의 단점을 고려할 때 정부와 민간부문의 혼합체계를 통하여 제공될 수 있는 재화나 서비스는 자연히 제한적일 수밖에 없는 것이다.

정부와 민간부문의 혼합체계는 정부의 규제의 정도에 따라 크게 두 가지로 나눌 수 있다. 첫째는, 정부와 민간부문의 계약의 방법이다. 이것이 정부와 민간부문의 혼합체계의 대표적인 형태로 정부가 제공할 재화나 서비스를 민간부문과 계약을 통하여 민간부문이 제공하도록 하는 대신 그것의 비용은 정부가 부담하는 것이다.

이러한 방식은 크게 두 가지로 나눌 수 있는데, 하나는 정부는 일정한 재원 내에서 특정의 서비스를 지정만 할 뿐, 그 서비스의 세부적인 운영, 즉 서비스를 받기 위한 자격, 서비스의 형태, 세부적인 전달 방법 등에 관한 규제가 없이 민간부문이 독자적으로 운영하는 유형이고, 다른 하나는 정부가 이러한 세부적인 운영에 대하여도 규제를 하는 형태이다.

둘째는, 정부가 민간부문에 단순히 재정보조만 해 주고 어떠한 규제도 하지 않는 형태이다. 상기의 계약의 형태는 최소한 특정 서비스를 지정하는 반면에 이 형태는 무조건적이다. 즉 민간부문이 모든 것을 결정하는 것이다. 따라서 민간부문의 독립성이 가장 클 수 있어 민간부문의 장점들을 크게 부각시킬 수 있다.

5. 순수민간부문

순수민간부문의 전달체계는 정부의 규제 없이 재원과 운영 모두를 민간부문에서 책임지는 형태이다. 그러나 이러한 형태는 오늘날 서구의 복지국가들에서는 그 규모에 있어 극히 적다. 이것은 주로 자발적 기여를 재원으로 비영리 사회복지기관에서 제공하는 개별적 사회서비스로 제한되어 있다.

민간부문에서 제공되는 대부분의 재원과 서비스는 어떠한 형태로든 정부의 재정지원 혹은 규제를 받는다. 예를 들면, 민간부문이 중요한 미국의 의료서비스도 각종 세제혜택을 통하여 정부의 실질적인 재정부담(조세지출)이 있는 것이고, 심지어는 비공식 민간부문인 가족간 소득이전에도 조세지출의 형태로 정부의 재정부담이 있는 것이다.

순수민간부문의 전달체계가 오늘날 서구의 복지국가에서 이렇게 규모가 작은 이유는, 모든 국민의 복지를 책임져야 하는 복지국가의 목표상 재원과 운영 모두를 민간부문에 맡길 경우 그 목표를 이루기가 어렵기 때문이다.

제 4 장

사회복지의 역사

지금 우리가 살고 있는 시기는 산업화를 거치면서 인류 역사상 처음으로 모든 사람들이 편안하게 살아갈 수 있는 충분한 생산력을 확보한 시대로 평가받는다. 하지만 최근까지도 소수 지배층을 제외하고 다수의 사람들은 궁핍 상태 내지는 이보다 조금 나은 상태의 생활을 하였다(Rimlinger, 1991). 인류 역사를 통해 중요한 변화가 가장 최근의 200여년에 걸쳐 나타난 것이다.

경제적으로 급속히 성장한 것과 함께 개인의 권리에 대한 새로운 해석을 통해 사회정의에 기반한 새로운 정책들이 불평등을 해소하고 일반 사람들에게까지 자아실현을 할 수 있는 기회를 제공하였다.

물론 사회복지의 여러 형태들, 예컨대 공공 사회정책, 사회보험 및 사회복지서비스, 그리고 민간의 자발적 복지 등의 형태들은 현대 사회가 완전히 새롭게 만들어낸 것은 아니다. 전근대사회에서도 그와 유사한 활동들을 찾아볼 수 있다(백종만 외, 2001). 사회복지가 기초하고 있는 상부상조라던가 사회적 재분배를 위한 최소한의 노력은 인류 역사와 함께 항상 있어 왔고 형태와 범위, 내용과 수준 등이 오랜 시간을 거치며 변화·발전되어 온 것이다. 따라서 현대사회의 사회복지가 근대 이전의 형태와 어떻게 다른가를 역사적 과정을 통해 이해함으로써 현대 사회복지의 특징을 보다 정확하게 알 수 있을 것이다.

역사는 단순히 과거에 일어난 일이 아니라 현재를 이해하기 위한 수단이 된다. 우리가 사회복지 역사를 이해하는 것이 어떤 현재적 유용성을 주는 가에 대해 감정기 등은 다음과 같이 세 가지로 이유를 들고 있다(감정기 외, 2002).

첫째, 사회복지사 연구를 통해 현대 사회에 제도화된 사회복지의 생성 및 발달 과정 그리고 역사적 특성을 이해할 수 있다는 점이다. 둘째, 과거의 사회문제와 사회적 욕구 그리고 그와 관련하여 등장했던 사회복지 제도 및 프로그램의 등장과 변천 과정에서 나타난 성공 또는 실패의 원인이나 조건 등에 대한 지식을 확보함으로써 현재의 사회복지 정책, 제도, 프로그램 개발에 활용할 수 있다는 점이다. 셋째로 앞의 두 가지 효과를 통하여 궁극적으로는 우리에게 적합한 사회복지 제도발달에 관한 이론을 개발하고, 사회복지제도의 변천 혹은 발전에 내재하는 모종의 법칙성을 발견할 수 있다.

다음의 1절부터 3절에서는 서구에서의 사회복지의 역사적 변화를 근대이전과 근대적 사회복지 출현의 시기, 그리고 복지국가 형성과 재편의 시기로 나누어서 살펴본다. 그리고 4절에서 한국 사회복지의 변화과정을 개괄적으로 정리해 본다.

제 1 절 근대 이전의 사회복지

현대 복지국가에서 일반적으로 실시하고 있는 사회보험이나 공공부조 그리고 사회서비스 등과 민간을 통해 제공되는 비영리부문이나 자조집단과 같은 자발적 사회복지의 뿌리들은 전근대사회에서부터 나타나고 있다. 인류가 집단생활을 시작한 이래 보호와 원조가 필요한 의존인구집단은 늘 있어 왔을 것이며 이들에 대한 보호와 원조의 제공은 당시의 사회적 여건에 따라 다양한 양상으로 이루어졌다(감정기 외, 2002).

전근대사회의 사회복지의 가장 기본은 혈연으로 맺어진 가족이 의존인구에 대한 보호와 원조를 제공하는 것이다. 가족이 이들을 충분히 보호하기 어려운 경우 지역적 공동체 내에서 지배층 또는 자산층이 이들에 대한 원조를 자선·박애(charity and philanthropy)의 형태로 제공하였다. 또 지역 내 비슷한 계층 집단 내에서 상부상조(mutual aid)의 관습을 형성하여 상호 도움을 주고 받았다. 그리고 왕으로 대표되는 통치자에 의한 일종의 공공복지(public welfare) 역시 전근대 사회로부터 존재해 왔다.

가장 일반적이고 보편적인 혈연 내 보호, 지역 내 보호의 형태는 현재의 비공식부문에서 이루어지는 원조와 크게 다르지 않다. 이를 제외한 세 가지의 전근대 사회복지의 뿌리를 살펴보자.

1. 자선과 박애

자선(慈善, charity)은 궁핍하거나 의존적인 자에 대한 개인적 소규모 도움행위를 의미하는 데 비해, 박애(博愛, philanthropy)는 궁핍한 자를 돕는 것이든 혹은 공동체 삶의 질 향상을 위한 것이든 어떤 이유에 공감하여 비교적 대규모로 이루어지는 기부행위를 의미하는 것이다(Handel, 1982). 이 둘 모두 주는 자와 받는 자 사이의 분명한 지위차이를 기반으로 한 사회복지의 형태인데, 현대적 의미에서 자선은 좀더 불행한 자에 대한 불평등한 관계를 내포하고 있다.

서구사회에서 자선의 기원은 대표적으로 기독교 종교에서 찾아볼 수 있고, 박애의 기원은 그리스·로마에서 발견할 수 있다.

1) 자선

서구에서의 자선은 기독교의 뿌리가 되는 유대교의 전통에서부터 찾아볼 수 있다. 빈민과 어려움에 처한 이들에 대한 신앙적 의무는 '네 이웃을 너 자신과 같이 사랑하라'고 이스라엘인들에게 명령했던 자비롭고 은혜로운 신의 개념으로부터 연유한다. 탈무드와 구약에서는 빈민, 과부, 고아, 병자 및 이방인에 대한 처우를 담은 법들을 소개하고 있다. 구체적으로 굶주린 자를 먹이고, 헐벗은 자를 입히고, 이방인을 묶게 하며, 밭의 한 구석을 굶주린 자를 위해 수확하지 않고 남겨 놓도록 하는 의무들이 열거되어 있다. 굶주린 자는 타인의 수확물로 배를 채울 수는 있었으나, 그것을 가져갈 수는 없었다. 또한 매 7년에 한 번의 수확은 빈민들을 위한 것으로 돌리고, 매 50년째, 즉 희년(Jubilee)에는 노예를 해방하고, 성 밖의 재산을 원 소유주에게 반환한다는 내용도 포함되어 있었다. 낙인(stigma) 없이 자선을 베풀었다는 점에서 초기 기독교 사회복지는 특징적인 모습을 지닌다. 예컨대 초기 지역자선상자에는 다른 사람이 알 수 없도록 돈을 넣거나 필요한 만큼 가져갈 수 있었다. 후일 히브리 철학자 마이모니데스(Maimonides)는 '마지못해 기부하는 것'에서부터 '빈곤예방을 위한 것'까지 8등급으로 자선을 세분하기까지 하였다(Popple & Leighninger, 1996; 백종만 외, 2001).

서기 361년에 기독교가 공인된 이후 교회는 기독교 사회에서 궁핍자에 대한 공식적 자선기관이 되었다. 이후 중세 시기에는 국가, 교회, 자발적 사회복지 기능은 중복되었는데 특히 자체 법과 행정기구, 조세제도 및 법원과 처벌기구까지를 교회가 지니게 되면서 교회는 사회복지뿐 아니라 생활 전체의 핵심적인 기관이었다. 6세기경부터는 성직자들이 세운 수도원이 중세의 다목적 보호시설(hospital)의 기능을 수행하기도 하였다. 이곳에서는 여행자와 과부, 고아, 노인, 궁핍자 등에게 의료지원뿐 아니라 숙박, 보호 등이 제공되었다. 8세기경에는 교인의 십일조가 의무화되었다. 초기에 주교와 교구목사를 위해 사용되던 십일조는 네 가지 용도로 활용되었는데, 주교와 교구목사의 생활비용, 교회 유지보수 비용, 그리고 자선 비용이 그것이다(김상균 외, 2007; 감정기 외, 2002).

12세기경 중세 교회법학자들은 빈곤의 원인에 주목하여 빈곤을 자발적 빈곤(성직자, 수도승과 수녀)과 비자발적 빈곤(과부, 고아)

으로 구분하였다. 이 중 비자발적 빈곤에 해당하는 빈민, 피억압자, 과부, 고아들의 빈곤은 교회가 보호해야 할 의무를 지고 있는 빈곤으로 받아들여졌다. 따라서 이들은 원조에 대한 권리를 가지고 있다고 교리적으로 해석되었으며, 따라서 기부자의 감상적 자기우월 의식과 받는 자의 지나친 모멸감을 상당부분 줄이는데 기여하기도 했다. 이러한 영향으로 왕과 귀족, 상인들은 구제나 다목적 보호시설(hospital)이나 자선원(almshouse)을 설립하여 빈자를 도왔다. 교회지도자 중 일부는 욕구 가운데 진정한 욕구를 구분해내려는 시도 없이 자선이 누구에게나 주어져야 한다고 주장하기도 하였다(허구생, 2002; 감정기 외, 2002). 그러나 이러한 자선의 태도는 산업화를 거치면서 달라지게 된다. 중세에서 근대로 넘어가면서 교회가 담당하던 구호의 책임을 세속적 권력인 왕과 국가가 맡게 되는 '사회복지의 세속화(secularization of social welfare)'가 나타나게 되고, 점차 종교적인 것이나 영적인 것이 아닌 세속적 문제에 기반하여 빈곤문제에 대응하기 위한 자선활동을 변용되었다.

2) 박애

한편, 박애 개념의 기원이 된 그리스 도시국가에서 박애는 '인간에게 자애로운 신에 의한 인간사랑'의 의미를 지닌 개념이었다(감정기 외, 2002). 기원전 4세기부터 박애의 의미는 권력자가 도시 재정에 기부함으로써 그 부하나 추종자들에게 친절함을 보이는 것으로 변하게 되었는데, 기부자를 영예롭게 하는 결의를 통해 시민들은 기부자에게 감사를 표하였다. 이 기부는 주로 공동체 전체 또는 그들이 소속된 특정 클럽이나 협회에 제공되었으며, 기부물품은 도시국가 시민들에게 무차별적으로 배분되었다.

반면 이 시기 빈민자들은 게으르고 일하려고 하지 않는 사람으로 여겨져 충분한 자선의 대상이 되지 못했다. 결국 그리스의 박애는 영예에 대한 사랑, 그리고 미래에 대한 불확실성으로부터 오는 두려움에 기반하였다고 평가되며, 약자나 무능력자에 대한 관심에서 비롯된 것은 아니었다(감정기 외, 2002). 그럼에도 불구하고, 그리스 도시국가에는 숙박소와 의료센터, 옛 종교사원의 잔재들이 전국에 산재하였으며, 아테네에서는 장애인에 대한 수당과 전쟁에서 사망한 자의 자녀에게 지급하는 유족연금도 있었고, 고아원과 같은 수용보호시설도 있었다. 그러나 빈민에 대한 처우는 가혹하였으며, 피임과 낙태, 그리고 영아살해가 정당화되었다(김상균 외, 2007). 로마의 박애도 그리스와 유사하였으며, 다분히 정치적인 고려에서 이루어졌다.

2. 상부상조

상부상조(mutual aid)란 도움이 제공되는 방식에 대한 통제가 도움 주는 자와 도움받는 자 간에 서로 입장이 바뀔 수 있다는 점에서 앞서 살펴본 자선·박애와는 다른 형태이다(Handel, 1982). 호혜성의 원리에 입각한 한국의 품앗이나 두레의 예에서 보듯 오랜 역사를 갖고 있다. 상부상조에서는 서로간에 도움을 주기 위해 사람들이 결속한다. 어떤 유형에서는 참여한 사람들이 공동기금에 기여를 하기도 한다. 집단의 모든 구성원은 욕구가 발생할 때 기금에서 지원받는다. 그러나 사전에 누가 언제 도움을 필요로 할지는 모르는 상태이다(백종만 외, 2001; 감정기 외, 2002). 서양에서 이러한 상부상조가 출현한 시점이 언제인지는 불분명하지만, 적어도 고대 이집트의 경우 장의단체와 소금·석고상인들의 협회와 같은 존재가 확인되고 있으며, 로마시대의 협회(꼴레지아; collegia)나 중세의 길드에서 그 형태를 찾아볼 수 있다(김상균 외, 2007).

고대 이집트의 경우 장의단체와 소금·석고상인들의 협회와 같은 협회조직이 존재했었다고 기록되어 있으며, 로마시대에 이러한 협회(collegia)가 더욱 번성하였다. 로마시대의 중요한 협회로는 아프리카와 이집트에서 곡물을 수송해 오는 해운업자협회와, 제빵업자협회 및 정육업자협회 등의 직업협회와 사교, 친목, 부조 등을 위한 비영리단체가 있었는데, 후자의 경우 소시민들의 장의단체가 대표적 예다.

협회와 같이 동질적인 요소, 특히 직업을 중심으로 상부상조 조직은 중세시대 길드를 거쳐 지금까지 이어지고 있다. 중세시대에는 상인들이 여행시 말과 수레 및 화물을 상호 보호하기 위한 상인길드(merchant guilds) 조직과 다른 하나는 산업이 점차 세분화되어감에 따라 등장한, 즉 동일직업, 예컨대 제빵, 구두수선, 석공, 목공 등에 종사하는 직인들이 영업의 보호와 상부상조를 위해 조직한 직인길드(craft guilds)가 있었다. 길드는 일종의 사회복지라고 할 수 있는 상호부조 역할을 수행하였는데 빈곤한 회원에 대한 장례비와 유족지원, 빈곤한 회원의 딸을 위한 결혼지참금 지급, 일종의 건강보험으로 회원모두를 포괄하여 환자에게 보호 제공, 교회당 건축 등 지역사회 공익을 위한 활동수행 등을 하였다(감정기 외, 2002; 백종만 외, 2001).

상부상조 조직은 근대로 이어져 우애협회(Friendly Societies), 협동조합 등으로 연결되었으며, 길드의 전통과 수공업 장인조합 등은 이후 노동조합의 형태로 발전하게 되었다.

3. 전근대의 공공복지

전근대 국가에서 공공복지라고 할 수 있는 국가 또는 통치집단으로부터 제공되는 급여는 주로 통치자의 개별적 자선 또는 시혜의 형태로 주어졌다. 물론 왕의 도덕적 책무 중 하나로 보호가 필요한 자에 대한 구제가 꼽히기는 했지만 이는 반드시 시행해야 할 규칙이라기보다는 도덕적 규범에 그치는 경우가 많았다. 따라서 통치자의 개인적 특성에 따라 공공복지의 수준과 내용은 크게 달라질 수 밖에 없었다.

기록으로 남아 있는 것 중에 대표적인 왕의 복지의무로는 기원전 2500년경으로 추정되는 피라미드 내의 파피루스에 적혀있는 이른바

『죽은 자의 책』(*The Books of the Dead*)에 기록되어 있는 것이 있다. 여기에는 환자와 가난한 자를 보호하고, 노숙자를 구제하는 것이 왕의 책무로 기록되어 있다(Barker, 1999; 김상균 외, 2007 재인용).

다른 한편으로는 고대국가에서도 국가의 유지와 산업의 보호를 위해 공공복지를 제공하기도 하였다. 정착농업이 발생할 수 있는 여건이 잘 갖춰진 메소포타미아 지방, 인도평원, 이집트, 중국 등에서 발생한 국가권력은 홍수통제를 위한 대규모 관개(灌漑)사업, 외적의 침입에 대비한 공동방위 등의 기능적 필요로부터 출현했다고 할 수 있다(Day, 1997). 국가가 대규모 공공사업을 벌이고 농업의 유지·발전을 꾀하기 위해서는 노동력을 보호하고 유지하는 것이 필요했다. 따라서 이를 위한 구제와 식량의 배분이 제공될 수밖에 없었다.

제 2 절 서구 근대 사회복지의 출발

서구의 사회복지는 중세 말에서 근대 초에 해당되는 16세기에서 18세기 사이에 양적·질적으로 큰 변화를 나타낸다. 이 시기 유럽은 중세 봉건제가 붕괴되고 근대적 시민사회·자본주의 사회로 이행해 가는 때였다. 또한 정치적으로는 절대왕정기로 일컬어지는 시기로 정치권력이 중앙집중화되는 때였다. 경제적 변화와 정치적 변화 가운데 대중빈곤의 문제는 사회불안을 야기할 정도로 심각해졌고, 이에 따라 사회통제를 주목적으로 하는 억압적인 형태로 근대 사회복지는 출현하였다. 영국 빈민법으로 대표되는 중세 말, 근대 초 공공 사회복지의 특징은 '억압 속의 구제'라는 표현으로 압축될 수 있다.

이후 19세기 말 독일에서 도입된 사회보험의 확산은 사회복지가 좀더 보편적이고 현대적인 형태로 발전하는데 중요한 역할을 하게 된다.

1. 영국 빈민법(Poor Law)의 변천

1) 빈민법의 배경

흔히 구빈법으로 번역되기도 하는 빈민법은 봉건제가 쇠퇴하고 절대주의 국가가 성립하는 시기 경제구조의 변화에 의해 농촌에서 유리(遊離)된 부랑자들이 급증하던 사회적 상황을 배경으로 한다. 빈민법 체제의 핵심적 특징은 이들에 대한 사회통제라고 할 수 있다.

이 시기 유럽은 신대륙의 발견과 이에 따른 상품화폐경제의 발전하면서 이전 경제체제의 핵심이었던 대규모 농업경작 시스템, 즉 장원경제에 심각한 영향을 미쳤다. 당시 부흥했던 양모산업으로 인해 농경지였던 장원의 토지가 목초지로 변화되었다. 16세기 국제적인 양털가격의 상승으로 양 목축업이 호황을 누리자 지주들이 자신의 농토와 공유지를 양목장으로 바꾼 것에서 시작하여 19세기 초까지 확산된 **엔클로저**(enclosure)는 취약한 영세 소농과 일용노동자들에게 심각한 타격을 주었다. 이들은 공유지에서 자신의 소와 양을 키워 부족한 생계비를 보충했으며 건축용 목재와 땔감을 조달하며 생활해 왔는데 엔클로저는 이들 가난한 농민들의 생활근거지를 빼앗아 버린 것이다. 결국 이들을 비롯하여 농경에 종사하던 많은 수의 농노들은 소수의 목동만을 제외하고는 삶의 근거지를 잃게 되었다. 오늘날의 관점에서 본다면 경제구조의 변동에 따른 실업자로 전락한 것이다. 결국 이들 실업자들은 삶의 터전을 떠나 부랑하게 되었다. 충분히 예측할 수 있는 바처럼 부랑인들의 존재는 사회적으로 긴장을 유발하고 불안을 야기하는 것으로 비쳐지게 되었다. 이에 부랑빈민에 대한 억압적인 정책들이 대두하였다(이용교, 2006; 감정기 외, 2002). 또 14~15세기에 걸쳐 유럽 지역에서 맹위를 떨친 흑사병과 흉년은 농민들의 생활을 피폐하게 만들었다.

엔클로저(Enclosure)
서유럽에서 공유지와 초원, 목초지 및 그 밖의 경작 가능한 토지를 오늘날과 같이 세밀하게 구획된 개인 소유의 농장 부지로 분할하거나 통합하는 것. 이전에는 작물의 경작기에만 개인이 각기 이 땅을 관리하고 추수가 끝난 이후 다음 경작기까지는 공동체에 맡겨져 부락의 가축들이 풀을 뜯거나 다른 목적에 쓰이는 땅이 되었다. 개방된 땅에 울타리를 둘러쳐서 공동의 방목이나 다른 목적에 쓰이는 것을 막기 시작한 현상이 영국에서는 12세기에 시작되어 1450~1640년에 급속히 진행되었다.

이러한 배경에서 중세 말 이후 서구의 주요 도시는 증가하는 걸인 문제에 대처하는 새로운 방식들을 고안해내기 시작하였다. 걸인을 등록케 한다든가, 걸인을 원거주지로 추방한다든가, 해당 도시의 걸인 가운데 구걸하지 않으면 살아갈 수 없는 걸인에게만 '구걸허가증'을 발급한다든가, 혹은 걸인들의 동태를 감시하는 감독관리를 임명한다든가 하는 등의 조치들이 취해졌던 것이다(백종만 외, 2001). 영국에서 구빈과 관련한 일련의 중요한 입법들을 소개하면 다음과 같다.

㉠ 1349년 노동자칙령(Ordinance of Labourers): 노동능력이 있는 걸인들에게 개인적 자선을 하지 못하게 하였다.

㉡ 1388년 케임브리지법(Statute of Cambridge): 모든 노동자와 걸인들의 이동을 금하고, 노동능력이 없는 빈민들의 구제를 각 지방의 책임으로 규정하였다.

㉢ 1564년 합법정주법(Statute of Legal Settlement): 이 법은 교구 관리로 하여금 부랑걸인에게 거주지를 지정해 줄 수 있는 권한을 부여하였는데, 이 장소가 후에 작업장으로 발전하였다. 노동능력이 없는 빈민들을 보호하기 위한 시설의 설치를 규정한 것은 '억압 속의 구제'를 향한 일보 발전으로 평가된다.

이 시기 빈민관련 법에는 빈민에 대한 가혹한 처벌내용들이 있었다(김태성·성경륭, 2000). 예컨대 1349년의 〈노동자칙령〉에는 자신의 교구를 이탈하는 사람을 체벌하고 도망자(fugitive)라는 의미의 'F'자 낙인을 찍는 내용이 들어 있었다. 1536년에 제정된 〈건장한 부랑인과 걸인 처벌법(the Act for Punishment of Sturdy Vagabonds and Beggars)〉에서는 걸식 부랑인이 첫 번째 잡히면 매질을 하고, 두 번째 잡히면 귀를 자르며, 세 번째 잡히면 사형에 처한다는 내용도 들어있었다. 1547년 법(the Act for the punishment for the Vagabonds and for the Relief of the Poor and the Impotent Persons)에서는 노동능력 있는 부랑인이 3일 이상 노동을 거부하면

가슴에 'V'자 낙인(Vagabonds를 의미)을 찍어 노예로 삼도록 하였으며, 다시 도망치면 이마에 'S'자 낙인(Slave를 의미)을 찍어 평생토록 노예가 되도록 하였다. 빈민법들이 지닌 가혹하고 억압적인 성격 때문에 마르크스는 이를 '피비린내 나는 입법'이라고 표현하기도 하였다.

2) 엘리자베스 빈민법(Elizabethan Poor Law, 1601)

1530년대부터 본격적인 논의가 시작된 빈민 관련 규정들은 16세기 말까지 십여 차례의 입법과정을 거쳐 완성되게 된다(허구생, 2002). 이 규정들을 종합한 것을 당시 왕이었던 엘리자베스 여왕의 이름에 붙여 엘리자베스 빈민법 또는 집권 왕조였던 튜더 왕조에 붙여 튜더 빈민법이라고 한다.

엘리자베스 빈민법은 부랑자 문제가 억압과 교구의 구빈만으로 해결되지 않는다는 것을 인정하고 보다 합리적인 대책을 마련한 것으로 평가된다. 이 법 역시 빈민들에 대한 통제를 목적으로 하지만 보다 체계적으로 빈민 문제에 대처하고자 하였고 구빈의 책임을 교회가 아닌 정부(지방정부)가 최초로 졌다는 점에서 이전과는 다른 접근이었다. 엘리자베스 빈민법의 주요한 내용은 다음과 같다(감정기 외, 2002; 이용교, 2006; 허구생, 2002).

추밀원(樞密院, Privy Council)
영국 국왕의 자문기구로 귀족들로 구성되어 정책 입안 및 처리, 재정 관리, 법원 감독 등 행정·사법의 기능을 수행한 기구. 기존의 국왕 자문기구를 1536년 크롬웰이 추밀원으로 개칭함. 출 당시의 인원은 19명으로 구성되었고, 집행기구로서 1540년 이후에는 정책의 입안 처리, 법원 감독, 회계청 재정 관리, 지방행정 조정 등 광범위한 영향력을 행사하였으나, 17세기 이후 점차 영향력을 상실하여 형식적인 기구로 남게 되었다.

첫째, **추밀원(樞密院)**을 정점으로 하는 중앙집권적 빈민통제를 특성으로 하며, 빈민의 관리를 국가의 책임으로 하되 빈민의 권리는 아직 수용되지 않았다. 각 교구에는 교구위원회의 임명을 받은 빈민감독관이 구빈세 징수 등의 구빈행정을 담당하였다.

둘째, 빈민의 유형을 노동능력 유무를 중심으로 분류하였다. 먼저, 노동능력이 있는 빈민(the able-bodied poor)은 교정원(house of correction)이나 작업장(work house)에 수용하여 노동을 하게 하였고, 이들에 대한 자선은 금지하였으며, 이주도 제한하였다. 노동능력이 없는 성인 빈민(the impotent poor)은 구빈원에 수용하여 보호함(indoor relief)을 원칙으로 하되, 거주할 집이 있으면 원외구제

(outdoor relief)를 병행하였다. 가족책임을 우선 원칙으로 삼았기 때문에, 보호할 가족이 있을 경우에는 구제의 대상에서 제외하였다. 요보호 아동(dependent children)은 시민에게 무료 위탁보호를 시키거나, 유료로 위탁할 경우에는 최저입찰자에게 위탁보호시켜 도제로서 활용하도록 하였다.

셋째, 빈민구제에 필요한 재원은 강제적으로 징수되는 구빈세(救貧稅)에 의해 충당되도록 하였다. 자발성의 원칙을 버리고 강제적 세금에 의해 사회적 자선의 재원을 마련하였으며, 특히 세액의 규모가 구제가 필요한 사람들의 필요(needs)에 따라 결정되었기에 '합리적 자선'의 출발점이 되었다.

넷째, 각 주별로 한 개 이상의 교화소(houses of correction)을 두어 배정된 공공 사업의 일을 거부하는 노동 기피자와 부랑인들을 수용하여 일정 기간 동안 강제 노역을 부과하도록 함으로써 신체건장한 빈민의 노동을 의무화하였다.

3) 정주법과 작업장법

엘리자베스 빈민법이 제정된 지 약 60년 후에 빈민들의 거주이전을 보다 엄격히 제한하는 새로운 법률이 제정되었다. 이 법이 규정하고 있는 핵심적인 사항은 구빈의 대상이 될 수 있다고 판단되는 새로운 전입자를 그들의 출생 교구로 추방할 수 있도록 한 점이다. 보다 나은 구제를 찾아 빈민들이 떠도는 것을 막음으로써, 노동력을 안정적으로 확보하고자 했던 농업지주들의 이해가 반영된 제도였다 (김동국, 1994).

1662년 제정된 정주법(定住法, Settlement Act)에 의하면 모든 교구는 타 교구의 사람이 자기 지역에 거주하고 있는 것을 발견하고 그 발견 시점이 그 사람이 거주하기 시작한지 40일 이내이면 고발할 수 있었다. 그리고 고발당한 사람이 임대료 10파운드 이하의 주택에 거주하고 있다면 이 사람은 강제퇴거의 대상이 되었다. 그러나 그가 만약 자신의 원래 소속 교구가 지원책임을 명시하여 발행한

'정주확인서'를 소지하고 이는 경우라면 상황에 따라 거주 허가를 내주기도 하였다.

빈민법은 공공 노동을 통해서 노동능력이 있는 빈민을 고용하고 노동을 강제하도록 하였다. 한편으로는 노동능력 있는 빈민들에게 공공고용을 통해 일자리를 제공하도록 규정하는 것이었지만, 현실적으로 일자리로서 제공하는 교구는 아주 소수에 불과했다. 그들에게 노상 작업을 시키기도 하고 일시적인 일꾼으로 고용하도록 지방 업주들에게 의뢰하기도 했지만 근본적인 대책이 되지 못했다(허구생, 2002). 따라서 이들을 관리하고 일 시킬 수 있는 작업장(workhouse)가 필요했다.

작업장법(Workhouse Test Act)은 빈민의 정주, 고용 및 구제에 관한 법률들을 개정하여 공공작업장을 활성화하도록 한 것이다. 1723년의 작업장법은 교구의 민생위원 등 교구의 빈민구제 관리들에게 공공작업장을 설치할 수 있는 권한을 주고 민간 사업자와 계약을 맺어 이를 운영할 수 있도록 하였다. 또한 이를 위해 단일 교구 단위뿐 아니라 인접한 교구들간의 연합에 의해서도 세울 수 있도록 하였다(허구생, 2002). 이 후 공공작업장의 설치는 더욱 탄력을 받아 확대된 반면, 이 법에 의해 빈민들은 작업장 선서를 강요받게 되었다. 작업장 선서란 구제를 받기 위한 조건으로 작업장에 입소하여 노역하겠다는 것을 약속하는 행위를 의미한다. 당시의 작업장은 실질적인 강제노역장으로서 가혹한 처벌과 노동력 혹사가 일상적으로 일어나는 곳이었다. 당연히 궁지에 몰린 빈민 이외에는 가능한 수단을 다해서라도 입소하지 않으려는 무서운 곳이기도 하였다(감정기 외, 2002; 백종만 외, 2001).

4) 구빈제도의 인도주의화

18세기 중반 이후 작업장법에 의한 작업장 중심의 구빈행정이 실패하면서 구빈행정 개혁의 필요성이 대두되기 시작하였고, 교구 중심의 구빈행정이 초래하는 비효율의 문제도 인식되기 시작했다. 여기에 작업장의 비참한 생활과 착취 현상에 대한 인도주의적 관심으로, 구빈제도가 조금씩 인도주의적 성격을 띠어가기 시작했다(김동국, 1994; 감정기 외, 2002). 이러한 변화를 반영한 것이 길버트법(Gilbert's Act, 1782)과 스핀햄랜드 제도(Speenhamland system, 1795)이다.

토머스 길버트(Thomas Gilbert)는 빈민구제와 관련하여 다양한 방안을 꾸준하게 제시하고 의회에도 수차례에 걸쳐 법안을 제출한 사람이었다. 결국 1782년 그의 법안이 받아들여져서 〈빈민의 구제·고용 개선을 위한 길버트법〉(Thomas Gilbert's Act- For the Better Relief and Employment of the Poor)이 제정되었다.

이 법은 지방 당국의 재량에 따라 선택권이 부여되었고 각 주(county) 단위로 구빈을 조직화하도록 하였다. 이 법의 제안을 따른 지역에서는 노령, 질병, 장애 등의 이유로 자신의 노동으로 생계를 유지하지 못하는 사람은 구빈원에 입소해서 구제받도록 하고, 반면 노동능력과 노동의지가 있는 빈민들은 능력과 신체 조건에 맞는 고용을 추진하도록 하였다. 구제위원은 노동능력자들이 일자리를 얻을 때까지 숙식을 제공하고 만약 일자리를 찾지 못하거나 소득이 최저기준에 미달될 때에는 부족분을 구빈세 재원에서 보충해주도록 하였다. 노동능력이 있는 빈민들(paupers)은 가정 근처의 지주, 농업경영자, 기타 고용주 등에게 임금보조 수당을 지원하여 고용하게 함으로써 최저생계비 수준의 급료를 지급하게 하였다. 여기에서 중요한 점은 이를 통해 시설외 구제(즉 거택구제; outdoor relief)가 적극적으로 활용될 수 있게 되었다는 점이다. 이 제도가 갖는 긍정적인 의미는, 구빈행정의 억압적 성격이 완화되고, 시설외 구제를 확대시키는 계기가 되었다는 점에서 찾을 수 있다(감정기 외, 2002).

스핀햄랜드 제도는 1795년에 버크셔(Berkshire) 교구의 치안판사 등 빈민구제 담당자들이 스핀햄랜드(Speenhamland)의 펠리컨 인(Pelican Inn)에 모여 임금문제를 논의하는 과정에서 결정된 안이다. 일용 노동자들의 최소 임금을 곡물가격에 연동시켜 정하는 방안을 논의하였는데 결국 최저임금보다는 교구가 노동자의 소득을 보조해 주는 방향으로 의견이 모아졌다. 소득보조 수당의 설정과 관련한 기준을 만드는 과정에서 식품(빵)의 가격과 가족의 수에 따라 가구당 최저 생계비를 정하고 개별 노동자의 소득이 이에 미달할 경우 교구의 구빈세 재정에서 빈곤 노동자의 임금을 보충해주기로 설계되었다. 물가에 연동하여 급여액수를 결정하는 일종의 보충급여제도가 탄생한 것이다. 버켜셔 지역의 이러한 보조금 산출 기준표는 이후 영국 전역으로 퍼져 나갔으며 30년이 채 안되어 영국의 대표적인 빈민정책이 되었다. 영국 의회도 빈민법을 개정하여 치안판사들의 빈민구제에 관한 재량권을 확대함으로써 제도의 확산을 도왔다(허구생, 2002).

그러나 이러한 제도하에서 농업지주들은 임금수준을 낮추게 되었고, 그 부담(물가와 실제 임금간의 격차)은 고스란히 납세자에게 전가되어 구빈세의 상승을 가져왔다. 그 결과로 후일 빈민법 개정의 빌미를 제공하게 되었다(감정기 외, 2002).

4) 개정 빈민법

18세기 후반에서부터 19세기 초반에 나타났던 빈민법의 인도주의화 경향은 곧 반발에 직면하게 되었다. 그 반발은 스핀햄랜드 제도에 따른 임금보조가 구빈세 부담을 증가시켰기 때문에 야기된 것이었다. 1760년에서 1784년 사이 구빈세 증가율이 60%였는데, 스핀햄랜드가 확산된 이후인 1801년이 되면 1760년 대비 3배로 올랐고 1818년에는 무려 6배나 되었다(허구생, 2002; 백종만 외, 2001).

다른 한편에서는 구빈행정과 같은 국가의 개입을 '보이지 않는 손'이 지배하는 시장에 대한 부당한 간섭으로 생각한 자유주의 이념도 빈민법의 개정배경으로 작용하였다. 애덤 스미스는 1776년 『국부론』에서 모든 사람이 자유경쟁의 원칙에 입각하여 이기심을 합리적으로 추구한다면 개인에게 최선일 뿐 아니라 사회 전체에도 최상의 결과를 얻을 수 있다고 주장하였다. 결국 각자의 이기적 행동은 총체적으로 '보이지 않는 손'에 의해 공익을 실현하게 된다는 것이고, 시장을 통한 사회의 진보는 낙관적으로 전망되었다.

결국 1834년의 개정 빈민법(The Poor Law Amendment Act)은 노동능력이 있는 빈민에 대한 원외구제를 중단하는 대신, 노동능력이 없거나 노동의 대가로는 생계유지가 불가능한 빈민에 대해서만 구제를 제공하였다. 그런데, 이러한 구제에는 중요한 원칙이 적용되었다. '열등처우(less eligibility)'의 원칙이 그것인데, 국가에 의한 구제수준이 최하층에 속하는 독립 노동자들의 생활수준보다 낮게 유지되어야 한다는 원칙이었다. 이 원칙은 개정 빈민법을 감독하고 통제할 중앙기구로 설치된 빈민구제위원회(Board of Commissioners)에 의해 전국적으로 통일된 구빈행정에서 모든 빈민에 대한 동일처우의 원칙으로 적용되었다. 이와 같은 열등처우의 원칙은 이 법에 의해 부활된 작업장 선서(workhouse test)와 표리의 관계를 가졌다. 엄격하게 관리되는 작업장은 노동능력이 있는 빈민들이 국가로부터 구제를 받는 최후의 수단이 되도록 한 것이다(감정기 외, 2002).

개정 빈민법의 목적은 구빈 비용의 감소에 있었으며, 빈곤이라는 질병은 노동능력자와 그들의 피부양자에 대한 구제를 제한함으로써 치료가 가능하다고 보아 왕립위원회는 다음과 같은 6가지 기본원칙을 권고했다(김상균 외, 2007).

① 스핀햄랜드법의 임금보조제도를 철폐한다.
② 노동이 가능한 자는 작업장에 배치한다.
③ 병자, 노인, 허약자, 아동을 거느린 과부에게만 원외구호를 준다.
④ 교구단위의 구호행정을 빈민통제법연맹(Poor Law Union)으로 통합한다.
⑤ 구빈 수혜자의 생활조건은 자활하는 최하급 노동자의 생활조건보다 높지 않아야 한다(열등처우의 원칙).
⑥ 왕명에 의하여 중앙 통제위원회를 설립한다.

이 법은 균일처우의 원칙(The principle of national uniformity), 열등처우의 원칙 (The principle of less eligibility), 강제노역장 활용의 원칙(The principle of workhouse system) 등과 같은 구빈 행정체제의 원칙을 마련하는 계기가 되었지만, 그 목적이 빈민구제적 성격보다 구빈 비용의 감소에 있었기 때문에 빈민에 대한 반인권적 요소가 다분히 포함되어 있다.

2. 독일 사회보험의 출발

빈민법이 봉건적인 사회복지정책이라면 사회보험은 자본주의적인 사회복지정책으로 평가된다(이용교, 2006). 사회보험은 그 시행 초기에 임금노동자 특히 육체노동자가 주된 대상이었으며, 자본제적 생산양식에서 발생된 문제인 사회적 위험(산업재해, 실업, 질병, 정년퇴직 등)에 대한 대응책이고, 노동자와 자본가가 그 재정을 공동부담하는 등 현대 자본주의 사회의 문제에 대응하는데 효과적인 새로운 사회정책으로 등장하였다.

사회보험제도는 로마시대의 협회(꼴레지아)나 중세의 길드와 공제조합(fraternities), 그리고 근세 이후 출현한 우애협회(friendly societies) 등의 상부상조 제도들에 뿌리를 두고 있다. 서구의 각국에서 사회보험 제도가 도입되기 시작한 것은 대개 19세기 종반에서 20세기 초반까지의 시기이다. 이 시기는 산업화의 진척에 따라 자본의 독점화가 진행되는 가운데 자본주의의 구조적 특성에서 비롯되는 문제들이 사회문제로 부각되던 때이다. 이러한 문제들 중에서 노령, 질병, 재해, 실업 등과 같은 임금 생활자의 최저생활을 위협하는 각종 사회적 위험(social risks)에 대한 국가의 개입이 본격화되는 첫 출발점이 바로 강제적 사회보험제도의 도입인 것이다(감정기 외, 2002). 이러한 사회보험 제도를 등장하게 한 구체적인 배경과 시기는 나라마다 다양하나, 일반적으로 ㉠ 산업화 이후의 자본주의 발전과 병행한 각종 사회문제의 심화, ㉡ 그러한 문제의 해결에 대한 가족 및 시장기능의 한계 및 그것에 대한 인식, ㉢ 노동운동의 정치세력화를 통한 정치적 압력, ㉣ 근대국가의 성장과 개입적 기능의 확대 등을 든다. 사회보험은 그러나 산업화의 진전이 빨랐던 영국이 아닌 후발산업국인 독일에서 19세기 후반에 먼저 출현하였다.

당시 독일은 다른 유럽국가에 비해 상당기간 동안 경제적 발전이 뒤늦은 국가로 꼽혔다. 독일제국이 국가적 통일을 완료한 시기가 겨우 1871년이었기 때문에 다른 국가에 비해서 산업화와 민주화가 뒤쳐져 있었다. 이 때 민족국가 수립에 크게 기여하고 재상의 지위에 있었던 비스마르크는, '선량한' 노동자에 대한 보호와 당시 극심했던 노동조합 운동의 '소요자'들에 대한 제재 조치를 구분함으로써 노동자들을 제도권으로 흡수할 수 있을 것으로 기대하였다. 당시 독일에서는 사회주의 이념이 노동자들에게 급속히 확대되고 있었으며, 체제유지를 위해 이들은 탄압의 대상이 되었다. 급기야 1878년에는 〈사회주의자 탄압법〉이 제정되기에 이르렀다. 그러나 탄압만으로는 당시의 심각한 경제불안과 노동자의 빈곤, 그리고 사회주의의 확산을 막기에는 역부족이라는 사실을 비스마르크도 알고 있었다. 그리하여 사회주의자 탄압법을 보충할 수 있는 유화적인 수단으로 사회보험 입법이 추진되었다. 이 점에서 비스마르크가 취한 강온 정책은 흔히 '당근'과 '채찍'으로 묘사되기도 한다(감정기 외, 2002; 원석조, 2008). 그는 충성스럽고 복종적인 동맹자로서의 노동자를 원하였고, 국가는 가부장적으로 노동자들의 보호자가 되어야한다고 생각했다(Rimlinger, 1991).

이러한 배경 아래 제정된 것이 1883년의 〈질병보험〉, 1884년의 〈산업재해보험〉 및 1889년의 〈노령폐질보험〉이다

독일에서 처음 출현한 사회보험제도는 유럽 여러 나라들에 확산되었다. 사회보험 제노의 제1세대라고 할 수 있는 산업재해보상보험, 질병보험(의료보험) 및 연금보험 등은 1차 세계대전 이전까지 거의 모든 유럽국가에 도입되었다. 각 국가의 산업화의 정도, 외국 제도

에 대한 모방 등이 사회보험 제도의 확산에 영향을 미쳤는데, 어떤 국가가 사회보험 제도를 도입하는데 영향을 미친 가장 중요한 요인은 자본주의적 산업화가 고도화되는 단계에서 전개된 국가-자본가 계급의 지배연합과 사회주의 정당-노동계급의 저항 연합간의 갈등과 투쟁이었다(김태성 · 성경륭, 1993).

제3절 복지국가의 발전과 재편

복지국가(welfare state)란 국민의 복지에 대해 국가가 많은 책임을 지는 역사상 실재하는 국가형태로서, 주로 자본주의 경제 질서 안에서 높은 수준의 복지지출을 제공하는 서구 국가들을 가리키는 용어로 쓰였다. 이러한 복지국가(welfare state)의 출현시점을 중세 말에서 근세 초의 빈민법 시기로 보는 견해가 있는가 하면, 본격적인 복지국가의 출현은 20세기 중반부터라고 보는 견해도 있다. 또 사회보험이 도입된 19세기 말을 기점으로 삼기도 한다.

복지국가의 출발을 이론적으로 합의하기는 어렵지만 대체로 20세기에 접어들어서 2차 세계대전이 끝나는 시점에는 서구 복지국가가 어느 정도 정착되었다고 평가한다. 이 시기부터 서구 복지국가의 변화과정을 개괄적인 흐름을 중심으로 살펴보자.

1. 복지국가의 정착기(1920-1945)

대체로 유럽의 국가들은 1883년의 독일의 질병보험을 시작으로 대략 1차 세계대전이 끝나는 시점까지, 3대 사회보험인 질병보험, 산재보험, 그리고 노령연금을 제정하여 복지국가의 기본골격을 갖춘다. 이후 2차 세계대전이 끝나는 시점까지 이른바 복지국가의 정착기로 구분할 수 있는데, 이 시기에 제도적으로 확충되고, 복지수급자의 범위가 확대되고, 복지예산의증대가 이루어진다. 이후 복지국가는 확대와 위기 그리고 재편의 시기를 거쳐 지금에 이르고 있다.

이 시기는 대규모의 전쟁과 대규모의 경제공황이 발생한 시기인데 이 두 요인은 복지국가 발전에 기여한다. 우선, 대규모의 전쟁은 국민들의 광범위한 영역에서의 국가개입의 필요성을 높게 한다. 즉 기존의 민간부문의 역할이 크게 약화되어 복지를 국가가 책임져야 한다는 필요성이 높아진다. 기존의 모든 공적·사적 복지제도들이 파산하거나 작동 불능한 상태로 만들어 버렸으며, 이는 국가의 책임과 개입을 당연한 것으로 만들었다. 총력전 형태의 전쟁에서 승리하기 위해 국가들이 효과적인 국민 동원 전략의 수단으로 종전 후의 평화시에 대하여 더 나은 삶을 보장할 것을 약속할 수밖에 없었다(김태성·성경륭, 2000). 실제로 복지국가(welfare state)라는 용어가 등장한 것은 2차 세계대전 중이고, 영국의 사회보장체계를 설계한 유명한 베버리지 보고서도 이 때 등장했다.

제2차 대전의 종식이 기대되던 시기에 영국정부는 전후 사회개혁을 위한 청사진을 마련하는 작업에 착수하였다. 세계대전을 치르면서 '전쟁의 고통을 분담했으니까 전쟁 후의 번영도 공유해야 한다'는 분위기가 형성되었다. 베버리지를 위원장으로 한 위원회는 1942년에 이른바 『베버리지 보고서(Social Insurance and Allied Services)』를 작성하였다. 베버리지 보고서에는 현대사회의 주요 사회문제를 '5대 거인(Five Giants)'으로 묘사하고 있는데, 그것들은 궁핍(want), 질병(disease), 무지(ignorance), 불결(squalor) 및 나태(idleness)이다. 궁핍은 빈곤을 의미하며 소득보장 정책을 통해 해결이 시도되었다. 질병에는 의료보장, 즉 영국이 자랑하는 국민보건서비스(NHS: National Health Service)를 통해 그것의 퇴치가 계획되었다. 무지는 교육정책을 통해, 불결은 주택정책을 통해, 그리고 나태-즉 실업-에는 고용정책이 강구되었다. 이들 5대 거인 가운데 가장 중요한 해악은 궁핍이었으며, 사회정책은 직접, 간접으로 궁핍의 문제에 대한 대응과 관련되어 있었다. 베버리지는 자신의 계획이

베버리지 보고서
1941년 6월 영국의 전시 내각이 전후 영국 사회보장의 정사진늘 마련하기 위해 창설한 '사회보험 및 관련 서비스에 관한 위원회'가 1942년 제출한 보고서. 독일의 사회입법과 함께 근대 복지국가의 양대 기둥 중 하나로 평가받고 있다.

성공하기 위한 세 가지 전제조건으로 완전고용과 아동수당, 그리고 무상 국민보건서비스(NHS)를 강조하였다. 베버리지 보고서에 담긴 구상들은 제2차 세계대전 종전 이후 실제 제도와 프로그램으로 실현되었다(백종만 외, 2001).

케인즈적 수요관리
케인즈(J. M. Keynes, 1883-1946)는 공급이 수요를 결정한다는 기존 경제학의 입장을 부정하고 유효수요의 중요성을 강조함. 그는 수요가 부족할 때 불황이 발생한다고 보았기 때문에 수요를 촉진시킴으로써 불황으로부터 벗어날 수 있다고 보았다. 이제 따라 정부가 재정과 금융을 조절하고 국민들의 수요(소비 및 투자)를 조정하는 것이 케인즈적 수요관리이다.

또한 대규모의 경제 공황은, 대규모의 실업자들을 양산하여 국가에 의한 복지의 필요성이 높아져, 이른바 '뉴딜(New Deal)', '사회계약(social contract)', '역사적 타협(historical compromise)' 등의 이름의 자본과 노동의 사회협약이 이루어지고, **케인즈적 수요관리**의 일환으로 국가에 의한 복지는 크게 확대되기 시작하였다. 1930년대 미국을 비롯해 전세계를 휩쓸었던 장기적이고도 혹독한 경기침체는 엄청난 실업을 가져왔다. 1921년에서 1929년까지 평균 7.7%였던 미국의 제조업 분야 실업률은 1930년에서 1938년까지 평균 26.1%로 급등하였다. 대공황의 영향을 받은 유럽 국가에서도 양상은 비슷하게 나타나 같은 시기 영국은 15.4%, 프랑스 10.2%, 독일은 21.8%였으며 북유럽 국가들도 덴마크 21.9%, 노르웨이 26.6%, 스웨덴 16.8% 등으로 높아졌다(양동휴, 2000). 다수의 일자리는 사라졌고 정부가 이에 대응하는 과정에서 정부정책은 경제보다 사회적 고려를 우선시하는 방향으로 선회하게 되었다. 대공황은 이후 반세기 동안 경제적 자유주의를 단절시키는 결과를 가져왔고, 대중 빈곤 문제에 대한 국가 개입에서 출발하여 예방적 차원의 사회정책이 확대되는 중대한 계기가 되었다. 대공황의 진원지였던 미국에서도 1935년 사회보장법(Social Security Act)이 제정되었다.

이 시기는 또한 사회보험 수급 대상자도 크게 늘어난다. 사실 1920년 이전까지만 해도, 사회보험의 골격만 갖추었지 실질적인 수급 대상자 비율은 낮아 평균적으로 볼 때 대략 27% 수준에 그쳤다. 이것이 정착기에는 급상승하여 대략 60% 수준까지 이른다(Flora and Alber, 1981).

또한 이 시기에 복지비 지출도 확대된다. 대부분의 유럽 국가들에서 이 기간에 GDP의 5% 이상을 사회복지에 사용하였다.

2. 복지국가의 팽창기(1945-1975)

프로그램으로 볼 때 2차 대전 후 1950년 이전 시기까지 대부분의 서구 선진국가에서는 실업보험과 가족수당 등을 포함한 현대적 사회복지제도를 구성하는 거의 모든 제도를 완비하게 된다. 일반적으로 실업보험과 수당제도(allowance)는 다른 사회보험과 공공부조에 비하여 늦게 시기적으로 등장하게 된다. 그 이유는 실업보험의 경우 일을 하지 않는 사람에게 급여를 준다는 점에서 이데올로기적으로 사회적 합의가 쉽지 않기 때문이며 수당제도는 대상자 수에서 보편적이면서도 기본욕구를 충족시켜주어야 하기 때문에 재정부담이 매우 크기 때문이다.

이러한 제도적 보완과 함께 복지국가는 2차 세계대전 이후부터 1970년대 중반까지 가장 크게 발전한다. 그래서 이 시기는 '복지국가의 황금기(golden age of the welfare state)'라 불리기도 한다(Esping-Anderson, 1990).

이 시기에 복지국가가 크게 팽창할 수 있었던 가장 중요한 동력은 약 30년간에 걸친 경제적 번영이다. 이 시기에는 대부분 5% 정도의 높은 경제성장률을 이루었고, 반면에 실업률은 3% 이내의 거의 완전고용의 수준이었고, 인플레이션도 비교적 낮아 5% 이내였다. 이렇게 경제적인 성공은 복지를 확대할 수 있는 능력을 높여 선진산업국가들에서 끊임없이 높아져 가는 사회복지에의 필요(needs)를 해결할 수 있었던 것이다.

이러한 경제적 성공 하에 또한 국가-자본-노동 간의 타협, 즉 경제성장—완전고용—복지국가를 한 묶음으로 하는 이른바 '동의의 정치(politics of consensus)'가 오랜 동안 유지될 수 있었던 것이다. 즉 경제성장은 자본가계급을 이롭게 하기도 하지만, 노동계급에게도 완전 고용과 복지확대를 가져오고, 국가는 재정수입의 확대가 이루어지기 때문에 3자의 협력은 모두를 승자로 만드는 것이다.

이러한 상황에서 이 시기에 사회복지지출은 크게 늘어난다. 예를 들면, 스웨덴은 1960년에 GDP의 12%에서 1975년에는 무려 GDP의 35%를 사회복지지출에 사용한다. 독일의 경우는 같은 시기에 17.1%에서 28%로, 프랑스는 14%에서 26% 등으로 크게 늘어난다.

이렇게 엄청나게 늘어난 복지지출로 사회복지제도의 내실화가 이루어져, 거의 모든 국민이 사회복지의 수급자가 되는 보편성(universality), 거의 모든 사회적 위험을 사회복지제도에서 해결하는 포괄성(comprehensiveness), 그리고 사회복지 급여의 관대성(generosity)의 세 가지 원칙이 충분히 이행되었다. 즉 복지국가는 제도적으로 완벽하게 이루어져 문자 그대로 '요람에서 무덤까지' 사람들의 사회복지에의 필요(need)는 해결되는 것이다.

3. 복지국가의 위기와 재편기(1970년대 중반 이후-현재)

1) 복지국가의 위기 이후

1970년대 두 번에 걸친 오일쇼크는 지난 30년간 지속되어온 서구 복지국가들의 경제적 기반을 근본적으로 바꾸었다. 그래서 경제성장률은 낮아지고 실업률은 높아지고, 인플레이션은 급격하게 늘었다. 이러한 상황에서 지난 30년 동안 유지되었던 국가-자본-노동 간의 합의의 정치는 더 이상 어렵게 되었다.

그리고 1970년대 말~1980년대 초에 영국과 미국을 중심으로 보수당정권이 집권하면서, 유럽은 점차로 보수화되면서 보수정권이 등장한다. 그리고 흔히 신우파(new right) 혹은 신보수주의(neo-conservatism)라 불리는 보수 세력들은 그들의 이념적 공세를 강하게 전개하여, 국가의 경제개입을 축소하고 복지지출을 줄여야 된다고 주장한다.

그래서 이러한 정권들은 대규모의 복지삭감을 시도하였다. 그런데 흥미로운 것은 이러한 복지삭감의 노력에도 불구하고, 실제 복지비 지출의 절대액은 줄지 않았다는 점이다. 즉 오일쇼크 이후 보수정권에 의한 복지삭감 노력을 통하여 그 이전에 비하여 복지비 지출의 증가율은 어느 정도 둔화되었으나, GDP 대비 복지비 지출 비율 그 자체는 줄지 않았다. 여전히 복지비 증가율은 경제성장률보다 높았다.

왜 그러한가? 여기에는 여러 가지 이유가 있지만, 우선 경제가 좋지 않으면 사회복지에의 필요(need)가 높아지기 때문에 - 예를 들면, 실업자, 빈자의 증가 - 지출이 많아진다. 또한 인구의 고령화로 노령연금의 지출이 크게 늘어났다. 또한, 정치적으로는, 복지국가의 황금기에 공공부문 사회복지조직에 일하는 사람들의 숫자나 사회복지 수급자들의 숫자가 엄청나게 증가했기 때문에, 민주주의 사회에서 선거에서의 경쟁을 하는 상황에서 이렇게 많은 사람들의 지지를 잃을 수 있는 복지 삭감을 적극적으로 하기는 쉽지 않다(Pierson, 1991).

산업구조의 변화(제조업에서 서비스 산업으로), 인구의 고령화, 자본의 이동을 자유롭게 하는 세계화로 인한 국민국가의 약화와 자본계급의 강화 등의 이유는 앞으로 복지국가를 위축시킬 수 있다. 그래서 앞으로 복지국가의 미래가 어떻게 될 것인가는 많은 사람들의 관심사이다.

2) 복지국가의 변화

그렇지만 결국 오늘날의 복지국가들은 변하고 있으며 변화할 수 밖에 없다는 것에는 이견이 없다. 20세기 후반부터 복지국가의 재편이란 표현이 심심치 않게 등장하는 것도 같은 맥락에서 이다. 그런데 변화를 보는 시각은 달라 어떤 사람들은 복지국가의 패러다임이 바뀌어 기본적인 틀이 변해서 궁극적으로는 복지국가를 와해될 것으로 보는 반면, 어떤 사람들은 복지국가의 기본틀은 변하지 않고 변화된 상황에 대응하기 위한 지엽적인 변화로 본다(Pierson, 2001).

어찌되었든 복지국가는 변화하고 있다. 그렇다면 이러한 변화의 원인은 무엇인가? 복지국가의 변화의 이유는 국가들마다 다소 다를 수 있지만 크게 보면 고도로 발전된 후기 산업사회의 특성에서 찾을 수 있다. 여기서는 다음의 네 가지 측면에서 논의하고자 한다: ① 산업구조의 변화로 인한 생산성 향상의 둔화 ② 복지국가의 확장 및 성숙으로 인한 한계 ③ 인구의 고령화 ④ 가족구조의 변화

① 생산성 향상의 둔화

복지국가가 확대 혹은 유지되기 위해서는 최소한의 경제성장이 이루어져야 하고, 경제성장에는 생산성 향상이 필요하다. 오늘날 복지국가들이 어려움에 처한 것은 바로 이러한 생산성이 낮아져 경제성장이 둔화된 데에서 찾을 수 있다.

그렇다면 왜 생산성 향상이 둔화되었는가? 여기에는 여러 가지의 이유가 있을 수 있으나, 가장 중요한 이유는 산업구조의 변화, 즉, 생산성이 비교적 높은 제조업이 줄고, 생산성이 낮은 서비스 산업이 크게 늘었다는 점에서 찾을 수 있다.

서비스 산업이 생산성이 낮을 수밖에 없는 이유는 서비스는 주로 노동집약적으로 이루어질 수밖에 없어 제조업처럼 자본투자를 통하여 생산성을 높이는데 한계가 있기 때문이다.

서구복지국가들의 경우 1960-1994년 사이에 제조업의 고용은 정체된 반면에 서비스 산업의 고용은 연평균 2.2%가 증가되어 1995년 즈음에는 서구복지국가들에서 평균적으로 서비스산업에 약 65%가 고용되는 반면 제조업에는 대략 20%만이 고용되어 있다. 일인당 생산량으로 볼 때 1990~1994년 사이에 제조업에서는 평균 3.6% 증가되었는데 서비스산업에서는 1.6%에 그친다.

이렇게 생산성이 둔화되면 복지국가에 심각한 문제를 야기시킨다. 낮은 생산성은 임금 상승을 막고 이것은 복지국가에 주요 재원인 사회보장세의 상승을 막아 복지국가 재원에 어려움을 준다. 또는 낮은 생산성으로 인한 저성장은 실업률을 높이고 이것은 사회복지 급여의 필요성을 높이는 반면에 복지 재원은 줄어들게 만들어 이중의

어려움을 야기시킨다.

서비스산업이 확대되는 것은 또한 이른바 서비스 경제의 트릴레마(trilemma)를 야기해서 복지국가에 어려움을 준다. 서비스산업에서의 고용은 두 가지 방법으로 늘릴 수 있다. 하나는 민간부문에서 매우 낮은 임금의 일자리를 많이 만들 수 있는데 이것은 임금불평등이 커지는 결과를 낳는다. 다른 하나는 공공부문의 일자리를 창출하는 것인데 이것은 정부예산의 재정부담이 크게 늘어나 적자재정의 위험을 감수해야 한다. 반면에 임금평등과 정부재정의 건전성을 유지하기 위해서는 낮은 임금을 주는 서비스 산업에서의 고용이 늘지 않아야 되는데 이것은 실업률이 높아지는 결과를 초래한다. 즉, 고용증대, 임금 평등, 그리고 정부 재정의 건전성이라는 세 가지의 목표사이에는 필연적으로 상충적일 수밖에 없는 것이다.

② 복지국가의 성숙

오늘날 복지국가의 변화의 두 번째 요인은 복지국가의 성숙 그 자체에 있다. 널리 알려졌듯이 오늘날의 서구복지국가는 2차 세계대전 이후부터 대략, 1970년대 말까지 실질경제성장률보다 훨씬 높은 비율로 사회복지지출을 확대하였다. 1980년대 이후에도 사회복지지출 증가율이 어느 정도 둔화되었으나 사회복지지출은 계속 증가하였다. 이것은 사회복지제도들이 성숙해서 수급자들의 숫자가 계속 늘어나고 높아진 생활수준에 맞추어 급여액도 상향조정 되거나 급여자격조건도 완화시켰기 때문이다.

이렇게 복지국가가 성숙되는 것은 다음의 세 가지 이유로 사회복지 확대의 제동을 건다. 첫째, 사회복지지출이 GDP에서 차지하는 비율이 커지면 커질수록 지출은 더 이상 확대할 때의 기회비용이 그만큼 더 커지게 된다. 즉, 경제성장에 사용할 수 있는 사회적 자원이 줄어들어 발생하는 사회적 비용(forgone resources)이 그만큼 더 커지는 것이다.

둘째, 사회보장세가 높아지면 소득이 높은 사람들뿐만 아니라 평균이나 그 이하의 소득수준의 사람들에게도 부담이 커지기 때문에 사회복지지출의 확대에 대한 정치적인 저항이 그만큼 커질 수 있다.

셋째, 사회복지수급자들의 숫자가 크게 늘어나게 되면 관대한 급여가 유발할 수 있는 사회적 비용(예, 근로동기의 약화)이 그만큼 늘어날 수 있다. 이러한 이유들로 복지국가가 성숙될수록 사회복지지출의 사회적 비용에 대해 많은 사람들이 민감해진다.

복지국가가 성숙해서 사회복지지출이 늘어날 때 국가가 할 수 있는 방법은 세금을 늘리거나 아니면 사회복지급여를 줄여야 한다. 그리고 정치가들은 이렇게 인기가 없는 고통스러운 방법보다는 당장의 쉬운 재정적자의 방법을 택하는 경향이 있다.

그래서 많은 복지국가들에서는 지난 20년간 정부부채의 이자부담만 GDP의 대략 2%이던 것이 1995년에 5%로 두 배 이상 늘었다. 이렇게 이자부담이 늘게 되면 사회복지에 대한 재정압박은 더욱 커지게 되고 이것은 시간이 갈수록 더욱 심각해져 미래의 사회복지지출은 한계에 도달할 수밖에 없는 것이다.

③ 인구의 고령화

널리 알려졌듯이 오늘날의 복지국가들의 노인인구비율은 높아 평균적으로 대략 전체인구의 14%에 이른다. 더욱 심각한 문제는 노인인구비율이 앞으로는 더욱 증가해서 2010~2035년 사이에 인구의 대략 23%가 노인인구가 될 수 있다는 점이다.

지금까지는 노인인구비율이 높아도 많은 수의 '베이비붐' 세대가 일할 연령대이기 때문에 문제의 심각성이 크지 않았다. 문제는 이러한 세대들이 앞으로 10~20년 후에 노인이 된다는 점이고 이들의 출산율이 낮아 숫자가 많지 않은 다음 세대들에게 의존해야 된다는 점이다.

예를 들면, 서구복지국가들의 경우 65세 이상 노인 1명 대비 근로가능인구(15~64세)비율이 1960년에 7.5이던 것이 1990년에 5.0으로 줄었는데 더욱 심각한 것은 2040년경에 이 수치가 2.5로 준다는 점이다.

이것은 사회복지지출에 대한 재정압박을 커지게 만드는데 특히 국민연금과 건강서비스 분야에서 그러하다. 현재의 추세로 간다면 인구의 고령화 그 자체만으로 2000~2030년 사이에 연금과 건강서비스 둘만으로도 매년 GDP의 5.7%를 추가로 지출해야 된다.

많은 국가들에서 현재도 매우 높은 조세부담률 때문에 재정압박이 심한데 앞으로 이 정도의 추가지출이 더 필요하다는 것은 복지국가의 앞날을 어둡게 만든다.

④ 가족구조의 변화

복지국가의 변화에 영향을 줄 수 있는 또 하나의 요인은 가족구조의 변화 그 자체와 가족구조와 노동시장참여의 관계에서의 변화이다. 예를 들면, 여성들의 노동시장참여율이 높아진 점, 낮은 출산율, 높은 이혼율과 혼외출산율로 인한 단일부모(single-parent)가구의 증가, 그리고 결혼하지 않고 독립가구로 사는 계층이나 노인단독가구의 증가 등이다.

이렇게 가족구조가 변화되는 현상은 전통적으로 남성이 가구주로서 일하고 여성은 전업주부로서 아동이나 노인을 돌보는 역할을 하는 가구를 모델로 설계된 복지모형과는 맞지 않는 것이다.

국가별로 차이는 있지만, 최근에 서구복지국가들에서 여성들의 노동시장참여율은 과거에 비하여 크게 높아졌다. 예를 들면, 1960년에 여성들의 노동시장참여율이 34%이던 것이 1996년에 62%로 크게 높아졌다. 여성의 노동시장참여율이 높아지는 것은 복지국가의 여러 측면에서 영향을 준다. 우선, 여성들이 소득을 얻게 되면 독립적이고 자율적인 가구를 형성할 능력이 커지는 이른바 '탈가족화(defamilialization)' 현상이 커진다. 이렇게 되면 여성들이 정부에 의존해서 살아야 할 필요성은 주는 반면, 오히려 정부재정에 도움이 된다.

그러나 다른 한편으로는 이렇게 많은 수의 여성이 일을 하면 공공부문의 재정지출이 늘어난다. 왜냐하면 출산과 아동양육에 따른 비용이 증가되고, 또한 아동, 노인, 장애인들에 대한 보호서비스는 가족 내의 여성이 더 이상 제공하지 못하기 때문에, 결국 이러한 서비스는 국가가 제공해야 되기 때문에 국가의 재정부담이 늘어난다.

또 낮은 출산율은 노인인구 대 근로인구비율인 노인부양률을 낮춰서 앞으로의 복지국가재정에 큰 부담을 주게 된다. 그런데 여기서 흥미로운 것은 여성들의 노동시장 참여율이 높은 국가들의 출산율이 참여율이 낮은 국가들보다 높다는 점이다. 이것의 이유는 일과 아동양육을 동시에 할 수 있도록 하는 정책들이나 여성들을 위한 일자리 창출이 여성들의 노동시장 참여율이 높은 국가들에서 강조되고 있기 때문이다. 즉, 출산율을 높이기 위해서라도 각종의 아동복지 서비스가 필요하고, 동시에 여성들이 일을 할 수 있게 해야 하는 것이다.

제 4 절 한국 사회복지의 역사적 전개

한국 사회는 1950년대 이후 불과 50여년 만에 산업화와 민주화를 성취한 이른바 '압축근대'의 시기를 통해 발전하였다. 이 시기는 서구 국가에 비해 매우 빠른 시기에 산업 부문의 발전과 성취를 이루어냈을 뿐 아니라 시민사회의 적극적인 참여를 통해 민주적인 정치체제를 형성해낸 시기였다. 하지만, 압축성장 과정에서 지나치게 경제부문에 치중한 결과 사회복지분야에서는 서구에 비해 뒤쳐진 모습을 보이고 있다. 1990년대 이후 빠르게 사회복지를 확대시켜왔지만 아직까지 양적인 면과 질적인 면 모두에서 서구 복지국가에 미치지 못하고 있다.

일반적으로 현대 사회복지제도는 농경사회에서 산업사회로 전환함에 따라 대두되었다. 우리나라에서 산업화는 20세기 중반 이후에 본격적으로 시작되어 18세기 전후로 산업화 과정을 거쳤던 서구에 비해 최소한 1세기 이상 지체되었다. 그 결과 아래 표에서 보는 바와 같이 사회복지제도의 출현시기에서 우리나라는 서구국가에 비해 거의 1세기 가까운 지체를 보이고 있다(백종만 외, 2001).

〈표 4-1〉 서구와 한국의 주요 사회보험제도 입법시기 비교

사회복지제도	서구의 최초 도입시기(국가)	한국의 도입시기	시차
의료보험	1883(독일)	1977	94년
산재보험	1884(독일)	1963	79년
연금보험	1889(독일)	1988	99년
실업보험	1911(영국)	1995	84년
아동수당	1926(뉴질랜드)	미도입	90년 이상

자료: 백종만 외(2001), p. 110; 이재완 · 최영선(2006), p. 17.

그러나 산업화 이전의 사회복지 전개과정만을 놓고 본다면 서구에 비해 오히려 체계적인 면도 발견할 수 있다. 중앙집권적인 권력국가를 상대적으로 먼저 형성한 아시아는 18세기 이전까지는 서구에 비해 앞선 문명을 가지고 있었으며, 아시아 문명의 발전과 궤를 같이 한 우리 민족 역시 체계적인 사회제도를 형성하여 왔다. 사회복지 측면에서 우리의 전통사회에서는 농민보호를 위한 공공복지제도들과 민간 상부상조 전통이 오랫동안 공고히 유지되어 왔다.

1. 근대 이전의 사회복지

근대 이전은 한국 민족이 한반도에 자리 잡은 이래로 수천 년의 긴 시간을 뜻한다. 이 시기 다양한 역사적 사례들이 있었는데, 그 중 전통적으로 이어져 온 중요한 사회복지 활동들을 공공복지 영역과 민간복지영역으로 나누어 정리하면 다음과 같다.

1) 공공복지

농경을 기반으로 하였던 근대 이전의 사회에서 자연재해로 인한 농업생산의 축소나 농민의 감소는 왕조국가의 존립에 커다란 위협으로 작용하였다. 따라서 수렵생활을 벗어나 농경사회로 접어든 이후 자연재해에 미리 대비하는 정책과 재해 발생 후 이재민을 보호하고 농업생산력을 유지하기 위한 정책들은 필수적이었다(백종만 외, 2001).

역사적 사실여부가 논란이기는 하지만 가장 오래된 민족의 역사인 단군왕조의 기록에서도 널리 인간을 이롭게 한다는 홍익(弘益)의 뜻을 세워서 인간 세상을 구하기로 한 환웅천왕(桓雄天王)이 풍백(風伯), 운사(雲師)를 거느리고 곡식과 생명을 관장하였다고 되어있는 것은 원시농업시대에 비바람이 아무 탈 없이 지나가는 것을 희망한, 생활의 어려움에서 벗어나고자 하는 사상이 왕의 권력이나 덕성과 결부된 표현이라고 할 수 있다. 또 단군시대에 홍수로 어려움을 겪고 수도를 평양으로부터 당장경(唐藏京: 황해도 구월산 밑에 단군의 네 아들이 도읍을 정했던 곳)으로 옮긴 동시에 신하로 하여금 치산치수(治山治水)를 하게 하였다는 기록도 역시 정권(政權)과 구재(救災)의 관계를 충분히 보여주는 사례이다(최익한, 1947).

이처럼 국가 형성 초기부터 어려운 상황에 처한 백성들에 대한 공공복지는 필수적으로 존재해 왔다. 근대 이전의 공공복지는 곡식대여를 통해 궁핍을 벗어나게 하는 진대(賑貸), 재해와 빈곤으로 인한 어려움을 극복하게 하는 진휼(賑恤), 질병으로 인한 고통을 덜게 하는 구료(求療) 등으로 나눌 수 있다. 또한 전통적으로 사궁(四窮)에 대해서는 국가가 관심을 갖고 지원하였다.

① 진대(賑貸 : 정부의 곡식대여)와 창(倉)제도

진대 또는 환곡이란 가난한 백성에게 종곡(種穀, 씨앗으로 쓸 곡식)과 식량을 대여하는 것을 말한다. 본 제도는 보통 봄에서 초여름에 이르는 시기 농민의 식량이 바닥나는 소위 '보릿고개'시기 백성들의 기근을 방지하기 위해 활용되었다. 삼국시대 이래로 창(倉) 제도는 진대를 위한 기본 재원으로서 활용되었다. 창제는 일종의 곡식 보관 및 대여제도로서 평상시에 국가 재정으로 마련한 곡식을 각 지역의 창에 보관하였다가 흉년이나 봄의 흉궁기에 필요한 백성들에게 나누어주고 이후 평상으로 돌아오면 이자를 붙여서 되돌려받는 제도를 뜻한다.

일찍이 고구려 고국천왕 16년(서기 192년)에 재상 을파소의 건의에 의해 중국으로부터 진대법을 들여왔고, 이것이 고려왕조 때에는 고구려의 진대법보다 한층 다양한 모습으로 변화하여, 겨울과 봄에 대출하여 가을에 회수한다거나 흉년에 대출하여 풍년에 회수하기도 하였으며(최익한, 1947) 흑창, 의창, 상평창 등으로 제도화되었다. 창제는 근세에까지 이어져 조선왕조에서도 상평창과 의창이 존속되었고, 조선후기에는 환곡제도로 개칭되었다. 한편, 이러한 환곡제도는 조선후기로 가면서 국가재정이 약화되어 농민에게 대여한 곡식에 다양한 수수료와 세목을 첨가하여 높은 이자를 취함으로써, 기존의 공공복지 성격에서 정부의 영리사업으로 성격이 변모하고 말았으며 또한 이 와중에서 수령과 서리의 사취까지 더해져 조선후기 피폐의 한 원인이 되고 만다. 조선후기 삼정의 문란 중 환곡의 문란이 바로 이를 일컫는 것이며, 전정, 군정, 환곡 중 환곡제도가 가장 심하였다고 한다(이기백, 1982). 1895년에는 사환조례를 제정하여 환곡의 본래기능인 진대(賑貸)의 기능을 되살리는 방향으로의 개혁 조치도 있었다.

이 밖에 고려시대부터 백성들이 곡식을 출자하여 만든 유비창(有備倉, 고려)과 사창(社倉, 조선)도 있었다.

② 진휼(賑恤: 이재민구호 및 공공부조)

진휼이란 각종 재해에 의해 피해를 받은 백성과 빈민의 기근과 추위[飢寒] 등을 구제하기 위해 식량과 현물을 무상으로 지급하는 모든 일을 일컫는다. 이는 삼국시대 이래 역사상에 가장 자주 시행된 국가의 공공복지였기 때문에, 각종 문헌에서 다양한 예를 찾아볼 수 있다.

이미 백제시조인 온조 33년(溫祚, 15)에 봄여름에 큰 가뭄이 들어서 백성이 매우 배고픔이 시달리고 도적이 많아져 왕이 불쌍히 여기어 위로하고 도왔다는 기록이 있으며, 고려시대에는 구제도감(救濟都監), 진제도감(賑濟都監), 진제색(賑濟色)등의 관서를 설치하여 곡물, 밥과 죽, 소금, 간장, 채소, 의류, 베와 실 등의 식량과 현물로 기근과 추위에 처한 백성을 진휼하기도 했다(최익한, 1947). 또한 조선시대의 기본법전인 경국대전 비황조(備荒條)에는 수령이 진휼사업을 하여 하지 않아 기아에 굶주리는 백성을 사망하게 했거나 혹은 그것을 숨기고 보고하지 않은 자는 중벌에 처한다고 기록되어 있다(안상훈 외, 2005).

③ 납속보관(納贖補官: 진휼을 위한 재정조달)

원래 납속보관제도는 국가재정의 고갈이 일어났을 때, 국가재정을 보충하기 위하여 일정한 금품을 납입한 사람에게 관직을 주는 것으로 일정의 공공복지와는 무관한 제도였다. 하지만, 고려시대에 최초로 진휼을 위해 납속을 시행한 사례가 발견된다. 즉, 흉년의 농민과 빈민을 위해 여유 있는 백성에게 자원을 모집하고 그들에게 관직을 하사한 것이다.

고려시대 충목왕 4년(忠穆王, 1348) 당시 굶주린 백성을 구제하기 위하여 납속보관의 방식을 활용하여 진휼을 실시한 것이 이러한 방식의 납속보관의 시초이다. 이후 조선왕조시기에도 이러한 납속보관의 형태가 지속되어, 숙종 3년(肅宗, 1677)에 구제를 위한 관곡의 부족을 보충할 목적으로 정원 외에 동지와 검지의 특별임용법을 정하여 이들에게 첩지를 주어 진휼재정을 확보했다(최익한, 1947).

④ 구료(求療: 의료부조)

구료란 빈민이 질병이 얻게 되었을 경우에, 국가가 이들을 보호·구제하기 위해 행하는 일련의 활동을 의미한다. 우리나라의 역대왕조는 빈민의 각종 질병을 치료하기 위한 노력들을 꾸준히 전개해 왔다.

구료는 삼국시대에 이미 국가적 사업으로 시행되고 있었으며(하상락, 1989: 138), 고려시대에는 동서대비원(東西大悲院), 혜민국(慧敏局), 구제도감(救濟都監) 등의 공립 구료기관을 통해 빈민의 구휼을 실시하였고 조선시대에도 이전부터 존재해 왔던 **동서대비원, 혜민서** 등과 **제생원(濟生院)**을 확대 강화하여 빈민에 대한 지속적인 구료를 시행하였다.

조선시대 구료기관의 변화
동서대비원은 정종 2년(靖宗 1035)이전 설치되어 1414년 동서활인원(東西活人院)으로 1466년 활인서(活人署)로 바뀐다. 혜민국은 예종 7년(睿宗 1112)년 설치되어 1391년 혜민전약국(惠民典藥局)으로 1392년 혜민고국(慧民庫局)으로 다시 1414년에 혜민국으로(慧敏局), 이후 1466년 혜민서(惠民署)로 개칭된다. 그리고 구제도감은 예종 4년(1109)년 설치되어 충목완 4년(1348)에 진제도감(賑濟都監), 우왕 7년(禑王 1381)에 진제색(賑濟色)으로 변화한다. 그리고 제생원은 태조 6년(1397)에 설립되어 1459년에 혜민서에 병합되게 된다(안상훈 외, 2005).

질병치료와 전염병 통제를 위해 역대 왕조에서 실시한 일들은 다음과 같은 것이었다. 첫째, 환자의 치료와 구호를 위한 약품의 지급과 식량·의복의 지급이 있었다. 둘째, 의방(醫方)의 조사와 수집을 통해 의학기술의 발전을 도모하였다. 셋째, 수집된 의방을 기초로 의학서적을 간행하였다. 넷째, 약물의 조사 및 채집을 담당하였다. 다섯째, 여성 환자를 진료하기 위해 맥을 집거나 침구술을 담당하는 여의를 양성하였다. 여섯째, 방치된 시체를 매장하도록 백성들을 독려하였다. 일곱째, 전염병 환자를 격리하여 치료하였다. 여덟째, 무당으로 하여금 환자를 치료하도록 제도화하였다. 아홉째, 월령의를 파견하여 빈곤 환자를 치료하게 하였다. 열째, 한증욕과 온천욕을 치료에 활용하였다(감정기 외, 2002)

⑤ 사궁(四窮) 및 노인보호사업(사회복지서비스)

진휼의 대상 중 일부로서 사궁이란 환과고독(鰥寡孤獨, 홀아비·과부·고아·아들 없는 이)을 일컫는 것으로 당시 인구의존집단 중에서도 우선적으로 보호를 받아야할 집단을 지칭하는 말이다. 삼국시대 이래로 우리나라에서는 이들에 대해 식량과 현물을 제공하여 이들을 원조하기 위해 다양한 노력을 기울였다.

일례로 삼국시대 신라의 유리왕 5년(儒理王, 28)에 유리왕이 국내를 순시하던 도중 한 노파가 배고픔과 추위[飢寒]에 못이겨 거의 죽어가는 것을 발견하여 구휼하였으며 관리에 명하여 각처의 홀아비, 홀어미, 고아, 아들없는자, 늙은이, 병자, 불구자를 위문하고 식량을 주어 부양하게 하였다는 기록이 남아 있다. 또한 고려시대 현종(顯宗)조에는 1010년 환과고독에게 옷과 양식을 진휼한 기록이 남아 있으며, 조선시대에도 이러한 전통은 계속되어 현종 2년(顯宗, 1661) 수양임시사목(收養臨時事目)이 제정되어 버려진 아동들에 대한 수양대책을 규정하였으며, 정조(正祖)는 1783년 자휼전칙(字恤典則)을 반포하여 걸식아동과 기아(棄兒)문제를 해결하려 노력하기도 하였다.

한편, 이와 더불어 노인보호도 또한 삼국 이래 역대 군주가 지속적인 노력을 기울인 분야였다.

삼국시대부터의 예로는 국왕 순행의 길에 지방 고령자를 불러서 모아 의복과 식량을 주고 연회를 베풀었으며, 고려시대는 국가의 경사가 있을 때 궁정에 양로연(養老宴)을 베풀었으며, 조선시대에는 문무 이품이상 칠십 세 이상의 노인으로써 구성된 기로사(耆老社)를 설치하여 매년 봄과 가을에 국왕이 연회를 함께 한 기록(최익한, 1947) 등 노인관련 복지 활동의 예는 매우 다양한 측면에서 발견된다.

⑥ 견면(蠲免: 조세와 부역 및 형벌의 감면, 일종의 조세복지)

견면제도는 역대 왕조들이 백성을 보호하거나 달래기 위해 시행된 제도로 백성의 조세와 부역 혹은 형벌을 감형 혹은 면제 해주는 것이다. 고려사 식화지에는 이 제도를 은면(恩免: 개국, 즉위, 불사 등 국가에 경사스러운 일이 있을 때 백성의 조세 부역 및 형벌의 감면)와 재면(災免: 이재민에게 조세와 부역 및 형벌의 감면)의 둘로 나누고 있다(松崎鶴雄 編, 1942; 안상훈 외, 2005 재인용). 하지만 이 제도는 이미 삼국시대부터 그 사례가 풍부하게 존재하고 있다.

백제 고이왕 15년(古爾王, 208)에 봄부터 여름까지 가뭄이 발생하여 백성들이 굶주리고 아사하는 수가 많아져 그 대책으로 국고를 풀어 진휼하는 한편 면세조처를 하였으며, 고려시대에는 성종 7년(988) 12월에 재면법을 제정하여 자연재해가 있을 때 전답의 피해 정도를 측정하여 면세율을 정하였고, 동 10년 10월에는 서부에 집행하여 질병으로 농사를 실패한 농민에게 조세부과를 면제하여 주었다는 기록이 있다(지윤, 1978: 15-18). 또한 조선시대에도 태조 6년(1397) 경상도에 수재가 나자 수재를 당한 군현의 공부(貢賦)를 감면하여 오로지 구황하는 것에 힘쓰게 하기도 하였다(태조실록 권 12 9월 경진 · 갑진; 9월 을축).

2) 전통사회 민간복지의 전통

민간에서의 자선과 박애, 상부상조의 전통은 동서고금을 막론하고 인류의 역사 속에서 지속적으로 존재해 왔다. 한국의 전통 향촌공동체사회에서도 이러한 민간복지의 전통이 존재한다. 이미 널리 알려진 계, 향약, 두레, 품앗이 등의 협동관행들이나 사찰 및 개인이 행했던 민간 차원의 복지가 바로 그것이다.

① 계(契)

계의 출현에 대해서는 다양한 의견이 존재하지만, 일반적으로 계는 원시생활공동체에서 시행되던 공동의례와 공동노동, 공동회음(共同會飮) 등의 집회행사가 시간이 흐름에 따라 목적이 분화되고 목표지향의 단체들로 진화하여 이들이 각각 계라는 명칭으로 존재한 것으로 추정된다(하상락, 1989). 문헌 속에는 신라시대에 처음 등장하며 고려시대와 조선시대를 거쳐 오늘날까지도 이의 흔적이 일부 남아 있다(최일섭, 1998).

계는 향촌의 공공사업을 수행, 상부상조, 사교, 금융 등 각각의 목적에 따라 다양한 기능을 수행하였으며 그 기능에 따라 명칭도 매우 다양하였다. 특히, 혼례 및 상제 등 경조사의 상호부조를 위한 혼상계(婚喪契), 친적들이 단합하여 선조를 숭배하며 상호간의 친목과 부조를 도모하는 종계(宗契)·화수계(花樹契), 장기에 걸쳐 동일한 장소에서 일하는 노동자들이 질병과 액운에 대비하여 상호부조하기 위한 노동계(勞動契) 등은 상부상조를 일차적 목적으로 존재한 대표적 계들이다. 그리고 비록 그 일차적 목적이 상부상조가 아니더라도 계원들의 돌발적인 경제적, 정신적 곤경에 대하여는 구성원들이 공동으로 부조함으로써 그 부담을 최소화하는 수단으로써 복지기능을 수행하기도 하였다(감정기 외, 2002).

② 향약(鄕約)

향약은 지역사회의 발전과 지역주민들의 순화, 덕화, 교화를 목적으로 한 지식인들간의 자치적인 협동조직이다(권태중·김광웅, 1981: 152). 고려말에 중국에서 들어온 것으로 추측되지만, 최초의 향약은 조선시대에 최초로 실시되어 지속적으로 시행되었다.

향약은 모든 향촌공동체에 보급되지는 않았지만 주자학에 뜻 있는 선비가 있는 마을, 고을에서는 각각의 현지 사정에 맞추어 약간씩 변형된 모습의 향약을 실시하였다. 하지만 4대강목인 덕업상권(德業相勸), 과실상규(過失相規), 예속상교(禮俗相交), 환난상휼(患難相恤)은 모든 향약에 공통된 것이라 할 수 있다. 이중에서 민간복지의 내용이 집약되어 있는 강목은 환난상휼로, 이는 계원 중에서 수재와 화재[水火], 도적의 재난[盜賊], 질병의 어려움[疾病], 죽음과 상례[死喪], 어버이를 잃은 자와 약자[孤弱], 무고를 당함[誣枉: 억울한 누명을 씀], 궁핍[貧乏] 에 처한 자가 있으면 금품을 부조하고 치료 및 간호해주고 농사를 도우며 부양해 주는 등 다양한 원조를 제공하는 것을 의미하였다.

③ 두레

두레는 고대 씨족 공동체 사회에서 기원한 향촌사회의 공동노동조직으로 문헌상에는 조선후기 말에 자주 등장한다. 두레의 1차적 목적은 공동노동을 하기 위함이다. 하지만 두레는 마을 안의 과부나 병약자 등 노동력이 부족하여 농사를 지을 수 없는 농가에 대하여 무상으로 농사를 지어주었으며, 한 가구가 두레에 몇 명의 두레꾼을 냈는지 계산하지 않고 차별 없이 공동노동을 제공하여 농촌사회의 공동체 형성과 유지에 기여하였다(신용하, 2001).

④ 품앗이

품앗이는 조선시대에 널리 성행한 협동적 노동형태로 개인이 1대 1로 하루하루를 단위로 하여 노동을 교환하는 협동관행이다. 이 관행도 두레와 마찬가지로 1차적 목적은 공동노동이었으나, 두레와는 달리 노동교환에 있어 1대 1의 개인성향이 강하다는 점이다. 하지만, 품앗이는 서로 얼마나 일했는가에 대한 노동량의 손익을 계산하여 따지는 일이 거의 없었다는 점에서 향촌공동체의 자조적인 복지향상을 기하려는 협동체제라고 볼 수 있다(이만갑, 1980).

⑤ 공굴, 고지, 향도

공굴은 마을 안에 중병자나 불구자, 과부 그리고 초상을 당한 사람의 농사를 같은 마을 사람이 공동으로 지어주는 민속을 일컫는다. 무보수 봉사를 원칙으로 하여 각자 점심을 갖고 와서 일을 해주거나 그 마을의 유력자 또는 부자가 공굴 날 술과 음식을 부담하는 관례도 존재했다.

고지는 궁핍한 마을 사람들끼리 일단이 되어 연대책임으로 농업경영자와 노동청부의 계약을 맺고 양식이 떨어진 춘궁기에 노임으로서 양식을 선불을 받아 그것으로 춘궁기를 보내고 농번기에 계약된 노동을 제공하는 것으로, 비록 거래에 의해 이루어지지만 빈민들의 요구에 의해 이루어지고 고지를 하는 사람도 타산을 하지 않는다는 점에서 민간복지제도라 할 수 있다.

향도는 마을에 흉사가 있을 때 무보수로 노력을 봉사하는 풍습이다(이규택, 1979).

2. 19세기 후반과 일제식민통치기의 변화

조선 후기 경제사회의 혼란과 외세의 침략 등으로 전통적인 사회질서는 점차 붕괴되었다. 이 과정에서 공공복지 역시 무너지게 되어 대표적인 진대 제도가 오히려 백성들의 생활을 피폐하게 만드는 주범으로 지탄받았다. 환곡은 본래 가난한 농민에게 정부의 미곡을 꾸어 주었다가 추수기에 이식(利息)을 붙여 회수하는 것으로, 빈민의 구제가 목적이었던 것이 후기에는 "장리(6개월 이율이 50%를 넘는 고리)"로 변하여 그 폐단이 삼정 가운데서 가장 심하였다.

조선 사회의 붕괴를 막고 외세에 대항하기 위해 고종은 대한제국을 선포하고 입헌군주제로의 변화를 꾀하지만 결국 1910년 일본에 강제 병합되어 식민 통치에 처하게 되었다. 따라서 이전의 공공복지 제도들은 일본의 식민지화와 함께 그 막을 내리게 되고, 이후부터는 일본의 강제에 의한 목적성 사회복지사업이 전개되기 시작한다.

일제 강점기의 복지사업은 근대적인 복지이념에 의하여 시행되었다기보다는 식민정책의 일부로서 우리 민족이 그들에게 충성을 하게끔 하려는 정치적인 목적을 갖는 시혜 또는 자선의 의미가 컸다(하상락, 1989). 즉 조선총독부는 천황의 인정을 강조하고 식민지 국민들의 불만을 희석시키려는 목적과 아울러, 교화구제사업(조선총독부에서 행한, 무위도식하는 일반 민중의 풍조를 교화하고 근검절약의 정신과 근면정신을 고취케 하는 교화사업)을 적극적으로 전개하여 일본 자본주의 목적을 달성하고 조선민중의 반일행동을 억제시키려는 정치적 목적으로 복지사업에 임하였다(김상균 외, 2007). 이런 이유로 일제시대는 우리나라 사회복지 역사에서 일종의 단절과 변질의 시대로 평가된다(백종만 외, 2001). 여기에서 단절이라 함은 조선시대까지의 공공 사회복지제도들이 이 시기에 대부분 소멸되었다는 것을 의미하고, 변질이라 함은 이전시기까지의 상부상조 전통이 크게 변하였다는 점을 의미한다.

공공복지의 측면에서 기존의 제도들은 폐지되고 대신 일본왕의 은사금(恩賜金)을 기금으로 하여 구제사업을 실시하였으며, 민간복지 영역에서 조선민중들의 자치조직들을 억제하여 계와 두레 및 향약이 크게 위축되거나 변질되는 결과를 낳게 되었다. 한편, 20세기 전반 일본에서는 근대적인 사회보험제도와 공적부조제도들이 도입되었지만, 식민지 조선에는 거의 소개되지 않았다. 예외적으로 1929년에 일본에서 시행한 구호법의 내용을 바꾸어 1944년에 조선구호령을 만들었지만 1945년 일본의 패망으로 제대로 시행하지도 못했다. 전반적으로 일제시대의 공공 사회복지는 기본적으로 구호사업이었으며, 그 실상은 형식적이고 시혜적인 것으로 식민지 민중에 대한 통제를 목적으로 한 것이었다.

반면 일본의 식민 통치기 일반 민중의 생활을 심각하게 손상하였다. 식민지 토지조사사업으로 농민의 토지를 수탈하고 식민지 지주제가 확산되면서 광범위한 빈민이 발생하였다. 이 시기 소작 조건의 악화, 만성적인 영농 적자 등으로 형성된 빈민들은 파산, 유리하여 도시지역의 토막민(土幕民)이 되거나 화전민(火田民)이 되었다(강만길, 1987). 화전민이란 일반농토가 아닌 깊은 산속의 살림을 불태워 일정기간 경작하다가 땅의 힘이 약해지면 다시 다른 곳에 불을 질러 경작하는 농민을 말한다. 토막민은 농촌과 도시의 하층민이 서울을 비롯한 각 도시 혹은 그 외곽의 하천이나 제방, 산림, 다리 밑 등의 국유지나 민유지의 유휴지를 무단 점거하다가 고착하게 되어, 땅을 파서 온돌을 놓아 거적 등으로 지붕과 출입문을 만들어 놓은 토막에서 사는 사람들의 뜻한다. 토막민은 식민지 시대에 처음으로 나타나는 도시 빈민의 원형으로 식민지 통치의 산물이라고 할 수 있다. 1928년 기록으로 화전민은 120여 만명에 이르렀고, 1939년 서울지역에만 토막민이 2만 여명으로 집계되었다. 이들을 포함한 전체 빈민에 대한 통계를 살펴보면 당시 빈곤이 심각했음을 알 수 있다. 한 예로 1931년 전체 빈민수는 5,414,000명으로 파악되었는데 이는 전체 인구 19,710,168명의 27.5%에 달하는 수였다(하상락, 1989).

한편 이 시기에 서구 선교사들과 일본 사회사업가들을 통해 다수의 사회복지시설들이 설립·운영되기 시작하였다. 근대 아동복지시설로 1888년 프랑스 신부가 명동 천주교회에 고아원을 설치한 이래로 서구식 양로원과 고아원 및 장애인시설들이 선교사들에 의해 조선에 소개되었고, 일본 불교 종파에 의해 설립된 시설과 국내 유력인사들의 각종 복지시설 등이 설립되었다. 이 시설들은 이후 우리나라 사회복지가 시설중심으로 발전하는 계기를 제공하였고 일부 기관들은 해방 이후로 이어져 민간 사회복지실천의 뿌리가 되었다.

3. 해방 이후 한국 현대 사회복지의 변화

해방 이후 우리나라는 3년간의 미군정을 거쳐 1948년 8월 15일에 대한민국 정부를 수립하게 된다. 미군정 3년 동안의 복지는 주로 북한으로부터 월남한 피난민과, 해외로부터 귀환한 전재민 및 국내 거주의 요구호빈궁민들에 대한 식량, 의료 및 주택 등의 공급에 치중하였기 때문에 사회복지 제도의 측면에서 커다란 변화는 보이지 않았다(하상락, 1989; 백종만 외, 2001).

이후 한국전쟁을 거치면서 해외구호단체(외원단체)들이 대거 우리나라로 진출하여 비조직적이고 자선적이며, 종교 우선적인 구제활동을 전개하였다. 이를 통해 서구의 근대적 사회복지실천(social work) 개념이 도입되었다. 반면 공공복지는 경제성장주의에 발목이 잡혀 발전이 상당기간 지체되었다.

1) 미군정기와 한국전쟁 이후 외원기관 중심의 복지

미군정기는 여러 가지 정치·사회적 혼란이 지속된 시기였으며 따라서 체계적인 사회정책의 입법은 주요 관심대상이 아니었다. 따라서 이 시기 미군정이 관심을 가진 사회보장의 대상은 해외 귀환 동포에 대한 긴급보호와 일제시대 조선 구호령에 의한 일반구호에 불과하였다. 당시 사회경제적 배경에 의하면 보다 확장된 사회보장의 욕구(need)가 있었음에도 미군정은 사회보장의 확대가 아닌 행정권과 경찰권의 확대를 통해 이를 억누르거나 통제하는 방식을 선택하였던 것으로 평가할 수 있다(안상훈 외, 2005).

전반적으로 미군정은 제도화된 사회보장 제도를 통해 물질적 시혜를 베풀기보다는 미국원조의 증가에 의해 일시적이고, 시혜적인 성격의 구호를 도입하고자 하였다. 당시 공식원조의 대부분을 차지하던 미육군성 점령지역 구제자금 원조는 1946년 4,949만 달러에서 1947년에는 1억 7,537만 달러, 1948년에는 1억 7,959만 달러로 증가하게 되고 잉여농산물의 수입도 대폭 늘어나게 된다(이영환, 1989). 따라서 미군정은 이러한 구호물자를 전달하기 위한 행정체계를 강화하게 되고, 이러한 행정체계를 중심으로 구호 대상자에 대한 통제적 성격의 구호정책을 펼쳐가게 된다.

미군정은 공공부조에 관한 체계적인 입법을 시도하지 않았다. 법적·제도적 근거는 법률상으로 일제시대의 관계법을 계승하고 있으며, 그것보다는 군정법령 및 몇 가지 처무준칙에 의거하여 이루어졌다. 여기에 조선구호령은 법률상 효력을 유지하면서 일상적인 구호의 기준으로 사용되었다.

미군정 하의 구호준칙으로는 후생국보 3호(1946. 1. 12)와 후생국보 3A호(1946. 1. 14) 및 후생국보 3C호(1946. 2. 7)를 들 수 있다(하상락 외, 1989; 안상훈 외, 2005). 후생국보 3호의 C항은 공공구호(public relief)를 구호시설에 수용되지 않고 또 가족이나 친족의 보호를 얻을 수 없고 노동할 수 없는 자를 위하여 시행한다고 규정하고 있다. 그 내용은 조선구호령과 유사하게 구호의 대상으로 ① 65세 이상 된 자, ② 6세 이하의 부양할 소아를 가진 모, ③ 13세 이하의 소아, ④ 불치의 병자, ⑤ 분만 시 도움을 요하는 자, ⑥ 정신 또는 육체적 결함이 있는 자로서 구호시설에 수용되지 않고, 가족이나 친척의 보호가 없고, 노동할 수 없는 자로 규정하고 있다. 구호내용으로는 식량, 주택, 연료, 의류, 의료, 매장으로 분류하고 있다. 또, 후생국보 3A호는 이재민과 피난민에 대한 구호를 규정하면서 구호 내용으로 식량, 의류, 숙사, 연료, 주택부조, 긴급의료, 매장, 차표제공 등의 편의를 도모하도록 규정하고 있다.

최저생활의 보장이나 국가 책임성과 같은 주요한 원칙이 규정되지 않았다는 의미에서 미군정기의 공공부조정책은 자선과 구별되는 근대적 의미의 공공부조제도로 발전하지 못하였으며, 빈곤자에 대한 자선과 시혜의 성격을 벗어나지 못하였다는 의미에서 일제시대의 조선구호령과 근본적 차이가 없었다고 볼 수 있다. 특히 후생국보 3호와 3A호는 그 내용이 조선구호령과 거의 차이가 없었다.

민간복지 차원에서 식민지 해방은 조선총독부와의 관련 속에서 확대된 민간시설들이 일시적으로 위축된 시기였다. 식민지 시대의 후반이었던 1942년 당시 조선의 사회복지사업 시설 총수는 619개에 이를 정도로 활발한 민간복지활동이 전개되었지만 해방 직후인 1945년에는 남한의 주요 시설이 53개에 불과할 정도로 그 활동이 위축된다. 이러한 위축은 미군정기 동안 다시 확대되어 1949년에 이르면 1945년에 비해 보호시설은 약 2.5배, 수용인원은 약 4배 가까이 꾸준히 증가하였다.

민간복지는 이후 한국전쟁을 거치면서 시설구호사업면에서는 양적으로 크게 확대되었다. 전쟁으로 발생한 전쟁고아는 조선말이나 일제시대에 존재하던 고아와는 그 양적인 측면에서, 그리고 사회적인 의미에서 현저한 차이가 있었고, 전쟁미망인, 피난민 등 새로운 수요가 크게 나타났다(백종만 외, 2001). 전쟁으로 인한 피해를 회복하기 위해 외원단체로부터의 지원에 의존할 수밖에 없는 한국 사회복지실천 영역은 전후 복구사업이 어느 정도 마무리된 이후에도 시설복지 이외의 다른 사회복지 서비스 방도를 강구하는 데는 적극적으로 나서지 않았고, 또 국가가 공공복지를 펼 수 있는 능력이 거의 없는 상황이었기 때문에 외원단체의 활동은 이 시기 사회복지의 중심을 이루게 된다. 이 시기에 시설중심의 사회사업이 정착됨으로써, 한국 사회복지실천에서는 문제와 욕구를 지닌 집단이 발생하면,

일차적으로 시설을 설립하여 수용 및 격리하는 방식이 이후로도 주가 되었다. 동시에 사회사업 또는 사회복지는 시설에 수용된 요보호자를 대상으로 하는 것이라는 인식이 고착되는 한계를 동시에 낳게 되었다.

2) 군사정부의 경제성장 중심 발전과 사회복지의 지체

한국전쟁 이후 혼란기를 거쳐 군사혁명을 통해 수립된 제3공화국은 급속한 경제성장을 추동하였지만, 사회복지 제도 발전에는 큰 관심을 갖지 않았다. 외원기관들이 점차 철수하였지만 정부의 사회복지 예산은 크게 확충되지 못하였기 때문에 1970년대까지 한국 사회복지는 여전히 최소한의 시설지원에 그쳤고 보편적인 제도를 안착시키지 못하였다.

5·16군사쿠데타 이후 집권한 군사정부는 군부 집권에 대한 민심을 수습하기 위해 새로운 사회복지 제도를 입법화하기는 하였다. 하지만 이 시기의 주된 관심은 경제개발이었기 때문에 사회복지 제도는 이를 보완하는 수준에 머물 수밖에 없었고 주로 잔여적 제도를 중심으로 시행되었다. 경제성장 우선주의는 절대적 빈곤을 완화하는 성과를 거두기는 했지만 반면 산업화와 도시화에 따른 새로운 사회문제들이 늘어나고 성장의 대가는 일부 계층에게 한정되어 사회불평등은 오히려 심화되었다.

제3공화국에서 제4공화국에 이르는 1960년대에서 1970년대 말까지 입법된 주요 법률들을 보면, 공무원연금법(1962년 공포, 이하 공포년도), 군인연금법(1963), 산재보험법(1963), 선원보험법(1962), 사립학교교원연금법(1973) 등 직역과 관련된 사회보험들과 생활보호법(1961), 재해구호법(1962), 자활지도사업에 관한 임시조치법(1968), 의료구호법(1970) 등 공공부조 법률, 그리고 아동복리법(1961), 고아입양특례법(1961), 윤락행위등방지법(1961), 갱생보호법(1961) 등 특수 요보호대상자에 대한 법률과 사회복지사업법(1970) 등이 있다. 입법된 제도들을 보면 사회불안에 대처하기 위해 최소한의 선택으로 이루어진 것이지 적극적이고 이상적인 이념에 기초해 사회복지를 만들어간 것은 아니었다는 점을 알 수 있다.

상대적으로 보편주의에 입각한 제도로 1977년에 시작된 의료보험 제도와 국민복지연금법(1973)이 있지만 전자의 경우 1970년대까지는 대기업 노동자 정도만을 포괄하는 범위였으며, 후자는 경제침체로 시행조차 하지 못하였다.

보편적인 공공복지 제도가 지체됨으로써 산업화에 따라 발생한 여러 가지 사회적 위험(social risk)의 부담은 그대로 국민들에게 전가되었고, 질병과 부상, 가구주의 사망 또는 실업, 고령 등으로 인해 빈곤으로 전락하는 일들이 빈번하게 발생하였다. 1940년부터 서구 복지국가들에서 '요람에서 무덤까지'의 슬로건 아래 국민생활의 각종 영역을 사회적으로 보호해왔던 것에 비교한다면, 산업화 이후에도 상당기간 동안 한국 사회는 개인과 가족이 사회적 위험을 대부분 극복해야만 하는 상황에 처해있었다.

1980년대 제5공화국이 출범하면서 사회복지의 필요성이 좀더 강조되고 여러 입법 조치들이 뒤따랐지만 실질적인 의미에서 복지국가에 가까운 체제로 평가되기에는 미흡했다. 1979년 12·12 군사쿠데타로 집권한 정부는 1960년대 초와 마찬가지로 정권의 정당성을 보여주기 위해 다수의 사회복지 입법을 추진한다. 사회복지사업기금법(1980), 심신장애자복지법(1981), 노인복지법(1981), 아동복지법(1981), 사회복지사업법(1983 개정), 생활보호법(1982 개정), 모자복지법(1989) 등 주로 요보호자에 대한 복지지원을 중심으로 한 입법이 추진되었다.

4. 21세기 전후 사회보장 체계의 확립

1980년대 중반까지 사회복지에 대한 잔여적 입장이 주를 이루고 경제성장을 우선적으로 추진하던 흐름이 변화하기 시작한 것은

1990년을 전후한 시기이다. 1980년대 중반 이후 민주화 운동이 거세게 일어났고 1987년의 6·10 민주항쟁을 계기로 하여 한국 사회는 이전보다 민주적이고 국민의 이해를 반영할 수 있는 체제를 만들게 되었다.

이후 집권한 노태우 정부와 이른바 문민정부(김영삼 대통령기)를 거치면서 1980년대 후반 이래 우리나라는 사회복지 측면에서 제도 발전이 어느 정도 진전되었다. 빈곤인구에 대한 공공부조 서비스를 전담하는 사회복지전문요원을 배치하기 시작하고(1988), 국민연금제도(1988), 아동복지법과 노인복지법 및 장애인복지법의 개정(1989), 전국민 의료보험 확대적용(1989), 장애인고용촉진법의 제정(1991), 영유아보육법 및 청소년기본법의 제정(1991), 고령자고용촉진법의 제정(1992), 고용보험제도의 시행(1995) 등이 이 시기 나타난 변화의 예이다.

1997년 말 터진 경제위기는 사회복지 체제에 있어서 중요한 변곡점이 되었다. 이른바 'IMF 경제위기'가 가져온 경제적 충격은 대규모 실직과 소득하락을 가져왔고, 이들에 대한 사회안전망이 부실했던 한국사회는 노숙인으로 상징되는 절대빈곤과 사회적 혼란에 처하게 되었다. 이를 계기로 전사회가 사회복지의 필요성을 인식하게 되고 사회적 안정을 위해서 사회보장체계를 정비해야 한다는 주장이 힘을 얻게 되었다. 반면 세계적으로 퍼져나간 국가 개입의 축소, 시장의 기능 확대라는 신자유주의의 영향도 크게 받게 되어 경제규제 완화와 금융자율화, 국제자본을 유치하기 위한 노동시장의 유연화 등도 받아들이게 되면서 사회복지 제도의 확대와 신자유주의적 시장의 강화가 동시에 진행되는 외형적으로 모순되어 보이는 특수한 경험을 하게 된다.

복지제도의 긍정적 변화를 살펴보면 우선 국민연금제도(1998 법개정)의 전국민 확대, 고용보험법의 대상 확대(1998, 1999, 2000 법개정), 국민건강보험법 제정(1998)을 통한 통합주의 건강보험 확립 등 사회보험이 대부분의 국민을 포괄하는 보편적 제도로서 자리를 하게 된 것이 있다. 또 국민기초생활보장제도(1998년 제정, 2000년 시행) 시행을 통해 조선구호령(1944) 이래의 범주적 공공부조제도를 벗어나 일반적 공공부조 제도를 운영하게 된다. 국민기초생활보장제도의 시행은 오랫동안 시민사회단체들이 생활보호법 개정을 촉구한 사회적 운동의 결과이기도 하기 때문에 한국 사회복지 체제 변화의 상징적인 사건으로 평가되기도 한다.

하지만 다른 한편으로 노동시장에서의 유연성을 바탕으로 세계적 시장경쟁에 대처하려는 시도들이 결국 불안정 노동의 증가와 노동조합 운동의 약화, 노동력의 상품성을 강조하는 근로연계복지(workfare)의 증대 등으로 현실화되었다. 국민의 정부(김대중 대통령기)가 내세운 '생산적 복지'나 참여정부(노무현 대통령기)가 내세운 '삶의 질 향상과 균형적 복지'의 구호는 전통적인 복지국가 체제와는 다르게 시장의 성장에 부정적 영향을 미치지 않는 사회복지체제, 민간의 참여와 정부의 보완적 관계를 통한 정부지출 증가의 억제 등을 내포하는 개념이었다.

21세기 나타난 중요한 또하나의 변화는 저출산·고령화 현상이다. 2000년대에 들어서면서 전체 국민 중 노인인구의 비율이 7%를 넘어서게 되고 출산율은 급격히 하락하여 서구보다 더 낮은 저출산 사회가 되었다. 이에 노인인구의 증가, 핵가족화의 진행, 여성의 사회참여 확대에 따른 저출산, 이혼율 증가 등 20세기에는 크게 대두되지 않았던 사회문제들이 중요한 이슈로 부각되었다. 정부는 여기에 대처하기 위한 여러 가지 처방을 만들고 있으며, 기초노령연금(2008년 시행)과 노인장기요양제도(2008년 시행) 등 새로운 제도들을 통해 노인에 대한 지원을 강화하고 있다. 또한 여성들의 사회참여에 따라 보육시설을 확대하고 다양한 출산지원·육아지원 정책들을 만들어 가고 있다.

제2부

사회복지실현을 위한 방법과 체계

1부에서는 사회복지의 기초를 이루는 개념과 이념, 구조와 체계, 역사 등에 대해서 살펴보았다. 2부에서는 이러한 기초를 토대로 사회복지가 목표하고 달성하고자 하는 바를 실질적으로 수행하는 실천방법에 대해 살펴본다. 사회적 문제에 처해 있거나 해결되지 않은 욕구를 가진 대상에 대해 문제를 해결하고 욕구를 충족시켜 주는 것이 사회복지이다. 이 때 이를 실천하는 방법은 미시적(micro), 중시적(mezzo), 거시적(macro) 전략으로 구분할 수 있다. 미시적 실천(micro practice)은 구체적이고 소규모의 대상에 대해 직접 대면접촉을 통해 개별적인 상황을 파악하고 이에 맞추어 서비스를 제공하는 것이다. 반면 거시적 실천(macro practice)는 국가의 사회복지 관련 정책을 필요한 사람들의 공통적 상황에 맞추어 변경시키거나 예산의 확대, 인식의 변화 등을 통해 사람들의 문제를 개선하고자 하는 전략이다. 중시적 실천(mezzo practice)은 양자의 중간 성격으로 지역사회의 변화를 꾀하거나 기관 내에서의 간접적인 실천을 통해 사회복지를 증진하고자 하는 방법이다.

미시적 실천에서는 전 영역에 공통적으로 적용되는 실천이론과 개인, 집단, 지역 등 각 대상별 이론들을 살펴보고, 중·거시적 실천으로는 사회복지행정, 사회복지정책을 통한 실현방법을 살펴본다.

제 5 장

미시적 실현방법 : 사회복지실천

제 1 절 사회복지실천의 개념

우리는 앞에서 사회복지의 개념에 대해 알아보았다. 사회복지는 제도적으로 사회문제를 예방하고 완화하도록 하는 관점까지 포괄함으로써 사회에 속한 다수의 안녕에 기여하고자 하는 광의의 개념으로 이해된다. 한 예로, 바커(Barker, 1991)는 사회복지는 사회를 유지하는데 기본적으로 요구되는 개인의 사회, 경제, 교육, 건강의 필요를 충족하도록 돕는 국가의 프로그램이나 혜택, 서비스라고 정의하고 있다. 제도적 개념의 사회복지(social welfare)와 대비되는 용어로 사회복지실천(social work)이 있다. **사회복지실천**은 개인이나 가족, 집단, 지역사회가 필요한 사회적 기능을 회복하거나 향상시키며 이러한 목적에 적절한 사회적 조건을 만들어 나가도록 돕는 전문활동으로 정의되고 있다(NASW, 1973).

우리사회에는 다양한 문제들로 인해 어려움을 겪는 사람들이 많이 있다. 건강이 좋지 않거나, 경제적인 어려움을 겪거나, 가족들과의 불화나 부부간의 갈등이 있거나, 주변사람들이나 환경의 문제로 어려움을 겪는 등등. 위와 같은 문제들로 인해 개인의 기능이나 욕

사회복지실천
(social work practice)
사회복지영역의 실천활동을 의미하는 'social work'은 과거에 '사회사업'이란 용어로 널리 쓰여짐. 최근에는 자선의 개념을 탈피하고 전문화된 활동을 강조하기 위해, '사회복지실천(social work practice)'이라는 용어로 대체하거나 원래의 의미를 살리기 위해 '소셜웍'으로 사용하기도 함.

NASW
(미국사회복지사협회)
The National Association of Social Workers의 약자로, 1955년에 설립되었고 현재는 전국 56개 지부에 15만명의 회원이 가입된 세계 최대의 사회복지사조직임. 전문기윤리지침인 윤리강령을 채택하고 사회복지사의 전문성개발과 회원의 권익향상을 위한 활동을 함.

구충족이 정상적으로 이루어지지 않으면 개별적인 기능이나 사회적 관계, 환경적 조건 등의 변화를 위해 외부의 전문적 도움을 필요로 한다. 흔히 사회복지사들의 활동이 개인에 대한 상담이나 치료를 중심으로 이루어질 것이라는 인식에는 차이가 있다. 사회복지실천현장에서 일하는 사회복지사들의 실제 업무는 대상자에 대한 직접적인 업무 이외에도 필요한 서비스를 개발하고 자원을 확보하며 이를 효율적으로 전달하는 것과 많은 관련성이 있다. 정의에서 강조하듯, 사회복지사는 이러한 문제들을 겪고 있는 개인이나 가족, 집단 또는 지역사회의 기능이나 적응력을 높이기 위해 도움을 주는 동시에, 문제의 원인을 제공하거나 지속시키는 사회구조와 주변 환경의 변화에도 관심을 갖고 활동을 해야 한다. 〈표 5-1〉은 사회복지실천 방법의 거시적 개입과 미시적 개입의 차이를 개입대상과 목표, 변화전략 등에 따라 분류한 것이다(Whittaker, 1974).

〈표 5-1〉 실천방법의 비교

	거시적 개입	미시적 개입
개입대상	이웃, 지역사회, 공식적 조직, 전체사회	개인, 가족, 소집단
목표	조직, 지역사회, 사회의 변화를 통한 사회문제의 경감	개인, 가족, 소집단을 위한 사회기능의 향상
변화전략	지역사회조직, 사회행동, 지역사회조사와 계획	직접적인 상담과 교육, 위기개입, 클라이언트옹호

제 2 절 사회복지실천의 목적

위의 정의에서 살펴보았듯이, 사회복지실천은 개인이나 가족의 손상된 사회적 기능회복을 위해 클라이언트를 개별적으로 또는 집합적으로 돕는 전통적인 개념으로부터 포괄적인 개념으로 확장되고 있다. 따라서 사회복지사는 사회복지 대상자의 문제를 해결하는데 그치는 것이 아니라, 개인의 능력과 기회, 삶의 질이 제도적으로 보장되는 일에도 관심을 가질 필요가 있다. 이러한 맥락에서, 사회복지실천은 인간의 기능(human functioning)을 강화시키는 동시에 사회구조(social structure)의 효과성을 증진시키는 두 가지 목적을 갖는다.

핀커스와 미나한(Pincus & Minahan, 1973)은 개인과 가족, 지역사회의 성장과 안녕이 균형적으로 보장될 수 있는 사회복지실천의 목적을 보다 구체적으로 설명하고 있다.

첫째, 문제해결과 적응능력을 향상시키는 것,

둘째, 자원이나 서비스, 기회를 제공하는 체계와 연결시키는 것,

셋째, 자원이나 서비스제공 체계들의 기능을 증진시키는 것,

넷째, 사회정책의 개발과 개선에 기여하는 것

위의 네 가지 사회복지실천의 목적을 달성하기 위한 사회복지사의 활동을 구체적으로 살펴보면,

① 사회복지사는 사람들이 문제를 해결하고 상황을 극복할 수 있도록 개인의 내적 기능이나 외부 적응력을 향상시키는 일에 개입을 한다. 사회기능 상에 문제를 일으키는 상황을 탐색하고, 문제해결과 변화에 필요한 정보를 검토하고 기술을 개발하며 필요한 지지를 얻도록 돕는 기술 등이 포함된다.

② 사회복지사는 클라이언트가 자원이나 서비스, 기회를 얻을 수 있도록 이를 제공하는 체계에 중개하는 역할을 한다. 단순히 사람과 자원을 연결시키는 것이 아니라, 최적의 혜택을 얻도록 클라이언트를 옹호하며 개인과 자원체계 사이의 물리적, 사회적 장애등을 제거함으로써 자원에 대한 접근성을 높이도록 하는 일이 중요하다. 또한, 필요한 자원이 존재하지 않는 경우에는 새로운 기회나 프로그램, 서비스를 위한 계획과 활동을 포함하게 된다.

③ 자원이나 서비스제공 체계의 기능을 높이기 위한 목적으로, 사

회복지사는 사회서비스기관이나 지역사회, 정부조직과 같은 체계에 개입한다. 서비스전달체계 내 조직들 간의 의사소통을 촉진시키며 클라이언트 중심의 효과적이며 효율적인 서비스 전달이 이루어지도록 조정하는 기능이 강조된다.

④ 사회정책의 개발과 향상에 기여하기 위해, 사회복지사는 정책, 법, 규정 등이 적절한 프로그램과 서비스로 실행에 옮겨지도록 모니터링하고 개입하는 기능을 한다. 또한, 모든 사회구성원의 필요에 적합한 제도적인 사회변화를 위해 사회문제를 분석하고 사회정책의 효과성을 평가하며 새로운 정책개발 과정에 참여할 필요가 있다. 이러한 과정에서, 사회복지사는 많은 사람들에게 지속적으로 영향을 미치는 문제나 상황에 대한 정책과 제도의 중요성을 인식시킬 뿐 아니라 거시적 차원에서의 변화를 촉진시키는 역할을 담당하게 된다.

⑤ 이외에도, 사회복지사는 전문가로서 검증된 이론과 방법을 통해 실무의 전문성을 높이고 연구 및 평가활동을 통해 전문직의 지식기반을 강화하는데 목표를 둔 활동을 수행하게 된다.

〈그림 5-1〉 사회복지실천의 개입영역

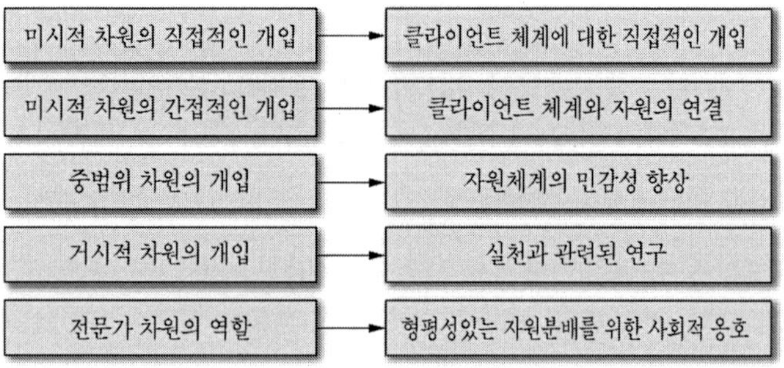

사회복지실천에서는 사회복지사들이 하는 업무를 중심으로 실천활동의 종류를 둘로 나눈다. 하나는 대상자를 직접 만나 필요한 도움을 주는 직접실천의 방식과 다른 하나는 대상자의 문제해결에 도움이 되는 자원연계나 환경적 개입을 하는 간접실천의 방식이다. 대상자를 만나 서비스를 제공하는 직접실천(direct practice)에서는 클라이언트와의 면접이나 상담을 주로 활용한다. 상담적 접근방법은 대상자가 인식하는 문제나 상황을 분석하는데 기초가 되며 문제의 실마리와 해결방법을 대상자와 함께 찾아가는데 도움이 된다. 그러나, 문제의 원인이 개인의 잘못된 적응방식이나 인식에만 한정된 것이 아니기 때문에 개인의 사고나 기능, 대인관계의 변화를 통해 모든 문제를 해결하는 것에는 한계가 있다. 점차 문제해결의 초점을 개별 클라이언트의 변화에 두었던 전통적인 개별지도의 영향으로부터 벗어나 클라이언트의 잠재된 욕구를 인식하고 적극적으로 문제해결과정에 개입하는 능력을 기르고 필요한 정보나 자원을 제공하는 접근들로 확대되고 있다. 간접실천(indirect practice)은 서비스대상자와 관련된 주변체계나 환경에 개입하여 문제를 예방하거나 문제해결에 도움을 주는 자원과 지지를 얻는 방법이다. 따라서, 개인을 도울 수 있는 사회적 지지체계나 복지서비스의 제공을 활성화하기 위한 활동들이 포함된다. 최근에는 클라이언트의 주변체계에 대한 개입과 서비스 전달체계내의 자원을 연계하고 조정하는 간접적 역할이 지역사회서비스기관을 중심으로 점차 강조되고 있다.

결론적으로, 사회복지실천의 개념과 관련된 위의 내용을 정리하면,

① 사회복지실천은 거시적이며 포괄적인 개념의 사회복지에 비해 구체적인 대상자와 문제를 중심으로 이루어지는 현장기반의 실천을 강조한다.

② 사회복지실천은 인간과 환경에 대한 동시적 관점과 균형을 강조한다. 개인은 자신뿐 아니라 주변사람이나 사회의 안녕에 기여하며 역으로 환경은 개인의 삶의 질을 유지할 수 있는 기회와 자원을 제공하는 방향으로 기능하도록 돕는 것이 개입목표가 된다.

③ 사회복지실천은 문제를 겪는 대상자의 내적 기능과 함께 주변의 사회적 조건과 환경도 개입의 대상으로 인식한다. 사회복지실천은 잠재력을 최대한 발휘하고 바람직한 사회에 기여하도록 개인의

능력(human power)을 향상시키는 일과 개인의 기회를 보장하도록 사회제도와 정책 등을 변화시켜 나가는 사회적 힘(social power)을 기르도록 돕는 실천 활동을 모두 포함하게 된다(Smalley, 1967).

제 3 절 사회복지실천의 역사적 발달과정

자선조직협회(COS)
구빈원의 문제를 개선하려는 목적을 갖고 만들어진 자선조직협회는 "scientific charity" 또는 "scientific philanthropy"로도 불리어짐. 개인의 특성과 수혜조건에 대한 철저한 조사와 기록을 통해 체계적으로 서비스를 제공하고자 했던 전문사회사업의 시초임(Leiby, 1978).

인보관 (Settlement House)
19세기 후반에 사회적, 종교적 동기를 가지고 시작된 인보관운동은 계층 간의 상호협력적 관계를 강조하면서 지역사회의 욕구에 기반을 두고 다양한 교육 및 자조집단프로그램을 실시함. 개인의 기능에 영향을 미치는 환경적 조건과의 관계 속에서 지역사회기반의 개입을 하였던 인보관운동은 오늘날의 임파워먼트 시각과 밀접하게 연결됨(Dubois & Miley, 1996).

사회복지기관을 중심으로 한 실천현장의 변화는 19세기 말의 **자선조직협회(Charity Organization Society)**로부터 비롯된다. 개인들 간의 비공식적인 상호부조나 교회를 중심으로 이루어지던 초기의 사회복지서비스가 점차 조직화되면서 자선사업을 위한 자선조직이 만들어지기 시작한 시기이다. 1890년대 말, 자선조직에는 자원봉사자를 조직하고 훈련시키며 행정당국으로부터 받은 기금을 집행하는 역할을 담당하는 전문 유급종사자가 최초로 고용되었다. 자원봉사자로서 직접적인 서비스를 담당했던 우애방문자(friendly visitor)와 자선조직협회의 유급직원을 오늘날 전문 사회복지사의 원조로 볼 수 있다(Johnson & Schwartz, 1997). 개별사회사업을 중심으로 한 자선조직협회의 활동과 더불어, **인보관(Settlement House)**도 이 시기에 중요한 사회복지 실천 현장으로서의 역할을 담당하였다. 이들은 사회변화를 목표로 한 적극적이며 참여적인 지역사회 내 활동을 통해 지역사회의 당면문제를 해결하고 여러 분야의 법적·제도적 변화를 야기하면서 사회복지실천의 발달에 영향을 미쳤다(Johnson & Schwartz, 1997).

민간 자선조직협회와 인보관을 중심으로 발전해온 사회복지실천분야는 사회복지에 대한 정부 개입의 확대로 공공영역으로 확대되었다. 미국의 경우, 1930년대와 1960년대에 이루어진 정부의 탈빈곤화 정책과 프로그램의 영향으로 공공복지기관과 시설이 급격히 증가하는 변화가 있었다(Johnson, 1986). 한편, 1960년대 이후 미국의 사회서비스가 양적으로 확대되고, 대인 서비스를 중심으로 한 사회복지영역이 세분화됨에 따라 실천현장에 대한 관심이 증가하였다. 방법론을 중심으로 전문화되었던 사회복지실천은 실천현장의 특수성과 이에 따른 사회복지사의 분야별 전문성을 강조하면서 실천의 장이나 문제, 대상 중심의 다양한 분야를 발전시켰다. 1962년의 사회복지실천위원회의 보고에서는 실천방법과 분야에 기초한 이차원적 모형을 제안하며 현장을 중심으로 한 분야별 전문화를 강조한다. 특정분야에서의 실천은 모든 분야에 공통적으로 적용될 수 있는 사회복지실천의 기본 요소와 함께 개별 분야의 특성을 고려하는 혼합된 형태로 가야 한다는 주장이다(Bartlett, 1961). 미국의 사회복지 교육과정도 방법론 중심으로부터 실천현장의 특수성을 강조하면서 분야론과 방법론을 함께 강조하는 방향으로 변화되었다(Skidmore et al., 2000).

한편, 사회복지의 분야별 전문화가 이루어지면서 서비스의 공급주체별, 대상별, 문제 영역별로 세분화(specialized)되고 단편화된(fragmented) 서비스 전달방식에 문제가 제기되었다. 1970년대 이후 급증한 도시의 빈곤가족이나, 노인, 아동, 장애인과 같이 생활전반에 걸쳐 다양한 욕구를 가진 클라이언트에게는 복합적인 서비스욕구를 충족시킬 수 있는 통합적 실천의 틀이 요청되었다. 지역사회를 기반으로 개별 클라이언트의 포괄적인 욕구를 체계적으로 관리하고자 하는 통합적 실천프로그램인 **사례관리(case management)**는 복합적인 욕구를 가진 대상자의 확대와 지역사회보호(community care)의 중요성에 대한 인식이 증가하던 이 시기에 급격히 확대되기 시작하면서 대표적인 실천모델로 자리 잡게 되었다. 1990년에 발간된 사회사업 백과사전(Encyclopedia of Social Work) 18판에서는 대표적인 사회복지 실천방법론으로서 사용되던 개인대상의 "케이스웍"이라는 용어가 "사례관리"로서 대체되면서 사회복지 실천의 변

사례관리 (case management)
일반주의 실천(generalist approach)에 근거한 실천모델(practice model)의 한 형태로서, 클라이언트 중심의 서비스 목표와 과정을 강조함. 자원관리(Resource Management) 기능을 강조하며 지역사회내의 서비스연계 역할에 치중하는 모형이 일반적임. 중개기능과 함께 기관 내 상담이나 교육 등의 직접적인 서비스기능(Consultancy function)을 병행하는 모형이 우리나라에서는 널리 사용됨.

화를 반영하고 있다(Rubin, 1987). 이러한 변화는 개별 기관을 중심으로 미시적 차원의 역할수행에 제한되었던 사회복지사의 역할이 지역사회 차원의 보호체계로 확대되면서 개별 클라이언트, 기관, 지역사회 차원에서의 균형 있는 사회복지사의 역할 수행이 이루어지는 기반을 마련하였다.

제 4 절 사회복지실천의 이론적 특징과 동향

1. 생태체계적 관점(Eco-systems Perspective)

개별 사회사업은 개인의 부적응과 관련된 심리학 이론들을 기반으로 개인의 심리적 갈등을 해소하거나 완화시키며 적응력을 향상시키는데 관심을 가져왔다. 전통적인 사회복지실천이론 가운데에는 개인과 환경사이의 연결성을 인식하며 대인관계에 초점을 둔 심리사회적 모델들도 있다. 그러나, 환경은 문제를 가진 개인이나 가족의 외부적 상황이라는 제한적 의미 속에서 개인의 고통과 사회적 문제사이의 역동적 관계를 소홀히 다루었다는 평가를 받는다.

사회복지실천에서 인간과 환경의 이중적 초점이란 무엇을 의미하는가? 사회체계이론(social systems theory)과 생태학(ecology)을 결합시킨 생태체계이론(eco-systems theory)은 인간의 행동을 사회환경과의 상호작용을 통해 이해하고 있다. 생태체계적 관점에서, 인간은 자신을 둘러싼 환경에 대해 반응하는 동시에 환경을 변화시키는 존재로 이해된다. 상황 속의 인간(person-in-environment)이란 이와 같은 맥락에서 자신의 사회적 기능에 영향을 주는 환경 속의 다양한 사회체계와 상호작용을 하는 인간을 특징짓는 용어이다.

생태체계적 관점을 중심으로 한 이론적 변화는 개인이나 집단, 지역사회별로 문제의 수준이나 변화의 방식을 분리해서 보던 전통적인 방법론의 한계를 극복하는데 도움을 준다. 개별지도, 집단지도, 지역사회조직론 등의 전통적인 방법론은 특정수준의 체계에 개입하는데 있어서 구체적인 지식을 제공하는 반면에 상호영향을 주고받는 다양한 체계들의 관계와 역동성을 인식하면서 전체의 변화를 이끌어내지 못하였다.

생태체계적 관점에서는 사회복지실천의 문제를 개인이나 사회의 병리적 원인에 두기보다는, 체계들 간의 상호작용 속에서 일어나는 스트레스와 대처능력의 불균형으로 인해 적응적 상태를 이루지 못하는 생활상의 문제(problems in living)로 파악한다(Gitterman, 1983). 따라서 개입의 초점은 문제를 가진 개인이기보다는 부적절한 생활환경과 클라이언트의 부적응적 반응으로 인해 최적의 적합성을 이루지 못한 상황 전체가 된다.

2. 클라이언트 중심의 접근(Client-centered Approach)

클라이언트 중심의 접근은 기존의 접근방식과 어떤 차이가 있는가? 클라이언트 중심의 접근에서는 클라이언트를 인격체로서 존중하고 사회복지 실천과정의 주체자로 참여시키는 클라이언트와 전문가 사이의 동반자로서의 인식(partnership)을 강조한다는 차이가 있다. 클라이언트 중심의 접근이 사회복지실천의 기본적인 목적이나 원칙과 일치한다는데 모두가 동의하지만 실제 실천과정에서는 지켜지지 못하는 경우가 많다. 그 이유는 전통적인 기관중심의 서비스 제공방식에서는 클라이언트의 욕구와 상황에 기초하여 개별화된 서비스를 제공하거나 개발하는 것에 한계가 있기 때문이다.

사회복지기관에서는 프로그램의 목적과 내용이 만들어진 후에 서비스에 적합한 대상자를 모집하는 방식이 보다 일반적이다. 개별대상자들이 갖는 문제를 중심으로 주요 이슈가 논의되고 필요한 프로그램과 서비스가 기획되고 필요한 자원이 동원되려면 지역 내 개별

대상자들이 갖는 욕구에 대한 파악이 우선시되어야 하는 기본적인 실천과정을 따르지 않기 때문이다. 기존의 서비스 체계의 문제점을 보완하고 클라이언트의 욕구에 보다 반응적인 서비스 전달이 이루어지도록 하기 위해서는 클라이언트의 권리를 존중하며 전문가와의 긴밀한 상호관계를 강조하는 클라이언트 중심의 실천지침이 구체화될 필요가 있다.

3. 강점기반의 개입활동

강점기반의 실천에서는 성장 및 변화를 위한 클라이언트의 잠재력을 인정하고 현재의 문제 상황을 적응적 과정으로 보며 미래의 긍정적 변화를 위한 가능성을 인정하는 전문가의 시각을 강조한다. 그러나, 강점기반의 접근에서 거시적 차원의 변화가 동반되지 않는 경우에는 개인과 환경간의 불균형 속에서 변화를 이끌어내지 못하는 클라이언트에 대해 무력감을 증가시키는 결과를 가져오기 때문에 개인의 성장과 환경의 변화가 조화를 이루는 균형 있는 접근을 필요로 한다.

다음의 질문은 사회복지사가 강점기반의 개입활동수준을 점검하는데 도움이 된다.

① 클라이언트에 대한 선입관이나 편견으로부터 벗어나 클라이언트의 독특한 강점을 발견하고자 노력하는가?

② 클라이언트가 서비스 욕구나 자원에 대한 필요를 인식할 수 있도록 동기부여가 되고 있는가?

③ 클라이언트의 성취동기와 의사결정 능력을 높이고 문제해결과정에 주체적으로 참여할 수 있도록 지지하고 있는가?

④ 클라이언트의 심리적 부담을 감소시키며 서비스의 접근성과 적절성을 증가시키도록 서비스 환경을 준비하고 있는가?

⑤ 소외된 클라이언트 집단에 대한 사회적 인식을 변화시키기 위한 노력을 충분히 하고 있는가?

⑥ 부족한 자원이나 서비스 체계의 문제점에 대한 개선을 통해 제도적 불이익을 당하지 않도록 정책적 차원의 관심을 유지하고 있는가?

제 5 절 사회복지실천의 구성요소

사회복지실천에서는 서비스를 제공하는 사회복지사와 서비스를 받는 클라이언트가 일차적인 구성요소가 되며, 문제해결 과정에 영향을 미치는 클라이언트의 주변체계와 사회복지사가 일하는 기관, 지역사회 등이 프로그램의 환경적 요소가 된다.

1. 클라이언트

사회가 다변화됨에 따라 새로운 사회문제가 생겨나고 노숙인, 에이즈환자, 외국인노동자, 탈북자 등 새로운 서비스대상 집단도 늘어나고 있다. 사회복지실천도 클라이언트 집단의 특성과 욕구에 따라 분야별 서비스가 점차 세분화되고 있다. 그러나, 소득이나 주거, 직업, 건강, 교육과 같이 일상생활에 영향을 미치는 기본적인 조건들이 충족되지 못하는 경우가 많기 때문에 클라이언트 집단의 특수한 문제뿐 아니라 전반적인 삶의 문제를 포괄적으로 살펴보는 것이 중요하다. 또한, 점차 단일한 종류의 서비스만으로 해결되지 않는 복합적인 문제를 가진 대상자가 증가함에 따라 다양한 영역의 문제를 통합적으로 고려할 필요성도 커지고 있다.

아래의 문제들은 클라이언트가 흔히 경험하는 문제영역을 열거한 것이다.

① 연령(age)/발달단계(developmental stage)에 따른 변화
② 영양(nutrition)/건강(health)/정신건강(mental health)
③ 발달장애(developmental disability)/장애상태(disabling condition)
④ 적응력(coping capacity)
⑤ 성격(personality)/자아개념(self-concept)
⑥ 생활경험(life experience)/생활방식(life-style)
⑦ 경제적 조건(income/assets)

클라이언트란 서비스대상자를 지칭하는 용어이다. 사회복지사나 서비스기관과의 공식적인 접촉과 서비스에 대한 합의가 이루어지면서 클라이언트에 대한 서비스 원조과정은 시작된다. 이때, 클라이언트의 신뢰감과 주체적인 참여가 이루어지도록 서비스대상자의 주관적인 인식과 욕구를 파악하는 것은 매우 중요하다. 특정 욕구를 가진 클라이언트 집단에 대한 지식과 이해를 갖는 한편 서비스현장에서 접하는 개개인의 주관적 상황과 개별화된 욕구에 관심을 가져야 클라이언트에게 다양한 서비스들을 조화롭게 제공할 수 있다.클라이언트와의 지속적인 만남과 의견교환을 통해 클라이언트가 필요로 하는 서비스도 구체화하고 문제해결과정에 적극적으로 참여하도록 유도하는 것이 필요하다. 이 때, 클라이언트의 가치와 존엄성을 인정하며 이들과 신뢰감에 기초한 동반자적 관계를 형성하고자 하는 것은 사회복지실천의 기본원칙과도 부합한다. 사회복지사는 서비스를 일방적으로 제공하는 전문가 역할에서 벗어나, 동등한 관계에서 클라이언트의 입장을 공감하며 긍정적인 요소를 발견하고 개발하도록 도와주며 문제해결이나 자원 동원을 위한 힘을 기르도록 돕는 일을 하게 된다.

2. 사회복지사(Social Worker)

사회복지사는 클라이언트의 서비스욕구를 파악하고 적합한 서비스와 자원을 제공하며 연결된 서비스를 클라이언트가 효과적으로 활용하도록 조정하며 지지하는 역할을 한다. 사회복지사의 역할은 주어진 실천현장과 대상자의 특성에 따라 보다 구체화되고 세분화될 수 있으며, 주어진 상황에 가장 적합하며 효과적인 개입방법을 선택하는 것이 중요하다. 따라서, 클라이언트와의 문제해결과정에서 사회복지 자원과 서비스를 적극적으로 활용하며 다양한 개입을 해야 하는 사회복지사의 전문성은 사회복지사 개인의 지식과 기술, 경험에 따라 차이를 보인다. 대표적으로 임상 사회사업가와 같이 특정 분야를 전문적으로 담당하는 전문 사회복지사(specialist)와 통합적 접근을 하는 **일반 사회복지사**(generalist)의 전문적 수준과 자격요건을 구분하고 있다. 임상 분야에서의 전문 사회복지사는 치료적 기술이 필요한 반면 일반사회복지사는 클라이언트의 일상생활의 문제를 도와주기 위해 고도의 전문적인 기술보다는 폭넓은 개입이 필요하다.

일반 사회복지사
일반 사회복지사는 지역사회 서비스기관을 중심으로 통합적 서비스기능을 담당함. 지역의 한정된 서비스 자원을 분배하고 조정하며 전문가들이나 기관과의 유기적인 협력관계를 유지하는 역할을 강조함. 일반사회복지사는 사회복지실천에 대한 명확한 가치와 사회적 자원과 서비스체계에 대한 지식, 다양한 체계에 개입하는 기술 등을 필요로 함.

3. 서비스 환경

사회복지사에게 기관 또는 실천현장은 클라이언트의 문제해결과정에 중요한 영향력을 미치며 전문가의 활동을 규정하는 가장 중요한 서비스 환경이 된다. 특정 서비스 대상이나 사회문제에 초점을 두고 서비스를 제공하는 사회복지기관이 늘어나면서 사회복지실천현장은 점차 세분화되고 이에 따라 구체적이며 숙련된 사회복지사의 역할과 활동이 요구된다. 특히, 기관의 조직적 특성과 운영에 관한 이해는 사회복지사가 기관을 이용하는 클라이언트에게 적절한 개입계획을 세우고 업무수행에 필요한 정보와 자원을 효과적으로 활용하는

데 유용하다. 직접적으로 서비스를 제공하는 기관 뿐 아니라 관련한 서비스를 제공하는 지역의 사회서비스기관과 서비스 전달체계, 비공식적 지지망으로서의 가족이나 이웃 등도 중요한 서비스 환경이 된다. 가족이나 클라이언트의 주변체계는 단순한 정보제공자의 차원을 넘어 문제해결 과정에 직접적인 영향을 미치기 때문에 점차 중요성이 강조된다. **사회적 지지망**으로서의 비공식적 지원체계의 역할은 공식적 지원체계의 대체개념보다는 상호보완적 개념이기 때문에, 공식적 서비스와 비공식적 지원체계간의 상호연계가 중요하다.

사회적 지지망
(social support network)
사회적 지지망이란 "일상적인 삶의 적응에 필요한 지속적인 관심과 격려를 제공하는 사람들을 상호 연결하는 일련의 관계들"로 정의됨(Wittaker & Garbarino, 1983). 공식적 지지망에는 사회복지 기관과 서비스 전달체계가, 비공식적 지지망에는 가족이나 친척, 친구, 이웃 등이 포함됨.

제 6 절 사회복지실천현장

사회복지실천현장은 넓은 의미로 분야(field) 또는 영역을 뜻하며, 좁은 의미에서 클라이언트의 문제해결을 위해 사회복지사가 활동하는 장소(setting)를 뜻한다. 사회복지의 전문화로 인해 사회복지영역이 확대되고 사회복지사가 일하는 기관의 성격이나 서비스 환경이 다양해지면서 실천현장의 종류가 늘고 있다. 일반적으로 우리나라에서는 사회복지사업법이 규정하고 있는 대상별 사회복지시설에 의해 주요 실천현장이 분류되고 있다. 서비스의 주 대상인 클라이언트 집단을 중심으로 나눈 서비스분야에는 아동, 청소년, 노인, 장애인, 여성 등이 있다. 이외에도 학교나 병원, 교정시설, 기업등과 같이 실천현장의 물리적 경계나 특성이 명확한 분야는 장(setting)에 따라 실천현장을 분류하기도 한다.

사회복지서비스기관의 형태에 따라서는 크게 생활시설과 이용시설로 나누어진다. 생활시설은 주거가 이루어지는 시설에서 다른 부가적 서비스가 함께 제공되는 경우로서 사회복지사업법에 정한 시설들의 다수가 포함된다. 이용시설에는 클라이언트가 방문해서 기관의 서비스를 받는 경우와 클라이언트가 거주하는 지역사회로 찾아가 서비스가 제공되는 재가서비스가 포함된다. 이용시설의 예로는 지역사회복지관, 재가복지센터(재가복지봉사센터, 가정봉사원 파견센터, 장애인 순회재활서비스센터, 지역복지봉사센터), 노인복지관, 장애인복지관 등이 있다. 이용시설에서 제공되는 서비스로는 개별상담, 가족치료 및 상담, 가족교육, 집단프로그램, 직업훈련 및 취업알선, 자립지원 및 긴급구호 서비스 등의 직접적 서비스와 프로그램 개발 및 평가, 자원개발 및 모금, 후원자 모집 및 결연사업, 자원봉사자 모집 및 교육, 홍보 및 출판 등의 간접적 서비스가 있다. 이를 서비스의 유형별로 분류하면 사회화와 발달을 위한 서비스, 치료나 원조/재활을 위한 서비스, 서비스의 연결이나 정보/조언 등을 제공하는 서비스로 나누어 볼 수 있다.

실천현장의 변화 가운데 하나는 최근 지역사회복지관의 증가와 시민사회조직의 사회복지분야에 대한 개입으로 인해 지역을 기반으로 한 이용시설이 증가하고 있다는 것이다. 정부로부터 위탁을 받아 다양한 복지서비스를 제공하는 지역사회복지관은 특정 대상이나 문제영역에 제한되어 있지 않은 통합적인 서비스를 제공하는 실천현장이기 때문에 특정분야로 분류되기가 어렵다. 다른 변화로는 공공복지 부분에서 생활보호 업무를 중심으로 시작된 사회복지사의 활동이 국민기초생활보장법의 실시로 확대되면서 공공서비스전달체계에서 행정업무와 서비스 업무를 병행하는 사회복지전담공무원의 수가 급격히 증가하는 것이다.

제 7 절 사회복지사의 개입역할

사회복지사는 다양한 실무현장에서 요구하는 많은 역할을 동시에 수행하게 된다. "제스트로우(Zastrow & Kirst-Ashman, 2001) 등은" 사회복지사가 수행하는 역할의 범주를 전문적 기능에 따라, 클라이언트에게 상담, 치료, 교육 등의 직접적인 서비스를 제공하는 역할; 유용한 자원이나 적절한 서비스를 클라이언트에게 연결시키는 역할; 효율적인 서비스의 관리를 위한 조직 및 전달체계의 유지 및 기능강화를 위한 역할; 자원의 개발과 서비스의 확대를 위한 역할; 전문적인 서비스를 제공하고 평가하는 전문가의 역할 등으로 나누어 살펴보고 있다.

사회복지사의 역할을 분류하는 다른 방법으로는 개입하는 대상, 즉 클라이언트가 누구인가에 따라 나누는 것이다. 인간행동은 다양한 체계와 관련된 것으로서, 실천 활동이 미시, 중 범위, 거시 체계들과의 상호작용 속에서 이루어지기 때문이다. 일반적으로 개인이나 가족 중심의 미시적 차원, 조직이나 기관차원에서의 중범위 차원, 지역사회나 정책· 제도적 차원에서의 변화를 위한 거시적 차원으로 분류하고 있다. 여기에서는 세 가지 차원의 역할과 함께 사회복지사의 자기개발과 전문성을 유지, 향상시키기 위한 전문가 차원의 역할을 중심으로 사회복지사의 주요 역할을 살펴보고자 한다.

1. 미시적 차원에서의 역할

미시체계(micro system)란 생리적, 심리적, 사회적 하위체계를 가진 개인을 의미한다. 사회복지사는 미시적 차원에서 개별 클라이언트를 대상으로 이들이 처한 문제를 잘 극복할 수 있도록 클라이언트의 문제해결 능력을 기르고 서비스나 자원을 확보할 수 있도록 돕는 역할을 한다. 미시적 차원에서의 사회복지사 역할에는 조력자, 중개자, 교사 등이 있다.

1) 조력자

조력자(enabler)는 돕는 사람이라는 뜻이다. 개인이나 가족을 돕는 과정에서 사회복지사가 가장 빈번히 수행하는 역할로서, 이혼이나 실직과 같은 개인의 위기 상황으로부터 부적절한 주거환경이나 빈곤지역주민의 열악한 아동보육환경과 같은 지역사회 문제로부터 겪는 다양한 스트레스에 대처하도록 돕는다. 이를 위해, 사회복지사는 클라이언트가 자신이 원하는 바를 명확히 인식하며 문제를 이해하고 효과적으로 해결해 나가는데 필요한 능력을 얻도록 도움을 준다. 특히, 클라이언트와의 전문적 관계의 중요성이 강조되는 원조과정에서 사회복지사는 격려나 지지 등을 통해 클라이언트가 자발적이며 적극적으로 참여하여 문제해결을 해나가도록 돕는 능력과 기술을 갖추어야 한다. 또한, 개인이나 가족과 일하는 경우에는 행동이나 관계유형, 사회적 기능, 환경의 변화를 위해 다양한 임상적 기술이나 기타 대인적 방법을 통해 도움을 주며, 집단인 경우에는 문제를 극복하는데 도움이 되도록 구성원간의 지지적 분위기를 발전시키는 역할을 수행하게 된다.

〈그림 5-2〉 조력자 역할

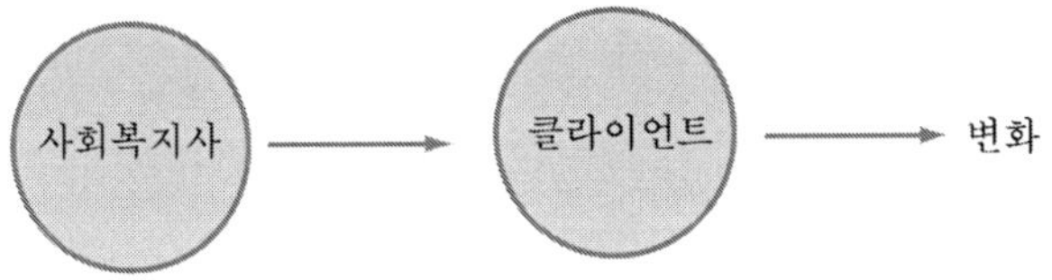

2) 중개자

중개자(broker)는 클라이언트(개인이나 소집단, 조직, 지역사회)에게 지역사회의 자원이나 서비스를 연결하는 역할을 한다. 도움을 필요로 하는 개인에게 직접적인 개입이나 의뢰를 통해 알맞은 지역사회 자원과 서비스를 연결시키는 중개자 역할을 수행하기 위해서는 클라이언트의 욕구를 민감하게 인식하며 접근 가능한 서비스와 지역사회자원을 적극적으로 파악하며 필요한 서비스가 적절히 연계되는가를 확인하고 평가하는 지식과 기술을 갖추어야 한다.

〈그림 5-3〉 중계자 역할

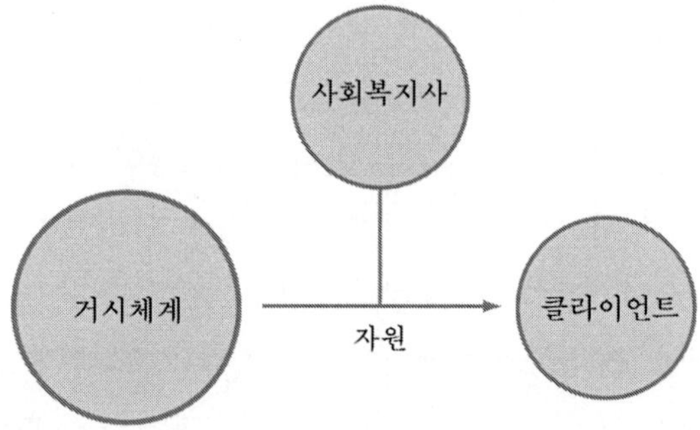

3) 교사

교사(teacher)는 사회적 기능이나 문제해결능력을 향상시키고 역할을 수행하는데 필요한 정보나 기술을 제공하며 가르치는 일을 하게 된다. 효과적인 교사로서의 역할을 수행하기 위해 사회복지사는 많은 전문 지식과 새로운 정보를 알아야 한다. 또한, 클라이언트에게 필요한 구체적인 행동이나 기술을 가르치고 클라이언트의 특정 행동을 변화시키도록 돕기 위해서는 내용을 명확히 전달하고 이해시키기 위한 의사소통 기술도 갖출 필요가 있다.

〈그림 5-4〉 교사 역할

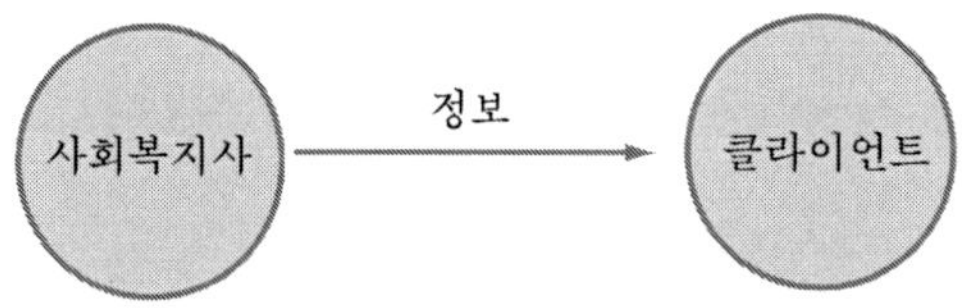

2. 중범위 차원에서의 역할

중범위 차원에서 사회복지사는 본인이 근무하는 기관이나 관련된 타기관에서 클라이언트가 필요로 하는 서비스를 확대하며 효율적인 관리와 전문적인 개입이 가능하게 하는 역할을 수행한다. 중범위 차원의 사회복지사 역할에는 촉진자, 중재자, 조정자/협상가 등이 있다.

1) 촉진자

촉진자(facilitator)는 변화를 위해 구성원들의 참여를 활성화시키는 역할을 담당한다(Barker, 1999). 집단의 기능이나 상호작용을 촉진시키며 집단내의 협조나 지지, 정보교환을 활성화시키는 일을 한다. 또한, 행정가로서 기관이나 조직차원에서 조직 내의 관계를 향상시키며, 조직 간의 연결망을 강화시키는 역할을 담당하고, 효과적인 기관업무를 기획하고 실행하는 데 필요한 변화를 유도함으로써, 클라이언트에게 보다 반응적인 서비스를 제공하도록 한다. 사회복지사는 이를 위해 기관의 목적이나 조직체계, 프로그램이나 서비스 전달방식을 포함하는 기관의 조직적 특성을 이해해야 한다. 또한, 기관의 목적이나 운영방향 등은 가치적인 요소를 많이 포함하며 업무수행 과정에서 다양한 주체들 간의 윤리적 갈등을 초래할 수 있기 때문에 사회복지사 개인의 또는 전문가로서의 가치와 기관 또는 구성원들의 가치를 비교 검토하는 것도 필요하다.

〈그림 5-5〉 촉진자 역할

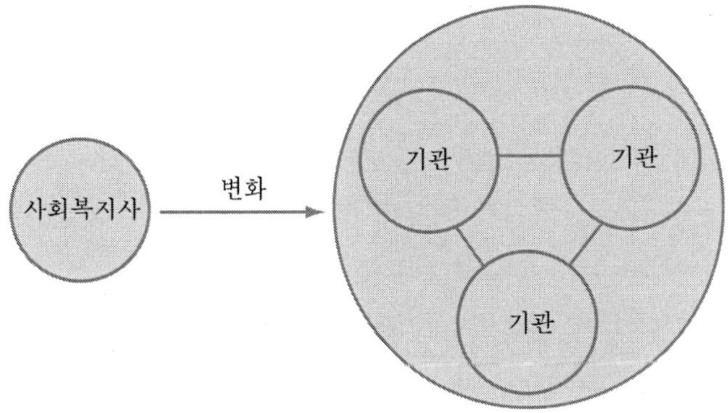

2) 중재자/ 조정자/ 협상가

중재자(mediator) 또는 조정자(coordinator)는 견해가 다른 개인이나 집단들 사이의 의사소통을 향상시키고 타협할 수 있도록 도움으로써 논쟁이나 갈등을 해결하는 역할을 한다. 중재자는 중립을 유지하고 논쟁에서 어느 한 쪽 편도 들지 않으며, 양측의 입장을 서로가 이해하고 있는가를 확인해야 한다. 또한, 잘못된 의사전달이 있는가를 파악하고 관련 당사자들이 서로의 입장을 명확히 밝히도록 도와준다.

〈그림 5-6〉 중재자 역할

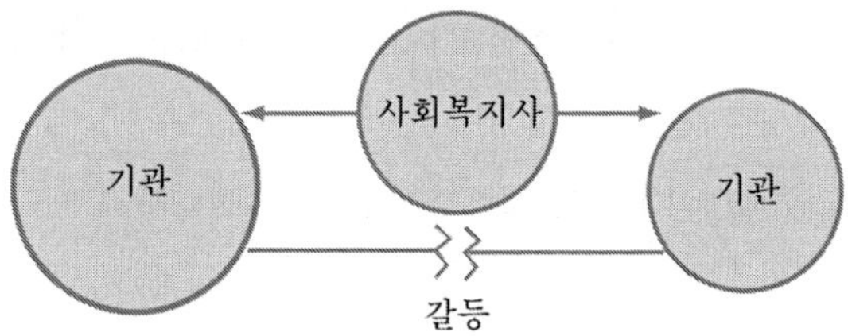

지역사회 내 사회복지 기관들 간의 조정과 협조를 원활히 하기 위해 사회복지사들이 수행해야 할 과제로는,

① 각 기관별로 개별 활동영역과 기관들간의 협조가 필요한 활동영역을 구분한다.

② 협조와 조정의 수준에 따른 차이는 있으나 행정적, 법적, 재정적, 조직적 문제를 검토한다. 특히 정부기관이나 기관장의 참여나 지원 없이 이루어지는 실무자들 간의 노력만으로는 한계를 갖는 경우가 많기 때문에 이러한 활동에 참여하는 기관들의 대표나 관련기관으로부터 인가를 얻을 필요가 있다.

③ 기관들 간의 연계목적과 활동에 구체적으로 합의하며 각 기관과 관련 실무자들 간의 역할을 분명히 한다.

④ 활동에 필요한 자원이나 직원들의 시간을 포함한 활동계획을

수립한다.

이러한 노력에도 불구하고 견해가 다른 집단이나 조직들 간의 이해관계의 대립이나 갈등이 종종 발생하게 된다. 중재역할을 담당하는 사회복지사는 지역사회 내에서 의사소통을 향상시키고 타협할 수 있는 전략들을 개발하여야 한다. 또한, 공동의 목표나 문제해결이 가능하도록 기관간의 또는 기관내의 의사소통의 갈등이나 의견 차이를 조정하기 위한 활동을 하게 된다. 중개와 마찬가지로, 협상은 모든 쪽이 가능한 한 함께 합의에 도달할 수 있도록 중간지점을 찾는 일을 하지만, 중립적인 역할을 하는 중재자와 달리, 협상가(negotiator)는 관련된 어느 한 쪽 편과 연결되어 있다는 차이가 있다.

3. 거시적 차원에서의 역할

지역사회나 정책·제도적 변화를 위해 사회복지사는 거시적 차원에서 계획가, 옹호자/행동가 등의 역할을 수행한다.

1) 계획가

사회복지사는 거시적인 차원에서, 지역사회나 사회구조에 관심을 갖고 주민 전체의 욕구를 파악하며 기존의 서비스를 개선해 나가는데 필요한 목표나 정책을 수립하며 지역사회 성원들이 필요로 하는 서비스를 개발하고 프로그램을 계획하는 역할을 담당한다. 기관의 일반 사회복지사보다는 공공복지전달체계에 관한 관심을 갖고 활동을 하는 전문가나 지역복지협의기능을 부여받은 기관의 대표나 중간관리자인 경우 이 역할에 대한 요구가 상대적으로 높다.

〈그림 5-7〉 계획가 역할

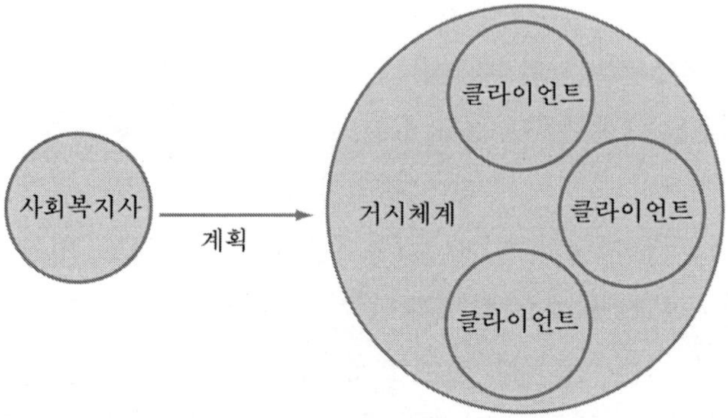

2) 옹호자 / 행동가

옹호란 "사회적 정의를 지키고 유지하기 위한 목적으로 개인이나 집단, 지역사회의 입장을 직접적으로 대변하고 지지하며 일련의 행동을 제안하는 활동"을 의미한다(Mickelson, 1995). 지역사회에 필요한 자원이나 서비스를 안정적으로 확보하며 긍정적인 정책적 변화를 얻기 위해서는 서비스를 필요로 하는 대상자가 서비스로부터 차단되지 않도록 이들 집단을 옹호하는 것이 필요하다. 옹호자(advocate)로서 사회복지사는 클라이언트 개인이나 가족의 권리를 옹호하고 대변하며 변화를 위한 영향력을 행사하는 역할을 수행하게 된다. 이 과정에서 사회복지사는 지역사회차원뿐 아니라 미시적 차원에서 클라이언트의 강점과 주체적인 변화노력의 필요성을 인식시키는 역할도 함께 수행한다. 조직차원에서는 사회복지사 본인이 근무하는 기관이 특정 집단의 클라이언트 욕구에 적절히 반응하지 않거나 서비스 제공을 거절하는 경우에 이들의 권리에 반한 기관 내 프로그램이나 정책을 내부적으로 변화시키는 역할을 하게 된다. 이를 위해서는 서비스 체계의 다양한 장애요인(service barriers)들에 대해 민감성을 기르며 필요한 사람들에게 적절한 서비스가 제공될 수 있도록 서비스의 적용범위를 확대시키는 노력이 필요하다.

〈그림 5-8〉 옹호자 역할

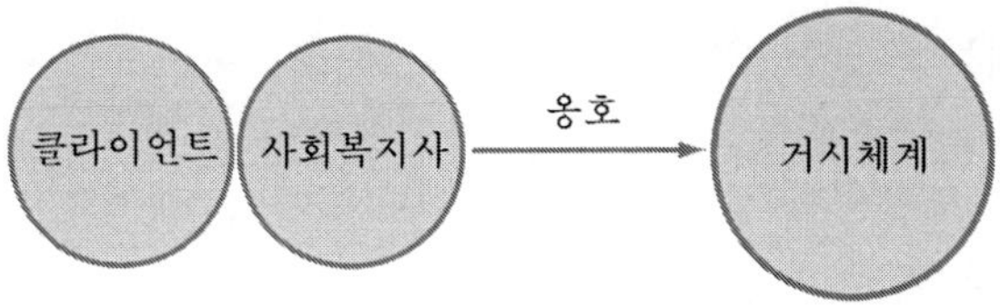

옹호와 연결된 개념으로서, 사회행동이란 지역사회나 거시적 차원에서, 클라이언트의 이익과 권리를 저해하는 사회적 불평등이나 문제점을 인식하고 인간으로서의 기본적 권리를 보장하는 사회로의 변화를 위한 활동에 참여하는 것이다. 따라서, 행동가(activist)는 사회정의와 평등에 관심을 가지며 소외된 집단의 힘과 자원 확보를 위한 제도적 변화와 개인들의 욕구에 보다 적절히 반응하는 서비스 환경의 변화를 위해 행동 중심의 적극적인 방법을 택하게 된다. 아울러 행동가는 지역사회의 욕구조사 및 분석, 지역사회활동의 조직, 대중의 이해와 지원을 활성화하기 위한 노력을 한다. 우리나라와 같이 적절한 사회보장체계가 발달되어 있지 않고 사회복지자원이 부족한 경우에는 기존의 서비스를 단순히 연결하는 수준에서 벗어나 새로운 서비스를 만들어 나가려는 적극적인 행동가의 역할이 보다 상소된다.

〈그림 5-9〉 행동가 역할

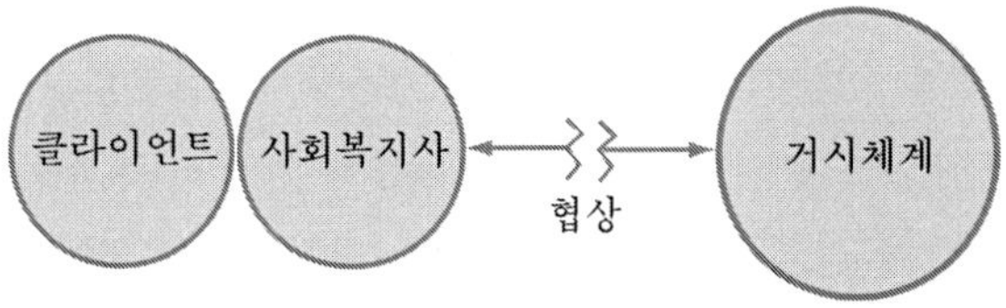

4. 전문가 차원에서의 역할

클라이언트를 돕는 역할 이외에도, 사회복지전문가는 자기개발가, 연구자, 프로그램개발가 등의 역할을 병행하게 된다.

1) 자기개발가

사회복지사는 전문가로서 전문지식과 기술을 개발하기 위한 노력을 하게 된다. 또한, 제한된 시간에 많은 양의 업무를 처리하기 위해 효율적인 업무관리가 요구된다. 담당업무에 대한 이해와 일에 대한 계획, 우선순위의 설정, 효과적인 서류 및 보고서 작성 기술, 컴퓨터를 활용한 정보 기술, 시간활용 기술 등도 필요하다. 또한, 업무와 관련된 부정적인 스트레스에 효과적으로 대처하고 신체적, 정신적 소진을 피하기 위해서는 스트레스 관리기법과 시간관리, 작업환경 조성, 직장내 인간관계, 건강관리에도 관심을 가질 필요가 있다 (Sheafor, Horejsi & Horejsi, 1997).

2) 연구자

연구자로서 사회복지사는 서비스체계가 제대로 기능하는가를 분석하며 본인이 개입하는 프로그램의 효과성을 평가하게 된다. 개별사례관리가 이루어지는 경우에는 단일사례연구 등을 통해 체계적으로 클라이언트의 변화를 모니터링하며 클라이언트에 대한 개입의 효과성을 평가하게 된다. 또한 개별사례기관의 서비스가 전달되는 환경적 맥락을 이해하고, 서비스에 대한 지역주민들의 태도와 인식, 지역사회내의 주요관심사나 지역문제 등을 파악하기 위해 지역사회에 관한 조사업무도 수행한다. 지역사회 조사는 실질적인 지역방문이나 설문조사가 있을 수 있으며 센서스 자료나 정부자료, 지역에 관한 기존의 연구 자료도 참고한다. 또한, 사회복지사는 지역에서의 홍보활동과 교육, 주민행사에 참여하여 지역주민들의 서비스 욕구를 파악하고 이를 기초로 한 프로그램을 개발하는 역할을 수행한다.

3) 프로그램 개발가

한정된 자원을 가진 사회 서비스기관에서 일하는 사회복지사는 클라이언트를 위한 효과적인 프로그램의 기획과 관리를 위해 기금 개발업무도 병행한다. 정부기관이나 민간재단으로부터 보조금을 확보하기 위해 정보를 얻고 신청서를 작성하는 준비업무가 필요하며, 보조금을 받는 경우 계획된 대로 프로그램이 진행되도록 모니터링 하며, 절차에 따른 예산집행과 평가업무, 문서화작업 등이 필요하다. 또한 지역사회로부터 기금을 조성하기 위해서는 다양한 마케팅 전략을 활용한 후원자 개발과 모금행사 업무도 수행한다.

제 6 장

중 · 거시적 실현방법

제 1 절 사회복지행정

사회복지행정(social welfare administration)은 사회복지서비스를 전달하는 공적 · 사적 조직을 통해 간접적으로 클라이언트의 문제해결과 욕구충족을 꾀하는 실천방법이다. 사회복지행정의 목적은 서비스대상자에게 서비스를 보다 효율적이고 효과적으로 전달할 수 있도록 함으로써 최종적으로 클라이언트에 대한 지원을 극대화하고자 하는 것이다.

사회복지행정은 사회복지서비스를 전달하는 업무를 하는 공공조직은 물론 민간조직을 포함하여 사회복지조직을 통해 이루어진다. 일반적으로 사회복지조직의 목표달성을 위해 이루어지는 활동 중 직접 클라이언트를 만나는 일선 사회복지사의 활동 이외에 조직구성들에 의해 수행되는 협동적 · 조정적 노력의 전반을 사회복지 행정으로 파악한다. 이 활동들은 인적 · 물적 자원과 조직을 통해 최대한의 서비스를 만들어내는데 초점을 두고 이루어진다. 이를 위해서는 다양한 이론적 지식과 실천적 경험이 필요하다.

행정활동 그 자체는 대상자에게 직접적으로 서비스를 전달하는 것이 아니라 서비스전달자인 일선 사회복지사에게 영향을 미치기 때문에 간접적인 실천이다.

1. 사회복지행정의 특성

사회복지행정은 조직을 통해 산출을 극대화한다는 측면에서 일반 행정이나 기업경영과 유사한 측면이 있다. 기본적으로 조직의 활동에서 나타나는 문제해결 과정이며, 조직 내 개인과 집단이 목표를 달성할 수 있도록 조력의 과정을 요구한다는 점, 인적 · 물적 자원을 동원하고 조직화하는 기능을 수행한다는 점에서 비슷하다. 또 일반 행정과 마찬가지로 대안 선택에 있어서 가치판단을 사용하고 창의적인 지식을 활용하여 공공의지(public will)를 실행하는 것이다. 그러나, 사회복지행정은 이윤을 목적으로 한다는 점과 휴먼서비스 조직이라는 면에서 기업경영과는 다르며, 사회문제의 예방과 복지증진이라는 측면에서 일반 행정과 구별되는 특성을 갖고 있다.

휴먼서비스 조직이기 때문에 갖는 사회복지행정의 특성은 다음과 같다(Hasenfeld, 1983; 남기민 · 최성재, 2000; 정민숙 외, 2009)

첫째, 사회복지조직의 원료는 도덕적 가치를 지닌 인간이라는 사실이 사회복지 조직의 대부분의 활동에 영향을 미친다. 따라서 사회복지조직은 산출을 위해서 가치와 사회적 · 도덕적 정체성을 지닌 인간을 다루게 되며, 기계적인 관리가 불가능하다.

둘째, 사회복지조직의 대상이 인간이기 때문에 조직목표가 모호하고 애매하며, 구체적인 합의를 얻기 어려운 한계가 나타나곤 한다.

셋째, 조직이 원하는 결과를 얻는 과정에서 불완전한 지식과 기술을 사용하게 된다. 사회과학적 지식의 특성이기도 한데 인간 심리와 행동에 대한 지식이 완전하지 못하기 때문에 서비스 결과에 대한 완벽한 확신이 어렵고 예상외의 결과를 얻기도 한다.

넷째, 사회복지조직은 사회복지 서비스를 제공받는 클라이언트를 보호하고 그의 복지를 증진하도록 그 역할을 사회로부터 위임받았고, 이로써 그 존재가 정당화된다. 따라서 지역사회를 중심으로 자신의 활동을 지지받아야만 존재할 수 있다.

다섯째, 사회복지조직의 핵심활동은 조직성원과 클라이언트와의 관계에서 이루어진다. 이에 따라 사회복지조직은 전문성을 갖고 있는 일선 직원에 더 의존한다.

여섯째, 사회복지서비스의 효과를 확실하고 타당하게 측정할 수 있는 표준 척도가 없다. 이에 따라 사회복지조직의 활동에 대해 사회적으로 다양한 평가가 있고 때로는 논쟁에 휩싸이기도 한다.

〈표 6-1〉 사회복지행정과 다른 행정과의 비교

공통점	차이점
① 문제해결의 과정이다. ② 행정은 상호관련되고 상호작용하는 부분들이 모여 이루어진 것 ③ 대안선택에 있어 가치판단을 사용 ④ 개인 및 집단이 보다 효과적으로 기능하도록 돕는 과정 ⑤ 미래와 관련 ⑥ 지식과 기술의 창의적 활용 ⑦ 최적효율과 상품 또는 서비스 생산을 용이하게 하기 위해 프로그램, 서비스, 직원들의 조화에 관심 ⑧ 공의를 실행에 옮기는 것 ⑨ 관리운영의 객관화 및 인적자원활용간에 적절한 균형 유지 ⑩ 개개직원들의 지위 등에 관심을 갖고, 조직의 목표, 가치 및 방법을 직원들이 긍정적으로 확인하도록 하는데 관심 ⑪ 의사소통, 직원간 대인관계, 행정에의 참여가 주된 관심 영역	① 사회복지조직에서 행정은 지역사회 내의 인지된 욕구를 충족시킬 수 있도록 돕기 위해 존재 ② 사회복지조직의 서비스는 사회적 기능 수행 능력의 회복, 보다 효과적인 사회적 기능 수행을 위한 개인 및 사회에 자원 제공, 사회적 역기능 예방 ③ 사회복지행정의 장에는 지역사회를 대표하는 이사회가 존재 ④ 사회복지조직의 크기, 범위, 구조 및 프로그램 형태의 광범위함과 다양화 ⑤ 사회복지행정가는 사회복지조직의 내부운영을 지역사회와 관련시킬 책임이 있음. ⑥ 사회복지행정은 자원활용에 높은 관심 ⑦ 사회복지조직은 조직의 생존을 위해 자원의 적자운영을 피해야 함 ⑧ 사회복지조직에 의해 수행되는 서비스의 전문사회사업적 성격의 증가 ⑨ 모든 직원이 행정에 참여하고, 어느 정도는 전체조직에 영향을 미침

자료: 김상균 외, 2004.

한편 사회복지행정은 사회문제의 예방과 사회복지 증진에 목적을 두면서 일반 행정 영역과 다음과 같이 구별되는 특징이 주장된다(장인협·이정호, 1993).

첫째, 사회복지행정은 국가책임에 의한 거시적·정책적·가치지향적인 것에 그 목표를 두고 있다.

둘째, 사회복지행정은 인간욕구를 충족시키기 위한 자원동원과 문제해결을 위한 방법으로 적용되고 있다.

셋째, 사회복지행정은 클라이언트의 복합적 욕구충족과 존엄성에 관련된 윤리적·행정적 책임 등에 역점을 두고 있다.

넷째, 사회복지행정은 사회복지정책으로 설정된 목표를 달성하는 실천수단과 특정조직에 관심을 두고 있다.

결국 사회복지조직은 인간을 통해, 인간을 대상으로 서비스를 제공하는 것을 주요 생산물로 삼고 있기 때문에 다른 물적 생산과 유통을 하는 조직과 동일한 방법으로 관리될 수 없다. 일반 행정이나 경영과 유사한 점도 있기 때문에 이 영역들의 이론을 활용하기도 하지만 좀더 다양한 지식과 기술을 필요로 하는 측면이 더 크다.

2. 사회복지행정의 이념

사회복지행정의 이념은 사회복지행정을 통해 얻고자하는 가치와 사고의 지향이다. 이를 통해 조직의 활동 목표가 정해지고 실천방향을 갖게 된다. 대표적인 이념으로는 효과성, 효율성, 형평성, 접근성 등이 있다.

1) 효과성

효과성(effectiveness)사회복지 조직에서 욕구 충족을 위해 제공된 서비스나 프로그램이 클라이언트의 욕구와 문제 해결에 있어 적절하고 효과적이었는지를 판단하는 가치이다. 사회복지조직이 정한 목표를 달성하는 것은 쉽지 않다. 특히 인력, 재정, 전달체계 등이 충분히 갖춰지지 못한 채 활동하기 때문에 목표달성 정도로만 가늠하기보다는 사회복지서비스 대상자의 욕구충족을 위해 선택된 방법이 어느 정도 적합한 것이었는지를 파악하여 달성정도를 평가하는 경우가 많다.

2) 효율성

효율성(efficiency)은 정해진 자원으로 얼마만큼의 성과를 거두었는지를 파악하여 평가한다. 즉, 최소의 자원(input)으로 최대의 효과(output)를 거둘 것인가에 관한 개념으로 자원이 제한된 사회복지서비스 공급에 있어 중요하게 여겨지는 가치이다. 사회복지행정의 과정에서 투입과 산출의 합리적인 비율을 유지하는 것은 매우 중요하다. 공급과정에서의 비효율을 최대한 제거하는 것은 정해진 자원상황에서 클라이언트에게 더 많은 서비스 제공을 가능하게 하기 때문이다.

3) 형평성

사회복지행정에서 형평성(equity)은 동일한 욕구를 가진 클라이언트는 동일한 서비스를 받아야 한다는 이념을 의미한다. 서비스를 받을 기회와 내용뿐 아니라 그 비용 등을 포함하여 개인의 욕구에 따라 사회복지서비스가 형평성 있게 제공되어야만 사회정의에 부합한다고 할 수 있다.

4) 접근성

접근성 또는 편익성(convenience)은 클라이언트가 사회적 서비스를 쉽게 이용할 수 있어야 한다는 것이다. 접근성을 높이기 위해서는 기관의 위치나 교통수단 등 물리적인 요소뿐 아니라 서비스의 비용, 서비스에 대한 홍보 등의 요소에 대해서도 고려하여야 한다. 사회복지행정의 이념적 측면에서 사회복지서비스는 가능한 대상자가 항상 서비스를 수비게 이용할 수 있도록 하는 것이 바람직하다.

3. 사회복지행정의 이론

사회복지조직을 효과적이며 효율적으로 운영하기 위해서는 조직 구성과 운영에 대한 이론적 전제가 필요하다. 전통적인 행정이론으로부터 최근의 경영이론에 이르기까지 다양한 이론들로부터 사회복지조직의 관리 · 운영에 필요한 지식들을 얻어왔다.

1) 고전이론(classical model)

고전이론들은 조직구성원이 경제적으로 동기부여가 되어 조직 목표달성에 협력한다는 입장을 가지고 있다. 이들 이론은 20세기 초 공공행정과 기업조직관리의 기반이 되었지만 점차 한계가 밝혀지면서 새로운 이론들로 대체되었다. 그러나 여전히 이 이론들의 핵심적 요소들은 조직관리의 기초로 받아들여진다.

① 관료제이론(bureaucracy theory)

베버(Max Weber)에 의해 처음으로 체계적으로 연구되고 분석된 관료제는 고도로 전문화된 지식을 바탕으로 합리적인 규칙을 통해 최대한의 효율성을 달성하고자 하는 고전적 조직체계를 주장한다. 지금까지도 공공조직에서 쉽게 그 특성을 찾아볼 수 있는 관료제는 인간의 개성보다 공적인 지위에 기반을 둔 위계적인 권위구조로서 지위에 따른 권위를 규정하는 규칙의 체계와 명확하고 고도로 전문화된 업무 분업을 그 특징으로 한다.

베버는 행정의 관료화가 완전히 성취되는 것이 사회체계 내에서 자원과 권력을 동원하는 가장 효율적인 도구라고 보았으며, 관료제의 속성은 현대사회의 특성을 반영한 합법적이고 합리적인 규칙과 최대한의 효율성에서 찾을 수 있다고 주장하였다.

그러나 현재의 사회복지 조직에 관료제를 적용시킬 경우 규칙과 규제에 대한 과도한 의존, 서비스 전달과정에서 조직 성원-클라이언트 간의 비인간적인 관계, 서비스 제공 과정의 융통성 결여, 성원들을 비인격적으로 평가하려는 문제 등이 나타나기 쉬운 것으로 평가된다. 관료제는 틀에 박힌 듯한 업무를 수행하는 데는 효과적이고 합리적인 모형이지만 사회복지 조직은 인간을 원료로 하는 비정형성이 특징이므로 일련의 규칙과 법규보다는 전문직의 규범에 따라 행동하는 것이 적합하다.

사회복지 조직의 관료제화는 서비스의 합리화·효율성의 증대, 개선된 서비스 기술 등을 가져다 주었지만 서비스 대상자들을 소외시키는 결과도 가져왔다. 따라서 둘 사이에 적절한 균형이 중요하다(최성재·남기민, 1993).

② 과학적 관리론(scientific management)

테일러(F. Taylor)에 의해 형성된 과학적 관리론은 조직에 있어서 구성원의 육체적 능력을 중시하고, 개인의 과업수행에 필요한 시간이나 동작에 초점을 두어 조직의 최상의 목표로서 합리성과 효율성을 강조한다. 이 이론은 조직의 효율성과 생산성을 극대화하기 위해서 노동의 분업, 작업유인 및 시간의 효율적인 사용을 연구하였다. 또한 테일러는 기능적 관리(functional management)를 주장하였는데 이 관점은 작업을 분담하여 각자가 수행할 수 있는 기능을 갖고 권위와 책임을 정확히 할당하는 것이다. 이를 위해 개인의 과업에 대한 소요 시간을 극대화하기 위하여 기본 동작의 형태 및 소요시간을 표준화하고 고도의 분업을 통해 과업의 성과에 따라 임금을 지급하는 것을 제시하였다.

그러나 과학적 관리론은 사회복지 조직과 같이 복잡하고 도덕적인 인간을 대상으로 하는 조직에는 적합하지 않다. 사회복지조직은 구성원간, 또는 클라이언트를 둘러싸고 있는 이해집단의 상이한 규범이나 가치체계에 따라 목표는 달라질 수 있으므로 목표가 모호하고 불확실하다는 특성이 있다. 또 성과가 기계적으로 측정될 수 없는 복잡한 인간을 통해 나오기 때문에 수학적으로 분석하거나 동작을 표준화할 수 없다.

2) 인간관계이론(human relations theory)

인간관계이론은 메이요(E. Mayo)에 의한 **호손(Hawthorne) 실험**을 통하여 생산과 관리에서 인간적인 요소와 감정의 중요성, 인간의 사회적·심리적 욕구와 구성원의 사회적인 상호작용이 중요한 영향을 미친다는 연구결과가 나온 것으로부터 출발하여 고전적 이론의 한계점을 보충한 이론이다. 이 이론에서는 사회적 욕구를 중시하고 비공식적 조직에서의 인정, 동료간·관리자간 인간관계 등이 생산에 큰 영향을 미친다고 파악한다. 메이요가 호손공장에서 실험한 결과 근로자의 작업능률은 물리적 환경조건보다 집단 내 동료와의 인간관계에 더 의존하며, 비공식집단과 비경제적인 심리사회적 동기가 생산에 큰 영향을 미치는 것으로 나타났다. 따라서 이 이론에서는 조직의 생산을 극대화하기 위해서 구성원의 사기와 조직 내 비공식집단의 역동성 등 구성원의 상호작용에 관심을 기울인다.

호손 실험(Hawthone Studies)
호손실험은 1920년대 후반에서 1930년 초반까지 Western Electric사의 Hawthone 공장에서 수행된 연구로서 종업원을 중시한 인간관계론(Human Relation)적 관점과 행동학적 접근법을 이끄는 결과를 가져오게 되었다. 1924년 여러 연구자들이 조명상태, 소음, 습도 등과 같은 작업장 환경이 근로자의 생산성에 미치는 영향을 알아보려고 실험을 실시한 결과 작업장의 밝기를 높였을 때는 예상대로 생산량이 증대되었으나, 조명을 낮추어도 생산량이 현저히 증대됨을 발견했다. 이러한 첫 번째 실험결과는 예상 외의 결과로서, 1927년부터 일련의 새로운 실험을 통해 작업환경이나 금전적 요인보다는 심리적 요인, 즉 긍지나 동료애 등 보다 생산성을 증대시키는 데 더 중요하다는 것을 밝혀냈다.

인간관계이론의 기본관점은 대인관계 기술, 클라이언트 노력과 동기부여 등 사회복지 조직에서 중요시하는 요소들 유사한 점이 많다. 실제로 사회복지 조직의 효과성은 조직목표에 대한 클라이언트의 동기·태도 및 헌신 여하에 달렸는데, 여기서 인간관계가 중요한 역할을 한다. 또, 자아의 활용은 사회복지실천에서 매우 중요하기 때문에 성원간의 관계는 성원-클라이언트 간의 관계에 영향을 미친다는 점에서 인간관계이론의 적합성이 있다.

3) 개방체계 이론

사회복지행정과 관련된 이론을 분류함에 있어서 환경에 대한 관점에 따라 크게 폐쇄체계적 관점과 개방체계적 관점의 2가지로 구분해 볼 수 있다. 조직을 폐쇄체계적 관점으로 이해하면, 엄격한 조직의 경계속에서 내부의 합리적인 의사결정과 관리활동 등이 주된 관심의 대상이 된다. 반면, 개방체계적 관점은 조직들간의 상호의존적 성격을 강조하여 조직의 외부환경이나 조직들간의 관계에 보다 많은 관심을 둔다. 또한 한 조직 영역내에서의 역할들보다는 조직들간의 관계를 관리하고 네트워킹하는 등의 역할들이 중요하게 다루어지고 있다.

고전이론과 인간관계이론은 대표적인 폐쇄체계적 관점으로 볼 수 있는데 이와는 달리 개방체계를 강조하는 이론들이 있다. 최근에는 서비스 전달체계의 연계성과 복잡성이 확대되면서, 전달체계의 통합과 책임성에 대한 강조가 늘어나는 추세이다. 이런 상황 속에서 폐쇄체계적 관점에 의한 행정관리는 명백한 한계를 갖는다(황성철 외, 2003).

① 상황이론(contingency theory)

고전모형과 인간관계이론에서 제시되는 근본적인 전제를 부정하고, 조직화하는 데 유일한 최선의 방법이 없으며, 조직의 상황에 따라 적절한 조직화 방법을 결정하여야 한다고 전제하는 이론이다. 이 이론에서는 환경으로부터의 요구는 조직 내 구조변화의 형태를 결정한다는 점에서 환경을 중요시하고 있다.

상황이론가들은 특정한 조직구조와 관리방법이 다른 구조와 방법보다 효과적이라는 가정을 부정한다. 효과적인 조직은 다양할 수 있으며, 그 조직의 특성과 환경과의 적합성이 조직의 성패를 좌우한다고 보았다.

사회복지 조직의 내부적 특성을 잘 설명하고 상황과 환경의 중요성을 강조한다는 점에서 시사하는 바가 크다. 기존의 조직이론이 환경과의 관계를 도외시한 반면 상황이론은 환경적 변수의 중요성을 강조한 측면이 사회복지 조직에 적용가능성을 더욱 크게 하고 있다. 그러나 황이론은 어떠한 상황이나 환경에 어떤 조직이 효과적이라는 일정한 원칙과 지침을 제공해 주는 데 실패했기 때문에 실제로 이 이론을 과학적으로 검증하거나 현실에 적용하는 데에는 일정한 한계가 있다(최성재 · 남기민, 2003; 황성철, 2003).

② 체계이론(system model)

사회과학 여러 영역에 적용되는 체계이론에서 '체계(systems)'란 상호작용하는 관련부분과 외부환경의 집합으로서, 여기서 환경은 한 부분의 변화가 다른 부분의 변화를 자극하는 것을 말한다. 체계는 환경에서 세력과 자원을 취하고, 일정한 방법으로 환경을 처리하거나 변화시키며, 다시 환경으로 세력과 생산물을 돌려보내기 위해서 주기적으로 작용한다(NASW, 1999). 사회복지 조직을 이해하는 데 체계적 관점을 도입하여 여러 가지 하위체계로 파악하고자 하는 것이 체계이론이다.

이 이론에 입각해서 사회복지조직을 분석하면 다음의 다섯 가지 체계로 나뉘어진다.

첫째 생산 하위체계(production subsystem)가 있다. 모든 조직은 결과물로서의 '생산품' 생산을 위해 조직되고 운영되며 이를 담당하는 체계이다. 사회복지 기관의 경우는 서비스 전달과의 과제와 직결되어 있으며 과제의 분담, 역할과 업무의 특수화를 통한 업무의 숙련화가 달성되는 체계이다.

둘째 유지 하위체계(maintenance subsystem)가 있다. 조직으로서의 사회복지 기관과 이용자 간의 욕구를 둘러싼 갈등을 중재 · 해결함으로써 조직의 안정을 기하는 체계이다. 여기서는 구성원과 조직의 욕구를 통합시키기 위해서 조직활동의 공식화, 보상체계의 확립, 새 조직 성원의 사회화, 직원선발과 훈련기능 등과 밀접한 관계가 있다.

셋째 경계 하위체계(boundary subsystem)이다. 생산지원의 측면에서 협상과 조작을 통한 다른 조직과의 관계를, '제도화'의 측면에서 조직의 주변환경으로부터 지원과 정당성을 확보하는 기능과 관련되어 있다. 조직과 환경적인 요인을 강조하고 조직이 환경에 영향을 미칠 수 있는 기반 구축에 역점을 둔다.

넷째 적응 하위체계(adaptive subsystem)이다. 연구와 기획의 기능을 담당하여 조직의 업무수행 능력에 대한 평가와 외부환경의 변화에 대한 모니터링을 통해서 조직의 변화의 방향을 제시한다.

마지막으로 위의 4가지 하부체계의 요소를 통합하는 관리 하위체계(managerial subsystem)가 있다. 갈등해소, 조정, 외적 조정 등의 방법을 사용하여 각 체계를 통합·유지하도록 한다.

4) 현대조직이론

현대조직이론들은 주로 경영학에서 정리한 이론들로 보다 경쟁적이고 생산적인 조직을 운영하기 위한 아이디어들에서 출발한다. 21세기 자본주의 경쟁은 날로 치열해지고 있기 때문에 기업들은 조직 운영에서의 비효율을 최소화하기 위한 노력을 끊임없이 기울이고 있다.

사회복지조직에 그대로 적용하기에는 한계가 많지만, 최근에는 사회복지서비스 영역에서도 경쟁이 발생하고 조직 운영의 효율성을 강조하는 사회 분위기에 따라 변용하여 수용하려는 노력이 나타나고 있다.

① 목표관리제(Management by Objectives: MBO)

목표관리제는 참여의 과정을 통해 조직단위와 구성원들이 실천해야 할 생산활동의 단기적 목표를 명확하고 체계 있게 설정하고, 그에 따라 생산활동을 수행하도록 하며, 활동의 결과를 평가·피드백(환류)시키는 것을 핵심으로 하는 관리체계이다(오석홍, 2004). 경영학의 창시자로 꼽히는 드러커(P. Drucker)와 맥그리거(D. McGregor)에 의해 처음 체계화된 목표관리 이론은 상하조직구성원의 참여과정을 통해 조직단위와 구성원들의 단기적 목표를 명확하게 설정하고 재량권을 가지고 목표활동을 하도록 하며, 업무수행결과를 목표에 비추어 평가, 환류하여 조직의 효율성을 제고시키려는 관리방식이다. 이 방식은 명확한 목표설정과 책임한계의 규정, 참여와 상하협조, 피드백의 개선을 통한 관리계획의 개선, 조직참여자의 동기유발 등의 특징을 지니고 있다. 이는 목표설정, 목표수행, 달성도측정, 평가의 단계로 이뤄진다. MBO는 기본적으로 Y이론적 인간관과 자기실현적 인간관에 근거하여, 분권화와 참여를 바탕으로 한 관리를 선호한다. 또한 MBO는 총체적 조직관리나 참여를 중시하는 예산기법으로 활용되기도 한다.

사회복지조직에 적용하기에는 목표와 성과의 측정이 어렵고 단기적 목표와 계량적 측정이 쉬운 업무에만 주력하는 경향을 가져온다는 한계를 가지고 있다. 그러나 구성원의 참여와 구체적 목표 설정을 통해 좀더 자발적으로 조직 목표에 동참하도록 유도한다는 점에서 긍정적으로 평가되기 한다. 최근 한국의 공공행정조직에서도 목표관리제를 일부 도입하고 있다.

② 총체적 품질관리(Total Quality Management: TQM)

총체적 품질관리는 조직의 전반적인 문화를 변화시키는 관리 이론으로, 도구, 기법, 훈련 등의 통합 시스템을 통해 항상 고객 만족을 추구하도록 조직을 만들어 가는 것을 의미한다. 고품질의 제품 및 높은 수준의 서비스를 실시하도록 지속적인 개선을 하는 조직적인 과정이다. 이 이론이 전통적인 관리기법과 구별되는 가장 큰 특징은, 고객의 욕구나 필요가 최우선적으로 여겨져 이에 따라 조직의 목표가 설정된다는 고객 중심성이다. 조직운영과 서비스의 지속적인 개선을 통해 양질의 서비스를 산출하여 조직의 경쟁력을 증대시키고 이를 위해 전 조직구성원들이 참여하여 노력하는 경영 시스템을 갖추는 것이 목표가 된다.

사회복지조직에서도 서비스 전달과정의 특정부분을 개선하여 사회사업 클라이언트에 대한 휴먼서비스를 더욱 효과적으로 제공할 수 있도록 유도하는 것은 중요하다. 이 이론의 관리기법은 직접 서비스 제공을 담당하는 직원의 귀중한 시간을 낭비하는 공백과 중복업무를 제거함으로써, 클라이언트를 위한 실제적인 서비스에 더 많은 자원을 동원하고 비축하는 수단을 제공하는 것으로 평가되고 있다. 그러나 아직까지 다양한 관리기법을 사회복지조직에 적용하고 활용하기에는 충분한 연구와 교육이 되지는 못하고 있다.

③ 학습조직이론

학습조직이론은 간단하게 조직구성원이 늘, 모두가 참여하여 학습하는 조직으로 만들어야 한다는 입장이다. 학습조직이 된다는 것은 조직구성원이 진정으로 바라는 결과를 창조할 능력을 확장하고, 새롭고 확대된 사고 패턴이 육성되며, 집단적 목표나 열망이 자유롭게 선정되고, 함께 학습하는 방법을 지속적으로 배우는 것을 의미한다. 빠르게 환경이 변하는 21세기 환경에서 거의 모든 조직은 조직구성원의 역량을 강화하여 새로운 환경에도 쉽게 적응할 수 있도록 준비하고자 한다. 학습조직이론은 바로 이것을 위해 조직 자체를 학습조직화 할 것을 요구한다. 학습조직은 조직구성원인 개인, 팀, 조직이 지속적으로 학습을 권장하는 분위기로 조직을 변형, 발전시키는 결과를 가져온다.

조직을 학습조직화한다는 것은 매우 어렵고 오랜 시간과 많은 자원이 소요되지만, 학습을 강조하는 조직문화와 리더십을 갖추어 새로운 지식과 기술을 축적하여 활용한다면 그 조직은 경쟁력 있는 조직으로 변모되고 궁극적으로 조직의 역량은 크게 강화될 수 있다. 사회복지조직에 있어서도 클라이언트와 환경변화에 대비한 학습을 지속적으로 유지할 수 있다면 큰 경쟁력이 확보될 것이다.

4. 사회복지행정의 과정

사회복지조직 내에서 사회복지행정이 이루어지는 과정에서 다양한 활동이 나타난다. 한 조직이 관리·운영되기 위해서는 기획과 의사결정, 인사관리(직원의 채용, 훈련 및 개발, 동기부여 등), 재정관리(예산수립, 수입 및 지출활동 관리, 기록, 감사 등), 정보관리, 사업평가 등 다양한 활동이 원활하게 이루어져야 한다.

귤릭(L. H. Gulick)은 행정의 과정을 POSDCoRB라는 7가지 일반적인 활동, 즉 기획(Planning), 조직(Organizing), 인사(Stagging), 지시(Directing), 조정(Coordinating), 보고(Reporting), 재정(Budgeting)으로 제시한 바 있으며 이후 여기에 평가(Evaluating)를 추가하여 POSDCoRBE의 8가지 과정을 사회복지행정의 기본 과정으로 파악하고 있다. 최근에는 여기에 정보관리(Information Management)를 추가하기도 한다(신복기 외, 2002; 최성재・남기민, 2003; 박용순, 2008).

1) 기획

기획은 사회복지행정가에 의해 수행되는 최초의 과정으로서 목표의 설정과 목표를 달성하기 위한 과업 및 활동, 과업을 수행하기 위해 사용되는 방법을 결정하는 것이다. 과업을 달성하기 위한 방법은 변화하는 목표에 따라 달라질 수 있으며, 사회복지행정가는 변화하는 목표에 맞춰 과업을 계획하고 방법과 기술을 결정해야 한다.

기획단계에서는 다양한 수단과 대안 중 어느 하나를 선택해야하기 때문에 의사결정이 수반된다. 또 복잡한 기획을 좀더 명확하게 하기위해 개발된 여러 기법을 활용하기도 한다.

2) 조직

조직 구조를 설정하는 과정으로서, 구성원에게 과업을 할당하거나 조정하는 과정이다. 조직 구성에 있어서 구성원들에게 역할과 책임이 분명하지 않으면 직원 간 갈등이 초래되고 비효율적이고 비효과적인 조직이 된다. 따라서 관리자는 효과적으로 움직이는 조직이 되도록 조직의 목표를 명확하게 이해시키고 기관목표의 변화, 과업 수행방법의 변화 등에 따라 조직 구조를 변화시켜야 한다.

3) 인사

직원의 채용과 해고, 직원의 훈련, 동기부여와 유지 등이 포함되는 활동이다. 사회복지행정 책임자는 직원의 임면뿐만 아니라 훈련과 교육, 직원의 적절한 활동 환경의 유지에 대해서도 책임을 진다. 특히 구성원간의 의사소통이 원활하도록 유지하고, 직원들의 역량이 높아질 수 있도록 교육·훈련을 제공하며, 소진(burn-out)되지 않도록 하는 것이 필요하다.

4) 지시

지시는 관리자가 효과적인 운영을 위해 하위구성원에게 업무를 부과하는 과정을 말한다. 행정책임자는 합리적인 결정을 하고, 능동적인 관심과 헌신적인 태도를 지녀야 하며, 직원의 공헌을 칭찬하고 책임과 권한을 효과적으로 위임하며 개인과 집단의 창의성을 고려하고 지시하는 지도자가 되어야 한다.

5) 조정

조정은 다양한 부분을 상호 보완하고 연결시키는 활동으로 위원회 등을 통해 의사소통의 통로를 확보하는 것이 많이 활용된다. 조직 활동에서 구성원들을 상호연관짓기 위해서 사회복지행정가는 부서간, 직원들 간의 효과적인 의사소통의 망을 만들어 유지하고 조정해야 한다. 이를 위해 위원회를 통해 프로그램, 인사, 재정 및 긴급한 문제상황, 임시적인 활동 등을 다룬다.

6) 보고

보고는 관리자가 기관에서 일어나는 상황을 이사회나 직원, 지역사회 행정기관, 후원자 등에게 조직에서 일어나는 상황을 알려주는 과정으로서, 주요활동은 기록, 정기적인 감사, 조사연구가 있다.

7) 재정

재정과 관련한 활동은 예산수립, 수입 및 지출활동 관리, 기록, 감사 등이 있다. 사회복지 조직은 재정을 투명하게 사용할 수 있어야 하며 조직의 재정행정가는 현재를 포함하여 중·장기적인 재정계획을 수립해야 하고, 회계 규정에 따라 재정을 운영할 책임을 갖는다. 가능한 불필요한 비용을 축소하고 필요한 영역에 예산을 투여함으로써 기관 운영의 효율성을 높여야 한다.

8) 평가

평가는 사회복지기관의 목표에 따라 전반적인 활동결과를 사정하는 것을 말한다. 평가는 크게 효과성 평가와 효율성 평가의 두 가지 척도를 적용할 수 있는데 클라이언트의 욕구나 문제의 해결에 적절했는지에 대한 서비스의 효과성과 자원의 투입과 산출과 관련된 효율성을 평가한다.

제2절 사회복지정책

사회복지정책(social welfare policy)이란 사회복지의 목적을 달성하기 위해 필요한 행동에 관한 원칙, 계획 또는 조직화된 노력을 의미한다. 이런 점에서 사회복지정책은 반드시 공공정책만을 의미하는 것은 아니다. 하지만 사회복지 실현을 위한 접근방식에서 볼 때 사회복지정책은, 주로 국가적 차원의 제도와 프로그램을 통해 사회복지의 목적을 달성하는 것을 의미한다. 이런 점에서 사회복지정책은 거시적 실천 방법으로 분류되기도 한다.

거시적 실천은 사회구성원이 직면하는 어려움의 해결 및 복지수준의 증진을 국가적 차원에서 마련된 제도 혹은 정책을 통해 이루려는 노력을 의미한다. 이러한 실천은 사회복지정책이라는 방법과 영역을 통해 이루어진다.

이 절에서는 거시적 실천의 필요성과 이와 관련된 제도로는 어떤 것들이 있으며, 이들 제도들의 특성은 무엇인지 그리고 이를 달성하는 과정은 어떠한가를 살펴본다.

1. 거시적 실천(사회복지정책)의 필요성

사회복지 정책과 제도들이 확립되기 이전에 사회구성원의 삶의 불안정에 대한 대응은 주로 개인 및 가족 차원에서 마련된 방편들이 주로 활용되었는데, 개인 및 가족차원에서의 저축 혹은 가족 및 친족 등의 원조행위들이 대표적이라 할 수 있다. 또한 직장의 공제조합 역시 삶의 재난들에 대한 대비책으로 주로 활용되는 방편이었으며, 민간 사회복지시설 및 기관의 원조 역시 사회구성원이 활용할 수 있었던 수단이 되어 왔다(김태성 · 성경륭, 1993). 이것이 국가와 사회적 차원에서 하나의 정책으로 자리하게 된 것은 근대 산업사회의 발전 이후의 일이다.

근대 산업사회 이후 나타난 사회적 위험은 이전 사회에서와 같이 친족 및 지역공동체 차원에서의 원조만으로는 해결하기 어려운, 광범위하고도 그 영향이 심대한 위험이다. 대표적으로 대규모 실업과 같은 사회문제들은 다수의 구성원들의 삶에 큰 영향을 끼치는 한편 친족이나 지역사회에서 해결하기 매우 어려운 문제이다. 또 제도화되지 않은 원조는 그 지원이 대체로 일시적이라는 점, 그리고 모든 사회구성원이 이와 같은 원조를 활용할 수는 없다는 점, 곧 특정 사회구성원만 활용가능한 방편일 수 있다는 점, 또한 원조자의 경제적 사정에 의존할 수밖에 없기에 지원수준이 미흡하고 안정적이지 못하다는 점 등에서 위기 대응책으로는 한계를 지닌다(백종만 외, 2001).

다른 한편으로 미시적 실천만을 통해 모든 사회문제를 해결하는 데에도 한계가 있다. 사회복지 시설 및 기관의 원조 역시 해당 기관의 재정적 상황에 의존할 수밖에 없어, 대상범위, 지원수준, 지원기간 등이 제한적이기에 사회구성원 대다수의 삶의 불안정을 해소하는 방편으로서 유일한 실천방법이 될 수 없다. 특히 안정성의 측면에서 볼 때 안정된 삶을 보장하기에는 그 기능이 매우 제약되어 있는 한계가 있다. 즉, 개인 및 가족 혹은 지역 차원에서 마련되는 재원으로 다양한 삶의 위기들에 대응하기 위해서는 생산과 소득의 상당 부분이 저축의 형태로 적립되어야만 하는데, 생계유지조차 어려운 다수 근로계층이 이와 같은 선택을 실행하는 것은 현실적으로 불가능한 것이었다. 일부의 사람들이 소득의 일부분을 저축한다 할지라도, 적립된 저축액은 직면한 위험들을 온전하게 해소하기에는 불충분하여, 위험대비책으로서 저축은 극히 제한적일 수밖에 없었다(ILO, 1995). 따라서 산업화 이후에 나타난 대표적 사회적 위험인 산업재해, 퇴직, 실업, 질병 및 사고 등 사회적 위험(social risk)과 만성적 빈곤, 일시적 빈곤 등 구성원들의 생활 안정을 위협하는 요소로부터 벗어나기 위해서는 국가 차원의 제도적 장치가 필요한 것이다.

또 사회복지정책은 사회문제를 해결하기 위해 계획과 지침이 올바르게 서야 효과적이고 효율적으로 실천이 이루어진다는 점에서 중요성이 있다. 공통의 가치와 혈연, 지연 등에 의해 움직이던 근대 이전의 사회에서는 자선, 구빈 등 단순한 복지 실행만으로도 의미가 컸다. 그러나 분업과 사회적 분화로 특징지어지는 현대 사회에서는 법적으로 제도화한 현대의 사회복지정책이 필수적이다(원석조, 2001).

앞 장에서 살펴본 미시적 실천은 대인적 서비스를 통해 각 개인의 개별적인 욕구에 맞추어진 지원을 제공한다는 장점이 있다. 반면 국가와 사회적 차원에서 마련된 제도적 장치를 통해 제공되는 거시적 실천은 다음과 같은 장점이 있다(백종만 외, 2001).

첫째, 제도 및 정책적 차원에서의 사회복지는 무엇보다도 사회구성원 다수의 다양한 삶의 위기 해소에 주요한 기반이 될 수 있다는 점에서 중요한 의의를 지닌다. 즉, 미시적 주체들에 의한 접근이 소수의 특정 사회구성원에게만 유용하거나 선별된 대상자에게만 국한되는 반면, 제도적 장치에 입각한 사회복지는 국가적 차원에서 마련된 거대한 재원으로 다수 사회구성원의 삶의 위기 해소에 적극 도움이 될 수 있다는 점에서 장점을 지닌다.

둘째, 삶의 위기 해소에 대한 지원이 안정적이라는 점에서 의의를 지닌다. 제도 및 정책적 차원에서의 사회복지는 재원마련의 범위가 전 국민적 차원으로 광범위할 뿐 아니라 그 지원 자체가 법률에 의거하여 규정되기에, 안정성이 높은 장점이 있다.

셋째, 사회구성원의 삶의 위기에 대한 대응이 보다 근본적일 수 있는 점 역시 제도 및 정책적 차원의 사회복지가 지닌 장점이라 평가된다. 사회구성원이 직면하는 삶의 위기는 상당부분이 경제적 자원의 불평등과 연결되어 있다. 경제적 자원이 충분할 경우 실업이나 노령, 질병과 부상 등이 개인의 삶을 크게 위협하지 않는다. 반면 자원을 갖고 있지 못한 계층에서는 사소한 위험에도 삶의 안정성이 크게 위협받는다. 즉, 현대 사회에서 삶의 위기는 자원의 불평등한 배분에 따라 불균등하게 발생하는 현상이라는 것이다. 따라서 위기 해소를 위한 근본적인 대책이 되기 위해서는 경제적 자원의 불평등 개선에도 초점을 두어야만 한다. 이러한 점에서 거시적 접근은 삶의 위기에 처한 사회구성원에게 필요 자원을 지원한다는 점에서 미시적 접근과 현상적으로는 동일한 것으로 보이지만, 불평등 구조의 개선이 고려되지 못하는 미시적 접근에 비해 재원 마련뿐 아니라 지원에 있어서도 불평등을 교정할 수 있는 장치를 가지고 있기 때문에 근본적인 자원재분배가 이루어지는 실현방법이다.

이상의 이유로 20세기 이후 미시적 실천과 함께 거시적 실천인 사회복지 제도 및 정책은 사회복지 실현의 주된 방법으로 등장하게 되었다. 특히 서구 복지국가는 국가 중심의 사회복지 확대를 통해 사회가 생산해내는 자원의 거의 절반 정도를 국가가 재분배하는 수준으로 복지정책을 확대시켰다. 1980년대 이후 서구에서 사회구성원의 개별적 상황과 특성에 대한 고려가 이루어지지 못하고 사회구성원의 욕구 변화 등과 같은 새로운 상황 변화에 대한 신속한 대응이 결여되는 등 거시적 실천의 한계가 지적되기도 하였지만, 아직까지 복지제도의 확대가 충분하지 못한 한국사회에서는 사회복지정책을 통한 복지실현이 절실한 상태이다.

결국 거시적 접근과 미시적 접근은 서로 장단점이 다르기 때문에 양자 모두가 균형 있게 발전해야 하며, 이러한 까닭에서 사회복지실천에 관심을 갖는 학생들은 정책 및 제도에 대해서도 충분히 이해해야 한다.

2. 사회복지정책 프로그램의 유형과 특성

국가를 중심으로 이루어지는 사회복지정책 프로그램의 유형은 다양하다. 프로그램의 재원을 대상자로부터 갹출하는가(기여/비기여)와 대상자 선정에서 자산조사를 수반하는가에 따라 나누기도 하고, 제도원리와 서비스 제공방식에 따라 사회보험, 공공부조, 사회적 수당, 사회복지서비스 등으로 나누기도 한다. 또 서비스 형태에 따라 소득보장, 의료보장, 주거보장, 교육보장, 고용보장 등으로 구분하기도 한다.

여기에서는 자주 사용하는 프로그램 유형 개념으로 제도의 원리와 서비스 제공방식에 따라 구분되는 사회보험, 공공부조, 사회수당, 사회복지서비스에 대해 그 특징을 살펴본다.

1) 사회보험

사회보험(Social Insurance)은 보험원리를 사용하여 국민에게 발생하는 사회적 위험에 대처하도록 하는 제도이다. 여기에서 보험원리를 사용한다는 것은 민간보험회사 상품과 유사하게 가입된 피보험자들로부터 받는 보험료를 재원으로 하여 위험에 처한 피보험자들에게 보험금을 지급해 준다는 것을 의미한다. 사회보험은, 생활하면서 겪을 수 있는 위험에 대해 보험가입자들 전체가 보험료 납입이라는 방식으로 공동대처한다는 보험의 기본을 국가가 받아들여서 특정 위험에 대한 보험을 강제적으로 가입하게 함으로 형성되었다. 물론 사회보험은 사회복지의 목적에 의해 보험원리만를 도입한 것이기 때문에 민간보험회사가 운영하는 보험과는 질적인 차이가 있다. 가입에 있어서 법적 강제에 의한다거나 기여할 때는 소득에 따라 차등 있게 하고, 급여를 받을 때는 사회적 기준에 따라 수준을 정하는 등 사회보험의 복지적 특징이 드러난다.

〈표 6-2〉 사회보험과 민간보험의 비교

기 준	사회보험	사보험
목 적	국민들의 생활보장	영리추구
운영 주체	국가(독점적 운영)	기업(경쟁적 운영)
적 용	강제 적용(법률적 권리)	자유 계약(계약적 권리)
적용 원리	사회적 접합성(복지)	개인적 적합성(형평)
기 여	소득비례적 기여	보상비례적 기여
급 여	사회적 최저수준 보장	기여비례적 급여
재원부담	3자부담(국가, 기업, 근로자)	수익자 부담
물가 대응	물가상승에 적절한 대응	물가상승에 대응 어려움

자료: 이인재 외(2002)

현재 우리나라에서 실시되고 있는 사회보험제도는 산재보험, 건강보험, 국민연금, 건강보험, 노인장기요양보험 등 5가지이다.

2) 공공부조

공공부조(Public Assistance)는 빈곤계층에게 최소한의 생활을 보장하기 위하여 국가가 일반 재정으로 지원하는 제도를 의미한다. 일반적으로 공공부조에는 빈곤 여부를 확인하기 위한 자산조사(means-test)가 수반된다. 공공부조제도는 빈곤 상황에 처한 사회구성원의 최소한의 생활보장을 목적으로 하는, 빈곤에 대한 치료적이며 최종적인 정책 수단이라고 할 수 있다.

공공부조제도는 생활이 곤란한 자에 대한 최저생활을 보장하는 것 이외에도 이들의 자립·자활을 촉진한다는 또다른 목적이 있다.

이를 위해 생활에 필요한 금품 일체를 국가가 지원하는 것이 아니라 자신이 최대한 자립을 위해 노력하고 그 결과 최저생활에 부족한 부분에 대해서만 국가가 지원한다는 보충성을 기본 원리로 삼고 있다. 또 근로능력이 있는 빈곤층에 대해서는 자활을 위한 여러 가지 프로그램을 제공하고 이에 적극적으로 참여할 것을 조건으로 급여를 제공하기도 한다.

공공부조제도는 재원을 부담하는 국민와 급여를 받는 국민이 나뉘기 때문에 사회적으로 논란에 휩싸이기 쉬운 측면이 있다. 공공부조제도는 빈민들의 근로의욕을 감소시키고 의존심을 조장한다고 비난되기도 하고 빈민들에 대한 지원을 통해 빈곤을 감소시키기보다는 오히려 빈곤의 확대재생산을 조장하는 기반이 되고 있다는 주장도 있다(김태성·성경륭, 1993). 반면, 다른 한편으로 공공부조제도는 자산조사 과정에서 대상자에게 부정적인 낙인을 부여하고 인권을 침해하는 등 선별주의에 수반되는 단점들이 지적되기도 한다.
따라서 공공부조는 빈곤에 대한 최후의 프로그램으로서 자리하는 것이 바람직하다. 공공부조의 강화가 아니라 보편주의적 프로그램의 확대와 사회보험 제도의 사각지대 해소 등을 통해 예방적 정책을 펴나갈 때 오히려 빈곤의 감소는 더 크게 나타난다.

3) 사회수당(Social allownace)

사회수당은 별도의 기여 없이도 인구학적 조건(노인, 아동, 장애인 등)을 충족할 경우 자산조사를 수반하지 않고 급여하는 제도를 의미한다. 국가별로 다소 차이는 있지만 대부분의 유럽국가에서는 가족수당 또는 아동수당의 형태로, 부양가족의 크기에 따라 일정액을 지급하고 있다. 또 선진 복지국가에서 실시하는 보편적 연금(universal pension)과 장애수당도 사회수당의 한 형태이며(최일섭·정은, 2006), 최근 관심이 늘고 있는 **기본소득**(Basic Income) 역시 사회수당의 범주에 포함시킬 수 있다.

사회수당은 모든 사회구성원이 경제적 수준과는 무관하게 규정된

기본소득(Basic Income)
사회의 모든 개인에게 조건 없이 지급하는 소득. 기존의 사회보장제도와는 달리 가구 단위가 아니라 개인 단위로 지급되며, 노동 요구나 노동 의사와 무관하게, 자산이나 다른 소득의 심사 없이 보장되는 기본적인 소득. 1980년대 이후 기존 복지제도의 대안으로 떠올라 기본소득 지구 네트워크(Basic Income Earth Network)를 중심으로 활발한 논의가 진행되고 있다.

범주에 해당되면 경제적 지원을 받을 수 있는 점에서 공공부조와 다르며, 보험료 납입과 같은 별도의 기여를 요구하지 않는다는 점에서 사회보험과 다르다. 또 급여수준이 소득수준과 연계되어 결정되지 않고, 사회적 적절성을 기준으로 정해지는 정액을 모든 대상에게 동일하게 제공한다는 점에서 다른 유형과 구별된다.

사회복지정책 유형 중 사회수당은 가장 넓은 대상층을 가지고 차별없이 제공하는 보편적인 프로그램이다. 소득보장 영역은 아니지만 정부 일반 재정을 통해 재원을 마련하고, 자산조사 없이 모든 사회구성원이 의료 서비스를 제공받도록 하는 국민보건서비스(NHS : National Health Service)도 그 원리의 측면에서는 사회수당 제도와 유사성이 있다. 이들 프로그램은 모든 사회구성원에게 인간다운 생활할 수 있는 권리를 구체적으로 보장한다는 측면에서 가장 적극적인 복지제도라고 할 수 있다.

하지만 모든 국민을 대상으로 보편적인 지원을 하는 제도이기에 사회수당 프로그램의 운영을 위해서는 엄청난 규모의 재원이 요청되고, 그리고 이를 높은 조세부담을 통해 모든 국민이 감당해야 하는 문제가 있다(이두호 외, 1992). 또 경제적 지원이 절실하지 않는 계층에게도 급여가 제공되어 불필요하게 사회적 자원의 낭비를 초래한다는 점과 급여수준을 높게 정하기 어렵다는 점에서 한계가 지적되기도 한다.

그렇지만 사회적 권리를 가장 적극적으로 보장하고 그 실현과정에서 대상자에게 낙인감을 전혀 주지 않을 뿐 아니라 동일한 급여를 통해 사회구성원의 연대의식을 높일 수 있다는 점에서 높게 평가되고 있다는 사실을 간과해서는 안 된다.

4) 사회복지 서비스

사회복지서비스는 사회보험, 공공부조와 함께 우리나라 사회복지 정책의 3대 범주이다. 사회보험, 공공부조 그리고 사회수당 모두가 물질적 보장을 제공하는데 비해 사회복지서비스는 비물질적 도움을 제공하는 특징이 있다. 현대사회에서 사람들은 경제적 문제뿐 아니라 심리적, 정서적 문제, 사회관계에서의 어려움 등을 호소하고 있다. 또 사회적으로 도움이 필요한 사회적 약자들은 경제적 문제와 함께 사회 활동에서의 문제를 함께 가지고 있는 경우가 많다. 특히, 노인, 장애인, 아동, 여성 등과 사회적 취약집단들이 일반인과 동일하게 사회적 기능을 정상적으로 수행하면서 인간적 삶을 살아가기 위해서는 필히 관련 서비스들의 지원이 요청된다. 이를 위해 전문지식과 기술을 가진 인력(사회복지전문가)에 의해 제공되는 다양한 원조 프로그램들을 사회복지서비스라고 분류한다. 사회복지 서비스 지원은 단순히 법률적 장치 혹은 제도적 장치의 마련만으로는 지원될 수 없기에, 관련 사회복지 시설 및 기관들이 전달체계로 구성되고 전문인력의 활동을 통해 개별화된 서비스 지원이 이루어진다는 점에서 여타 제도와는 다른 특성이 있다.

한편 취약집단들이 다양할 뿐 아니라 요구되는 서비스들 역시 매우 다양하기에, 사회복지 서비스를 구성하는 관련 제도들은 매우 광범위할 뿐 아니라 복잡할 정도로 다양하다. 아동 및 청소년의 건전한 발달과 성숙을 도모함에 필요한 각종 서비스들을 제공하는 아동복지 서비스 및 청소년복지 서비스, 노령기를 맞이한 노인이 겪는 애로들을 해소하여 줌으로써 인간적인 삶이 영위될 수 있도록 각종 서비스를 제공하는 노인복지 서비스, 성별의 차이 혹은 장애로 인해 가정 및 사회내에서 발생되는 각종 어려움들의 해소와 사회구성원의 일원으로 사회적 기능을 담당할 수 있도록 하기 위해 필요한 각종 서비스를 제공하는 여성복지 서비스와 장애인복지 서비스 등 사회복지 서비스들은 취약집단의 최소한의 인간적 삶을 보장하기 위해 마련된 제도적 장치로, 대부분의 국가에서 법률적 규정을 두고 국가적 재원을 토대로 민간 및 공공시설과 기관들을 통해 적절한 서비스 지원이 이루어질 수 있도록 하고 있다(백종만 외, 2001).

3. 사회복지정책 형성과정

사회복지정책은 고정적인 것이 아니라 사회의 다양한 이해관계와 정치적 행위자들에 의해 끊임없이 변경되고 새롭게 등장하는 것이다. 여기서 중요한 것은 다양한 이해관계자들 혹은 정치적 행위자들이 사회복지정책에 영향을 미치기 위한 행위들을 벌이고 있다는 사실이다. 만일 사회복지 목적에 반하는 방향이 자신의 이익이 되는 사람이 있다면 이 사람은 이 방향으로 사회복지정책이 후퇴되도록 압력을 행사할 수도 있다.

따라서 사회복지의 실현을 원하는 경우 사회복지정책의 형성과정을 이해하고 그 속에서 올바른 방향으로 정책이 수립되고 변화되도록 행동해야 한다. 이런 점에서 사회복지실천가들은 사회복지정책과정을 이해해야 한다.

정책과정은 분석가들에 따라 다양하게 분류되는데, 일반적으로 ① 문제의 인지 ② 정책개발 ③ 정책집행 ④ 정책평가와 같은 과정을 거치게 된다(Jones, 1977).

1) 문제의 인지과정(problem identification)

모든 정책과정은 처음에 문제의 인지로부터 출발한다. 특히, 사회복지정책은 사회문제들을 해결하는 것이 중요한 목표이기 때문에 문제의 인지과정이 매우 중요하다. 문제의 인지과정은 다음의 4가지 세부과정 ① 문제의 정의 ② 집합 ③ 조직 ④ 대변으로 나눌 수 있다.

① 문제의 정의(problem definition)

문제의 인지과정에서 처음의 과정은 문제를 어떻게 정의내리느냐에 있다. 이러한 정의에 따라 문제는 해결을 필요로 하는 사회문제이냐의 여부가 결정되고, 따라서 정책의 방향에 큰 영향을 준다. 그런데 문제의 정의는 사람들이 갖고 있는 가치관에 따라 다를 수 있고, 국가에 따라 다를 수 있고, 또한 시대에 따라 다를 수 있다.

예를 들면, 빈곤이라는 사회문제를 어떻게 정의내리냐(보느냐)에 따라 정책의 방향은 크게 달라질 수 있다. 만일 빈곤을 개인의 잘못으로 발생한 문제로 본다면 빈곤정책은 빈자를 통제하는 것 아니면 빈자들의 태도와 행위들을 고치는 데 초점이 맞추어진다. 실제로 많은 나라에서 빈곤을 이렇게 정의내려 사회복지사 등으로 하여금 빈곤한 사람들을 치료(?)하는 정책을 강조한다.

반면에 빈곤은 사회의 잘못, 즉 사회제도-교육, 노동시장, 경제, 분배제도 등-의 잘못으로 정의내리면 정책방향은 크게 달라 이러한 잘못된 제도를 고치는데 초점을 맞춘다. 예를 들어, 가난한 개인들이 아무리 노력해도 빈곤에서 벗어날 수 없다고 보고, 빈자들에게 교육과 훈련의 기회를 제공하든지, 노동시장에서 일자리를 만들어 제공하든지, 아니면 소득보장정책으로 이들에게 최저한의 생활을 할 수 있도록 급여를 하는 것이다.

또한 빈곤에 대한 정의는 국가에 따라 시대에 따라 다를 수 있는데, 미국에서는 1960~1970년대에는 빈곤을 사회의 잘못이라고 보는 경향이 강했는데, 최근에는 복지개혁의 분위기에서 빈곤을 개인의 잘못이라고 보는 경향이 크다. 그래서 지금까지의 빈자를 위한 중요한 정책인 AFDC(Aid to Families with Department Children)를 없애고, 수급자들로 하여금 노동시장에 나가 아무 일이나 하며 벌어먹고 살든지, 아니면 굶어죽으라(?)는 프로그램인 TANF(Temporary Assistance to Needed Families)로 바꾼 것이다.

반면에 우리나라는 과거에는 빈곤을 개인의 잘못으로 본 경향이 컸으나 최근의 국민기초생활보장제도는 적어도 명목적으로 볼 때 기본 철학을 빈곤은 사회의 잘못으로 정의내렸다고 볼 수 있다. 왜냐하면, 이 제도는 근로능력 여부에 상관없이 누구나 일정한 최저생활을 보장하겠다는 것이 기본 목표이기 때문이다. 만일 빈곤을 개인의 잘못으로 본다면 근로능력이 있는 사람에게까지 최저생활을 보장해 줄 수 없기 때문이다. 문제는 이러한 명목적인 기본적인 목표

TANF(Temporary Assistance for Needy Families)
1996년 8월, 클린턴 대통령이 서명한 개인책임과 노동기회법(Personal Opportunity and Work Responsibility Act)에 의해 기존의 AFDC(Aid to Families with Dependent Children)를 대체하게 된 미국의 공공부조제도. 이 법안은 전 생애에서 60개월로 부조를 제한하고 노동활동을 요구하며 이주자들에게는 식료품권(Food Stamps)과 SSI(Social Security Insurance, SSI)를 제한했다..

와 달리 이 제도의 집행과정에서 실질적으로 근로능력이 있는 빈자에게는 일을 안 하면 최저생활의 보장을 안 할 수도 있다는 점인데, 이렇게 되면 빈곤은 개인의 잘못으로 정의내린다고 볼 수 있다.

② 집합(aggregation)과 조직(organization)

사회적으로 해결이 필요하다 하여 모든 사회문제들이 정책결정자들이 관심을 갖게 되는 정책 이슈들이 되는 것은 아니다. 실제로 많은 사회문제들 가운데 정책 이슈가 되는 경우는 많지 않다. 그렇다면 사회문제가 어떻게 정책이슈가 되는가?

가장 기본적인 것은 특정 사회문제에 관련된 사람들을 모아야 하는 일이다. 어떤 사회문제도 관련된 사람들의 숫자가 적으면 정책이슈가 되기 어렵다. 여기서 관련된 사람들이란 사회문제 당사자들(예, 빈자)과 이러한 문제에 간접적으로 영향을 받거나, 이러한 문제해결에 관심이 있는 관련 전문가들 혹은 사회운동가들을 말한다.

일단 특정 사회문제에 관련된 사람들을 끌어 모은 다음에는 중요한 것은 이들을 조직화해야 한다. 단순히 숫자만 많고 조직화가 안 되면 오늘날과 같이 의사전달과정이 복잡하고 관료화된 사회에서 다른 사회문제들과 정책 이슈화의 경쟁에서 지기 쉽다.

조직화의 중요성을 보여주는 대표적인 예가 1960년대 미국에서의 '복지권 운동(welfare right movement)'이다. 이 운동 이전에도 빈곤한 사람들이 많아 큰 사회문제가 되었다. 그러나 빈자들은 대부분 자기들의 신세에 자포자기하며 사회의 냉대를 감수하여 정부에 대해 어떠한 요구도 조직적으로 못 하였다. 이것이 '복지권 운동'으로 빈곤을 사회의 잘못으로 인식시키면서 복지를 하나의 권리로 인정받아야 된다는 것을 강조한다. 이것의 결과로 1960년대 이후로 대대적인 빈자를 위한 사회복지 프로그램-빈곤과의 전쟁(war on poverty)-이 등장하게 된다.

복지권운동
1960년대 미국에서 흑인과 빈민이 기존의 복지체제에 대한 불만을 표출하고 새로운 복지 권리를 요구하며 벌인 빈곤투쟁.

최근 우리나라에서도 각종의 사회문제들을 해결하기 위하여 '○○○ 운동' 혹은 '○○○ 연대'와 같은 이름으로 각종의 조직들의 활동이 많고 이것의 결과로 많은 사회문제들이 정책이슈가 되고 있다.

③ **대변**(representation)

사회문제의 해결을 위한 정책이 만들어지기 위해서는 마지막으로 정책결정자들의 정책논의에의 안건으로 선정되어야 한다. 아무리 조직화가 잘 되어서 사회문제가 정책이슈가 되었다 하더라도 이러한 이슈들이 모두 정책결정자들의 정책논의의 안건에 상정되는 것은 아니다. 이렇게 정책결정자들의 정책논의 안건에 상정되는 것을 전문용어로 '아젠다 세팅(agenda setting)'이라 하는데, 이렇게 정책 아젠다로 결정되는 방법은 민주주의 사회에서는 복잡하고 다양하여 어떤 특정한 유형이 있는 것은 아니다. 그럼에도 불구하고 정부의 역할의 측면에서 아젠다 세팅의 세 가지 유형이 있다.

첫째는, 정부는 아젠다 세팅에 비교적 소극적인 역할을 하여, 특정 사회문제와 관련된 사람들이 정책 아젠다화의 접근행위들을 그대로 내버려 두는 것이다. 이 방법에 의존하게 되면, 조직력이나 재원이 많은 집단들이 제기하는 사회문제들만이 정책 아젠다가 될 가능성이 크다.

둘째는, 사회적 약자집단이 제기하는 문제들을 정책 아젠다가 될 수 있도록 정부가 도와주는 형태이다. 예를 들면, 정부가 빈자들이 자신들의 문제를 조직화하고 대변하는데 필요한 자원들을 제공하는 것이다.

셋째는, 정부의 역할이 가장 적극적인 것으로 정부 스스로 사회문제를 정의내리고, 정책 아젠다를 설정하는 형태이다. 이 방법은 사회적 약자들의 문제들이 정책 아젠다가 될 가능성이 가장 크지만, 정부의 역할이 크기 때문에 미국처럼 다원주의적 민주주의에서처럼 국가의 역할이 상대적으로 작은 나라에서는 드물다. 반면에 국가의 역할이 큰 우리나라와 같은 상황에서 주로 사용되는 형태라 할 수 있다.

2) 정책개발 과정(program development)

사회문제가 정책 아젠다로 오르면, 즉 정책결정자들이 그 사회문제에 대한 해결방법들에 대한 논의가 시작되면 이제부터는 정부에서의 활동들이 중요해진다. 정부에서의 정책개발 과정은 크게 세 가지 과정으로 나눌 수 있다. 처음에는 정책안을 개발하는 것이고, 두 번째는 만든 정책안에 대한 합법성을 부여받아야만 한다. 마지막으로 정책안에 대한 예산을 확보해야만 한다.

① 정책안 개발(formulation)

일반적으로 사회문제에 대한 해결방법은 다양하고 복잡하다. 왜냐하면, 사회문제를 어떻게 정의하느냐에 따라 해결방법이 다양할 수 밖에 없기 때문이다. 그래서 다양한 정책안들이 나오게 되는데, 그렇다면 누가 정책안들을 개발하는데 참여하는가?

이것은 우선 사회문제의 성격에 따라 다를 수 있어, 사회문제의 영향력이 커서 관련된 사람들이 많은 경우에는 다양한 집단으로부터 다양한 정책안들이 나올 수 있고, 그렇지 않은 경우에는 비교적 참여자들의 숫자가 적다.

또한 정치제도의 차이에 따라 다를 수 있는데, 예를 들면 의회의 권한이 강한 구가에서는 국회의원들의 정책안 개발이 많고(예, 미국), 반면 행정부의 권한이 강한 국가에서는 정부 관료의 정책개발이 지배적이다(예, 한국).

이러한 차이에도 불구하고, 일반적으로 중앙정부의 정책안 개발에는 다음과 같은 참여자들이 존재한다. 첫째는, 대통령과 그의 주요 참모들이 설정한 정책의 목표와 우선 순위 내에서 정부 관료들이 세부적인 정책안들을 만든다.

둘째, 의회에서 국회의원들과 그들의 보좌관 혹은 의회의 각종 기구내의 연구 인력들에 의하여 정책안들이 개발된다. 특히 미국처럼 의회의 권한이 강한 나라들에서는 의회 내에서 만들어지는 정책안들이 최종적인 정책이 되는 경우가 많다.

셋째, 이상의 행정부나 의회와 같은 정부기구 밖에서도 정책안 개발이 이루어진다. 여기에는 다양한 이익집단들이나 공공연구기관, 사적연구기관 등이 포함된다. 이러한 집단들은 직접 정책안들을 개발하기도 하고 정부기관에서 정책안 개발에 필요한 정보를 제공하거나 압력을 행사하기도 한다.

넷째, 각종의 시민단체들에서도 다양한 정책안들을 개발한다. 이러한 단체들은 특정 이익집단들의 영향에 의하여 만들어지는 정책안들에 반하여 일반 국민들의 이익을 대변하는 역할을 한다. 예를 들면, 우리나라에서의 시민단체인 참여연대에 의한 의약분업이나 국민기초생활보장제도에 관한 정책안 개발이다.

② 합법화(legitimation)

정책안이 최종적인 정책이 되기 위해서는 합법화의 과정을 거쳐야 한다. 실제로 수많은 정책안들 가운데 최종적으로 정책으로 결정되는 것은 극소수인데 그 이유는 합법화의 과정에서 폐기되거나 대폭 수정되기 때문이다.

합법화는 개념적으로 두 가지로 나눌 수 있다. 하나는, 넓은 의미의 합법성(legitimacy)의 개념으로 정책이 만들어지는 기본적인 정치적 과정 그 자체의 권위(authority)가 인정되느냐의 문제이다. 즉 정책을 만드는 정부 자체의 합법성을 따지는 것이다. 이러한 의미의 합법성이 결여된 상태에서의 정책에 대해서는 일반 국민들이 권위를 부여하지 않는다.

정책 개발 과정에서 중요한 것은 구체적인 정책안들이 권위를 인정받는 구체적인 과정들을 말하는 합법화(legitimation)의 과정이다. 그렇다면 이러한 합법화의 과정에는 어떤 사람들이 주요 역할을 하는가? 민주주의 사회에서 모든 정책들은 기본적으로 일반 국민들로부터 그것들의 권위를 인정받아야 한다. 따라서 직접 민주주의 제도가 아닌 상황에서 결국 합법화에는 국민을 대표하는 국회의원들이 주요 역할을 한다.

그렇다고 합법화의 과정에 국회의원들만의 역할이 있는 것은 아니다. 이외에 다수의 정치적 행위자들이 참여하는데 대표적인 경우가 대통령이다. 일반적으로 대통령은 행정부의 수반으로 행정부에서 개발한 정책안들을 의회 내에서의 합법화 과정을 통과시키기 위하여 많은 활동을 한다.

특히 우리나라처럼 대통령의 권한이 막강한 나라에서는 의회에서의 합법화 과정에 대통령이 크게 영향력을 행사한다.

이 밖에도 정책안들을 만든 정부 관료들, 정책에 영향을 받는 각종의 이익집단들을 대변하는 로비스트, 일반 시민단체들도 공청회 개최, 여론조성, 정보제공, 개별의원 설득 등의 방법으로 합법화 과정에 참여한다.

③ 예산확보과정(appropriation)

정책안이 합법화 과정을 통과하였다 하여, 즉 입법화가 되었다 하여 최종적으로 끝난 것은 아니다. 어떤 정책이 실질적인 효과가 있는 정책이 되기 위해서는 그 정책에 대한 예산이 뒷받침되어야 한다. 그렇지 않으면 그 정책은 유명무실한, 심지어 사문화된 정책이 되기 쉽다.

어느 나라에서나 이 과정에서는 예산을 담당하는 기구(우리나라의 경우 기획예산처)의 역할이 중요하다. 일반적으로 예산안을 만드는 과정에는 해당정책을 담당하는 기관, 예산을 담당하는 기관, 그리고 대통령이 주된 역할을 하나, 이 가운데 예산을 담당하는 기관이 중요하다. 특히 우리나라처럼 정부예산을 확대하기를 꺼려하는 국가에서는 예산을 담당하는 기관의 힘이 강하여 대개의 경우 예산기관이 해당기관들의 예산을 결정한다고 해도 과언이 아니다.

예산기관의 주된 역할은 해당 정책기관들과 대통령 사이의 중간에서 의사전달과 조정을 하는 것이다. 해당 정책기관들은 자신들의 정책을 뒷받침할 예산을 따내기 위해 대통령이 정책우선순위를 결정하는데 지속적인 노력을 기울이고, 예산기관은 해당 정책기관들의 이러한 노력들을 중간에서 정보수집, 해석, 대통령에게는 정보보고 등의 활동을 하거나, 반대로 대통령의 정책결정 사항들을 해당기관에 전달하는 역할을 한다.

3) 정책집행과정(program implementation)

최종적으로 정책이 결정되면 이제는 그 정책을 해당 사회문제에 적용하여 문제를 해결하는 과정이 필요하다. 정책집행은 이러한 과정을 말한다. 그렇다면 집행은 무엇을 의미하는가?

집행에 대한 정의는 사람들에 따라 다를 수 있지만, 집행이란 흔히 '정책 목표를 설정하는 것과 그 목표를 이루기 위한 활동들과의 상호작용의 과정'이라는 점을 강조한다.

여기서 '상호작용의 과정'이라는 개념이 중요한데, 이것이 의미하는 것은 지금까지의 정책결정과정들이 그 자체들로 끝나는 것이 아니라 정책집행과정을 통하여 변할 수도 있다는 점이다. 즉 정책을 집행하는 과정에서 변할 수 있다는 점이다. 다시 말해서 집행이란 '모든 것이 완벽히 결정된 정책을 기계적으로 시행하는 것이 아니라, 시행되고 있는 정책을 다시 고려하는 과정'이라고 할 수 있다.

정책집행과정에는 물론 정부 관료의 역할이 중요하다. 그래서 대개의 경우 이들의 주 역할은 결정된 정책의 규칙에 따라 정책의 대상이 되는 사회문제들을 해결하기 위한 일상적이고 정규적인 업무를 수행한다.

그렇다고 관료들이 이러한 일상적인 업무만을 하는 것은 아니다. 이들은 정책을 만든 사람들과 그 정책의 대상자들과 교류를 통하여 정책의 진정한 의도나 수요를 파악하여 새로운 문제제기를 하여 정책의 변화를 추구하기도 한다.

입법가들도 정책집행과정에 참여한다. 이들의 역할은 대개 정책을 실제 집행하는 과정에서 나타나는 문제들을 자신들의 지역 주민들의 청원을 통해 알게 되고, 이러한 문제들을 정부 관료와 협력하여 해결한다.

사법관들의 역할도 중요하다. 판사들의 판결이란 대개 정책을 집행하는 과정에서의 갈등에 관한 것이라 할 수 있다. 즉 정부정책을 시행하는 과정에서 불이익을 당한 대상자들이 정부정책에 대해 소송을 제기한 것에 대한 판단을 내리는 것이다.

정책집행의 구체적인 활동들은 무엇인가? 이것은 크게 세 가지로 나눌 수 있다. 첫째는 조직화(organization)이다. 정책을 집행하기 위해서는 많은 인력과 기구가 필요하다. 둘째는 해석(interpretation)이다. 입법화된 정책을 일반적으로 추상적인 용어들로 구성되어 있다. 이러한 용어들은 정책행위자들에게 서로 다른 의미를 갖는 경향이 있다. 그래서 정책을 집행하는 사람들에게 이러한 추상적인 용어들에 실질적인 의미를 주기 위해서는 '해석'을 하게 하는 역할이 주어진다.

이러한 해석을 다른 말로 표현하면 '행정적 재량권(administrative discretion)'이라 하는데, 재량권이 커지게 되면 정책집행자는 문제의 정의를 내리고, 정책안을 개발하고, 합법화하는 기능을 모두 가진다고 할 수 있다.

셋째는, 적용(application)이다. 이것은 정책집행과정의 마지막 단계로 정책을 현장의 사회문제에 적용하여 시행하는 과정이다. 이 단계에서는 대개 정책의 행정지침이나 기준에 따라 기계적인 활동들이 필요하다. 그럼에도 분구하고 이 단계에서도 실제상황에 맞추어 정책집행의 조정이 이루어진다. 상기의 해석이 넓은 의미의 정책 내용에 대한 재량권이라 한다면, 이 단계에서의 재량권은 실제상황에서의 융통성을 의미한다고 볼 수 있다.

4) 정책평가과정(program evaluation)

원론적으로 이야기하면 정책평가라는 것은 정책이 대상으로 하고 있는 사회문제들을 주어진 사회적 자원 내에서 얼마나 잘 해결하는지를 보는 것이라 할 수 있다. 그런데 현실세계에서의 정책 평가는 다분히 정치적이다. 그래서 가장 중요한 동기는 기존의 정책을 합리화하기 위하여 지지 세력을 구축하거나 아니면 그 반대로 기존의 정책을 버리고 새로운 정책을 채택하기 위한 합리화를 위한 수단으로 이용하는 경우가 많다.

'객관적'인 평가가 어려운 또 하나의 이유는 정책평가의 기준이 애매하다는 점이다. 정책평가의 가장 큰 기준은 정책의 목표이다. 문제는 정책의 목표들이 대개 명확하지 않다는 것이다. 특히 사회복지정책들의 정책평가들은 더욱 모호하다. 왜냐하면 사회복지정책들은 다른 정책들에 비하여 인간의 복지의 개선에 목표를 두고 있는데, 이러한 인간의 복지를 객관적으로 평가하는 것이 어렵기 때문이다.

정책평가는 누가 하는가? 이것은 국가의 정치제도에 따라 다를 수 있으나 일반적으로 우선 의회의 역할이 중요하다. 기본적으로 볼 때, 의회는 국민으로부터 부여받은 정부정책에 대한 감독권을 갖고 있기 때문에 어떠한 형태로든 정책평가를 한다. 대표적인 예로 우리나라에서는 국정감사라는 이름하에 전반적인 정부정책에 대한 의회의 포괄적인 정책평가가 이루어진다.

행정부 내에서도 자체적으로 평가가 이루어진다. 대표적인 경우가 매년 예산을 편성하는 과정에서이다. 정책의 예산을 결정하는 것은 그 정책이 얼마나 성공적인가를 평가하는 것과 같다고 볼 수 있다. 우리나라는 특히 감사원이라는 독립된 정책평가기구가 있어 전반적인 정부정책을 평가한다.

정책평가는 때로는 정부가 특별위원회를 만들어서 하기도 한다. 이것은 대개 특정정책이 논란이 많을 때, 정부와는 독립적으로 평가하기를 원할 때, 그리고 다양한 관점들을 대변하기 위하여 등의 이유 때문이다.

최근에는 다양한 비정부기구들에 의한 정부정책에 대한 평가가 활발하다. 그래서 언론기관들, 다양한 이익집단들을 내변하는 기구들, 독립된 연구기관들, 그리고 최근에 점차 중요해지는 시민단체들은 각종의 정부정책들에 대한 평가를 한다. 우리나라처럼 정부정책에 대한 불신이 높은 상황에서는 이러한 비정부기구들, 특히 시민단체들의 정책평가가 중요하고 실제로 일반 국민들로부터 권위를 인정받고 있다.

그렇다면 정책평가의 최종산물은 무엇인가? 이것은 이른바 '정책사이클(policy cycle)'의 개념으로 세 가지로 설명할 수 있다. 가장 단순한 형태로, 정책평가의 결과로 기존의 정책을 합리화하고 지지하는 것이다. 실제로 대부분의 정책평가는 여기에 속한다.

둘째는, 정책평가로 사회문제에 대한 정의를 그대로 유지한 채, 다른 정책대안이 나타나게 하는 형태이다.

마지막으로는, 정책평가를 통하여 사회문제에 대한 정의 자체가 바뀌거나 혹은 새로운 문제를 발견하여 이전과는 완전히 다른 정책이 개발되는 형태이다. 이렇게 되면 정책형성과정은 처음부터, 즉 문제의 정의 단계부터 다시 시작하게 되는 것이다.

제 7 장

대상별 사회복지 실천방법

전통적으로 사회복지실천의 개입방법은 클라이언트가 누구인가에 따라 개인을 대상으로 한 개별지도(casework), 집단을 대상으로 한 집단지도(group work), 지역사회를 대상으로 한 지역사회조직(community organization) 등으로 분류되어 왔다. 현재는 전통적인 방법론처럼 특정한 개입대상과 접근방법을 명확히 분리해서 한정하지 않는 통합적인 접근방법이 강조되고 있으나, 각각의 실천방법이 갖는 특징과 구체적인 내용을 살펴보는 것은 다양한 개입방법을 효과적으로 적용하는데 기초가 된다.

제 1 절 개인을 대상으로 한 실천방법

1. 특징

개인대상의 사회복지실천은 개인과의 일대일 관계를 통해 이루어지는 접근방법으로서, 대부분의 사회복지실천현장에서 가장 빈번하게 활용된다. 사회복지실천은 초기부터 다수가 경험하는 사회문제에 대한 거시적 접근보다는 개별화된 문제의 다양성과 적응방식에 초점을 둔 미시적 접근이 강조되었다. 미시적 접근이란 개별 클라이언트가 경험하는 심리내적, 대인적, 사회환경적 문제에 구체적으로 개입할 때 활용되는 방법을 뜻한다.

전통적으로 개인을 대상으로 한 접근방법은 개별지도(casework) 또는 개별사회사업(social casework)으로 불려졌다. 사회복지 최초의 전문화된 방법론을 체계화시킨 **리치몬드**(Richmond, 1944)는 개별사회사업(social casework)을 "개인과 사회환경 간의 개별적인 의식적 조정을 통해 인격발달을 도모하는 과정"이라고 정의하였다. 개인의 부적응에 대한 치료적 개입을 강조하는 사회사업의 초기흐름으로 인해, 당시의 개념은 심리내적 적응과 개입을 강조하였으며 상대적으로 환경에 대한 관심은 개인의 문제를 이해하는 차원에 그쳤다(DuBois & Miley, 1996).

리치몬드(M. Richmond)
메리 리치몬드(1861-1928)는 자선조직협회의 활동을 이끌면서 초기 사회복지전문직의 발전에 큰 기여를 한 실천가임. 1917년과 1922년에 발간된 저서 'Social Diagnosis'와 'What is Social Case Work?'는 사회사업의 이론과 방법을 체계적으로 기술한 것으로 인정받음(Johnson, 1986).

유사한 개념의 용어인 임상 사회사업(clinical social work)은 의료나 정신의료 분야를 중심으로 직접적인 서비스를 제공하는 현장에서 많이 사용하는 개념이다(임상사회사업연구회, 1999). 미국의 임상 사회복지사 자격시험 위원회(ABECSW; American Board of Examiners in Clinical Social Work)는 임상 사회사업이 "개인뿐 아니라 가족, 소집단의 심리 사회적 적응에 관한 과학적 지식과 기술에 기반을 두는 전문적 서비스"라고 정의한다. 주로 활용되는 임상적 개입방법으로는 개인의 심리적 문제에 대한 사정과 진단, 위기개입, 심리 사회적 또는 심리 교육적 개입, 단기/장기 심리치료 등이 있다. 임상사회사업은 개인, 가족, 소집단의 심리 사회적 기능을 향상시키고 유지하기 위한 전문적인 사회복지 실천으로 이해하는 경우, 개인을 대상으로 미시적 수준의 개입을 강조하던 개별지도와 중복되는 부분이 많다.

클라이언트와의 일대일 관계를 통해 이루어지는 개인대상 실천활동의 일반적 특성을 살펴보면 다음과 같다(장인협, 1998).

① 자기 스스로 해결하기 곤란한 문제를 가진 개인이 대상이 된다.

② 문제에 대한 과학적 인식과 전문적 기술을 가진 전문가에 의해서 수행된다.

③ 개별적으로 이루어지며 대상에 따라 방법이 달라진다.

④ 환경에의 적응과 인격의 성장발달을 돕기 위한 의식적 노력이 이루어진다.

⑤ 사회복지사와 클라이언트의 협동적 활동으로서 인간관계가 중요시된다.

⑥ 예방보다는 치료에 중점을 둔다.

최근, **생태체계적 관점**(ecosystems perspective)에 기초한 통합적 접근의 영향으로, 개인대상의 실천에 다음과 같은 변화가 나타났다.

생태체계적 관점
사회체계이론(social systems theory)과 생태학(ecology)을 결합시킨 생태체계이론(eco-systems theory)에 근거함. 통합적 사회복지실천(generalist social work practice)의 기초로서, 사회적 기능에 영향을 주는 환경속의 다양한 사회체계와의 상호작용을 의미하는 상황 속의 인간(person-in-environment)의 개념을 강조함.

① 개인의 문제를 사회적 환경과의 관련성 속에서 삶의 문제(problem-in-living)로 이해하게 되면서 문제를 포괄적인 시각으로 바라보게 되었다.

② 인간과 환경간의 상호적인 변화를 가능하게 하는 개입방법에 관심을 갖고 개인 클라이언트뿐 아니라 주변의 다양한 서비스체계나 비공식적 지지체계에 개입하는 개입방법을 강조하게 되었다. 개인의 문제가 주변 환경과의 상호작용 속에서 발생한다는 인식에 따라 영향을 미치는 주변체계들에 대한 다양한 수준의 개입을 요구하게 되었기 때문이다.

③ 개인에 대한 심리치료적인 직접개입을 강조하는 '개별지도(casework)' 대신에 개인에 대한 직접 · 간접 개입을 포괄하는 '개인대상의 실천(practice with individuals)'이라는 용어로 대체되고 있다(Skidmore et al., 2000). 개인의 내적 기능과 적응수준에 초점을 두었던 제한된 개념으로부터의 변화를 의미하기 위해 의식적으로 용어를 구별하는 것이다.

위에서 개념적 변화나 특성을 살펴보는 과정에서, 개인을 대상으로 하는 실천이 일관되게 강조하는 몇 가지 특징을 파악할 수 있다.

① 클라이언트와 사회복지사간의 전문적 관계를 강조한다. 개별화된 원조과정에서 클라이언트와 전문가가 만들어 가는 관계적 요소는 협력적인 문제해결 과정의 중요한 도구로서 개입의 효과성에 중요한 영향을 미치기 때문이다.

② 개별 클라이언트의 차이를 인식하고 개인의 특성과 상황에 따라 다양한 접근을 활용한다. 특히, 개인의 존엄성과 자기결정권을 강조하는 사회복지실천의 기본적 가치는 클라이언트의 선택권을 강조한다.

③ 개인의 개별적인 욕구와 특성, 상황 등에 알맞은 도움을 주기 위해 사회복지사는 다양한 이론적 지식이나 실천경험을 갖고 적절한 개입방법과 기술을 사용한다. 특히, 개인대상의 실천에서는 개인의 변화 또는 개인과 환경의 상호작용을 변화시키기 위한 다양한 실천모델(전통적인 심리사회 모델을 비롯한 인지모델, 행동주의모델, 과제중심모델, 단기개입, 위기개입 등)을 많이 활용한다.

2. 전문적 관계의 원칙

바워스(Bowers, 1949)는 사회복지실천을 인간관계의 지식과 대인관계의 기술을 활용하는 예술이라고 정의한다. 개인대상의 사회복지실천은 개별 클라이언트와의 긴밀한 관계 속에서 개입이 이루어지는 실천 활동으로서, 다음과 같은 관계적 특성을 갖는다.

① 의도적이고 계획된 만남을 통해 형성되며,

② 목표 지향적이며,

③ 시간 제한적이며,

④ 전문적인 서비스를 통해 이루어진다.

클라이언트와의 대인적 관계(interpersonal relationship)의 질이 전체적인 문제해결의 중요한 도구로 활용됨에 따라, 사회복지사는 클라이언트와 긍정적이며 전문적인 관계를 형성하고 발전시키는 방법에 관심을 가져야 하며 의식적으로 자신을 활용하는 방법을 익혀야 한다. 특히, 관계형성에 관한 지식은 사회복지사와 클라이언트간의 상호이해를 도우며 클라이언트뿐 아니라 주변사람들이나 전문가들과 효과적인 상호교류가 일어나도록 돕는 기초가 된다. 다음은 사회복지사와 클라이언트간의 긍정적인 원조관계를 유지·발전시키는데 필요한 몇 가지 기술적 원칙들을 설명한 것이다(Biestek, 1957).

1) 개별화

모든 인간은 고유성을 가진 존재이다. 만일 집단을 유형화하고 특정집단에 대한 선입관이나 낙인, 편견 등을 그 집단에 속한 모든 개인들에게 적용하는 경우에는 각 개인의 다양성과 가치를 인식하지 못하게 된다. 개별화(individualization)란 개인만의 가치와 차이를 인정하며 실천과정에서 각 클라이언트의 개별적인 상황이나 욕구에 초점을 두는 것이다. 클라이언트를 객관화된 대상(objects)이나 사례(cases)가 아닌 고유한 개인으로 대하려는 노력이 전문적 관계 속에서 반영될 때, 클라이언트의 주관적인 가치와 욕구, 문제의 특성 등이 정확히 파악되고 각 클라이언트가 가진 고유의 강점과 자원을 인식하며 성장의 가능성을 보게 된다.

2) 자기결징

자기결정(self-determination)의 원칙이란 선택과 결정에 대한 클라이언트의 자유와 권리를 의미한다. 도움을 요청하는 클라이언트는 전문가의 지식과 경험에 의지하려는 경향이 있다. 그러나, 지나친 클라이언트의 의존성이나 전문가의 권위는 클라이언트의 자기결정권을 침해하게 된다. 자아결정을 위해서는 클라이언트와 사회복지사, 서비스 환경 차원에서 모두의 노력이 필요하다. 클라이언트는 자신의 상황을 주체적으로 결정할 수 있는 능력과 잠재력을 갖추는 것이 필요하다. 사회복지사는 실천과정에 클라이언트의 자발적 참여를 격려하며 클라이언트의 주관적 관점이 반영되도록 노력하여야 한다. 또한, 다양한 대안이 제공되지 못하는 서비스 환경에서는 클라이언트의 선택의 폭이 제한될 수밖에 없기 때문에 풍부한 사회적 기회와 자원을 확보하는 것이 중요하다. 예를 들어, 정신지체인의 결혼과 출산에 관한 의사결정은 장애인 본인의 욕구와 선택뿐 아니라 클라이언트의 기본적인 인권에 대한 전문가의 고려, 장애인에 대한 사회적 인식과 서비스 환경의 수준에 따라 원천적으로 제한되는 경우가 많기 때문이다.

3) 수용

수용(acceptance)은 클라이언트의 관점과 가치를 인정하며 클라이언트를 긍정적으로 받아들이는 것을 의미한다. 그러나 수용이 클라이언트의 의견이나 상황에 대해 무조건적으로 동의하거나 요구에 응해야 한다는 의미는 아니다. 수용은 지지적인 동시에 객관적이고 합리적인 문제해결과정에 대한 열린 자세를 갖도록 하는 것이 목적이며, 사회복지사의 이와 같은 진실한 태도는 클라이언트에게 신뢰감 있게 전달되어 관계형성에 영향을 미친다. 특히, 클라이언트의 인식이나 상황적 요소 등을 충분히 고려하며 클라이언트의 입장을 이해하고자 하는 전문가의 관심어린 태도를 통해 클라이언트는 긍정적인 관계를 학습하게 된다.

4) 비심판적 태도

사회복지사는 전문적 또는 개인적 가치를 통해 클라이언트를 판단할 가능성이 높다. 그러나, 전문가의 주관적 가치나 선입관에 의한 심판적 태도나 행동은 의사소통과정을 방해하며 클라이언트와의 관계에 부정적 영향을 미친다. 특히, 신뢰감을 갖고 긍정적인 관계를 만들어 가는 초기단계에서 클라이언트에게 문제의 책임을 묻는 질문을 하거나 경솔한 평가를 하는 것은 관계형성에 장애요인이 된다. 비심판적인 태도(nonjudgmental attitude)를 갖기 위해, 사회복지사는 클라이언트에 대해 비판과 비난이 가해지는 상황을 민감하게 인식하는 자세가 필요하다. 또한, 사회복지사는 다양한 선택의 가능성을 인식하며 클라이언트의 세계관을 이해하려는 입장을 취하며, 자신의 개인적 가치나 믿음을 타인의 상황에 적용하거나 선부른 판단을 하지 않도록 노력하여야 한다.

5) 통제된 정서적 관여

통제된 정서적 관여(controlled emotional response)란 클라이언트의 감정을 민감하게 파악하되 전문적인 목적에 따라 적절하게 반응하는 것을 의미한다. 따라서, 감정적으로 지나치게 몰입하거나 냉담한 태도를 경계하고, 자신의 편견이나 선입관에 의해 클라이언트를 왜곡되게 보지 않도록 해야 한다. 이를 위해서는 개방적이며 객관적인 태도를 갖는 것이 중요하며, 클라이언트에 대한 관심을 나타내는 공감적 표현도 클라이언트의 행동에 대한 객관적이며 솔직한 피드백을 통해 이루어지는 것이 좋다.

6) 의도적 감정표현

사회복지사에게 도움을 요청하는 서비스 대상자들은 흔히 자신의 문제나 처지에 대해 비관적이며 회의적인 경우가 많다. 의도적 감정표현(purposive expression of feeling)이란 클라이언트가 가진 감정을 자유롭게 표현하도록 격려하는 것으로, 자신이 비판받을 수도 있는 내용이나 감정까지도 자유롭게 표현하도록 도와주는 것이다. 이러한 과정은 억압된 감정으로 인해 나타날 수 있는 부정적인 영향을 감소시키고 클라이언트 내면의 욕구를 표현하는 수단이 되기 때문에 클라이언트를 이해하는 차원을 넘어 치료적인 효과도 얻게 된다.

7) 비밀보장

모든 클라이언트는 전문적 서비스 제공과정에서 공유된 정보에 대해 사회복지사와 기관으로부터 비밀보장(confidentiality)을 받을 권리가 있다. 클라이언트가 도움을 받기 위해 제공한 정보들에 대해 비밀을 유지하고 개인의 사생활을 존중하고자 하는 태도는 신뢰감을 높이고 협조적인 전문적 관계를 발전시키는데 기여한다. 그러나, 클라이언트의 기본적인 권리이며 사회복지사의 윤리적 의무인 비밀보장의 원칙도 만일 클라이언트가 정보를 공개하는 데 동의하거나 법적으로 정보를 밝혀야 되는 경우에는 제한될 수 있다.

3. 의사소통의 기술

효과적인 의사소통은 상호이해를 돕고 문제해결과정을 촉진시키는 역할을 한다. 클라이언트의 욕구나 관심, 문제 등을 능동적으로 해석하고 클라이언트가 의사표현을 보다 명확히 하도록 돕기 위해서는 언어적, 비언어적 기술을 포함하는 의사소통기술을 익힐 필요가 있다. 의사소통의 기술에는 일반적으로 듣기(listening)와 말하기(talking)가 있다. 듣기에는 비언어적인 내용을 포함해 클라이언트가 표현하는 바를 이해하고 수용하는데 필요한 적극적 경청(active listening)의 기술과 관찰하고 기억하는 기술 등이 포함된다. 효과적으로 말하기 위해 사회복지사는 자신의 목소리나 억양, 속도 등을 포함하는 언어적 표현과 얼굴표정이나 자세, 기타 신체적 언어를 통한 비언어적 표현을 기술적으로 사용하는 방법을 기본적으로 습득해야 한다. 보다 효과적으로 클라이언트의 욕구나 문제, 관련된 감정이나 내용을 이해하며 문제해결과정을 진행하기 위해서는 다음과 같은 말하기 기술이 필요하다.

1) 바꾸어 말하기

바꾸어 말하기(paraphrasing)란 클라이언트의 메시지 내용에 초점을 두고 클라이언트가 말한 바를 사회복지사가 재진술하는 것이다. 재진술 내용을 들으면서, 클라이언트는 자신이 생각하고 말한 바를 돌아보며 다른 시각에서 생각할 기회를 갖게 된다. 중요한 것은 클라이언트의 말을 단순히 따라하는 것은 피하며 사회복지사가 클라이언트 메시지에 대해 이해하는 바를 확인시켜 주고 클라이언트의 피드백이 일어나도록 기술을 적용하는 것이다.

2) 감정의 반영

감정의 반영(reflection of feeling)은 클라이언트의 정서적인 내용을 탐색하기 위한 기술로서 클라이언트가 자신의 문제와 주변상황에 대해 어떻게 정서적으로 반응하는 가를 이해하는데 도움을 준다. 사회복지사는 클라이언트가 가진 정서의 내용뿐 아니라 수준이나 강도에도 적절히 부합해야 하기 때문에 정서적 표현에 필요한 풍부한 어휘력을 갖추어야 하며 비언어적 표현에 대해서도 민감성을 가져야 한다.

3) 정보제공

정보제공(information giving)은 클라이언트에게 유용한 내용을 전달할 때 사용하는 기술로서, 제공되는 정보는 클라이언트의 현재 문제에 적절한 실질적인 것이어야 한다. 사회복지사는 클라이언트가 선택할 수 있는 대안을 제시하거나 필요한 내용을 교육하게 되며, 이 때 클라이언트의 자기결정이나 정보의 선택적 활용이 보장되어야 한다. 즉, 정보제공은 최상의 선택이라고 믿는 바를 클라이언트에게 제안하는 조언의 형태가 아니라 클라이언트가 대안들을 선택하는데 필요한 가능한 많은 자료를 제공하는 것이어야 한다.

4) 명료화

명료화(clarification)란 클라이언트의 생각이나 감정, 경험을 명확히 이해하기 위한 것이다. 클라이언트의 메시지가 추상적이거나 혼란스러운 경우에는 잘못된 해석이나 클라이언트의 상황에 대해 왜곡된 인식을 가질 수 있다. 이런 경우, 메시지를 보다 명확하게 구체적으로 표현되도록 클라이언트에게 요청할 필요가 있다. 마찬가지로, 사회복지사도 면접과정에서 전달된 메시지의 의미를 클라이언트가 적절히 이해하고 있는가를 클라이언트의 피드백을 통해 확인받아야 한다.

5) 요약

요약(summarization)이란 클라이언트 메시지의 정서와 내용이 문장 안에 잘 축약되도록 하는 것이다. 요약의 기술은 면접을 시작할 때나 지난 면접의 내용을 정리할 때, 면접을 마칠 때, 또는 다음모임의 내용을 정할 때 활용하면 효과적이다. 면접 중에는 특정 주제에 초점을 맞추거나 다른 주제로 전환하고자 할 때 흔히 사용된다. 요약의 기술을 사용할 때는 열거하기보다는 초점이나 강조점을 중심으로 중심내용을 재구성하는 것이 중요하다.

6) 해석

해석(interpretation)이란 클라이언트가 표현한 문제 이면에 숨겨진 의미와 이슈들을 파악하는 과정으로서, 문제를 새로운 방식으로 또는 보다 객관적으로 바라보도록 도와준다. 이러한 해석의 기술은 정서적인 혼란이나 판단의 어려움이 있을 때 문제를 다른 관점에서 파악하게 함으로써 변화에 대한 기대를 갖게 하며 성공적으로 해결책을 찾는데 도움을 준다. 이 기술은 클라이언트와 사회복지사간의 라포(rapport)가 잘 형성되어 있고 클라이언트가 자신의 문제를 탐색할 준비가 되어 있을 때 효과적이다.

7) 직면

직면(confrontation)이란 클라이언트의 메시지 상에서 불일치된 내용을 지적할 때 사용하는 기술이다. 즉 클라이언트의 말한 내용과 행동 또는 말한 내용들 간에 일치되지 않는 부분이 있을 때 왜곡된 부분을 살피며 상황을 명확히 인식하도록 도와주는 것이다. 그러나, 클라이언트가 이러한 상황에 대해 방어적이 될 수 있기 때문에, 직면의 기술은 매우 지지적인 분위기에서 세심한 주의를 가지고 제한적으로 사용될 필요가 있다.

4. 단계별 실천과정

실천과정은 클라이언트의 문제에 효과적으로 개입하여 해결해 나가기 위한 원조과정이다. 개인대상의 실천에서는 개별 클라이언트의 문제에 대한 이해와 탐색, 개입을 위한 계획과 실행, 원조과정을 점검하고 평가하는 과정들로 구성된다.

1) 준비단계

전통적인 문제해결 과정에서는 클라이언트와의 첫 만남으로부터 원조과정이 시작된다. 클라이언트와의 첫 만남은 앞으로의 원조과정의 지속여부와 방향을 결정짓는 중요한 과정이기 때문에, 첫 만남이 이루어지기 전에 이를 준비하는 단계 역시 중요하게 다루어져야 한다. 사회복지사는 다음과 같은 준비단계(preparing phase)의 기술을 활용하여 초기부터 서비스의 효과적인 전달이 이루어지도록 한다.

① 기관이나 사회복지사에게 주어진 정보를 초기접촉 이전에 검토하고 점검하는 것이 필요하다. 이러한 준비는 기초정보를 사전에 파악함으로써 이미 제공된 정보에 대해 클라이언트에게 반복적으로 요구하지 않게 되며, 특정 클라이언트에게 필요한 시설이나 장비 등을 갖추도록 도와준다. 그러나 사전에 얻어진 불완전한 정보로 인해 클라이언트에 대한 선입견을 가질 가능성도 크기 때문에 기초적인 자료로써 제한해야 될 필요성도 인식해야 한다.

② 초기 면접자나 의뢰인, 이전에 사례를 담당했던 직원들로부터 클라이언트(이름, 연령, 연락처, 주소, 기타 인적사항 등)와 문제 상황(문제의 특성, 심각성, 위급성, 활용 가용자원 등)에 관해 알아본다. 그러나 타인으로부터 얻은 정보는 클라이언트의 견해와는 다를 수 있으며 객관적인 정보이기보다는 의견이라는 것을 인식하며 선

불리 선입견이나 가정을 하지 않도록 주의할 필요가 있다.

③ 클라이언트와의 첫 만남이 이루어지기 전에 슈퍼바이저나 동료로부터 조언을 구한다. 잠정적으로 면접의 목적을 설정하고 관련된 실무적 사항들에 관해 논의를 하는 것은 면접의 효과를 높여주기 때문이다.

④ 면접을 방해하는 요소를 사전에 차단하고 의사소통이 원활히 이루어지도록 구체적인 준비를 한다. 사회복지사는 약속시간과 장소를 확인하고, 면접장소의 분위기나 가구배치뿐 아니라 자신의 외모 등도 점검해야 한다. 기관 외부에서 면접이 이루어지는 경우에는 분위기 등 장소의 적절성을 확인하며, 클라이언트의 가정을 방문하는 경우에도 세심한 주의를 기울여야 한다.

⑤ 예상되는 클라이언트의 문제와 상황에 대해 공감적 이해를 해본다. 이러한 사전 공감은 직접적인 대면접촉이 일어나기 전에 서비스를 찾게 된 배경이나 클라이언트의 동기, 초기에 느낄 수 있는 클라이언트의 생각이나 감정, 관련된 이슈에 대해 클라이언트의 입장에서 생각하는 기술이다. 단, 사전 공감은 직접적인 만남 이전에 이루어지기 때문에 잠정적이며, 클라이언트와의 직접적인 의사소통에 의해 바뀔 가능성이 있다.

⑥ 효과적인 면접을 위해 사회복지사는 클라이언트와 만나기 이전부터 면접에 관한 임시계획을 세운다. 면접의 목적이나 동기, 방향성, 예상되는 결과, 전문가의 역할, 질문의 내용, 과정 등에 관한 잠정적인 계획은 클라이언트와 함께 실제 계획을 세우고 면접을 일관되게 이끄는 과정에 도움이 된다.

2) 초기(인테이크) 단계

클라이언트와의 첫 만남으로부터 시작되는 초기단계(beginning phase)에서는 긍정적인 관계를 형성하며 면접이 문제해결에 도움이 된다는 확신을 갖도록 하는 것이 중요하다. 초기 만남에서는 모임의 목적이나 방향이 설정되고 기관의 정책이나 규정, 윤리적 원칙들에 대한 검토가 이루어짐으로써 서비스가 제공되는 맥락을 클라이언트가 이해하고 참여하게 된다. 초기접수단계의 다른 과제에는 문제와 관련된 기초정보를 얻으며, 클라이언트의 사고나 감정, 주요 관심사나 상황 등을 공유하며, 클라이언트의 기대를 확인하는 일이 포함된다.

3) 사정단계

사정단계(assessing phase)에서는 클라이언트와 문제, 상황의 연관성에 대한 이해를 높여야 한다. 사정단계에서 요구되는 기본적인 기술은,

① 기술적 정보를 정리하는 것이다. 정보와 자료는 면접, 관찰, 클라이언트에 의해 제시된 서류, 이전의 기록, 전문가의 자문 등을 통하여 수집된다. 수집한 자료는 클라이언트의 상황을 체계적으로 이해하며 개입의 초점과 방향을 구체화하는데 도움을 주도록 목록을 만들어 항목별로 정리한다.

② 임시적인 사정틀을 구성하는 것이다. 사정을 통해 사회복지사와 클라이언트는 문제 상황에 영향을 주는 요소들에 대해 이해하게 된다. 문제를 정의하고, 주요 클라이언트 체계를 결정하고, 개입과정에 참여할 체계들을 명확히 하고, 활용될 자원목록을 구성한다. 또한, 변화과정에 발생할 수 있는 위험요소나 장애요소, 문제해결에 활용될 수 있는 전략을 살펴본다.

③ 사정단계에 필요한 내용들을 체계적으로 기술하기 위한 다양한 양식과 사정도구들을 기관이나 사례의 성격에 알맞게 선택하여 활용하는 기술도 필요하다. 일반적으로 많이 활용되는 사정도구로는 가계도(genogram)와 생태도(eco-map) 등이 있다.

가계도(genogram)
가족구성원에 대한 세대간 도표로서, 혈연관계와 세대유형 등 가족의 배경을 이해하는데 활용됨. 3세대나 4세대의 가계도를 작성하는 것이 바람직함.

생태도(eco-map)
클라이언트와 가족, 환경체계들간의 관계를 사정하기 위한 도구. 클라이언트와 주변 사회체계들과의 관계, 에너지의 흐름, 자원에 관한 정보를 원과 화살표 등으로 표시하여 나타냄.

4) 계획단계

계획단계(planning phase)는 클라이언트에 관한 사정자료를 기초로 실행 및 평가계획을 세우고 합의하면서 개입을 준비하는 과정이다. 계약단계에서는 클라이언트와의 상호이해를 통해 문제를 구체화

하고, 목표를 설정하며, 효과적인 접근방법을 개발하며, 단계적 행동방법을 구상하고, 평가계획을 세우는 활동이 필요하다.

5) 개입단계

개입단계(working phase)는 문제해결의 실행단계로서 클라이언트의 특성에 따라 개인의 대처능력을 향상시키고 환경을 변화시키기 위한 과업을 실천하게 된다. 이 때, 사회복지사는 개인을 구성하는 생리적, 심리적, 사회적 체계들 가운데 어느 한 부분에만 관심을 갖고 다른 체계들을 소홀히 해서는 안 된다. 예를 들어, 우울증에 걸린 클라이언트의 경우, 그의 심리적 상태 혹은 우울이 주요문제이지만 다른 체계들과의 관련성 속에서 생리적 상태에 미치는 영향이나 사회적 관계의 변화 등에 대해서도 관심을 가져야 한다.

개입은 클라이언트체계, 변화매개체계, 행동체계, 표적체계의 기본적인 4체계를 활용하여 이루어지게 된다(Pincus & Minahan, 1973). 활용되는 개입기술에는 클라이언트의 문제해결이나 적응능력을 향상시키는 기술, 사회적 기능향상을 위해 지역사회의 자원, 서비스, 기회 등을 연결시키는 기술, 사회적 정의에 입각하여 소외된 약자들이 권리를 찾고 기회를 얻도록 개입하는 기술, 클라이언트나 소비자의 욕구에 반응적인 새로운 서비스의 개발이나 기존의 지역사회서비스 및 자원체계의 개선과 향상을 위해 개입하는 기술 등이 포함된다. 이러한 개입기술에는 전문가로서의 지식과 신념, 경험 등이 필요하며, 특정한 개입방법을 선택하는 데 따르는 명확한 근거와 전문가적인 판단이 중요하다.

6) 평가와 종결단계

평가와 종결단계를 거쳐 사례의 원조과정이 끝을 맺게 된다. 평가는 서비스를 제공받은 클라이언트와 서비스 전달체계, 사회에 대한 책임성 차원에서 실천의 효과성과 성취도를 확인하는 것이다. 평가단계(evaluating phase)에서 사회복지사는 과정에 대한 검토와 최종

평가를 통해 클라이언트와 함께 진행과정을 돌아보고 앞으로의 방향에 대한 논의를 하게 된다. 특히, 목적달성을 위해 계획에 따라 진행해온 과정과 내용을 다양한 방법을 통해 평가하며 종결준비를 하게 된다. 만일 평가를 통해 변화가 없거나 부정적인 결과를 보이는 경우, 이전의 사정이나 계획, 개입단계에 대한 점검이 필요하다.

종결이란 사회복지사의 원조과정과 개입활동을 계획에 따라 끝내는 것으로서, 사회복지실천의 전 과정을 검토하고, 요약하고, 평가하는 단계이다. 종결의 사유는 ① 목표를 성취했거나, ② 서비스를 통해 클라이언트의 변화를 기대할 수 없거나, ③ 클라이언트가 다른 서비스에 의뢰되었거나, ④ 클라이언트가 자신의 문제해결에 대한 동기부여가 없거나 거부하는 경우 등이 포함된다. 종결단계(ending phase)에서는 원조관계가 끝나는 데 대한 종결의 감정을 클라이언트와 공유하는 것과 개입과정에 대한 요약과 종결 이후의 사후활동 계획을 포함하는 종결기록을 작성하는 일이 중요하다.

제 2 절 집단을 대상으로 한 실천방법

1. 집단의 개념

집단지도활동은 현재 대부분의 사회복지기관에서 널리 활용하고 있는 실천방법으로서, 의도적인 집단적 경험을 통해 사회적 기능을 향상시키고, 당면문제에 보다 효과적으로 대처할 수 있도록 돕는 기능을 한다(Konopka, 1972). 토스랜드와 리바스(Toseland & Rivas, 1995)는 집단지도(group work)를 사회정서적 욕구와 과업을 지닌 소집단의 목표지향적인 활동으로 정의하고 있다. 즉, 집단지도활동은 일반모임과 달리 구성원의 재활이나 교육, 사회화, 성장 등을 돕는 의도적인 집단적 경험 또는 목표 지향적 활동을 통해 의미를 갖는다.

다양한 집단 활동을 중심으로 이루어지는 집단대상의 실천은 전통적인 방법론의 하나인 집단지도 또는 집단사회사업으로부터 비롯된다. 19세기 중반에 조직된 YMCA와 YWCA에서 실시한 클럽이나 레크리에이션활동 중심의 프로그램이 사회복지분야의 집단 활동에 영향을 준 초기 활동이라고 볼 수 있다. 사회체육 및 교육중심의 초기 집단 활동은 19세기 후반의 인보관운동(Settlement House Movement)이 시작되면서 대도시의 빈민주거개선 및 사회개량활동을 위해 이루어지는 집단교육이나 집단 활동으로 확산되었다. 집단사회사업(social group work)이라는 용어는 1930년대에 개별사회사업과 구분된 사회복지실천방법으로서 사용되기 시작하였다. 1936년에는 집단지도학회(National Association for the Study of Group Work)가 만들어졌고 1946년에는 집단지도사협회(American Association of Group Workers)가 생겨났다. 1940년대 이후 사회사업대학원에 별도의 집단지도 전문가과정(Professional Education for Group Work Practice)을 설치·운영하는 곳도 생겨났다.

다음은 개별대상의 실천과 집단대상의 실천을 비교한 것으로, 집단 활동의 특성을 명확히 이해하는 데 도움이 된다(Toseland & Rivas, 1998).

① 개별대상의 실천 활동은 직접적인 원조를 통한 통찰력 향상의 결과로 클라이언트의 변화가 나타나는 반면, 집단대상의 실천에서는 집단 활동의 참여를 통해 변화가 일어난다.

② 개별대상의 실천은 문제해결에 초점을 두는 반면, 집단대상의 실천은 문제해결과 레크리에이션 모두에 초점을 둔다.

③ 개별대상의 실천에서 사회복지사는 클라이언트를 대상으로 함께 일하지만(work with), 집단대상의 실천에서 사회복지사는 집단 구성원들에 속해(involved with) 활동을 하게 된다.

④ 집단사회복지사 또는 집단지도사는 개별실천을 하는 사회복지

사에 비해 의사결정이나 권력을 공유하는 것을 강조한다.

집단사회복지사 또는 집단지도사는 개별실천을 하는 사회복지사와 달리 집단의 다양한 성원들 간의 상호작용과 관련된 기술을 필요로 한다.

2. 집단의 목적과 유형

집단대상의 실천은 집단을 활용해 개인의 삶의 질과 잠재력을 향상시키고자 하는 것이다. 일반적으로 집단은 공동의 목표를 달성하는 것과 다양한 적응상의 문제를 경험하는 개인의 성장과 변화를 얻기 위한 목적 등을 갖는다. 페펠과 로스만(Papell & Rothman, 1966)은 집단의 목적에 따라 집단의 유형을 사회적 목표모델, 치료모델, 상호작용모델로 나누고, 집단 활동의 초점과 구성원들의 역할 등을 비교하고 있다. 집단의 목적에 따른 세 모델의 특징은 다음과 같다.

1) 사회적 목표모델

사회적 목표모델(social goals model)에 속하는 집단은 상호 합의된 공동의 목표를 중심으로 사회변화를 위해 집단의 관심과 노력을 기울인다. 이와 같은 집단에 속한 성원은 사회적 의식과 책임을 공유하는 것이 중요하며 집단의 리더는 집단의 민주적 과정을 촉진시키는 역할을 담당한다. 인보관의 집단 활동에서 비롯된 사회적 목표모델의 예로는 지역사회개발이나 환경문제 등과 관련해서 지역의 문제를 해결해 나가기 위해 만들어진 집단이나 주민자치회, 학교의 부모회 등이 있다. 최근에 지역의 복지문제를 논의하고 발전시키기 위해 구성된 지역복지협의체도 공동의 사회적 목표를 위해 활동하는 사회적 목표모델 집단의 예로 볼 수 있다.

2) 치료모델

치료모델(remedial model)에서 집단은 임상적 변화를 위한 도구가 된다. 부적응을 비롯해서 다양한 문제를 경험하는 개인이 집단성원들과의 상호작용을 통해 사회기능이나 자기인식 등 의도된 변화를 얻고자 할 때 활용된다. 집단은 각 성원이 가진 부적응의 문제를 직접적으로 다루며 보다 적절하게 기능하기 위한 방법을 알려줌으로써 집단구성원의 치료를 돕는다. 치료집단은 정신병원, 가족치료센터, 알코올 상담센터 등에서 널리 활용되고 있다.

3) 상호작용모델

상호작용모델(reciprocal model)에서는 개인과 사회와의 관계를 중요시한다. 즉, 개인은 사회체계들과의 관계를 통해 이해하고 변화될 수 있는 존재라는 것이다. 상호작용모델에서는 정해진 목적이나 의도된 결과를 중시하기보다는 집단의 과정 속에서 이루어지는 자기개발이나 자아성장, 상호지지 등을 강조한다. 지역의 한부모가정의 어머니모임, 치매환자를 둔 가족모임 등은 긍정적인 집단의 상호작용을 통해 도움을 받는 예라고 할 수 있다.

3. 집단의 구성요소

집단 활동은 여러 현장에서 다양한 목적을 위해 진행되기 때문에 집단 활동에 차이가 있으나, 일반적으로 다음과 같은 집단의 기본요소들을 포함하고 있다.

1) 집단

집단은 두 사람 이상으로 구성되며 집단의 구성원들은 집단지도사 또는 리더의 계획된 단계에 따라 목표 지향적 활동을 함께 수행해 나간다. 이 때 집단은 단순한 개인들의 집합체가 아닌 집단구성원간의 상호역동이 이루어지는 유기체이다.

2) 집단성원

집단성원들의 개별적인 특성은 집단전체에 영향력을 미치는 중요한 요소이다. 또한, 집단에 참여하는 구성원들이 집단에 대해 갖는 기대나, 공유하는 목적, 소속감 등에 따라 집단의 성격이 달라진다. 적절한 집단의 구성원 수는 집단의 목적과 성격에 따라 유동적이다. 그러나, 하나의 집단이 두세 명의 너무 적은 인원이나 열다섯 이상의 많은 수로 구성되는 경우 역동적인 집단 활동이 어렵기 때문에 적정인원을 정하는 것이 필요하다. 또한 집단이 구성되고 난 후 성원의 변동이 많다면 집단 활동에 혼란이 있을 수 있기 때문에 집단의 개방성 또는 폐쇄성의 수준을 사전에 고려할 필요가 있다. 가급적 성원의 교체율을 낮춰 집단의 안정성과 발달단계의 진행이 이루어지도록 준비하는 동시에, 새로운 성원이 들어오거나 탈퇴하는 경우에는 집단구성원의 욕구와 문제, 집단 활동에 대해 갖는 목표와 기대 등을 개별적으로 파악할 필요가 있다.

3) 집단사회복지사(집단지도사):

집단성원간의 역동성과 상호작용, 집단의 영향력 등을 변화의 도구로 활용하기위한 전문지식과 기술을 갖춰야 한다. 필요에 따라 집단 상담에서 보조상담가가 필요한 경우가 있다. 보조상담가는 집단의 운영에 필요한 제반 준비와 구성원들의 안내나 연락을 돕는 도우미역할을 담당하기도 한다. 집단사회복지사를 도와 집단 구성원을 지지하며 집단의 역동성에 적절한 역할을 집단사회복지사와 분담하기도 한다. 자조집단인 경우에는, 전문가의 개입은 최소화되기 때문에 사회복지사의 활동은 지지적인 역할에 그치기도 한다.

4. 집단지도활동의 예

최근에는 소집단활동을 중심으로 집단지도활동을 활용하는 현장들이 늘어가고 있다. 다음은 집단지도가 이루어지는 대표적인 현장 또는 프로그램을 소개한 것이다(Carrell, 1993).

- **정신과**: 치료적인 환경에서 함께 생활하는 경우에는 물리적인 안정성으로 인해 집단 활동이 효과적이다. 치료적인 환경에서 생활하는데 필요한 공동체의식을 높이는 기회를 제공하기도 한다.
- **학교**: 성적, 친구들과의 갈등, 그 외 다양한 적응상의 문제 등으로 학교생활에서 어려움을 겪는 학생들에게 집단프로그램이 효과적이다.
- **약물남용 프로그램**: 집단을 통해 약물이나 알코올과 관련된 문제에 대한 정보나 교육을 제공하며, 정서적 표현이나 주변사람들과의 대화기술 등에 대한 도움을 주기도 한다.
- **성학대 피해자 프로그램**: 개별 치료와 함께 성학대 피해경험이 있는 구성원들의 집단은 유사한 상처를 가졌다는 공감대로 인해 방어적인 태도가 줄며 주관적 경험과 생각을 나누는 과정에서 상호지지를 받는 효과가 있다.

5. 집단대상의 실천과정

집단은 시간의 흐름에 따라 개인들의 단순한 집합체로부터 공동의 목표에 따라 계획된 활동이 이루어지는 모임으로 발달하게 된다. 집단의 실천과정은 일반적으로 집단 활동을 계획하고 집단성원을 모집하는 준비단계와 집단을 구조화하며 집단 활동을 시작하는 초기단계, 집단 활동이 본격적으로 이루어지면서 집단역동이 발생하며 목표달성과 문제해결을 위한 노력이 집중되는 개입단계, 집단과정에 대한 평가와 함께 집단 활동을 끝내는 종결단계 등으로 나누어볼 수 있다.

1) 준비단계

준비단계는 집단을 구성하기 위한 계획을 세우고 집단구성원을

모집하며 집단지도사를 배치하는 과정을 포함한다. 집단구성을 계획할 때는,

① 집단의 목적을 명확히 하며,
② 집단성원들의 역할과 과업들을 설정하고,
③ 집단모임의 빈도나 지속기간, 크기 등을 계획하고,
④ 집단 활동에 적절한 물리적 환경을 준비한다.

이러한 집단의 구성계획에 따라 집단의 잠정적인 지원자에 대한 사정을 하게 된다. 집단의 동질성이나 개방성의 수준을 정하고 각 구성원이 갖는 집단참여의 목적과 적합성 등을 평가하게 된다. 구성원이 정해진 후에는 오리엔테이션과 필요한 경우 계약과정을 거쳐 집단에 대한 인식을 공유하며 집단 내 역할에 대한 준비를 시킨다.

2) 초기단계

집단이 구성되어 모임이 시작되는 초기단계는,

① 집단의 목적과 기능을 명료화하며,

② 집단의 목표와 개인의 목표에 따른 집단성원과 사회복지사의 역할을 구체화하며,

③ 구성원간에 긍정적인 상호작용이 일어날 수 있도록 지지적 분위기를 형성하는 것이 중요하다.

특히 초기단계에서는 성원들이 상호신뢰감 속에서 새로운 집단에 대해 가질 수 있는 다양한 감정을 수용하며 집단 활동에 대한 동기나 기대가 유지되도록 하는 것이 중요하다.

3) 개입단계

개입단계에서는 계획된 변화를 위한 구체적인 집단 활동이 이루어진다. 사회복지사는 구성원들이 협력적이고 생산적인 방법으로 개인과 집단의 목표를 성취해 나갈 수 있도록 집단과정을 촉진시키며 집단의 발전을 유도하는 역할을 담당한다. 또한, 집단성원들의 참여

나 성원간의 상호작용의 변화, 집단의 목표를 성취하는데 있어서 장애요인의 발생 등에 대해 지속적인 모니터링이 이루어지도록 한다.

개입단계에서 이루어지는 활동의 구체적인 목표는 다음과 같다.

① 개인에 대한 내적 개입은 구성원의 인지적, 정서적, 행동적 변화에 초점을 둔다.

② 개인 간의 개입은 집단 내 구성원간의 상호작용이나 구성원과 집단 외부에 있는 다른 사람과의 대인관계의 변화에 초점을 둔다.

③ 환경적 개입은 구성원 또는 집단의 사회적·물리적 환경의 변화를 얻는 데 초점을 둔다.

4) 종결단계

집단과정의 마지막 단계인 종결단계에서는 집단의 종결사유를 명확히 하며 그간의 변화노력과 결과를 평가하게 된다. 일반적으로 집단이 종결하게 되는 이유는,

① 목적이 달성되어 집단이 존재할 이유가 없어질 때,

② 집단을 운영하기로 계획한 일정기간이 경과한 경우,

③ 집단성원간의 결속력이 떨어지거나 내적인 역기능이 심하여 집단이 지속되기 어려운 경우,

④ 집단이 외적, 내적 장애요인으로 소멸되는 경우가 있다.

집단이 계획된 기간에 목적을 달성하고 종결되는 경우에는 집단참여를 통해서 얻은 변화를 집단성원들이 잘 유지하도록 자신감을 길러주며 추후모임을 통해 긍정적인 변화를 지속시키도록 돕는다. 집단에 대한 의존성을 줄이기 위해서는 종결의 필요성과 시기에 대해서 사전에 논의하고 이에 따른 감정을 공유하면서 긍정적으로 종결을 준비하는 것이 필요하다. 집단이 목적을 달성하지 못하고 조기에 종결하게 되는 경우에는 집단의 해체에 영향을 준 종결사유를 검토하여야 한다. 또한, 집단전체가 종결되기 이전에 개별성원이 탈

락함으로써 개별적인 종결이 이루어지는 경우가 있다. 개별성원이 인식하는 집단 활동이 개인의 목표를 달성하는데 도움이 되지 않거나, 집단과정에 대한 불만이나 집단성원들 간의 갈등이 있거나, 집단에 참여하는 것을 방해하는 외부장애요인이 있을 때 발생하는 것으로, 집단지도사는 사전에 이러한 요인들에 대한 민감성을 갖는 것이 필요하다.

제 3 절 지역사회를 대상으로 한 실천방법

1. 지역사회의 개념

지역사회란 "지역적 혹은 기능적 공동체성을 중심으로 타인들과 구별되는 특성을 갖는 다수의 사람들이 모인 곳"으로 정의한다. 지역사회대상의 사회복지실천은 지역주민들의 복지와 관련된 지역의 바람직한 변화를 이루기 위해 계획된 개입활동으로 정의된다. 클라이언트와 환경체계들의 상호작용을 강조하는 사회복지실천에서 개별 클라이언트 체계에 미치는 거시체계의 영향은 중요한 의미를 갖는다.

지역사회(community)
영어의 community는 common, communal과 같은 어원을 가지고 있으며, 이것은 공동소유, 공동체, 공동운명체 등의 뜻을 지님. 지역사회는 공통의 주제나 문제, 관심을 가진 집단으로부터 한 곳에 거주하는 사람들의 집단까지 다양한 의미로 받아들여지나, 동일한 물리적 공간에서 공동의 문제를 해결하기 위한 활동을 하는 사람들의 집합체로 개념화하는 것이 일반적임.

지역사회활동의 역사적 기원은 지역에서의 자선활동을 조직화하고 체계화하고자 했던 19세기 후반의 자선조직협회활동과 지역의 환경, 교육, 빈곤 등의 문제에 대해 주민 스스로의 참여를 통해 변화시키자 했던 인보관운동으로부터 비롯된다. 상이한 시각과 의미를 가진 두 역사적 흐름이 이어지면서 지역복지실천도 다양한 맥락에서 이루어져왔다. 최근까지는 사회복지 실천은 미시나 중범위 체계에 초점을 맞추고 소집단과 가족의 상황 내에서 개인을 변화시키는 임상적 접근을 강조하는 경향을 보였으나, 지역주민의 삶의 질 향상을 위한 사회복지서비스의 욕구가 증가하고 지역의 이슈와 변화에 대한 주민의 관심과 참여가 늘어나면서 점차 지역기반의 지역복지 실천활동이 확대되고 있다.

로스만(Rothman, 1995)은 효과적으로 지역사회를 변화시키기 위한 접근방법을 지역개발(locality development), 사회계획(social planning), 사회행동(social action)의 세 가지 실천모델로 분류하여 설명하고 있다. 지역사회에 대한 실제 접근들은 각 모델들의 특징적 요소들이 복합적으로 이루어지는 경우가 많다. 여기에서는 분석적인 목적을 위해 각 모델이 추구하는 목표와 실천 방법, 사회복지사와 참여하는 주민의 역할을 살펴본다.

1) 지역개발모델

지역개발모델(locality development model)은 '스스로를 돕는 지역사회'에 초점을 맞추고 있다. 이 모델에서는 지역사회의 변화가 지역내 다양한 사람들의 폭넓은 참여를 통해 이루어진다고 보기 때문에 지역주민들의 참여를 강조한다. 이 모델은 지역사회의 문제를 해결하는데 있어서 지역주민들이 각자의 이견이 있음에도 불구하고 궁극적으로는 지역사회의 이익을 위해 개인적 이익을 양보하면서, 상호 유익한 목표를 달성하기 위해 함께 일하며 변화할 것이라고 가정한다. 따라서, 다양한 집단들 사이에서 발생하는 갈등도 창의적이며 건전하게 다루어질 수 있다는 전제하에 가능한 한 많은 지역주민이 참여해서 문제를 해결하도록 한다. 이 접근에서는 지역사회의 민주적인 절차와 자발적인 협동, 토착적 지도자개발 등을 중요시하며, 다양한 주체가 합의를 이루어나가는데 필요한 토론과 의사소통을 주요 전략으로 활용한다. 지역개발의 예로는 지역내 주민자치 프로그램, 자원봉사 프로그램, 시민사회단체의 환경개선활동 등이 있다. 이 모델에 기초한 지역사회 실천 활동에서 사회복지사는 지역사회의 문제를 분석하고 변화를 촉진시키며 갈등을 조정하고 문제해결의 기술을 알려주는 역할을 수행한다.

2) 사회계획모델

사회계획모델(social planning model)은 지역사회내의 사회문제, 즉 비행, 주택, 건강 등의 제 문제를 해결하는 기술적인 과정을 강조한다. 이 모델의 핵심은 지역문제해결을 위한 체계적이고 합리적인 계획을 수립하고 계획된 변화를 이끄는 것이다. 이 접근에서는, 지역주민들의 욕구를 파악하고 필요한 서비스를 기획하고 전달하는 등 지역문제해결의 전반적인 활동을 지원할 숙련된 전문가 역할이 강조된다. 지역사회계획을 위해 전문가는 지역복지계획을 수립하는 기관이나 시・군의 기획팀, 지역복지협의체, 위원회와 같이 일반적으로 공권력을 가진 조직에 속해 해당지역이나 단체의 권익을 위해 일한다. 사회계획의 예로는 지역의 독거노인의 문제를 개선하기 위해 시의 담당자와 지역의 서비스기관 등이 참여하여 지역내 재가서비스를 계획하고 추진하는 활동 등을 들 수 있다. 사회계획 전문가에게는 정보를 모으고 욕구를 분석하는 기술과, 프로그램을 개발하고 기획하는 기술, 지역주민들에게 해결책을 제안하고 이를 수행하는 기술이 강조된다.

3) 사회행동모델

사회행동모델(social action model)은 지역사회의 소외된 계층에 속한 주민들이 민주주의와 사회정의에 따라 적절한 자원의 배분과 향상된 처우를 그 지역사회에 요구하고 지배계층에 압력을 가하는 단체행동을 말한다. 지역사회개발이 주민의 통합된 노력에 의한 변화를 기대한다면 사회행동은 지배계층과 대립된 상태에서 힘과 자원의 재분배를 요구하며 주요 제도나 공공 정책을 변화시키고자 하는 것이다. 이 모델에서는 소외된(또는 억압된) 집단들의 조직화를 전제로 한다. 즉, 권력을 가진 소수의 사람들이 그렇지 못한 다수의 권익을 침해하는 사회적 착취의 직접적인 결과를 문제로 인식하는 데서 출발한다. 사회행동은 "억압하는 자를 누르기 위해 조직화하자"는 모토 아래 항의시위, 불매운동, 대항, 협상 등의 전략을 사용한다. 장애인들의 이동권 투쟁이나 철거민들의 주거권투쟁, 낙태반대론자들의 시위 등이 사회 행동의 예가 된다. 사회행동에 참여하는 사회복지사는 옹호나 협상, 중재의 역할을 담당하게 된다. 서비스 전달체계나 정책적 변화의 필요성에도 불구하고 문제에 대한 개선 가능성이나 다른 주체들의 공감대가 형성되지 않는 경우에는 클라이언트 집단과 함께 사회복지사도 사회행동을 통한 변화를 요구할 수 있다. 그러나, 전문가로 인식되는 사회복지사가 갖는 정체성의 한계와 고용기관으로부터 당할 수 있는 불이익으로 인해 사회행동적 접근은 널리 사용되지 못하고 있다.

2. 지역사회대상의 실천과정

던햄(Dunham)은 지역복지실천은 의식적인 과정을 통해 이루어지는 사회복지실천의 한 방법으로서 다음과 같은 목적을 갖는다고 한다.

① 지역사회의 자원과 욕구간의 균형을 찾고 유지하는 것,

② 지역주민들의 참여와 협조 등을 이끌어내고 발전시킴으로써 지역 의 변화목표에 효과적으로 접근하도록 돕는 것,

③ 지역사회와 하위집단들과의 관계와 의사결정과정에서의 변화를 가져오는 것 등이다. 계획된 변화를 가져오기 위해서는 지역사회 전체뿐 아니라 지역내의 개인과 집단, 조직 등에 효과적으로 개입할 필요가 있다.

브래거와 스펙트(Brager & Specht, 1973)는 지역사회에 개입하는 과정을 계획(planning)과 조직(organization)의 두 가지로 나누고 있다. 계획이란 지역의 문제 영역을 찾아 원인을 진단하고 해결책을 구성하는 단계이며, 조직은 참여자들을 모으고 효과적인 행동에 필요한 전략을 짜는 단계이다. 지역사회의 계획된 변화과정을 보다 구

체적인 단계로 분류한 내용을 살펴보면 다음과 같다.

① 욕구나 해결을 필요로 하는 지역사회의 문제를 찾는 단계

② 변화가능성을 분석하는 단계

③ 목적과 목표를 정하는 단계

④ 목표달성 노력을 구체화하고 효과적이며 효율적인 방안을 찾아 구성하는 단계

⑤ 변화에 필요한 자원을 계획하는 단계

⑥ 변화를 위한 노력을 실행하는 단계

⑦ 변화를 위한 활동을 모니터링하는 단계

⑧ 변화노력을 평가하는 단계

⑨ 변화된 상황을 재사정하고 안정화시키는 단계이다.

9단계로 분류된 지역사회의 개입과정의 내용을 살펴보면, 문제발견 및 목표설정 단계(1-3단계), 정책 및 프로그램 개발하는 계획단계(4-5단계), 실행 또는 개입단계(6-7단계), 평가단계(8-9단계)로서 일반적인 사회복지실천과정의 흐름과 유사하다.

한편, 칸(Kahn, 1991)은 지역사회의 계획된 변화를 얻기 위한 일련의 과정을 효과적으로 진행하기 위해 전제되어야 할 몇 가지 조건들을 제시하고 있다

① 많은 사람들이 지역의 또는 지역내 문제해결 과정에 함께 참여하기 위해서는 좋은 지역이슈를 선정하는 일이 중요하다. 일반적으로 사람들은 자신들의 활동을 통해 변화될 가능성이 있다고 느껴질 때 참여하게 되며, 특정한 타인들의 문제에 국한된 것이 아니고 본인들의 문제일 수 있다고 느낄 때 더 적극적으로 참여한다.

② 효과적으로 변화가 일어나기 위해서는 우선적으로 지역주민들이 변화를 원하며 스스로 변화할 수 있어야 한다. 또한, 자신들의 문제를 직접적으로 다룰 수 있는 능력을 개발하며 지역 내에서 일어나는 변화에 관심을 갖고 참여해야 한다. 특히, 지역사회 활동에 참여하는 사람들은 민주적으로 문제를 해결해 나가는데 필요한 기

술을 습득해야 한다. 욕구와 문제를 가진 개인을 돕기 위한 문제해결과정과 마찬가지로 지역사회도 이러한 변화과정에 전문적인 도움이 필요할 수 있다.

③ 많은 사람들이 관심을 갖고 지속적으로 활동을 진행하기 위해서는 조직만들기가 필요하다. 이때 사회복지사는 이슈에 대한 인식과 해결방향에 대한 합의와 활동이 이루어지도록 지지적 입장에서 전문가 역할을 수행할 수 있다.

3. 지역사회대상의 개입기술

최근 지역복지실천전략과 기술에 관한 관심이 증가하면서, 효과적으로 지역사회의 참여활동을 이끄는 다양한 기술이 소개되고 있다. 대표적인 몇 가지를 살펴보면 다음과 같다.

1) 브레인스토밍

브레인스토밍(brain storming)이란 오스본(Osborn, 1963)에 의해 고안된 방법으로서, 목표에 도달하는 방법을 찾기 위해 이슈와 관련된 잠재적인 해결책과 아이디어를 가능한 한 많이 만들어내는 것이다. 브레인스토밍은 선입관이나 경직된 사고, 비판으로부터 벗어나 편안한 분위기에서 자유로운 형식으로 독창적인 대안을 찾아나가도록 진행한다. 이 방법은 한 가지 이슈에 초점을 두고 아이디어의 질보다 양을 중요시하며 가능한 한 많은 해결책을 제안하도록 한다. 많은 수의 아이디어가 나올수록 활용 가능한 최적의 아이디어가 나올 확률이 높아지기 때문이다. 가능하면 한 번에 한 아이디어씩 모든 참여자들이 의견을 낼 수 있도록 격려하며 처음부터 다양한 견해와 배경을 가진 사람들로 구성하는 것이 도움이 될 수 있다. 브레인스토밍의 장점은 특정한 사람에 의존하기보다는 참여적인 분위기에서 많은 사람들의 의견이 짧은 시간 내에 제안될 수 있다는 점이다.

2) 집단토의

지역문제를 파악하고 적절한 프로그램을 개발하기 위해서 흔히 사용하는 방법이 집단토의이다. 각자의 입장에 따라 지역의 문제에 대해 주장하는 바가 다르기 때문에 하나의 대안을 선택하기보다는 서로 다른 입장을 조정하고 합의해 나가는 것이 필요하다. 지역문제를 해결하기 위해서 전체 주민회의를 갖는 경우도 있지만, 대부분의 경우에는 각 분야의 대표자로 구성된 위원회 혹은 기관간 실무자회의, 과업집단(task group)을 통해 의견을 수렴하게 된다. 대부분의 지역문제는 거주 지역이나 사회계층에 따라서 입장이 다를 수 있기 때문에 다양한 의견이 반영될 수 있는 지역주민과 기관의 대표자, 전문가들로 구성하는 것이 중요하다. 집단회의를 기획하고 진행하며 회의결과를 집행하는데 중추적인 역할을 담당하는 사회복지사는 생산적이며 효율적인 회의가 되도록 기획하며 목적에 맞게 참석할 구성원을 결정하고 모임을 준비한다. 토론이 순조롭게 진행되도록 안내를 하며 참석자들이 이슈에 관한 견해와 우선순위를 효과적으로 알리도록 지지하며 의견을 수렴해 가는 능력을 갖추어야 한다.

3) 욕구사정과 문제분석

욕구사정(needs assessment)은 문제에 관한 이해를 높이며 의사결정에 도움이 되는 정보를 얻기 위한 것이다. 모든 지역사회는 지역의 인구학적, 사회환경적 특성에 따라 다양한 복지욕구와 문제를 갖는다. 한정된 지역의 자원을 가지고 효과적으로 지역사회에 개입하기 위해서는 욕구의 우선순위를 파악하는 것이 필요하다. 다음과 같은 질문은 지역을 대상으로 욕구사정을 할 때 방향성을 갖고 필요한 정보를 수집함으로써 효율적인 욕구사정이 이루어지도록 도움을 준다(Zastrow, 1995).

① 자료를 찾는 목적이 무엇인가?

② 누가 자료를 사용할 것인가?

③ 어떤 종류의 자료가 필요한가?
④ 어디에서 필요한 자료를 얻을 것인가?
⑤ 다른 누가 이 과정에 함께 참여해야 하는가?
⑥ 주기적으로 수집되어야 하는 자료는 무엇인가?

지역의 문제를 파악하고 복지욕구와 수요를 측정하기 위한 방법으로 사회조사를 실시한다. 지역에서 활용할 수 있는 사회조사의 방법으로는 설문조사, 집담회, 면접조사, 관찰법, 문헌조사 등이 있다. 국가와 지방자치단체, 공공기관 등에서 발간한 공식적인 통계자료를 통해서도 지역의 욕구를 파악할 수 있다. 예로서, 인구 및 주택총조사자료를 통해 특정지역이나 집단의 인구수, 인구비율, 연령별 분포, 가구형태와 주거상황 등을 포괄적으로 알 수 있다. 또한, 지방자치단체에서 매년 발간하는 통계연보와 기초 자치단체에서 매년 실시하도록 되어 있는 지역복지 욕구조사의 결과 등도 지역을 이해하는데 중요한 자료가 된다.

4) 홍보기술과 대중매체의 활용

지역복지를 효과적으로 실천하기 위해서는 정보를 제공하는 홍보활동과 대중매체를 활용하는 기술이 중요하다. 부족하거나 정확하지 않는 정보로 인해 사업의 필요성에 대한 인식이나 추진과정상에 문제가 발생하지 않도록 하기 위해서는, 사업을 기획하고 자원을 동원하며 실행하는 모든 단계에 홍보활동이 필요하다. 사회복지분야에서는 그간 대중매체를 통해 얻을 수 있는 장점을 인식하고 생산적으로 대중매체를 활용하지 못하였다. 일반인의 이해와 외부기관의 협조를 얻고 궁극적으로 지역문제를 해결하기 위한 인적, 물적 가용자원을 확보하기 위해서는 대중매체를 적극적으로 활용할 필요가 있다. 이를 위해서는 신문이나 책자와 같은 인쇄매체와 라디오나 텔레비전과 같은 시청각매체의 특성을 파악하고 실제 정보를 구성하고 전달하는 대중매체관련 종사자들과의 관계를 긍정적으로 유지하는 것이 필요하다. 최근에는 인터넷을 통해 이루어지는 홈페이지 홍보나 메일링서비스와 같은 방법이 대중적이며 효과적인 방법으로 평가받고 있다.

5) 기금마련과 모금활동

지역에서 필요한 프로그램이나 원조활동을 위해서는 적절한 재원을 확보하고 분배하는 일이 중요하다. 기관의 경우에도 책정된 예산과 보조금이 충분하지 않는 경우에는 기금개발을 통해 사업비를 조성해야 한다. 기금조성을 위해서는 욕구에 따른 현실적인 목표를 정하고 기금조성의 기간과 소요예산, 사용전략 등에 관한 계획을 세우고 조직적인 구조를 갖추어야 한다. 지역사업에 필요한 운영자금을 확보하는 방안으로는 정부의 보조금이나 민간재단이나 종교재단의 기금, 개인들의 후원금이나 회비 등이 있다. 최근에는 사회복지공동모금회와 같은 공익재단의 지원으로 이루어지는 사업이 늘고 있으나 기반적인 사업이 안정적으로 지원되지 못하는 한계가 있다. 풀뿌리 모금운동을 통한 지역주민들의 모금이나 시민사회조직 회원들의 회비납부를 통해 자금이 마련되는 경우에는 많은 사람들의 사업에 대한 이해와 참여의식을 높일 수 있다는 장점이 있으나 자발적인 기부나 회비납부에 대한 효과적인 방법을 개발하고 홍보할 필요성이 있다. 또한, 기금조성활동의 정당성을 확보하기 위해서는 적정한 예산의 편성과 사업비의 조성과 집행과정에 관한 정확한 정보를 제공하는 것이 필요하다. 기금의 사용에 관해서는 기록과 평가가 필요하며 기부자에 대해서는 감사표현을 통해 지속적인 후원활동이 이어지도록 지지한다.

6) 옹호활동과 로비

지역사회의 문제나 서비스 환경의 변화를 이루기 위한 활동이 합의와 협력을 통해 효과적으로 진행되지 않은 경우, 공통의 이해관계와 목적을 가진 지역주민이 연대를 통해 집단적 옹호활동을 할 수 있다. 또한, 불평등의 문제가 제도적으로 구조화되는 경우는 법적, 도덕적 권리를 주장하며 공공정책의 형성 및 결정과정에 영향력을 미치는 활동을 하게 된다. 이러한 집단화(collectivization) 전략은 개인이 지역에서 직면한 상황의 단순한 해결차원을 넘어 문제와 관련된 쟁점을 이슈화하고 집단적 행동을 유도하는 것이다. 전략적인 옹호의 방법에는,

① 견해 차이가 크지 않으며 비슷한 위치에 있는 가까운 관계에서 사용하는 협력적인 전략(collaborative strategy),

② 일정 정도의 견해 차이에도 불구하고 합의가 가능한 상황에서 사용하는 협상이나 설득, 교섭과 같은 중재전략(mediatory strategy),

③ 근본적인 이견이 있으며 다른 전략이 가능하지 않을 때 사용하는 압력행사나 강제의 방법들이 있다.

제3부

빈곤과 사회보장제도

제 8 장

빈곤의 이해

빈곤문제는 어느 사회나 해결해야 할 가장 중요한 사회문제인 동시에 쉽게 해결하기 어려운 문제이다. 그래서 사회복지의 가장 중요한 영역 중의 하나이고, 많은 사회복지제도들은 직접적이든 간접적이든 빈곤을 해결하는 것을 목표로 하고 있다. 따라서 사회복지학을 전공하는 사람이라면 분야에 상관없이 빈곤문제에 대한 이해가 필수적이라 할 수 있다.

빈곤을 이해하기 위해서는 여러 가지 측면에서의 지식이 필요하다. 여기서는 다음의 4가지의 측면에서 개괄적으로 논의하고자 한다. 첫째는, 빈곤의 개념과 정의, 둘째는 빈곤의 측정, 셋째는, 빈곤의 원인에 대한 이해, 마지막으로 빈곤정책이다.

제 1 절 빈곤의 개념과 정의

빈곤이란 무엇인가? 결론부터 이야기하면 빈곤에 대한 보편적으로 통용되는 개념은 없다. 빈곤의 개념은 시대에 따라, 사회에 따라, 사람에 따라 다르다. 100년 전의 한국사회에서의 빈곤개념과 오늘날의 그것은 다르고, 한국사회에서의 빈곤의 개념과 미국사회에서의 그것과 다르고, 같은 사회 내에서도 사람들에 따라 다르다. 현재 한국에서 가난한 사람들도 50년 전의 사람들보다 많은 것을 충족하며 살고 있다. 또 아프리카나 아시아의 가난한 나라 중산층보다 더 나은 생활을 하고 있다고도 할 수 있다. 그렇지만 한국 사회에서는 생활하기 힘들다고 느끼고 빈곤을 경험하고 있다.

왜 이러한가? 빈곤은 아주 거칠게 정의하면 사람들의 욕구(needs)가 충분히 만족되지 않는 상태라 할 수 있는데, 이 때 어떠한 욕구를 얼마나 만족시켜야 되느냐에 논란이 있기 때문이다(Drewnowski, 1976).

1. 절대적 빈곤

절대적 빈곤이란 과학적(?) 혹은 객관적으로 정해진 일정한 절대적 기준(액수)에 못 미치는 상태에서 사는 것을 말한다. 절대적 빈곤의 개념은 역사적으로 가장 오래되었는데, 대표적으로 영국에서 부쓰(C. Booth)가 1899년에 사용한 것이 시초라 할 수 있다. 절대적 빈곤의 개념은 오늘날에도 많은 나라에서 사용되고 있는데 대표적으로 미국의 빈곤선(poverty line)이 그러하고, 우리나라에서 국민기초생활보장제도에서 사용하고 있는 최저생계비가 그러하다.

절대적 빈곤선을 책정하는 데에는 '기본적 욕구(basic needs)'의 개념이 중요한데, 절대적 빈곤선은 이러한 '기본적 욕구'를 해결하는 데 드는 비용이다. 그런데 문제는 이러한 '기본적 욕구'에 무엇을 포함시키느냐이다. '기본적 욕구'에 포함시킬 수 있는 항목은 시대에 따라 사회에 따라 다를 수밖에 없어 항상 논란이 있다.

예를 들면, 우리나라의 최저생계비를 책정하는데 '기본적 욕구'에 포함시키는 항목은 식료품, 주거, 피복신발, 보건의료, 교육 등 크게 나누어 11개 항목이고, 세부적으로는 무수히 많은 것들이 있는데 어떤 것들을 포함시키느냐는 항상 논란이 된다. 많은 논란에도 불구하고 기본적 욕구라고 볼 수 있는 모든 항목과 필요 소비량을 정하고 그것을 구입하는데 드는 시장가격을 조사해서 최저생계비를 책정하고 있다. 이러한 방식을 전물량방식 또는 라운트리 방식이라고 한다.

많은 국가들에서 많은 사람들이 동의하는 최소한의 '기본적 욕구'에는 결국 음식, 주거, 그리고 의복 등에의 욕구들이 포함되고 이 가운데서도 특히 음식에의 욕구를 가장 기본으로 삼는 경향이 있다.

대표적인 예가 미국이다. 미국에서의 절대적 빈곤선은 먼저 음식비 산출에서 시작한다. 음식비 산출은 영양학자들에 의하여 계산된 '육체적 효율성(physical efficiency)'을 유지하는 데 필요한 칼로리를 섭취하는데 드는 음식비용으로 결정된다.

이어서 음식비와 소득의 상관관계를 바탕으로, 음식비가 소득에 차지하는 비율(Engel 계수)을 알아낸 후 곱하여 빈곤선을 결정한다. 즉 미국에서의 평균 엥겔 계수는 1/3이어 최소한의 음식비에다 3을 곱하여 빈곤선이 결정된다(Orshansky, 1965). 미국과 같이 일부 생필품 구입비용을 근거로 전체 빈곤선을 추정하는 방식을 반물량방식이라고 한다.

절대적 빈곤의 개념은 영양학적인 측면이나 소비형태 조사에 근거한다는 측면에서 과학적이고 객관적이라 할 수 있다. 그러나 이 개념의 초점은 절대적인 '생존의 수준(subsistence level)' 그 자체여서, 사회구성원의 전반적인 생활수준이나 사람들의 취향을 고려하지 않는다. 그래서 경제성장이 지속되어 사회구성원들의 전반적인 생활수준이 높아져도 절대적 빈곤의 기준은 고정되어 있어 절대적 빈곤으로 그 사회의 빈곤의 수준을 평가하는 것은 문제가 있다.

2. 상대적 빈곤

절대적 빈곤의 개념이 빈곤을 일반 사회구성원들의 생활수준과는 분리된 생존의 수준을 강조한 것이라면, 상대적 빈곤은 사회구성원들의 전반적인 생활수준과 밀접한 관계 속에서 상대적 박탈과 불평등의 개념을 중시한다.

따라서 상대적 빈곤의 개념에서의 빈곤의 수준은 사회구성원 대다수가 누리는 생활수준에 못 미치는 상태이다. 그래서 이것은 특정 사회의 생활수준과 사회적 관습에 따라 결정된다. 예를 들면, 어떤 사회에서 사회구성원 대다수가 자동차를 소유하고 있다면 자동차가 없는 사람들은 그 사회에서 빈곤한 것이다.

절대적 빈곤이 '과학적'인 근거에 의하여 구체적인 빈곤의 수준을 결정한다면, 상대적 빈곤의 개념에서는 과학적이고 구체적인 빈곤선을 결정하기가 어렵다. 왜냐하면, '사회구성원 대다수가 누리는 생활형태'의 수준을 측정하기가 어렵고, 또한 그 수준의 어느 정도를 빈곤으로 볼 것이냐는 인위적일 수밖에 없기 때문이다.

그럼에도 불구하고 상대적 빈곤은 다음의 세 가지 방법으로 결정한다. 첫째는, 평균 혹은 중위(median)소득의 일정비율로 결정하는 방법이다. 이것이 상대적 빈곤을 측정하는 방법으로 가장 오래되었고 또한 가장 널리 사용되고 있다(Fuchs, 1967). 평균소득이나 중위소득을 기준으로 하는 이유는 사회의 전반적인 생활수준의 변화를 반영할 수 있기 때문이다. 즉 전반적인 생활수준이 높아지면 평균이나 중위소득도 올라가고 따라서 빈곤선 소득은 올라가기 때문이다.

반면에 비율을 어떻게 정하느냐는 작위적이어서 어떤 과학적인 근거는 없다. 많은 사람들이 50~60%를 선호한다.

둘째는, 소득분배상의 일정비율로 결정하는 방법이다. 이 방법에 의하면 상대적 빈곤의 수준은 소득 분배의 분포 상 가장 낮은 일정비율(예를 들면, 하위 20%)로 정하여, 이 이하의 사람들을 빈곤한 것으로 보는 것이다. 이 방법은 가장 '상대적'인 측면을 강조하는 것으로, 사회의 소득불평등 그 자체를 기준으로 하기 때문에 소득불평등의 정도가 낮으면 빈곤선 소득수준은 높아지고, 반대로 소득불평등의 정도가 높으면 빈곤선 소득은 낮아진다. 이 방법에서는 초점이 소득불평등이기 때문에 소득불평등이 있는 한 빈곤은 항상 존재할 수밖에 없어, 빈곤을 측정하는 방법으로는 실용적이지 못하여 어떤 국가에서도 이 방법으로 빈곤을 측정하지 않는다.

셋째는, 이른바 '타운젠드(Townsend)방법'으로 상대적 박탈(relative deprivation)의 개념을 강조하면서 통상적인 소득의 부족의 개념을 넘어 소득 이외의 측면들도 고려하여 빈곤을 측정하는 방법이다. 그래서 이 방법에서는 어떤 사람이 그가 거주하는 지역 사회의 통상적인 '생활양태(style of livings)'를 누리지 못하면 빈곤한 것으로 간주한다(Townsend, 1979).

구체적으로는 타운젠드는 그러한 '생활양태'를 측정하기 위하여 60개의 지표를 만들고, 이러한 지표들 가운데 하나가 결핍되면 일정한 '박탈점수'를 주어 총체적인 박탈점수를 계산한 후 이 점수를 소득수준과 비교해서, 일정의 소득수준 이하에서 박탈점수가 급격히 떨어지면 그 수준을 빈곤선으로 결정한다. 이 방법은 상대적 빈곤의 개념을 구체적으로 측정하고 소득 이외의 요소들을 고려했다는 점에서 장점이 있으나, 현실적으로 어떤 사회의 일반적인 '생활양태'를 측정할 수 있는 지표를 만드는데 어려움이 있다.

3. 주관적 빈곤

지금까지의 절대적 빈곤이나 상대적 빈곤은 그것이 과학적이든 인위적이든 빈자 이외의 제 3자에 의하여 어떤 객관적인 수준이 결정된다. 반면에 주관적 빈곤의 개념에서의 빈곤은 사람들이 주관적으로 간주하는(느끼는) 수준에서 결정된다.

빈곤은 결국 개인들의 안녕(well-being)과 관련되는 문제이기 때문에 개인들의 주관적인 판단이라는 측면을 무시할 수 없으며 어떤 의미에서는 전술한 '객관적'인 기준보다 빈곤을 이해하는데 더 중요할 수 있다. 주관적 빈곤을 측정하는 방법은 여러 가지가 있으나 여기서는 널리 알려진 두 가지를 소개한다.

하나는, 여론조사에 의한 방법이다. 이 방법에서의 빈곤은 어떤 지역사회에서 그럭저럭 살아가는데 필요한 최소비용이 얼마인가를 사람들에게 물어서 얻은 액수들을 평균하여 결정한다. 이 방법은 사회구성원들이 일반적으로 간주하는 빈곤선이 무엇인가를 알아낼 수 있어 사회의 현실을 있는 그래도 반영할 수 있는 장점이 있다(Kilpatrick, 1973). 반면에 이 방법은 이러한 질문이 피설문자 본인 개인의 상황이 아닌 다른 사람들의 상황에 대한 막연한 질문이기 때문에 이러한 설문에 대한 응답은, 본인 개인의 상황을 질문했을 때와는 다를 수 있다는 단점이 있다.

다른 하나는, 이른바 'Leyden 방법'으로 이 방법에서는 빈곤선을 먼저 사람들에게 그들 자신들의 상황을 고려할 때 그럭저럭 살아가는데 소요되는 최소소득이 얼마인가를 묻고 이를 바탕으로 이 사람들이 판단한 최소소득과 그들의 실제소득과의 관계를 분석하여 결정한다(Goedhart, et al., 1977).

〈그림 8-1〉 빈곤선의 결정

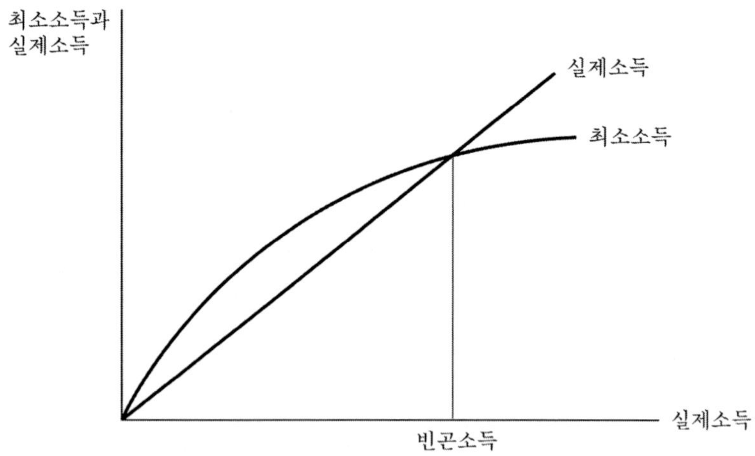

이것은 일반적으로 개인들의 실제소득이 높아지면 그들이 주관적으로 판단하는 최소소득도 높아진다는 점을 전제한 후, 최소소득과 실제소득이 교차하는 점을 빈곤선으로 결정한다. 그림에서 보듯이

빈곤선 우측의 실제소득을 갖고 있는 사람들은 그들 자신의 판단으로 빈곤하지 않고, 반대로 교차점 좌측의 실제소득을 갖고 있는 사람들은 빈곤한 것으로 간주한다.

제 2 절 빈곤의 측정

지금까지는 빈곤의 개념에 관하여 논의하였다. 빈곤을 어떻게 개념화하든 중요한 것은 실제로 빈곤을 어떻게 측정하느냐의 문제이다. 특히 빈곤 측정의 문제는 현실적으로 빈곤정책과 밀접한 관계가 있기 때문에 빈곤 측정의 문제는 더욱 중요할 수 있다.

빈곤을 측정하는 데에는 많은 쟁점들이 있는데 여기서는 5가지의 측면에서 논의하고자 한다. 첫째는, 빈곤측정의 기준이고, 둘째는 어떤 소득을 포함할 것인가의 문제, 셋째는 빈곤측정의 기간, 넷째는 빈곤측정의 단위, 다섯째는 빈곤측정의 세부적 방법이다.

1. 빈곤측정의 기준: 소득, 소비, 그리고 부

일반적으로 사람들의 경제적 능력(economic capacity)을 판단하는 기준은 크게 보면 소득(income), 소비(consumption), 그리고 부(재산, wealth) 세 가지 형태다. 빈곤을 판단하는 기준도 이 세 가지다.

이 세 가지 기준들 가운데 가장 적게 사용되는 것은 부이다. 왜냐하면 대부분의 국가들에서 빈곤한 사람들은 자신들이 살고 있는 주택을 제외하면 재산을 거의 소유하고 있지 않기 때문에 부 만을 빈곤측정의 기준으로 삼는 것은 실질적으로 의미가 없기 때문이다. 실제로 대부분의 서구 복지국가들에서 부 만을 기준으로 빈곤여부를 판단하지 않는다.

서구 복지국가들 가운데 일부 국가들은 소득과 재산 둘 다를 기준으로 빈곤을 판단하는데, 이 경우에도 부를 고려할 때 살고 있는 집이나 생활에 필요하다고 판단되는 자동차 등은 제외하기 때문에, 그리고 이러한 부 이외의 다른 자산을 대부분 소유하고 있지 않기 때문에 실질적으로 소득만을 기준으로 한다고 볼 수 있다.

우리나라의 국민기초생활보장제도에서는 대상자를 선정하는 기준으로 소득과 재산 모두를 사용할 뿐만 아니라 재산을 측정할 때 살고 있는 집이나 자동차들을 제외하지 않기 때문에 빈곤측정의 기준이 매우 엄격하다고 할 수 있다.

소득과 소비 가운데 어느 것이 빈곤을 측정하는 데 바람직한 기준인가는 어떤 면에서는 불필요한 구분으로 보이기도 한다. 일반적으로 소득과 소비에는 상관관계가 높아, 소득이 높은 사람들이 소비도 많이 한다. 이 경우에는 빈곤을 측정하는 데 소득을 사용하든 소비를 사용하든 차이가 없다.

그러나 현실세계에서 많은 경우에 소득과 소비의 상관관계가 낮은 경우가 있어서 소득은 많은데 소비를 적게 하거나, 반면에 소득은 낮은데 소비를 많이 할 수 있다. 이 경우에는 소득과 소비 가운데 어느 것을 사용하느냐가 중요하다.

그렇다면 빈곤을 측정하는데 소득과 소비 가운데 어느 것을 사용하는 것이 바람직한가? 먼저 소비를 기준으로 하는 것이 바람직하다는 논리는 크게 보면 두 가지다. 하나는, 빈곤이라는 것은 최소한의 기본적 욕구를 충족할 수 있는 소비를 못 하고 있는 상태라고 볼 때, 소비를 기준으로 하는 것이 그러한 상태를 더 직접적으로 확실하게 측정할 수 있다는 점이다. 즉 소득을 기준으로 하는 것은 소비의 가능성을 간접적으로 측정하는 것이기 때문에 정확성이 낮다는 것이다.

다른 하나는 사람들의 경제적 능력을 판단할 때 현재의 단기간의 소득 보다 장기적인 미래의 소득개념(평생소득)이 더 바람직하다고 본다면, 소비가 이러한 소득개념을 대변하는 더 정확한 지표(proxy)가 될 수 있다는 점이다. 즉 평생소득이 많으면 그 만큼 현재의 소비도 많이 할 수 있기 때문이다.

예를 들면, 일류대학교 대학생인 경우 현재의 소득은 없지만 평생소득의 개념에서는 소득이 높을 수 있다고 판단되기 때문에 소비가 현재의 소득에 비추어 볼 때 많을 수 있다. 이 경우 소비를 측정해야만 이 대학생이 '진정한' 빈곤자가 아니라는 것을 더 잘 알아낼 수 있다.

이렇게 소비를 기준으로 하는 것이 빈곤을 측정할 때 더 바람직할 수 있다는 논리에도 불구하고 실제로 대부분의 국가들에서는 소득을 기준으로 한다. 가장 중요한 이유는 소득을 사용해야만 소비에의 취향(taste)차이를 무시할 수 있다는 점이다. 즉 소비할 수 있는 능력의 개념이 중요한데 소득이 이러한 능력을 판단할 수 있는 좋은 기준인 것이다. 소비할 수 있는 능력은 큰데 특정한 취향이나 가치관 때문에 소비를 적게 했을 때 이 사람을 빈곤한 것으로 간주할 수 있는가?

또 하나의 현실적인 이유는 일반적으로 소득에 관한 자료가 구하기 쉽고 또한 더 정확하다는 점이다. 반면에 소비에 관한 자료는 구하기도 어렵고 또한 신뢰성도 떨어진다. 대부분은 사람들에게 소득원은 몇 개로 제한되어 있는(예, 근로소득, 자본소득 등) 반면에, 소비는 매우 다양한 형태로 사용되기 때문에 기록하기가 어렵다.

2. 어떤 소득인가?

위에서 언급했듯이 빈곤을 측정할 때 주로 소득을 기준으로 한다. 그런데 소득을 기준으로 할 때도 어떤 소득을 포함하느냐가 논란이 된다. 이상적인 소득의 개념은 일정한 기간 동안 자신의 부를 줄이지 않으면서 소비할 수 있는-실제의 소비여부와 상관없이- 화폐의 양으로 정의한다(Atkinson, 1983).

그런데 대부분의 국가들에서 빈곤을 측정할 때의 소득은 대개 근로소득, 자본소득 그리고 이전소득(transfer income)으로 제한하는 경향이 있다. 이상적인 소득의 개념으로 볼 때 이상의 소득이외에 소득에 포함되어야 할 소득이 있는데 대표적으로 다음의 3가지로, 자본이득(capital gain), 전가임대료(imputed rent), 현물급여(in-kind benefit)이다.

우선 자본이득이란 일정한 기간 내에 물가상승을 고려해도 자산의 실질가치가 상승하여 발생하는 이득-비록 소득화를 하지 않았더라도-을 말한다. 이것은 이상적인 소득의 개념에 비추어 볼 때 소득에 포함되어야 한다. 왜냐하면, 자본이득을 통하여 부의 처분이 없이 그 기간에 잠재적 소득 혹은 소비능력이 커졌기 때문이다.

그러나 자본이득은 빈곤을 측정하는데 사용해야 하는 실질적인 의미는 적다. 왜냐하면 빈곤층에 근접한 사람들은 대부분 자기가 살고 있는 집 이외의 자산을 갖지 않고 있고, 그러한 집의 가치는 대개 매우 낮아 자본이득이 발생할 여지가 적기 때문이다.

빈곤을 측정할 때 논란이 많은 것은 전가임대료이다. 이것은 자산을 소유하고 있을 때 이것으로부터 직접적인 소득은 발생하지 않지만 소득이 발생하는 효과가 나타나기 때문에 이상적인 소득에 포함시킬 수 있다. 대표적인 예가 자가소유주택의 경우이다. 자기 집을 소유한 사람은 그렇지 않은 사람에 비하여 임대료 부담이 없기 때문에 동일한 소득이라도 전자가 후자에 비해 소비능력이 크다고 볼 수 있다.

그러나 가난한 사람들이 살고 있는 집에서 소득이 발생하지 않는 한 그들의 소비능력(purchasing power)이 높아지는 것은 아니기 때문에 빈곤정책의 측면에서 포함시키지 않는 것이 바람직하다. 이러한 가구의 소득에 전가임대료를 포함시켜 인위적으로 소득을 높여도 그들이 실질적으로 빈곤한 것은 변함이 없는 것이다.

따라서 오늘날 서구복지국가들에서는 가난한 사람들이 집이 있다하여 전가임대료를 계산하여 그들의 소득에 포함시키지 않고 있다. 대신 이러한 국가들에서는 빈곤문제를 더 적극적인 방법으로 접근하여 집이 없는 사람들에게 다양한 주택서비스를 제공하여 집이 있는 빈자들과의 상대적인 경제적 안녕의 차이의 문제를 해결한다.

무엇을 소득에 포함시켜야 되느냐의 문제에서 가장 논란이 되는 것이 현물급여이다. 오늘날 일반 국민들 사이에도 소득에서 차지하는 현물급여의 비중이 커지고, 특히 빈곤층이 국가로부터 받는 사회복지 급여에서도 현물급여의 비중이 크다.

그런데 빈곤층에 주어지는 대부분의 현물급여는 음식, 주택, 교육, 의료서비스 등과 같이 인간의 존엄성을 유지하는데 가장 기본적인 재화나 서비스들이고 서구의 복지국가들에서는 이러한 재화나 서비스들을 대개 모든 국민들에게 보편적으로 제공하기 때문에 실질적으로 소득에 포함할 필요가 없는 경우가 많다.

3. 소득측정의 기간 : 주, 월, 연, 평생소득

일반적으로 사람들의 소득은 시기별로 변동이 있다. 특히 비정규직 근로자들의 소득은 변동이 크다. 예를 들면, 건설 노동자의 경우 여름에는 소득이 있으나 겨울에는 소득이 크게 줄어든다. 특히 빈곤층은 일을 비정기적으로 할 가능성이 크기 때문에 시기별로 소득의 변동이 심하다.

그래서 빈곤을 측정하는데 어떤 소득측정의 기간을 사용하느냐가 중요하다. 일반적으로 소득측정의 기간이 짧을수록 변동의 폭이 큰 반면, 길수록 그러한 변동을 평균화할 수 있기 때문에 폭이 줄어들어 안정화가 된다.

그렇다면 빈곤을 측정하는데 어떤 측정기간을 사용하는 것이 바람직한가? 이것은 빈곤측정의 목표에 대한 관점의 차이에 따라 다를 수 있다. 만일 빈곤을 측정하는 목표가 장기간에 걸쳐 사람들의 경제적 능력 혹은 잠재적 소비능력을 파악하는 것이라면 빈곤측정의 기간은 길면 길수록 바람직하다. 이 경우 정확히만 측정할 수 있다면 평생소득이 가장 바람직하다.

반면에 빈곤측정의 목표를 현재의 최소한의 기본적인 욕구(needs)를 해결하지 못하는 사람들의 규모를 파악하여 빈곤정책을 개발하여 이 문제를 해결하는 것에 둔다면 측정기간을 가능한 한 짧을수록 바람직하다. 즉 내년에 혹은 10년 뒤에 아무리 소득이 높아질 가능성이 높다 하더라도 현재의 소득이 낮으면 빈곤한 것으로 보아 이들을 빈곤정책의 대상자로 삼는 것이다.

평생소득은 개념적으로 장기간에 걸친 경제적 능력을 파악한다는 면에서 합리적이긴 하지만 현실적으로 사람들의 평생소득을 정확히 계산하는 것은 매우 어렵다. 그래서 대부분의 서구의 복지국가들에서는 빈곤 측정의 단위를 짧게 하여 빈곤정책의 자격기준으로 정하는데, 대개의 경우 월 소득으로 결정한다(이것보다 짧은 주 소득이나 일일소득이 이론적으로는 더 바람직하나 현실적으로 측정의 어려움과 행정비용이 큰 문제가 있다.).

4. 빈곤측정의 단위 : 개인, 가족, 가구

빈곤을 측정하는 단위는 크게 개인, 가족, 가구이다. 이 가운데 이론적으로는 개인을 단위로 빈곤을 측정하는 것이 가장 바람직하다. 왜냐하면, 빈곤측정의 궁극적인 목표가 개별 사람들의 경제적 안녕을 정확히 알아내는 것이기 때문이다.

그런데 현실적으로는 완전히 개인단위로 소득을 조사하여 빈곤을 측정하는 것은 드물고 또한 실질적인 의미도 없다. 왜냐하면, 혼자 사는 사람들을 제외하고, 대부분의 경우 실질적인 소비단위가 가구 혹은 가족이어서 많은 수의 소득이 전혀 없는 사람들(아동, 전업주부 등)도 가구 혹은 가족 내의 소득이전에 의하여 실질적으로 소득이 발생하기 때문이다.

따라서 현실적으로 가구나 가족을 단위로 빈곤을 측정할 수밖에 없다. 여기서 가족이라 함은 혈연관계가 있고 사람들이 동일한 소비단위를 구성한 것이고, 가구란 보다 광범위해서 혈연관계와 상관없이 동일한 소비단위를 구성한 단위다.

가구나 가족을 단위로 측정할 때 가족(가구)의 구성과 숫자의 차이를 어떻게 고려해야 하느냐의 문제가 있다. 가족 숫자가 다르면 경제적 욕구, 즉 소비에의 욕구도 달라 빈곤여부를 판단하는 빈곤선은 다르게 설정되어야 한다.

일반적으로 가족 숫자가 늘어나면 소비 욕구도 커져 이것을 해결하기 위한 비용도 늘어난다. 그러나 숫자가 늘어난다고 해서 비용이 단순 비례해서 증가하는 것은 아니다. **규모의 경제**(economy of scale)의 효과 때문에 숫자의 증가에 비해서 비용은 적게 증가한다. 1인 가구의 소비 욕구를 해결할 비용이 100이라면 2인 가구의 그것은 200보다 적은 것이다. 또한 가구를 구성하는 인구학적 특성에 따라서도 욕구해결의 비용이 다를 수 있다. 그래서 노인 가구와 비노인 가구 사이의 비용이 다르고, 아동이 있는 가구와 없는 가구, 그리고 성별, 연령별에 따라서도 비용이 다를 것이다.

규모의 경제(economy of scale)
일반적으로 생산규모가 커질수록 생산단가가 낮아지는 현상.

이렇게 서로 다른 가구 규모나 구성원들의 특성들을 고려해서 가구별 경제적 욕구를 비교할 목적으로 만든 것이 균등화 지수(equivalent scale)이다. 그런데 이러한 균등화 지수는 국가별 시대별로 다른데, 이유는 국가별 시대별로 경제적 욕구와 소비형태가 다르기 때문이다.

예를 들면, 미국의 공식적인 빈곤선을 결정하는데 사용하는 균등화 지수는 1인가구가 1이라면, 2인가구는 1.28, 3인가구는 1.57, 4인가구는 2.01 등이다. 우리나라의 최저생계비를 산출할 때 사용하는 균등화 지수는 4인가구가 1이라면, 1인가구는 0.349, 2인가구는 0.578, 3인가구는 0.795, 5인가구는 1.137로 미국보다 규모의 경제 효과를 낮게 잡고 있다.

5. 빈곤측정의 방법들

지금까지 빈곤을 측정하는데 관련된 여러 가지의 쟁점들을 논의하였다. 그렇다면 빈곤의 정도를 최종적으로 나타내는 방법들에는 어떠한 것들이 있는가? 여기서는 세 가지 방법을 소개한다.

첫째는, 빈곤율(poverty rate)이다. 빈곤율은 빈곤선 소득 이하에 살고 있는 사람들 혹은 가구(가족) 들의 숫자를 전체 인구 숫자 혹은 가구 숫자로 나눈 값이다. 즉 가난한 사람들의 숫자가 얼마인가로 빈곤의 정도를 파악한다. 이러한 이른바 'head count' 방식은 대부분의 국가들에서 가장 많이 사용하는 방법이다. 이것은 빈곤의 정도를 가장 알기 쉽게 나타낼 수 있고 또한 국가간의 비교 혹은 국내에서의 시기별 변화 등을 비교하는데 널리 사용한다.

둘째는, 빈곤율이 보여주지 못하는 빈곤한 정도를 파악하는 '빈곤갭(poverty gap)'이다. 이것은 빈곤선 이하의 사람들의 소득과 빈곤선 소득의 차이를 모두 합한 액수로 나타낸다. 즉 빈곤선 이하의 사람들 모두를 빈곤선 소득으로 끌어올리는데 드는 총비용을 말하는 것이다.

빈곤갭을 알게 되면 빈곤을 해결하는 데 드는 총 비용을 알 수 있고 이것으로 빈곤정책의 방향이나 규모를 결정하는데 도움이 된다. 그러나 이 방법은 빈곤의 총체적인(aggregate) 정도만을 나타내기 때문에 빈곤한 사람들 사이의 소득 분포의 정도를 알지 못한다.

셋째는, 빈곤한 사람들 사이의 소득 불평등의 정도를 측정하는 방법이다. 이 방법은 가난한 사람들 사이의 소득분배의 형태를 알 수 있어 총체적인 빈곤의 정도를 나타내는 빈곤 갭의 문제점을 어느 정도 해결할 수 있다.

지금까지 논의한 세 가지의 빈곤 측정의 방법들은 각기 장단점을 갖고 있다. 그래서 이 세 가지 방법을 종합적으로 고려한 여러 가지 빈곤 측정의 방법을 고안해내고 있는데 대표적으로 센(Sen) 지수가 있다.

센지수
센 지수의 공식은 P = H [I + (1 − I)G]이다. 여기서 P는 Sen 빈곤지수이고, H는 빈곤율이고, I는 소득 갭 비율(income gap ratio)로 빈곤한 사람들의 평균 소득의 빈곤선 소득에서의 비율이고 G는 빈곤한 사람들 사이의 소득 불평등을 나타내는 지니계수이다.
센 지수는 빈곤율, 빈곤갭, 그리고 빈곤한 사람들 사이의 소득불평등 등의 세 가지 빈곤측정의 방법들을 종합해서 빈곤을 측정한다. 따라서 다른 조건이 같다면 빈곤한 사람들 사이의 소득불평등이 커지게 되면, 센 지수는 커지게 되어 빈곤의 정도는 커지게 된다.

제 3 절 빈곤의 원인과 반빈곤 정책

왜 빈곤한가? 이 문제는 일반인들이나 학자들 사이에 많은 관심이 있고 또한 답을 구하려는 많은 노력이 있으나 여전히 많은 논란이 있다. 우선 쉽게 생각할 수 있고 또한 논란의 여지가 없는 빈곤의 원인은 장애 혹은 고령 등으로 인한 근로 능력의 상실을 들 수 있고, 근로 능력이 있더라도 일을 할 수 없는 사람—예를 들면, 아이들을 양육해야 하는 여성 단독 세대가구—때문에도 빈곤할 수 있다. 실제로 가난한 사람들 가운데 많은 사람들은 이러한 이유로 빈곤하다.

빈곤의 원인이 논란이 되는 것은 논의 대상이 근로 능력이 있으면서 가난한 사람들에게 맞추어지면서부터이다. 이때부터 빈곤의 원인은 소득불평등의 원인과 같게 되어 왜 소득이 불평등한가? 혹은 저임금의 원인은 무엇인가? 등에서 답을 찾아야 한다.

빈곤은 개인의 책임인가? 아니면 사회의 책임인가? 이러한 질문들은 우리가 빈곤을 이야기할 때 자주 제기되고 또한 논란이 많은 것들이다. 이것은 사람들의 가치관이나 정치적 이념에 따라 다르다. 가장 보수적인 입장의 사람들은 빈곤을 개인의 무능력, 나태 등에서 기인한다고 보는 반면, 가장 급진적인 입장에서는 빈곤은 자본주의 경제체제 그 자체에서 기인한다고 본다. 이 양극단 사이에 빈곤원인에 대한 다양한 입장이 있다.

개인의 책임을 크게 두 가지 영역으로 나눌 수 있는데, 하나는 개인 자신이 통제할 수 있는 부분으로, 예를 들면 개인이 교육이나 기술에 대한 투자를 안 한 것을 들 수 있다. 다른 하나는 개인이 통제할 수 없는 부분으로, 예를 들면 개인들의 타고난 능력이 낮은 것 혹은 운이 나쁜 것 등을 들 수 있다.

사회의 책임도 둘로 나눌 수 있는데, 하나는 주어진 사회에서의 취업기회와 임금을 결정하는 노동시장구조에서의 결함을 들 수 있고, 다른 하나는 좀더 근본적으로 자본주의 경제체제의 속성에서 비롯되는 문제점들을 들 수 있다.

여기서는 빈곤의 원인을 알기 위해서 먼저 빈곤을 설명하는 일반 이론들을 먼저 소개한 후 이어서 이러한 이론들과 연결하여 반빈곤 정책에는 어떤 것들이 있는지 논의하고자 한다.

1. 빈곤을 설명하는 이론들

빈곤의 원인을 설명하는 이론들은 많이 있을 수 있으나 여기서는 빈곤정책에 직접적으로 영향을 주고 또한 널리 알려진 인적자본이론(human capital theory)과 이것을 비판하면서 발전된 선발이론(screening theory), 직무경쟁이론(job competition theory), 그리고 노동시장분절이론(segmented labor market theory), 마르크스주의, 마지막으로 빈곤문화론(poverty culture) 등 6가지의 이론을 간략히 소개하고자 한다.

1) 인적자본이론

인적자본이론의 핵심은 임금은 개인의 생산성에 의하여 결정된다는 것이고, 생산성은 숙련된 기술의 정도에 따라 결정되고 이것은 다시 공식, 비공식 훈련들과 같은 인적자본에의 투자를 통해서 이루어진다는 점이다. 따라서 이 이론에 의하면 빈곤은 낮은 생산성의 결과이고 이것은 인적자본에의 투자가 적은데서 기인한다고 본다(Mincer, 1974).

이 이론에서의 인적자본은 개인의 생산성을 높이는데 기여할 수 있는 투자로서 얻을 수 있는 모든 특성이라 할 수 있다. 대표적인 인적자본은 학교 교육이고 이밖에 취학전 교육, 기술 훈련, 건강, 직업 획득을 위한 정보 등에의 투자에서 얻어진 특성들이다.

인적자본이론은 1960년대 초 이래로 미국에서 특히 활발히 연구, 발전되었고 임금 결정요인, 빈곤, 그리고 소득불평등과 같은 현상을 이해하는데 크게 기여하였다. 또한 이 이론은 1960년대 미국에서의 '빈곤과의 전쟁(war on poverty)'의 핵심적인 빈곤정책을 개발하는데 밑바탕이 되었다.

그러나 인적자본이론은 1960년대 말부터 비판을 받는데 가장 현실적인 이유는 1960년대의 인적자본이론을 바탕으로 한 빈곤정책에도 불구하고 여전히 빈곤과 소득 불평등이 지속되었기 때문이다. 이러한 비판들의 초점은 인적자본이론의 가정인 완전경쟁 하에서의 임금경쟁, 그리고 단일하고 동질적인 노동시장 등이 비현실적이라는 점이다. 그래서 나타난 이론들이 선발이론, 직무경쟁이론, 그리고 노동시장분절이론 등이다.

2) 선발이론 혹은 학력주의

인적자본이론은 사용자가 근로자들을 고용해서 임금을 줄 때 그들의 생산성에 관한 충분한 정보를 갖고 있다는 가정을 바탕으로 한다. 선발이론은 이 가정을 비판하면서 사용자들은 근로자들의 진정한 생산성에 관한 정보가 불확실하기 때문에 어떤 배경적 특성(예, 교육 수준)을 잠재적으로 높은 생산성을 갖고 있는 근로자들은 선발하기 위한 정보에 필요한 도구로서 사용한다고 본다(Stiglitz, 1975).

학력과 임금간의 정(正)의 관계는 널리 알려졌다. 즉, 학력이 높을수록 임금이 높은 것이다. 그러나 왜 이러한가에 대해서는 관점들이 다른데, 인적자본이론에서는 학교 교육이 직접적으로 생산성을 높여서 임금이 높아진다고 보는 반면에, 선발이론에서는 이러한 관계는 교육 수준이 잠재적으로 생산성이 높은 근로자를 골라내는데 필요한 정보제공의 역할을 하기 때문에 보상을 받기 때문이라고 본다.

선발이론은 빈곤정책의 측면에서 시사하는 바가 크다. 순전히 개인의 입장에서 보면 교육이 생산성을 높이든 아니면 달리 선발도구로서 사용되든 그 개인의 학력을 높이면 임금이 올라간다. 그러나 사회전체로 보면 학교 교육이 사용자에게 정보제공의 역할만을 한다면 막대한 교육에의 투자는 사회적인 낭비가 된다.

또한 빈곤계층에의 교육에 투자를 하더라도, 다른 계층의 교육수준이 고정되지 않는 한 선발에의 도구로 사용되는데 한계가 있어 그들의 임금이 향상되기가 어렵다. 특히 한국과 같이 '학력주의 사회'로 알려진 국가에서는 교육의 선발효과가 강하기 때문에 빈곤계층의 교육수준을 높인다 해서 그들의 임금이 높아질 가능성은 적다.

3) 직무경쟁이론

인적자본이론의 또 하나의 가정은 근로자들이 일자리를 찾을 때 이미 상당히 구체적으로 개발된 기술들을 가지고 임금경쟁(wage competition)을 통해 특정한 직무(job)를 결정한다는 것이다.

반면에 직무경쟁이론에서는 근로자들은 취업기회를 두고 직무 경쟁(job competition)을 해서 특정의 직무를 차지한다는 것이다. 이 이론에 따르면, 근로자들 사이에서 직무들을 할당할 때 직무수행에 필요한 기술들을 가르치는데 필요한 훈련비에 있어서 근로자들 간의 상대적 차이가 중요하다. 그래서 훈련비가 적게 든다고 판단되는 근로자일수록 더 '좋은' 직무를 갖게 되고, 많이 들수록 '나쁜' 직무를 갖게 되어 근로자들 사이의 서열(labor queue)이 형성된다고 본다. 그리고 이때 근로자들의 훈련비용에 대한 정보가 없기 때문에 사용자들은 흔히 근로자들의 교육수준 등과 같은 배경적 특징들을 이용해서 구별한다. 따라서 이러한 배경적 특성이 좋은 근로자들은 근로자 서열의 앞에 위치해서 '좋은' 일자리를 차지하게 된다(Thurow, 1975).

이 이론의 또 하나의 중요한 개념은 근로자서열에서의 상대적 위치와 상대적 임금이다. 즉 특정 근로자들의 서열상의 위치는 다른 근로자들의 행동에 따라 변화한다. 선호하는 배경적 특성을 가진 사람들의 숫자가 증가하면 그렇지 못한 사람들의 임금은 낮아질 수 있다.

예를 들어, 대학졸업의 학력을 가진 근로자들의 숫자가 증가하면 고졸의 학력을 가진 근로자들을 근로자 서열에서 낮아져서 그들의 임금은 상대적으로 낮아질 수 있다. 따라서 이 경우 임금수준을 유지하려면 고졸 근로자들은 방어적 필요성에서 학력을 높여야 한다. 이것은 오늘날에 널리 알려진 '학력 인플레이션' 현상을 설명한다.

직무경쟁이론은 1960년대의 가난한 사람들에 대한 인적자본 투자 정책들이 실패한 이유를 설명할 수 있다. 즉 이러한 정책들로 가난한 사람들의 교육 수준이 어느 정도 높아졌지만 그들이 노동시장에서 차지하고 있는 근로자 서열에서의 상대적 위치는 별로 변화가 없었기 때문이라고 보는데 그 이유는 가난하지 않은 사람들의 교육 수준은 더 높아졌기 때문이라고 본다.

4) 노동시장분절이론

인적자본이론의 또 하나의 가정은 국가(지역) 내에서의 노동시장은 본질적으로 하나의 동질적인 시장으로 이루어져 있으며, 자유경쟁의 논리에 의해서 일시적인 노동시장의 분리 현상은 궁극적으로 사라지기 때문에 한계생산성의 논리는 보편적으로 적용된다고 보는데 있다.

반면에 노동시장분절이론은 노동시장은 분절되어 있고 분리된 노동시장들에서의 임금경쟁과정은 다르고, 또한 분절된 노동시장 사이에 근로자들의 이동이 매우 제한적이라고 주장한다. 노동시장의 분절 이유는 크게 두 가지로 설명하는데 하나는 내부노동시장이론이고 다른 하나는 이중경제이론이다.

내부노동시장이론(internal labor market)에 따르면 내부노동시장은 임금경쟁과정이 수요와 공급, 한계 생산성 등과 같은 '경제적' 변수들에 의해서 지배되는 전통적인 경쟁적 시장과 분리되어 형성되고, 이러한 시장에서의 임금결정방법은 특정의 '행정적' 규칙과 절차에 의해서 결정된다고 본다. 즉 내부노동시장에서의 일자리 등은 외부시장(external market)에서의 경쟁적인 요소들에 의해서 영향을 안 받는다고 주장한다(Doeringer and Piore, 1971).

이중경제이론(dual economy theory)은 산업자본주의의 속성-특히 자본 축적-에 초점을 맞추어 노동시장 분절을 설명한다. 이 이론에 따르면 자본가들은 노동으로부터 잉여가치를 착취하고, 다른 자본가들과의 경쟁을 통해서 끊임없이 자본을 축적한다.

이러한 과정을 통해서, 시간이 지나게 되면, 자본은 점차로 소수의 자본가들에 집중되어 역사적으로 두 가지의 서로 다른 경제부문이 형성되는데, 하나는 자본이 집중된 독점 부문(핵심 부문)이고, 다른 하나는 작은 경쟁적인 자본들로 구성된 경쟁 부문(주변 부문)이다. 독점 부문은 경제규모, 시장 점유, 자본 집중도, 조직 구조 등에서 경쟁부문과 뚜렷이 차이가 나서 자연스럽게 노동시장의 분절이 이루어진다(Baran and Sweezy, 1966).

노동시장 분절이론은 빈곤계층에 대해서 인적자본을 높이는 정책이 실패한 이유를 다음과 같이 설명한다. 첫째는, 가난한 사람들은 대개 그들의 배경적 특성이 불리하여 근로자서열에서 밑에 위치하여 그들의 처음 일자리를 이차노동시장에서 시작하고, 둘째, 일단 이차노동시장에서 일을 시작하게 되면 그들은 불안정한 직무관행들을 습득하게 되어 더욱 일차시장에서의 일자리를 얻기가 어렵게 되어 일차노동시장과 이차노동시장과의 분리가 명확해진다. 셋째, 이러한 분리가 뚜렷해지면 이차노동시장의 가난한 근로자들의 배경적 특성을 높인다 하더라도, 그것에 대한 보상은 별로 없게 되는데 그 이유는 이차노동시장의 사용자들은 근로자들의 이직을 막아야할 동기가 약하기 때문이다.

5) 마르크스주의 계급이론

마르크스주의 계급이론에서는 빈곤을 자본주의 경제의 생산양식

(mode of production) 그 자체에서 설명한다. 이 이론에 의하면, 생산수단의 소유 유무에 따른 생산의 사회적 관계(social relation of production)가 소득을 결정하는데 가장 근본적인 역할을 한다고 본다(Wright, 1979).

따라서 자본가는 생산수단을 소유하기 때문에 노동자들의 노동력을 사용해서 그들의 잉여생산을 착취할 수 있는 위치에 있기 때문에 높은 소득을 누릴 수 있다. 반면 관리자(manager)는 비록 생산수단을 소유하고 있지 않지만 노동을 통제할 수 있는 권위를 갖고 있기 때문에 자본과의 협상력을 높일 수 있는 위치에 있어서(특히 현대의 복잡한 기업운영에 있어) 자본가 다음의 높은 소득을 영위할 수 있다.

한편 쁘띠 부르주아(petty bourgeois) 계급은 생산수단을 소유하고 있으나 타인의 노동은 고용하지 않는 반면, 자신들의 노동력을 자본에게 팔지 않기 때문에 그들 노동의 잉여가치는 착취를 당하지 않아 자신들의 노동으로부터의 소득을 유지할 수 있다. 마지막으로 노동자들은 그들의 소득이 유일하게 그들의 착취당하는 노동을 팔아서 나오기 때문에 소득이 낮을 수밖에 없다.

이 이론의 핵심은 계급 위치가 소득결정의 가장 중요한 요인이 되기 때문에 개인적 특성(예, 교육수준)의 차이로 인한 소득 차이는 이러한 계급 위치의 한계 내에서 이루어진다는 점이다. 즉, 아무리 우수한 개인적 특성을 가진 사람도 그 사람의 계급지위가 노동자 계급이면 자본가계급에 위치한 사람보다 소득이 낮을 수밖에 없다는 점이다.

이 계급이론은 그 속성상 광범위하고 이론적이기 때문에 자본주의 경제 체제 내에서 실용적이고 구체적인 빈곤정책을 제시하기 어렵다. 그럼에도 불구하고, 이 이론을 통해서 자본주의 경제체제에서 빈곤이 지속할 수밖에 없는 근본적인 이유를 제시한다고 볼 수 있다.

6) 빈곤문화론

빈곤을 설명하는 또 하나의 이론은 빈곤문화론이다. 이 이론의 핵심은 가난한 사람들은 사회의 지배문화(dominant culture)와 다른 하위문화(sub-culture)에서 살기 때문에 그들의 태도, 가치, 행동 등에서 다르고 이러한 행태는 사회화 과정을 통하여 세대간 세습한다는 점이다(Lewis, 1959).

여기서의 빈곤문화의 특징은 크게 세 가지다. 첫째, 빈곤문화는 사회의 주요 제도들(institutions)-예를 들어 학교, 교회, 시장 등-에 참여 혹은 동화되는 것을 막아서 사회의 지배적인 가치를 거부한다. 둘째, 빈곤문화에서의 가족관계는 어머니 중심적인 가족이 선호되거나, 아동으로서의 기간이 짧거나, 합법적인 결혼 없이 동거 형태의 혼인 생활이 흔해서 쉽게 헤어진다. 셋째, 빈곤 문화는 또한 절망감, 의존심, 열등감 등을 배양해서 쉽게 체념하고 운명주의자가 되고 또한 사회적 성공에 대한 동기가 약하고 충동을 억제 못해서 현재 중심적인 생활을 영위한다는 점이다.

빈곤문화론에서 빈곤의 원인으로서 가장 근원적인 것은 빈곤 가정의 아동양육에서 시작하여 다음의 〈그림 8-2〉처럼 악순환을 한다는 점이다.

그러나 이러한 빈곤문화론은 미국에서 1960년대 이후 이론적 혹은 이념적인 측면에서 많은 비판을 받는다.(특히 인종차별적이라는 비판). 빈곤문화의 특징들이 실제로 가난한 사람들에게 존재하지도 않을 뿐만 아니라 더욱 중요한 것은 이러한 빈곤문화가 세습되지도 않는다는 것이다. 즉 빈곤한 사람들과 빈곤하지 않은 사람을 구분하는 '빈곤문화'는 존재하지 않고, 두 집단의 유일한 차이는 빈곤하지 않을 수 있는 '기회'의 차이라는 점이라는 것이다.

〈그림 8-2〉 빈곤의 악순환

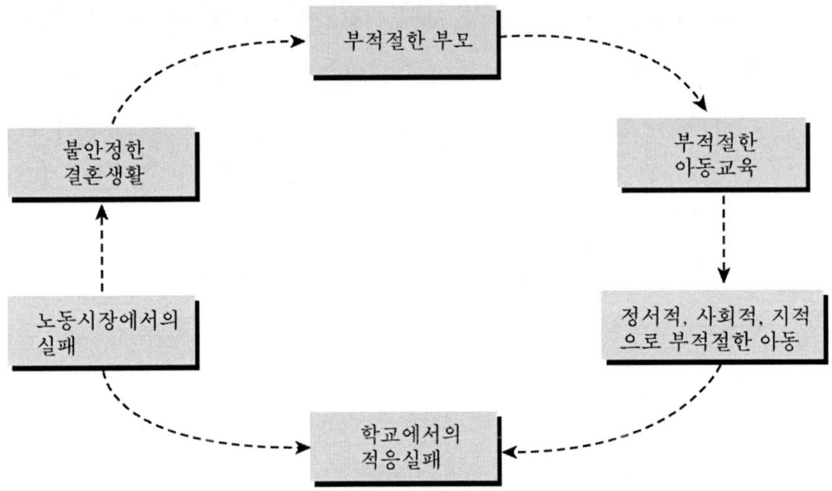

2. 반빈곤정책(anti-poverty policy)

전술한 것처럼 빈곤의 원인은 다양하기 때문에 빈곤정책도 다양할 수밖에 없다. 다양한 빈곤정책들의 형태는 여러 가지로 분류할 수 있으나 여기서는 크게 4 가지 ① 기회의 평등을 위한 정책 ② 근로능력이 있는 사람들을 대상으로 하는 노동시장정책 ③ 조세정책 ④ 소득보장정책으로 분류해서 설명하고자 한다.

1) 기회평등정책

기회평등정책은 미래의 빈곤을 예방하는 것을 주목표로 하고, 시기적으로는 사람들이 노동시장 참여 이전에 이루어지고, 급여형태는 주로 현물, 서비스, 그리고 기회를 제공하는데 초점을 맞춘다. 이러한 정책은 대개 가난한 가구의 아동들을 대상으로 하여 빈곤의 악순환의 고리를 끊기 위한 것을 목표로 한다.

빈곤한 가구에서 태어난 아동들은 그렇지 않은 아동들에 비하여 여러 가지 측면에서 불리하여 그들이 다시 빈곤할 가능성이 높다. 빈곤한 가구에서 태어난 아동들을 성장하는 과정에서 적어도 교육, 건강, 주거환경 등에서 불리하기 때문에 이러한 세 가지의 불리한 환경을 해결하기 위한 프로그램이 필요하다.

기회평등정책에서 가장 관심을 많이 기울이는 것은 성인기 이전의 보육과 교육이다. 전술한 빈곤문화론에 따르면, 빈곤한 가정의 부모들은 그들의 자식들에게 그들이 빈곤하게 된 특성들을 전수(?)해서 빈곤의 악순환을 야기시킨다. 다시 말하여, 빈곤한 가정의 아동들을 그들의 부모에게만 양육을 맡기면 그들은 학교와 사회(노동시장)에서 성공(?)하기 위한 필요한 특성들을 얻지 못한다는 것이다. 따라서 이렇게 불리한 환경에 처한 아동들을 위한 보상적인 프로그램들이 가정 밖에서 이루어져야 한다.

따라서 아동기의 보육 프로그램부터 취학 전 교육 프로그램, 정규교육 프로그램 등을 통해 인적자본을 높이기 위한 노력을 기울이고 있다.

또, 빈곤은 나쁜 건강을 유발하고, 나쁜 건강은 다시 빈곤을 더욱 악화시켜서 빈곤과 건강은 악순환의 관계를 갖는다. 특히 아동시기의 건강상태는 이후의 교육성취, 직업획득, 그리고 궁극적으로 소득의 결정에 중요한 영향을 준다. 빈곤층의 아동들에 대한 건강을 향상시킬 수 있는 프로그램은 크게 세 가지로 산모와 아동을 위한 건강 프로그램, 지역사회 건강센터 프로그램, 의료보호 프로그램 등이 있다.

여기에 주거환경 역시 중요한 요인이다. 열악한 주택과 환경에서 자라는 빈곤층 아동들은 여러 가지 측면에서 불리하다. 열악한 거주환경은 빈곤아동들에게 좋지 않은 교육환경을 제공하여 교육성취에도 나쁜 영향을 주고, 주위환경이 나빠서 비행활동에 참여할 가능성도 높인다. 또한 불결한 위생시설과 주거시설로 인하여 빈곤아동들의 건강에도 나쁜 영향을 준다. 빈곤아동들을 위한 주거환경을 개선하기 위해서는 공공주택의 제공, 주택수당, 주택자금 융자 등의 프로그램을 제공한다.

2) 노동시장정책

노동시장정책은 근로능력이 있으면서 가난한 사람들을 대상으로 그들이 노동시장에서 부딪치는 각종의 불리한 점을 해소하여 소득보장 프로그램에 의존하지 않고 자립할 수 있게 해주는 것을 목표로 한다. 소득보장 프로그램이 빈곤을 일시적으로 완화해 주는 소극적인 정책이라면, 노동시장정책은 빈곤을 근본적으로 해결할 수 있는 적극적인 정책이라 할 수 있다.

또한 노동시장정책을 통하여 빈곤문제를 해결하면 그 만큼 소득보장정책의 역할은 줄게 되고, 또한 소득보장정책이 갖고 있는 비효율의 문제들(예를 들면, 근로자 저축동기의 약화)도 줄기 때문에 사회전체로 볼 때 사회이득이 사회비용보다 커 바람직하다.

노동시장정책에 속하는 구체적 프로그램들은 다양하나, 크게 노동시장의 공급측면에 초점을 맞추는 프로그램, 노동시장의 수요측면의 프로그램, 저임금 근로자들에 대한 임금보조 프로그램, 그리고 최저임금제도 등으로 나눌 수 있다.

공급측면의 프로그램들의 기본적인 목표는 빈곤한 사람들로 하여금 노동시장에서 적절한 일자리를 잡을 수 있도록 기술 훈련을 시키는 것이다. 여기에는 세부적으로는 다양한 프로그램들이 있다. 그러나 이러한 훈련을 받은 사람들이 실제의 노동시장에서 빈곤을 벗어날 수 있는 일자리를 잡는 것은 노동시장의 구조적인 문제들의 이유로 많은 어려움이 있다. 즉 이들에게 훈련만을 시키는 것으로는 부족하고 이것과 병행하여 이들을 직접적으로 고용하는 방법이 필요하다.

따라서 공급측면의 프로그램 보다 근로능력이 있으면서 가난한 사람들이 빈곤을 탈피하게 해주는 직접적인 효과가 더 큰 것이 이들을 '좋은' 일자리에 고용하는 수요 측면에서의 방법이다. 이것은 공공부문의 고용과 민간부문의 고용으로 나눌 수 있다.

정상적인 노동시장에서 일자리를 찾지 못하는 빈곤한 사람들을 공공부문의 일자리 창출을 통하여 고용하는 방법은 역사적으로 가장 오래되었고 규모도 크다. 우리나라의 경우에도 오래전부터 취로사업을 통해 일종의 공공일자리를 제공해왔고, 경제위기를 겪을 때마다 대규모 공공근로나 희망근로사업 등을 통해 일자리를 제공하고 있다.

민간부문에서의 고용은 민간부문의 사용자들에게 직접적인 지원이나 세제혜택을 통하여 가난한 근로자들을 고용하게 하는 것이다. 이러한 고용은 두 가지 방법으로 이루어지는데, 첫째는 정부가 민간기업에게 가난한 사람들을 고용하는 조건으로 보조를 해주면 민간기업의 입장에서는 생산의 투입요소 가운데 노동의 가격이 낮아져 다른 투입요소를 대체하여 더 많은 노동을 사용하기 때문이다. 둘째는, 정부의 보조로 인하여 민간기업은 더 많은 재화나 서비스를 생산할 수 있고, 또한 낮은 노동비용은 소비자에게 낮은 재화가격의 형태로 이전될 수 있어 이것은 다시 재화나 서비스에 대한 수요를 높여 고용을 확대할 수 있기 때문이다(Hamermesh, 1978).

수요 측면의 프로그램이 가난한 사람들의 실업상태가 시장에서의 기존의 임금수준으로서는 그들에 대한 수요가 없어서 발생한 것으로 보고 사용자에 대한 보조를 통하여 그들의 고용을 최대의 목표로 한 것이라면, 임금보조 프로그램(wage subsidy)은 저임금 근로자들의 임금을 향상시키려는 소득보장의 역할을 강조한다. 즉 이것은 일하면서도 가난한 사람들을 대상으로 하여 그들의 소득을 향상시키는 것을 목적으로 한다.

그러나 역사적으로 스핀햄랜드 제도의 실패에서 알 수 있듯이 임금보조 프로그램은 이 프로그램의 수급자를 고용하는 사용자가 임금인상을 회피하려는 동기를 줄 수 있고, 또한 수급자 자신들은 생산성 향상을 위한 인적자본에의 투자를 약화시킬 동기를 줄 수 있다.

이 밖에 부가 일정한 최저임금을 설정하여 민간기업으로 하여금 근로자들에게 최저임금 이상을 주도록 법적으로 정하는 소극적인 제도인 최저임금제도가 있다. 이 제도의 기본적이고 이상적인 목표는 최소한의 생활수준을 유지할 수 있는 임금을 못 받는 근로자들을 대상으로 하여 그들의 임금을 높여 빈곤에서 벗어나게 하는 데 있다(Brown, et al., 1982).

3) 조세정책

조세정책은 시장에서 결정된 일차소득을 재분배하여 이차소득에서의 빈곤을 줄일 수 있는 대표적인 정책이다. 조세정책은 단순히 정부재원을 마련하는데 관련될 뿐만 아니라 사회복지정책의 기능도 하여, 국민들의 빈곤의 정도는 조세정책에 의하여도 크게 영향을 받는다.

조세정책이 빈곤정책의 기능을 할 수 있는 방법은 다양한데 크게 보면 다음의 세 가지다. ① 소득계층별 조세부담의 차이 ② 조세감면 정책(tax expenditure) ③ 조세제도를 통한 직접적인 소득보장을 위한 급여 등이다.

조세수입이 늘면 일반적으로 빈곤정책에 쓸 수 있는 자원이 늘어나서 빈곤이 줄어들 가능성이 커질 수 있다. 그러나 다른 한편으로는 조세수입이 어떤 조세에 주로 의존하고 또한 실질적인 조세부담을 누가 하느냐에 따라 빈곤의 정도가 달라질 수 있다. 조세수입이 개인소득세나 법인세 등의 누진세에 주로 의존해야 하고, 소비세(부가가치세)와 같은 역진적인 성격이 강한 조세에의 의존율은 낮출 경우 빈곤층에게 유리할 수 있다.

또, 조세지출 프로그램이나 근로소득보전세제(Earned Income Tax Credit) 등으로 보다 직접적인 대상 집단에게 혜택을 줄 수도 있다.

4) 소득보장정책

소득보장정책은 기회평등정책이나 노동시장정책이 실패하여 노동시장에서의 소득으로 빈곤에서 벗어나지 못할 때 마지막으로 직접적인 소득이전을 통하여 빈곤을 해결하려는 정책이다. 다른 말로 표현하면 기회평등정책과 노동시장정책이 일차적인 소득분배정책이라면, 소득보장정책은 이차적인 소득재분배 정책이라 할 수 있다.

일반적으로 소득보장정책은 평등의 가치를 다른 정책들 보다 확실히 구현할 수 있으나 효율의 가치를 침해할 수 있기 때문에, 이상적으로는 일차적인 소득분배정책으로 빈곤문제가 해결되는 것이 바람직하다.

그러나 현실적으로는 일차분배정책의 대상이 될 수 없는 많은 수의 근로능력이 없는 사람들이 존재하고, 또한 근로능력이 있더라도 일차분배정책으로 빈곤에서 탈피하지 못하는 사람들이 많이 있기 때문에 소득보장정책은 필요할 수밖에 없다.

오히려 현재의 복지국가들에서는 소득보장정책이 수급자의 숫자나 지출액 등에서 다른 정책들 보다 빈곤정책으로 훨씬 중요한 역할을 하고 있다. 그래서 대부분의 국가들에서 빈곤정책의 초점은 소득보장정책에 맞춘다. 다만 일차분배정책과 소득보장정책은 상호보완관계가 있어 일차분배정책이 성공하면 할수록 소득보장정책의 역할은 그만큼 준다. 예를 들면, 오늘날 가장 발전된 복지국가로 알려진 스웨덴의 빈곤정책의 성공은 적극적인 일차분배정책(특히 노동시장정책)을 통하여 일차적으로 빈곤계층의 소득을 상당부분 향상시킨 후 그 나머지는 소득보장정책으로 해결하려고 했기 때문이다.

빈곤한 사람을 대상으로 하는 공공부조뿐 아니라 모든 국민을 대상으로 하여 보편적으로 제공하는 프로그램도 빈곤의 양상에 영향을 크게 미친다. 만일 모든 국민들에게 기본적인 욕구의 전부를 보편적 프로그램을 통해 보장할 수 있는 사회가 있다면 그 사회에서 빈곤이라는 현상을 사라질 수 있을 것이다. 이런 이론적 아이디어에서 기본소득(Basic Income) 프로그램에 대한 국제적 논의가 활발하게 진행되고 있기도 하다.

제 9 장

사회보장제도의 이해

사회보장은 사회복지와 마찬가지로 국가마다, 학자마다 서로 상이한 개념으로 사용하기 때문에 합의된 정의를 내리기 어려운 용어이다. 일반적으로 널리 사용하고 또한 국제노동기구(ILO)에서 사용하는 사회보장의 정의를 보면 사회보장이란 "사람들이 살아가다가 직면하는 여러 가지의 위험들로 인해 소득이 일시적으로 중단되거나 장기적(영원히)으로 없어지거나 지출이 크게 증가하여 사람들이 이전의 생활을 하지 못할 경우, 이전의 사회생활을 할 수 있도록 하는 국가의 모든 프로그램"을 의미한다. 여기서 여러 가지의 위험으로는 질병, 노령, 실업, 장애, 사망, 출산, 빈곤 등이 꼽힌다(김태성 · 김진수, 2001).

우리나라의 사회보장기본법에서는 이보다 좀더 넓게 해석해서 비물질적인 측면에서 서비스를 포함한 사회복지 전반을 포괄하는 정의를 내리고 있다. 사회보장기본법 제3조에서는 사회보장을 "사회보험, 공공부조, 사회복지서비스 및 관련복지제도"로 규정하고 있다. 이렇듯 국가별로 그 정의는 다양한데, 사회복지서비스의 여러 영역에 대해서는 이 책의 제4부에서 다루기 때문에 본 장에서는 사회보험과 공공부조에 대해 살펴보도록 하자.

현재 우리나라는 이른바 4대 사회보험이라고 하는 국민연금, 건강보험, 산업재해보상보험, 고용(실업)보험에 더해 제5의 사회보험이라 일컫는 노인장기요양보험을 실시하고 있다. 다만 국제적 기준에서 보면 건강보험에서 질병수당제도는 시행하지 않고 단순히 의료서비스만을 제공하는 한계가 있다. 공공부조 프로그램으로는 오랫동안 전형적인 범주적 공공부조라 할 수 있는 생활보호제도를 유지해오다 2000년부터는 일반적 공공부조 제도라 할 수 있는 국민기초생활보장제도를 시행하고 있다.

제 1 절 국민연금

1. 역사적 발전과정

우리나라에서 국민연금은 1988년에 도입되었다. 이것은 서구의 복지국가들이 국민연금(노령연금)을 도입한 시기에 비해 대략 1세기가 늦다(독일에서의 최초의 노령연금은 1889년에 도입되었다). 도입당시에는 10인 이상 사업장에서 근무하는 근로자들만을 대상으로 하였으나, 1992년에는 5인 이상 사업장, 1998년에는 농어촌 지역가입자, 1999년에는 도시지역가입자, 그리고 2001년에는 5인 미만 사업장 근로자를 포함시켜 전 국민을 적용대상으로 하였다.

즉 국민연금이 최초로 도입된 후 약 13년 만에 적용대상을 전 국민으로 확대하였다. 이것은 서국복지국가들에서의 국민연금의 적용대상의 확대과정과 비교해 볼 때 매우 빠른 편이다. 그러나 이렇게 빠르게 확대하다 보니까 여러 가지 문제점들이 나타난다.

2. 적용대상(가입대상)

오늘날 우리의 국민연금제도는 국내에 거주하는 18세 이상 60세

미만의 국민들을 당연 적용대상으로 하고 있다. 가입자는 크게 사업장가입자와 지역가입자로 구분되는데, 전자에는 상시 근로자 1인 이상 사업장에 종사하는 사람들이고, 후자에는 자영업자, 임시·일용·시간 외 근로자들과 실업자, 학생 등의 비경제활동인구 등이 포함된다. 다만 소득이 없는 계층은 납부 예외자라는 장치를 두어 일정기간 적용에서 제외한다.

2009년 10월 현재 총 가입자는 약 1,866만여 명이고, 이 가운데 사업장가입자는 약 994만여 명, 지역가입자는 약 865만 명이다.

〈그림 9-1〉 연도별 국민연금 가입자 현황

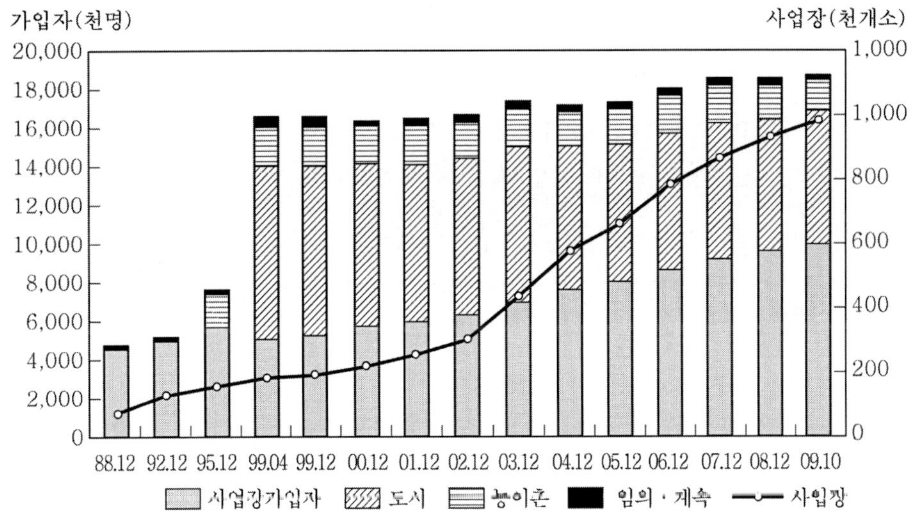

자료: 국민연금공단 홈페이지(http://www.nps.or.kr)

3. 재원

국민연금의 재원은 크게 두 가지다. 하나는 가입자가 내는 보험료이고, 다른 하나는 국민연금기금의 운용수익이다. 2009년 9월 현재 국민연금에 조성된 총기금은 약 304조원이고, 이 가운데 보험료 수입이 212조원으로 약 70% 가량이며 나머지는 기금운용수익 및 기타 수입이다.

국민연금의 보험료율은 가입종별로 다르다. 먼저 사업장가입자는 사용자와 근로자가 각각 반씩 부담하는데, 1988년에 처음 도입할 때는 합해서 3%이던 것이 이후 계속 올라 오늘날에는 9%이다(사용자 4.5%, 근로자 4.5%).

반면에 지역가입자는 본인이 전액 부담하는데, 1995년 최초 도입시에는 3%이던 것이 이후 계속 올라 2005년 7월부터는 9%이다. 다만 농어민의 경우는 국가가 일부 부조 한다.

우리나라는 또한 보험료 부담의 최고 상한액 제도를 갖고 있어 현재 소득이 360만원 이상인 경우는 그 이상의 소득에 대하여는 보험료 부담이 없다. 이렇게 상한액을 설정하는 것은 고소득자의 경우 지나치게 많은 급여액이 주어지는 것을 막을 수 있으나, 다른 한편으로는 소득재분배의 역진성을 야기시킬 수 있다.

우리의 국민연금의 재정부담방식은 대부분의 서구복지국가들의 부과방식(pay-as-you system)과 달리 부분적립방식(fund system)을 택하고 있다. 부과방식에는 대개 적립기금이 없이 그 해 가입자들로부터 보험료를 거두어 그해의 은퇴자들에게 급여를 하는 방식이다. 반면에 우리의 적립방식에서는 보험료를 계속 적립하여 기금으로 쌓아둔다.

따라서 우리의 경우는 이렇게 많은 적립된 기금을 어떻게 운용하느냐가 중요하다. 현재 대부분의 기금은 금융부문(국채, 주식 등)에 투자하고 있는데 금융부문의 평균 수익률보다는 높은 수익을 거두고 있지만, 금융시장 자체의 불안정성에 따라 기금 역시 불안정해진다는 지적도 있다.

4. 급여자격

국민연금의 급여자격은 급여유형별로 다양하다. 국민연금의 급여유형은 크게 노령연금, 장애연금, 유족연금으로 나눌 수 있고, 노령연금은 다시 완전노령연금, 감액노령연금, 조기노령연금 등이 있다.

먼저 완전노령연금을 받기 위하여는 연금 가입기간이 20년 이상이고, 60세가 되어야 한다. 감액노령연금의 자격조건은 가입기간 10년 이상 20년 미만인 사람으로 60세가 되어야 하는데, 이때 급여수준은 가입기간에 따라 다르다. 예를 들면, 가입기간이 10년이면 완전노령연금 급여액의 47.5%를 받고, 19년이면 92.5%를 받는다. 조기노령연금은 가입기간이 10년 이상이고, 연령이 55세 이상인 사람이 소득이 없을 경우 60세 전에 급여를 받을 경우인데 이때도 가입기간에 따라 급여수준이 다르다.

한편 장애연금을 받기 위하여는 연금 가입 중에 발생한 질병 또는 부상으로 완치 후에도 장애가 있어야 하는데 급여수준은 장애등급에 따라 다르다.

마지막으로 유족연금은 가입자, 가입기간 10년 이상인 가입자이었던 자, 노령연금 수급권자 등이 사망하였을 때 그 유족(배우자, 자녀, 부모 등)이 받을 수 있는데 급여수준은 가입기간에 따라 달라 예를 들어 10년 미만이면 기본연금액의 40%를 받는다.

5. 급여액

국민연금 급여액(기본연금액)은 다음과 같은 공식에 의하여 결정된다.

> 기본연금액=X(A+B) × (1+0.05n/12)
> A: 연금수급 전 3년 동안의 전체가입자 평균소득월액
> B: 가입자 개인의 전 가입기간 동안의 평균소득월액
> n: 국민연금 20년 이상 가입 개월 수
> X: 해당기간의 상수

여기서 A는 이른바 균등부문으로 가입자 개인의 소득에 상관없이 누구에게나 균등하게 정액으로 결정된다. 반면에 B는 흔히 소득비례부문으로 가입자 개인의 소득에 비례하여 결정된다.

흔히 국민연금제도가 소득재분배 기능을 한다고 하는데 이것은 A, 즉, 균등부문 때문이다. 즉, 가입자 개인의 소득이 전체가입자 평균소득보다 낮은 사람들은 균등부문으로 상대적으로 급여를 많이 받는 반면, 개인소득이 전체가입자 평균소득보다 높은 계층은 상대적으로 불리하다.

실제로 소득정도와 가입기간별 국민연금의 소득대체율(가입자 개인의 가입기간의 생애소득 대비 연금급여액)을 보면, 상수가 1.8일 때 가입기간 20년인 경우 개인소득이 전체가입자 평균소득의 반인 경우 45%인 반면, 전체가입자 평균소득의 2배인 사람은 22.5%이다.

한편 최초로 결정된 연금액은 평생 동안 동일한 액수가 지급되는 것이 아니고, 인플레이션을 고려하여 연금액의 실질가치를 보장하기 위하여 조정한다. 그래서 통계청이 발표하는 소비자물가지수에 따라 조정하는데, 기본연금액 공식의 A와 B부문을 전국소비자물가변동률을 고려하여 매년 조정한다.

6. 국민연금의 문제점과 개선방안

오늘날 각종의 언론매체에서 국민연금이 갖고 있는 문제점들에 대한 논란이 많다. 심지어는 국민연금을 거부하는 운동도 있는 실정이다. 우리의 국민연금이 갖고 있는 문제점은 크게 세 가지다.

첫째는, 연금재정의 장기적 불안정의 문제이다. 국민연금은 노령

연금이 본격적으로 지급되는 2008년까지는 연금기금이 지속적으로 누적되지만, 2008년 이후에는 급여지출이 급격히 증가한다. 그래서 현재의 보험료 9%를 그대로 유지할 경우 2020년부터는 재정적자가 시작되고, 2030년경에는 기금이 고갈될 것으로 예상된다.

이러한 장기적 재정불안정은 크게 보면 제도 자체의 설계에서의 저부담 고급여 구조, 빠른 연금수급연령, 그리고 인구의 고령화 등 세 가지 이유 때문이다.

국민연금의 재정이 안정이 되기 위해서는 기본적으로 가입자가 부담하는 보험료 수입과 연금지출이 장기적으로 균형을 이루어야 하는데, 우리의 제도는 설계 자체가 저부담 고급여로 되어 있어, 모든 소득계층에서 급여총액이 보험료 부담에 비하여 크다.

우리의 국민연금의 연금수급연령은 다른 선진산업국가들이 대개 65세인데 비하여 60세로 빠르다. 수급연령이 낮다는 것은 연금수급자 숫자를 증가시키는 반면 기여자의 숫자를 줄이고, 또한 오랜 기간 동안 연금을 지급해야 되기 때문에 연금재정에 이중으로 악영향을 준다.

마지막으로 인구 고령화의 문제다. 15~59세의 생산가능인구 대비 60세 이상 인구(연금수급자)비율을 나타내는 노인부양비율이 1997년에는 14.6%이던 것이 2020년에는 32%, 2030년에는 46%로 급격히 높아질 것으로 예상되고 있다. 즉 연금수급자는 크게 늘어나는데 보험료를 내는 연금가입자는 줄어 결국 연금재정이 불안정하게 되는 것이다.

둘째, 지역가입자에 대한 소득파악이 제대로 안 되고 있는 점이다. 현재 우리나라의 지역가입자들에 대한 소득파악률은 30~40%대에 머물러 많은 지역가입자들이 소득을 탈루하든지 아니면 과소 보고하는 경향이 있다. 이렇게 되면 우선 국민연금제도가 소득재분배기능이 있기 때문에 소득을 제대로 신고한 사람으로부터 소득을 낮게 신고한 사람(실제로 소득이 높은데)에게 소득이 재분배되는 현상이 발생한다.

또한 소득을 과소보고하게 되면 균등부문과 소득비례부문의 급여액을 모두 감소시켜 국민연금의 노후생활보장기능을 할 적절한 수준의 급여액이 주어지지 않는다. 즉, 국민연금의 급여수준이 급여의 사회적 적절성의 목표를 이룰 수 없는 것이다.

마지막으로, 지역가입자들의 소득의 과소보고는 사업장가입자들의 반발을 불러, 두 계층간의 갈등을 가져오고 궁극적으로는 국민연금 자체에 대한 거부감이 확대될 수 있다.

셋째, 국민연금기금운용에 대한 국민들의 불신이다. 우리나라의 국민연금은 서구복지국가들의 국민연금이 부과방식으로 운영되는 것과 달리 부분적립방식으로 운영되기 때문에 적립 후 기금의 운용이 중요하다. 얼마 전까지만 해도 국민연금기금은 정부가 공공부문의 투자를 위하여 사용하여 수익성이 완전히 무시되어 장기적으로 재정불안정에 대한 국민들의 우려가 컸다.

2000년 이후부터는 수익성을 고려하여 점차 금융부문에의 투자가 커지기 시작하였고 오늘날에는 금융부문에의 투자가 압도적으로 많아 적어도 수익성에 대한 문제는 어느 정도 해결되었다고 할 수 있다. 반면에 이번에는 안정성에 대한 우려가 커지고 있다. 즉 금융부문에 대한 투자(예를 들면, 주식투자)가 잘못되면 국민연금의 장기적 재정안정에 큰 위협이 되는 것이다. 아무튼, 국민연금의 미래는 국민연금기금을 얼마나 성공적으로 운용하느냐에 크게 달려 있다 할 수 있다.

이상의 문제점들에 비추어 볼 때 우리의 국민연금은 개선이 필요하다. 우선 연금재정의 장기적 불안정의 문제를 해결하기 위하여 현재의 '저부담 고급여' 체계를 바꾸어 가입자의 보험료 부담률을 높이는 반면 급여액은 줄여야 한다. 이것은 가입자들의 반발로 정치적으로 어려운 점이 있으나 국민연금의 장기적 재정안정을 위해서는 실행해야 한다.

또한 우리의 연금수급연령은 60세로 다른 선진산업국가들의 65세에 비하여 빠른데, 이것은 한편으로는 우리의 국민연금이 도입이 늦게 시작되었기 때문에 가능한 한 빠른 기간 내에 가능한 한 많은 사람들에게 급여를 하기위한 목적 때문이지만, 장기적으로 볼 때 우리의 연금수급연령도 점차적으로 늦추어야 한다.

지역가입자들에 대한 소득파악률도 높여야 한다. 이것은 우리의 여러 사정상 쉽지 않은 일이지만 앞으로 우리의 국민연금의 정착을 위해서는 반드시 이루어져야 한다.

마지막으로 국민연금기금의 운용에 대한 불신을 줄여나가야 한다. 이 점은 최근 금융부문에의 투자의 수익성이 높아지고 있어 많이 개선되었으나, 다른 한편으로는 기금의 안정성의 문제도 고려해야 한다. 즉 기금의 수익성과 안정성을 모두 이룰 수 있게 기금을 운용해서 국민들의 연금기금에 대한 막연한 불안감을 해소시켜야 한다.

제 2 절 건강보험

1. 역사적 발전과정

우리의 건강보험은 1977년 7월 1일부터 처음에는 의료보험이라는 이름하에 실시되었다. 처음에는 500인 이상 사업장 근로자들을 대상으로 실시하였으며 이후 적용대상을 점차 확대하여 1979년에는 공무원 및 교직원 의료보험을 실시하였고 또한 300인 이상 사업장 근로자까지 확대하였다.

이후 단계적으로 계속 적용대상을 확대하였고, 마침내 1989년에는 도시지역 의료보험을 실시하여 전 국민을 대상으로 하는 의료보험 체제를 갖추었다. 즉 우리의 의료보험을 처음 실시한 후 약 10년 만에 전 국민으로 적용대상을 확대한 것인데 이것은 외국과 비교해 볼 때 매우 빠른 것이다. 이렇게 빠르게 확대하고 보니 또한 많은 문제점을 갖고 있다(이것에 대하여는 뒤에서 자세히 논한다).

우리의 건강보험은 처음에는 이른바 조합방식으로 운영되었다. 그래서 1998년 10월 1일 이전에는 227개의 지역의료보험조합과 140개의 직장의료보험조합과 1개의 공무원·교직원 의료보험조합으로 이루어져 각 조합별로 운영되었다. 이것이 1998년 10월 1일 이후 지역의료보험조합과 공무원·교직원 의료보험조합까지 통합하여 하나의 국민건강보험공단으로 통합되었다. 이후 2003년 7월 1일부터는 재정통합도 이루어져 우리의 의료보험은 명실 공히 하나의 건강보험공단에서 운영되게 되었다. 이때부터 이름도 의료보험에서 건강보험으로 바뀌게 된다.

2. 적용대상

오늘날 우리 건강보험의 적용대상은 모든 국민이고 다만 의료보호 대상자는 제외한다. 건강보험의 적용대상은 직장가입자와 지역가입자로 구분된다. 직장가입자는 상시 1인 이상의 근로자를 사용하는 사업장에 고용된 근로자와 그 사용자, 그리고 공무원 및 교직원으로 인용된 자이다.

직장가입자의 피부양자는 직장가입자에 의하여 주로 생계를 유지하는 사람으로 직장가입자의 배우자, 직계존속(배우자의 직계존속 포함), 직계비속(배우자의 직계비속 포함) 및 그 배우자·형제·자매 등이다.

지역가입자는 직장가입자와 피부양자 및 의료보호대상자를 제외한 모든 사람이다.

3. 재원

국민건강보험의 재원은 크게 가입자, 사용자, 국가의 3자에 의하여 마련된다. 먼저 직장가입자, 공무원, 군인 등은 표준보수월액에 일정한 보험료를 곱하여 산정한다. 2010년 1월 현재 직장가입자는 5.33%의 보험료를 가입자와 사용자가 각각 50%씩 부담하고, 공무원은 5.33%의 보험료를 가입자와 국가가 각각 50%씩, 사립학교교직원의 경우는 가입자가 50%, 사용자가 30%, 국가가 20%를 부담한다. 반면에 지역가입자는 소득파악의 어려움을 고려하여 소득과 재산, 그리고 경제활동능력을 추정하여 산정한 평가소득에 근거하여 보험료부과점수를 산정한다. 보험료 부과점수당 2010년의 경우 156.2원을 곱하여 월 건강보험료를 산정한다.

이렇게 직장가입자와 지역가입자의 보험료 산정기준이 이원화되어 보험료 산정에 대해 사회적으로 논란이 많다. 직장가입자들은 많은 수의 고소득 자영업자에 대한 소득파악이 제대로 되지 않아 보험료를 실제소득에 비하여 적게 내고 있다고 불만이 높다. 한편, 많은 수의 저소득 가입자들은 자신들의 소득에 비해 보험료가 높다고 생각하여 보험료 납부를 제대로 안하고 보험혜택은 못 받고 있다.

4. 급여

국민건강보험의 급여형태는 크게 두 가지다. 하나는 현물급여인데, 여기에는 요양급여로 가입자 및 피부양자의 질병에 대한 의료서비스를 제공하는 것과 2년마다 1회 이상의 건강검진 서비스를 제공하는 것이 있다. 건강검진 대상자는 직장가입자 및 40세 이상 피부양자, 세대주인 지역가입자, 지역가입자 중 40세 이상인 세대원 등이다.

다른 하나는 현금급여인데, 요양기관 이외의 장소(예, 자택)에서 출산을 한 경우 요양급여에 상당하는 금액을 출산비로 지급하거나, 장애인의 경우 보장구 구입비용을 급여하는 등의 제한적인 범위에서 현금급여를 실시하고 있다.

그런데 여기서 중요한 것은 우리나라의 건강보험은 서구복지국가들을 비롯한 많은 국가들에서 실시하고 있는 질병수당제도를 가지고 있지 않다는 점이다. 즉 질병이 발생하여 소득이 없는 경우 일정기간 동안 수당을 지급하는 제도가 없는 것이다. 우리나라도 현재 공무원이나 일부 대기업에서는 질병이 발생했을 때 일정기간 동안 급여를 하고 있으나, 대부분의 국민들은 이러한 급여를 받지 못해 질병이 발생하면 소득이 중단되어 이중의 어려움을 겪는 것이다.

5. 문제점 및 개선방안

우리의 건강보험은 4대 사회보험 가운데 수급자 숫자나 지출 면에서 가장 크고, 모든 국민들의 일상생활에 가장 크게 영향을 주고 있다. 또한 건강보험을 통해 의료서비스 이용에의 접근이 용이해졌고 그로 인해 전반적인 국민건강이 향상되었다. 그러나 이러한 공헌에도 불구하고 우리의 건강보험은 몇 가지 문제점을 가지고 있어 개선이 필요하다.

첫째, 의료서비스 이용 시에 본인부담률이 지나치게 높다는 점이다. 의료서비스는 성격상 어느 정도의 본인부담이 필요하다. 이른바 '도덕적 해이(moral hazard)'의 문제로 본인부담이 없으면 의료서비스를 불필요하게 과다하게 이용할 가능성이 있다. 특히 경미한 질병일 경우에는 더욱 그러하다. 그래서 서구복지국가들의 건강보험에서도 의료서비스 비용의 일부를 본인이 부담하고 있다. 심지어 국민의 세금을 재원으로 완전 무료로 전 국민에게 의료서비스를 제공하는 제도로 알려진 영국의 NHS(National Health Service)제도에서도 비록 액수는 크지 않지만 의료서비스 비용의 일부를 본인이 부담한다.

그런데 우리의 건강보험에서 진료비용은 보험급여 부분과 비급여 부분으로 나뉘어, 비급여 부분은 서비스 이용자 본인이 부담해야 하고, 또한 보험급여 부분에서도 본인일부부담 부분이 있어 전체적으로 본인부담율의 비중이 높다.

우리의 본인부담률은 과거에 비해 낮아지고는 있으나 여전히 높은 편이다. 예를 들면, 1996년에 본인부담률은 입원의 경우 전체 의료비용의 44%, 외래의 경우 64%에 이를 정도로 높았는데, 오늘날에는 입원의 경우 20%, 외래의 경우 종합병원의 경우 55%, 병원의 경우 40%, 의원의 경우 30%로 낮아졌다.

이러한 본인부담률은 서구복지국가들에 비하여 여전히 높은 편이다. 본인부담률이 높은 것은 소득계층 사이의 의료서비스 이용의 불평등을 초래한다. 특히 소득이 낮은 계층은 이렇게 높은 본인부담률 때문에 의료서비스 이용 자체를 꺼리게 된다. 특히 수술을 필요로 하는 중한 질병의 경우 전체 의료비용이 커져 그만큼 본인이 부담하는 비용을 커지게 되기 때문에 더욱 그러하다.

본인부담률을 낮추기 위해서는 먼저 보험급여 부분을 확대하여 비급여 부분을 줄여야 한다. 이를 위해서는 결국 보험료율을 높이든지 아니면 국가가 재정적인 지원을 더 확대해야 한다.

또 하나의 방법은 보험급여 부분과 비급여 부분을 재조정하여, 경미한 질병에는 높은 본인부담률을, 중한 질병에는 낮은 본인부담률을 적용하게 해야 한다(현재는 그 반대이다).

둘째, 의료서비스의 질이 낮다는 점이다. 널리 알려졌듯이, 우리 국민들은 의료서비스를 받으려면 오래 기다렸다가 짧고 성의 없는 서비스를 감수해야만 한다. 이것의 이유는 서비스 제공자들(의사, 간호사 등)의 개인적인 요인들에서 찾을 수 있으나 본질적이고 구조적인 이유는 정부에서 정하는 의료서비스의 가격(이른바 의료수가)이 낮기 때문이다.

우리의 의료수가는 서구복지국가들의 그것에 비하여 낮다. 그 이유는 일반 국민들의 건강보험 보험료의 부담을 높게 안 하려는 정부의 정책 때문이다. 즉 빠른 시간 내에 모든 국민들을 건강보험에 가입시키기 위해서는 보험료를 낮게 책정할 수밖에 없는 것이다. 현재 우리의 건강보험의 보험료율은 4.3%로 서구복지국가들이 10%대에 가까운 것에 비하여 매우 낮다.

'싼 것이 비지떡'이라는 말이 있듯이 이렇게 낮은 보험료율에서는 의료수가가 낮을 수밖에 없고 의료수가가 낮으면 자연스럽게 의료서비스의 질도 낮을 수밖에 없는 것이다.

특히 앞으로 민간 의료보험이 본격적으로 도입되면 현재의 질이 낮은 의료서비스를 제공하는 공적인 건강보험은 중산층 이상의 사람들로부터 외면당할 수 있어 장기적으로 건강보험은 쇠퇴할 수도 있다. 즉, 소득이 낮은 사람들은 질이 낮은 건강보험으로, 소득이 높은 사람들은 질이 높은 민간 의료보험으로부터 의료서비스를 받는 이중체계가 형성될 가능성이 크다. 따라서 모든 국민들을 대상으로 질이 높은 의료서비스를 제공하는 건강보험이 되기 위해서는 보험료율을 어느 정도 높여 이 재원으로 의료수가도 높여야만 된다.

행위별수가제도와 포괄수가제
행위별 수가제(Fee-for-service)는 진료에 소요된 약제 또는 재료비를 별도로 산정하고 의료인이 제공한 진료행위 하나하나마다 일정한 값을 정하여 의료비를 지급토록 하는 제도. 현재 건강보험 제도에서는 과잉투약 또는 불필요한 검사, 처치 등의 과잉진료(over-doctoring) 등의 행위별수가제의 단점을 보완하기 위해 진료행위마다가 아닌 질병군(DRG)별로 의료비가 포괄적으로 계산되도록 하는 포괄수가제를 일부 의료기관에 시범적으로 도입하고 있다.

셋째, 현재의 의료비 지불제도를 개선해야 한다. 현재 우리의 건강보험에서는 의료비 지불제도가 이른바 **행위별 수가제도**(fee for service)로 수많은 의료행위에 대하여 가격을 정하여 이에 따라 의료비를 산정한다. 이러한 상황에서는 서비스 제공자들이나 서비스 수급자 모두가 과잉진료 행위를 원하여 불필요하게 많은 의료비용이 지불될 수 있다.

최근에 이 문제를 해결하기 위해 우리의 건강보험에서는 질병 군별로 고정된 가격을 설정하는 이른바 **포괄수가제**(Diagnosis-related Groups, DRG)를 시범적으로 실시하고 있다.

제 3 절 산업재해보상보험

1. 역사적 발전과정

산업재해보상보험이란 사업장에서 일하는 근로자가 업무상 재해를 당하여 장애를 입거나 사망을 당했을 때 보상하는 제도이다. 이 점에서 일반국민들이 일반적인 장애를 당했을 때 급여하는 국민연금에서의 장애연금과는 다르다. 일반적으로 산재보험은 근로기준법상에 명시된 산업재해에 대한 사용자의 책임을 강제화한다는 목적에서 제정되었다고 볼 수 있다.

우리의 산재보험은 다른 사회보험보다 가장 먼저 1964년에 실시되었다. 처음에는 상시 근로자 500인 이상의 광업과 제조업 사업장에 근무하는 근로자에게만 적용하였다가, 이후 계속 확대하여 2000년부터는 1인 이상의 사업장까지 적용대상이 되었다.

2. 적용대상

오늘날 우리의 산재보험은 모든 사업 또는 사업장에 근무하는 근로자들을 대상으로 하는 것을 원칙으로 하고 있다. 다만, 사업의 위험률, 규모, 사업장소 등을 고려하여 대통령령으로 정하는 산업은 적용을 제외하고 있다.

산재보험의 적용대상은 사업자의 가입의사 여부와 관계없이 강제로 적용되는 당연적용사업과 사업자의 가입의사에 따라 가입할 수 있는 임의적용사업으로 나뉜다.

임의적용사업은 공무원, 교직원, 선원 등과 같이 다른 제도에 의하여 재해보상이 이루어지는 경우, 사업의 규모가 영세하여 산재보험관리에 어려움이 있는 사업(예를 들면, 공사금액이 2천 만원 미만인 건설업, 5인 미만의 근로자를 고용하는 어업, 수렵업 등), 그리고 가사서비스업 등이다.

이상의 사업을 제외한 모든 당연적용사업의 사용자는 강제적으로 보험에 가입해야 되고, 보험료의 신고·납부의무가 주어진다.

3. 재원

산재보험의 재원은 보험가입자, 즉 사용자가 내는 보험료로 이루어진다. 즉, 다른 사회보험과 달리 피고용자는 부담을 안 한다. 이것은 산업재해에 대한 사용자의 책임 원칙을 반영하기 때문이다.

보험료는 당해연도의 해당 사업장, 혹은 사업의 임금총액에 보험료율을 곱해서 결정되는데, 여기서 보험료율은 각 사업이나 사업장이 속한 업종에 따라 다르다. 그 이유는 업종별로 산재발생률이 다르기 때문이다. 즉 산재발생률이 높은 업종은 보험료율이 높아지는 것이다. 현재 적용요율은 58개 업종으로 구분해서 최저 4/1,000에서 최고 489/1,000으로 결정되어 있다.

'업종별 보험료율=순보험료율(85%)+부가보험료율(15%)'로 결정되는데, 순보험료율은 다시 보험급여지급률+추가증가지출률로 결정되는데, 여기서 보험급여지급률은 과거 3년간의 보험급여액을 과거 3년간의 임금총액으로 나눈 값으로 결정되고, 추가증가지출률은 당해 보험년도 추가지급월액을 고려하여 재조정하여 결정된다. 또한 부가보험료율은 보험사업 소요비용으로 결정된다.

우리나라의 산재보험은 사용자의 산업재해의 예방행위를 높이기 위하여 개별실적요율제도를 운영하고 있다. 그래서 개별실적요율이 적용되면 사업체의 과거 3년간의 보험료율에 대한 보험급여총액의 비율, 즉 수지율이 85% 이상이거나 75% 이하인 경우에는 업종별 일반요율의 50% 범위 내에서 보험료율의 인상 혹은 인하를 할 수 있다.

4. 급여

우리의 산재보험에서 급여를 받기 위해서는 재해가 업무상 재해로 인정받아야 한다. 여기서 업무상재해는 '업무상의 사유에 의한 노동자의 부상, 질병, 신체장애 또는 사망'을 의미한다.

여기서 두 가지 중요한 개념이 업무수행성과 업무기인성이다. 업무수행성이란 노동자의 재해가 업무를 수행하는 중에 발생한 것인가를 따지는 것이고, 업무기인성이란 그 업무로 인하여 재해가 발생했는가를 따지는 개념이다.

즉 산재보험의 급여를 받기 위해서는 업무수행성과 업무기인성 모두를 충족해야 한다. 그런데 업무수행성과 업무기인성이라는 개념이 모호하여 실제 적용하는 데 많은 논란이 있다. 예를 들면, 통근 시의 재해나 퇴근 후의 직원회식 시의 재해를 업무상 재해로 인정하느냐의 여부이다. 또한 어디까지 업무로 인해 발생한 직업병으로 인정하느냐가 논란이다.

그런데 최근 우리나라에서도 산재인정의 범위에 대한 판단을 넓게 해석하는 추세이다. 그래서 통근이나 퇴근 후 직원들의 활동 시에 재해도 당해서 급여자격이 주어지고 있다. 또한 직업병에 대한 인정여부도 완화되어 근로자가 이미 다른 질병(예를 들어, 고혈압)으로 다른 근로자들보다 질병발생률이 높았다 하더라도 업무에 기인한 직업병으로 인정해 주는 추세이다.

산재보험의 급여는 산재로 인해 발생하는 비용을 보상하는 현물급여와 소득상실을 보상하는 현금급여로 나눌 수 있다. 현물급여에는 요양급여가 있으며, 현금급여에는 휴업급여, 장애급여, 간병급여, 유족급여 등이 있다.

요양급여는 업무상 부상 또는 질병에 걸렸을 때 의료기관에서 상병의 치료에 소요되는 비용을 치유시까지 지급하는 것을 말한다. 단, 부상 또는 질병이 4일 이상의 요양이 필요한 때만 지급한다.

휴업급여는 부상 또는 질병으로 인해 취업하지 못한 기간에 산재근로자와 그 가족의 생활보호를 위해 임금 대신 지급하는 급여로서 요양기간이 4일 이상이어야 하며, 사용자로부터 임금을 받지 못하는 경우에 지급된다. 급여수준은 본인의 평균임금의 70% 수준이다.

장애급여는 업무상 재해의 치유 후 그 재해와 인과관계가 있는 장애가 남는 경우 장애의 정도에 따라 지급하는 급여이며, 장애정도에 따라 1등급에서 14등급으로 구분하고 등급에 따라 급여형태와 수준을 달리한다. 예를 들면, 1급에서 3급까지의 중증장애인 경우

연금으로 지급하도록 되어 있는데, 1급의 경우 평균임금의 약 90%를 연금으로 받는다. 반면에 8급 이상의 비교적 경증장애인 경우에는 일시금으로 지급하는데 8급인 경우 495일분의 임금을 일시금으로 지급한다.

유족급여는 근로자의 사망 시 그 유족의 생활보장을 위해 지급하는 제도를 말하는데 급여는 현금형태로 지급되고 급여수준은 유가족 수에 따라 사망근로자 평균임금의 52%(1인)부터 67%(4인 이상)까지 지급하도록 되어 있다.

이 밖에 최근에 도입한 간병급여는 요양급여를 받는 사람이 간병이 필요하여 실제로 간병을 받는 사람에게 지급하는 제도이다.

5. 문제점 및 개선안

우리의 산재보험은 우선 산재보험료율 산정방식에 문제가 있다. 우리는 산재보험료율을 산정하는 데 업종별차등요율제와 개별실적요율제 둘 다를 사용하여 지나치게 업종별 그리고 개별사업장별로 보험료율에 차등을 많이 두어 사회보험의 성격보다는 시장원리에 따른 사보험의 성격을 많이 갖고 있다고 할 수 있다.

이러한 보험료율 부과체계는 보험수입과 보험지출의 수지를 맞추는 것과 사업장들의 재해예방행위를 높일 수 있다는 측면에서 어느 정도 이해가 될 수 있으나, 보험료율이 지나치게 세분화되어 행정적인 복잡성과 비효율성이 커져 사회보험으로서의 성격이 약화된다. 사실 재해예방은 차등요율제나 개별실적요율제에 의한 각 사업장의 노력으로 이루어지는 것은 한계가 있다. 재해예방은 재해에 대한 사회전체의 근본적인 인식전환이 있어야만 해결될 수 있는 것이다.

둘째, 급여체계의 문제로서 현재 우리는 장애등급의 정도에 따라 14등급으로 분류하여 급여수준을 정하고 있다. 그러나 장애급여의 기본적인 목적은 장애자체가 아니라 장애로 인한 소득상실에 대한 보전이기 때문에 급여수준을 단순히 장애등급에 따라 결정하는 것은 문제가 있다. 서구복지국가들의 산재보험에서는 장애로 인한 실질적인 소득상실을 측정하는 기준으로 근로자가 장애로 인해 노동시장에서 경제활동을 통하여 얻을 수 있는 소득을 추정하고 이에 따라 소득을 보전하고 있다. 우리의 산재보험은 현재의 장애등급에 따른 기준과 함께 근로자의 직업적 특성을 고려한 소득상실을 추정하는 방식을 병행하는 것이 바람직하다.

또한 직업병에 대한 판정에 있어서도 확정된 직업병 목록에 너무 의존하여 새로운 직업병에 대한 인정이 매우 까다롭다. 따라서 직업병 판정에서도 직업병 범위의 확대해석과 새로운 직업병에 대한 연구가 적극적으로 이루어져야 한다.

마지막으로, 우리의 산재보험은 산재근로자에게 중요한 산재발생 예방사업과 사회재활 혹은 직업재활을 소홀히 하고 있다는 점이다. 그래서 산업안전보건과 관련된 법령을 재정비하여 산재예방에 대한 감독을 촉진하며, 각 사업장별 특성에 맞는 산재예방을 위한 자문 및 지도가 이루어져야 하며, 사업장별로 안전교육을 실시하고 홍보를 통한 산업안전의 경각심을 높여야 한다.

제 4 절 고용보험

1. 역사적 발전과정

서구의 복지국가들도 그러했듯이 우리의 고용보험도 4대 사회보험 가운데 가장 늦게 1995년 7월부터 시행하였다. 일반적으로 대부분의 서구 복지국가들에서는 고용보험이라는 용어보다는 실업보험(unemployment insurance)이라는 용어를 사용한다. 즉 실업이 되었을 때 실업급여를 통해 생활보장을 추구하는 것을 강조한다.

반면에 우리는 고용보험이라는 용어를 사용하는데(일본과 독일도 그러하다), 그 이유는 단순히 실업 후의 소득보장에 그치는 것이 아니라, 근로자들의 직업능력을 개발하거나 고용안정을 이루거나 적극적인 취업알선 등의 적극적 노동시장정책의 성격을 강조하기 때문이다. 즉 사후적·소극적 실업보험에 그치는 것이 아니라, 실업을 예방하고 고용을 안정시키며 근로자의 직업능력을 개발하는 등 사전적·적극적 성격이 강조되는 것이다.

우리의 고용보험제도는 처음에는 실업급여는 30인 이상, 고용안정사업과 직업능력개발사업은 70인 이상의 근로자를 고용하는 사업장을 대상으로 하였다가 그 후 이른바 'IMF 외환위기'로 대량실업시대를 맞아 적용대상을 급격히 확대하여 제도도입 후 약 3년 만에 전체 근로자를 대상으로 하였다. 이것은 서구복지국가들과 비교해 볼 때 가장 빠른 기간 내에 확대된 것이다.

2. 적용대상

현재 우리의 고용보험의 적용대상은 당연적용사업과 임의적용사업으로 구분한다. 당연적용사업은 사업이 개시되어 적용요건을 충족하게 되었을 때 사용자의 의사와는 관계없이 자동적으로 보험관계가 성립하는 사업으로 근로자를 1인 이상 사용하는 사업이 해당된다.

다만 사업의 규모 및 산업별 특성을 고려하여 사업장 및 피보험자 관리가 어렵다고 판단되는 다음의 일부 사업에 대하여는 적용을 제외한다.: ① 농업, 임업, 어업 및 수렵업 중 법인이 아니면서 상시 4인 이하의 근로자를 고용하는 사업 ② 총 공사금액이 일정액 미만인 건설사업(예, 2004년의 경우 2천만 원) ③ 가사서비스업

한편 임의적용사업은 고용보험법이 강제로 적용되지 아니하는 사업으로 사용자가 자유의사로서 고용보험에 가입하는 사업을 말한다. 여기에는 고용보험 피보험자가 65세 이상인 사람, 1개월 내의 근로

시간이 60시간 미만인 사람, 공무원, 교직원, 우체국 직원 등이 포함된다. 이러한 경우 사용자가 고용보험에 가입하고자 할 경우에는 근로자의 과반수 이상의 동의를 얻어야 한다.

3. 재원

고용보험의 재원은 보험료로 이루어진다. 보험료는 두 가지로 나누어지는데 고용안정과 직업능력개발사업의 보험료는 사용자가 전액 부담하는 반면, 실업급여 보험료는 근로자와 사용자가 각기 절반씩 부담한다.

2003년 1월 이후 실업급여의 보험료율은 근로자와 사용자가 각기 0.45%씩 부담하고, 고용안정사업은 사용자가 0.15%를 부담한다. 한편, 직업능력개발사업은 기업규모별로 보험료율의 차등을 두어 1,000인 이상의 기업은 0.7%, 150~1,000인 미만은 0.5%, 150인 이상은 0.3%, 150인 미만 기업은 0.1%를 부담한다.

4. 급여

고용보험의 급여는 크게 네 가지 사업영역에서 지급되는데 ① 고용안정사업 ② 직업능력개발사업 ③ 실업급여 ④ 모성보호급여 등이다

1) 고용안정사업

고용안정사업은 국내외 경기의 변동, 산업구조의 변화, 기타 경제상의 이유 등으로 노동력이 부족하거나 고용기회가 감소하여 고용상태가 불안하게 되는 경우 근로자의 고용안정을 보장하면서 기업의 고용조정을 합리적으로 지원하기 위한 것으로 고용조정지원사업, 고령자자들의 고용촉진사업, 고용촉진시설지원사업 등을 포함한다.

고용조정지원사업에는 근로자의 계속고용유지와 근로자의 신속한 재취업을 위하여 사용자가 고용유지조치를 취하여 고용을 유지하는 경우에 임금과 훈련을 지원하는 고용유지지원금제도를 비롯한 전직지원장려금, 재고용장려금 등의 제도가 있다.

잠재인력고용촉진사업에는 고령자들에 대한 고용촉진과 직업전환의 기회를 제공하기 위하여 고령자고용촉진장려금제도가 있고 또한 여성들의 취업을 높이고자 여성고용촉진장려금제도가 있다. 이밖에 장기구직자고용촉진장려금, 중장년훈련수료자채용장려금 등의 제도가 있다.

마지막으로 고용촉진시설지원사업에는 대표적으로 직장보육시설에 대한 지원제도가 있는데 여기에는 직장보육시설지원금, 직장보육시설 설치비용 융자 및 무상지원제도가 있다.

2) 직업능력개발사업

직업능력개발사업은 기업 및 근로자의 직업능력개발사업 지원을 통해 인적자원의 질을 높여 근로자의 직무능력향상에의 노력을 높이는 것을 목적으로 하는 사업이다.

이 사업은 크게 사용자를 지원하는 사업과 근로자를 지원하는 사업으로 나눌 수 있다. 사용자를 지원하는 사업에는 직업능력개발훈련에 대한 지원, 유급휴가훈련지원, 해외직업능력개발훈련에 대한 지원, 건설근로자에 대한 훈련비용지원 등이 있다.

근로자를 지원하는 사업에는 근로자 학자금 비용 대부, 근로자 수강지원금, 실업자 재취직 지원, 정부위탁훈련 등의 사업들이 있다.

3) 실업급여

실업급여는 근로자가 실직한 경우에 일정기간 동안 급여를 지급하여 근로자 및 가족의 생활안정을 도모하는 동시에 자신의 능력과 적성에 맞는 새로운 직장을 찾을 수 있도록 지원하는 제도이다.

실업급여에는 여러 형태가 있는데, 가장 중요한 것은 구직급여이다. 구직급여는 피보험자가 실업 전 18개월의 기간 중 180일 이상 근무한 후 불가피한 사유(자발적 실업이나 해고된 경우는 해당 안 됨.)로 이직 또는 퇴직 시 재취업 의사와 능력을 가지고 있을 때 지급한다.

급여일수는 고용보험에 가입한 기간 및 연령에 따라 90~240일 범위 내에서 다르다. 급여수준은 실직 전 평균임금의 50%를 지급한다. 단 최고액은 일일임금으로 35,000원이고, 최저액은 최저임금의 90%이다. 또한 수급자격자가 구직급여를 받기 위해서는 2주에 1회씩 직업안정기관에 출석하여 실업의 인정을 받아야 하고, 직업안정기관에서 제시하는 직업훈련이나 직업지도를 거부하는 경우 수급자격이 정지된다.

실업급여 가운데는 취직촉진수당제도가 있는데, 이 가운데 조기재취직수당제도는 수급자격자가 구직급여 급여일수의 1/2이상을 남기고 안정된 직장에 조기 취업한 경우에 지급되는 보너스 성격의 급여이다. 이 밖에 직업능력개발수당, 광역구직활동비, 이주비 등의 취직 촉진에 도움이 되는 급여 등이 있다.

4) 모성보호급여

여성들의 노동시장 참여 확대는 저출산·고령화 시대를 맞이하여 매우 중요하다. 그래서 여성들의 노동시장 참여를 촉진하는 제도들이 있는데, 대표적으로 산전후 휴가급여와 육아휴직급여제도가 있다. 산전후 휴가급여를 받기 위해서는 피보험 단위기간이 180일 이상이어야 하며, 급여액은 근로기준법 상 통상임금액에 상당하는 금액을 지급하되 135만원을 넘지 못한다.

육아휴직급여는 만 1세 미만의 영아를 가진 남·녀 근로자가 그 영아를 양육하기 위해 육아휴직을 실시하는 경우 그 기간 동안 월 40만원의 급여를 하는 제도이다.

5. 문제점 및 개선방안

우리의 고용보험은 매우 빠른 기간 내에 거의 모든 근로자들에게 확대하다 보니 몇 가지 문제점들이 노출되었다. 크게 보면 4가지다. 첫째는, 고용보험의 실업급여제도가 실업자에 대한 사회안전망 역할을 제대로 못하고 있다는 점이다. 특히 영세사업장에서 일하는 근로자들이나 비정규직 근로자들은 실질적으로 실업급여를 받기 어려운 점이 문제이다. 왜냐하면, 이들은 급여수급조건인 실직 이전 18개월 중 6개월 이상 계속 피보험자로 유지하기가 어렵기 때문이다. 즉, 우리의 실업급여는 대개의 경우 안정적인 직장에 다니는 정규직 근로자들이 실직했을 때 실질적으로 주어진다.

둘째는, 고용안정사업의 경우 대규모 사업장이 영세사업장에 비하여 급여수급 실적이 높아 영세사업장이 대규모 사업장에 재정적 이전을 해 주는 역진성의 문제다. 직업능력개발사업의 경우도 사업규모별 보험료율의 차등화에도 불구하고 사업규모가 클수록 납부한 보험료에 비하여 사업자가 지원받는 급액의 비율이 훨씬 높게 나타나고 있다. 실업급여에 있어서도 30인 이하의 영세사업장에 있어 납부한 보험료 대비 지급된 실업급여 비율이 훨씬 낮다.

셋째는, 노동시장의 적극적노동시장정책을 위한 기본체계가 미흡하다는 점이다. 즉, 직업안정기관의 구축, 전문인력 양성 및 확보, 노동시장정보체계의 구축, 공공직업안정기관이 활용 가능한 구직활동지원프로그램의 개발 등에서 여러 가지의 문제점들이 나타나고 있다.

마지막으로, 서비스 전달체계가 공급자 중심의 행정 편의적이고 관료적 경직성으로 비효율적이라는 점이다. 특히 고용보험관계의 성립·소멸·변경 신고, 고용안정사업이나 직업능력개발사업, 그리고 실업급여의 각종 지원금의 신청이나 관련 서류의 제출, 실업의 인정 및 신청 관련 서류들이 복잡하고 직접 방문하도록 하는 등의 문제점들을 갖고 있다.

제 5 절 국민기초생활보장제도

1. 역사적 발전과정

우리나라는 가난한 사람들을 위한 공공부조제도로 생활보호법을 1961년부터 시행하였다. 이 제도는 전형적인 범주적 공공부조제도로 65세 이상의 노인, 18세 이하의 아동, 장애 등의 이유로 근로능력이 없으면서 일정한 소득과 자산 이하인 사람에게만 최소한의 급여를 하였다.

그러다가 'IMF 외환위기' 이후 빈곤한 사람들이 급격히 늘어나서 기존의 생활보호제도로 혜택을 못 받는 사람들이 많아지자 모든 가난한 사람들을 위한 사회보장제도의 필요성이 대두되었다.

이러한 배경에서 태어난 것이 2000년 10월부터 시행된 국민기초생활보장제도이다. 이것은 과거의 생활보호법과 여러 가지 측면에서 다르다. 우선 인구학적 조건을 없애 일정한 소득과 자산 이하면 누구에게나 급여가 주어진다. 즉, 일반적 공공부조인 것이다. 또한 선정 기준이 되는 소득과 자산의 액수를 생활보호법에서는 국가가 예산의 범위 내에서 임의적으로 결정하였지만, 국민기초생활보장제도에서는 최저생계비를 산출하여 이것을 기준으로 결정한다. 철학적으로 볼 때도 생활보호법이 국가에 의한 빈자들에 대한 시혜의 성격을 가지고 있다면, 국민기초생활보장법은 저소득층의 수급권을 인정하는 권리적 성격을 반영한다고 볼 수 있다.

2. 적용대상

국민기초생활보장제도는 현재 원칙적으로 소득과 자산을 고려하여 결정하는 소득인정액이 최저생계비 이하이면서 부양의무자가 없거나 부양능력이 미약한 사람이면 누구나 대상이 된다. 단 근로능력이 있는 사람들은 자활사업에 참여하는 조건으로 급여한다. 2002년까지는 소득기준과 재산기준을 별도로 산정하였다.

여기서 소득인정액이란 소득평가액에다 재산을 소득으로 환산한 액수를 합한 액수이다(소득평가액은 실제소득에서 가구 특성별 지출비용과 근로소득공제를 뺀 액수이다.).

선정기준이 되는 최저생계비는 국가에 의해 매년 결정되는데 2010년의 경우 1인 가구는 50만4344원이며, 4인 가구는 136만3091원이다.

부양의무자란 1촌 이내의 직계혈족과 그 배우자, 생계를 같이하는 2촌 이내의 혈족을 말한다. 부양의무자의 부양능력은 부양의무자 가구의 소득과 재산을 기준으로 판단한다. 이것은 수급권자 가구의 숫자와 부양의무자 가구의 숫자에 따라 다르다. 기본적인 판단은 '부양의무자의 재산의 소득환산액'이 '수급권자가구 및 부양의무자 가구의 최저생계비합의 42%' 미만이고, 부양의무자의 소득이 부양의무자가구의 최저생계비 130% 미만이어야 부양능력이 없는 것으로 판단한다.

예를 들면, 2010년의 경우 수급권자 가구가 2인 가구이고, 부양의무자 가구가 4인인 경우 소득이 177만원 미만이고, 재산의 소득환산액이 93만원 미만인 경우는 부양능력이 없는 것으로 판단한다. 반면에 소득이 289만원 이상이거나 재산의 소득환산액이 93만원 이상이면 부양능력이 있는 것으로 판단한다. 재산의 소득환산액이 93만원 미만이고 소득이 177만원에서 289만원 사이에 있는 경우 부양능력이 미약한 것으로 판단하여 수급권자에 대한 부양비 지원을 전제로 부족한 부분을 급여로 제공한다.

3. 급여

국민기초생활보장제도의 급여 형태는 생계급여, 주거급여, 의료급여, 교육급여, 해산급여, 장제급여, 자활급여가 있다. 급여는 생계급여를 기본으로 하고 필요에 따라 다른 급여를 제공한다. 급여의 수준은 급여와 수급자의 소득인정액을 포함하여 최저생계비 이상이 되도록 하고 있다.

생계급여는 가구별 소득평가액과 가구원 숫자를 고려하여 차등지급하는 생계비 보충급여제를 원칙으로 한다. 실재 수급권을 가진 가구가 받는 생계급여는 최저생계비에서 타지원액과 주거급여액을 제외한 금액이 최대치이며, 여기서 각 가구의 소득평가액을 제한 나머지가 실수령하는 생계급여액이 된다. 2010년의 경우 4인가구는 최대 생계급여액이 905,941원이며 주거급여액은 235,085원으로 최대한 받을 수 있는 현금급여액은 1,141,026원이다.

의료급여는 수급권자를 1종과 2종 대상자로 구분하여 급여하는데 1종 대상자는 근로능력이 없는 사람으로 구성된 가구이거나 미취학아동 또는 거동이 불편한 가구원이 있는 가구이고, 2종 대상자는 1종 대상자가 아닌 모든 경우를 말한다. 급여 내용에서는 1종 대상자는 진료비 전액이 무료이고 2종 대상자는 본인이 일부 부담한다.

교육급여는 수급권자 가구 중 중·고등학생 자녀가 있는 경우 입학금 및 수업료와 교과서비, 학용품비를 지급한다. 해산급여는 수급자 가구 중 출산여성이 있을 경우 분만 전후의 필요한 조치와 보호를 위해 1인당 20만원을 지급한다. 장제급여는 수급자 가구원이 사망할 때 지급하는 것으로 의료보호 1종 대상자는 50만원, 2종 대상자는 20만원을 지급한다.

자활급여는 근로능력이 있는 사람들을 대상으로 자활에 필요한 사업에 참가할 것을 조건으로 생계급여를 받는 조건부 수급자에게 자활공동체 사업, 생업자금의 융자, 직업훈련, 취업알선, 창업훈련 및 지원, 재활 프로그램 등을 실시한다.

급여를 실시함에 있어 근로능력, 자활욕구 및 가구여건 등을 고려하여 취업대상자와 비취업대상자로 구분하는데, 취업대상자에게는 직업훈련, 구직활동지원, 공공근로사업 등을 시행하고, 비취업대상자는 생업자금지원, 자활공동체사업, 자원봉사 등의 사업이 이루어진다.

4. 문제점 및 개선방안

우리의 국민기초생활보장제도는 적어도 원칙적으로 가난한 사람 모두를 대상으로 한다는 측면에서 과거의 생활보호법에 비해 발전된 것이라 볼 수 있다. 그럼에도 불구하고 현재의 제도는 적어도 다음의 세 가지 측면에서 문제가 있다.

첫째, 많은 수의 실질적인 빈곤층이 부양의무자 규정 때문에 수급대상에서 제외되고 있는 점이다. 대부분의 서구복지국가들에서는 공공부조에서 부양의무자 규정이 없다. 그 이유는 단순하여 사회복지제도들의 수급단위가 핵가족이기 때문이다. 반면에 우리는 문화적 특수성으로 인하여 아직도 핵가족화가 덜 되었고, 실제로 핵가족들 사이의 사적 이전지출이 많다. 이러한 상황에서 부양의무자 규정을 두는 것은 어느 정도 이해가 간다.

그러나 문제는 국민기초생활보장제도의 대상자가 되는 많은 사람들의 부양의무자들 가운데 많은 사람들이 실질적인 부양능력이 없다는 점이다. 즉, 빈곤가족과 혈연관계가 있는 가구도 빈곤층에 가깝기 때문에 부모 혹은 자식을 부양할 능력이 없다는 것이다. 특히 우리의 부양능력 기준은 소득과 자산수준이 너무 낮아 마치 빈곤가구가 다른 빈곤가구를 부양할 것을 강요하는 모습이다. 예를 들면,

수급권자 가구가 1인이고 부양의무자 가구가 2인인 경우 소득이 128만원이면 부양능력이 있다고 판단하여 급여를 하지 않는다.

또한 장기적으로 볼 때, 부양의무자 가구의 근로나 저축동기가 약화되어 '탈 부양의무자'화 현상이 나타날 수 있어 결과적으로 부양의무자의 빈곤화 현상을 초래할 수 있다.

따라서 부양의무자 규정을 없애든지 아니면 부양능력을 판단하는 소득과 자산수준을 대폭 높여 실질적인 부양능력자를 선별해야 한다. 우리의 사회관습 상 부양의무자 규정을 폐지하더라도 실질적으로 부양능력이 있는 사람이 가난한 자신의 부모나 자식들을 부양하지 않고 현 제도로부터 급여를 받게 하는 사람들은 많지 않기 때문이다.

둘째, 자산조사를 지나치게 엄격하게 하는 점이다. 우리의 제도에서는 수급자가 되기 위해서는 소득과 자산조사 모두 자격조건이 충족되어야 한다. 일반적으로 공공부조는 소득과 자산조사 모두를 한다. 그러나 서구복지국가들에서 실질적으로 중요한 것은 소득조사이다. 왜냐하면, 이러한 국가들에서는 자산조사를 할 때 수급자들이 살고 있는 집이나 필수품으로 인정되는 자산들(예, 자동차)을 제외하기 때문에 빈곤층들이 이러한 자산 이외의 자산을 거의 갖고 있지 않기 때문에 실질적으로 소득조사가 중요한 것이다.

우리나라는 자기가 살고 있는 주택도 자산조사에 포함되어 대도시의 경우 매우 낮은 수준의 집을 가지고 있는 사람들이 자산조사 때문에 수급을 못하고 있다. 따라서 우리도 서구복지국가들처럼 살고 있는 집이나 필수품들을 자산조사에서 제외시킬 필요가 있다.

셋째, 근로능력이 있는 사람들에게 이른바 자활사업에 참여하는 조건으로 급여하는 제도의 문제점이다. 현재 '자활사업'에 참여하는 사람들이 근로소득이 발생할 때 급여감소율이 거의 100%에 가깝다. 즉, 이 사람들이 노동시장에서 일을 해서 소득을 벌면 그 만큼 급여에서 삭감한다. 이러한 상황에서 이들의 근로동기를 약화시켜 노동시장에서 적극적으로 일자리를 찾아볼 동기를 약화시켜 자활사업에 안주하는, 즉 빈곤의 덫에 걸리게 할 가능성이 높다. 또한 이러한 제도에서는 많은 수의 낮은 임금이라도 열심히 일을 하는 사람들의 근로동기를 약화시켜 국민기초생활보장제도에 들어올 가능성이 크다.

이 문제를 해결할 수 있는 유일한 방법은 급여감소율을 어느 정도 낮추어 노동시장에서 벌어들인 소득의 일부분을 수급자가 갖도록 해야 한다. 그래야만 이들이 적극적으로 노동시장에서 일자리를 찾아 일을 할 동기가 생기는 것이다.

문제는 비용이다. 급여감소율을 낮추면 그만큼 비용이 많이 들 수밖에 없다. 여기서 선택의 문제가 남는다. 지금처럼 낮은 비용으로 수급자들의 근로동기를 낮출 것이냐 아니면 비용이 들더라도 근로동기를 강화시킬 것이냐의 선택이다. 우리나라는 현재 다른 사회보장제도가 성숙이 안 되어 있고, 또한 많은 수의 일하면서도 가난한 사람들을 위한 사회복지제도가 없는 상황에서 국민기초생활보장제도의 역할이 매우 중요하다. 그래서 비용이 어느 정도 들더라고 급여감소율을 낮추는 것이 현시점에서 필요하다. 또한 장기적으로 볼 때, 다른 사회보장제도들이 성숙하고 저임금 근로자들의 숫자가 줄어들게 되면 국민기초생활보장제도의 수급자 숫자도 줄어들 수 있기 때문이다.

제4부

사회복지분야론

사회복지분야란 사회복지실천활동이 이루어지는 전문영역을 의미한다. 삶의 문제를 다루는 사회복지실천활동은 사회복지의 모든 영역에 걸쳐 관련성을 갖고 있음에도 불구하고, 특정대상이나 문제영역을 중심으로 특성을 이해하고 체계적인 서비스구성이나 전달방식, 실천방법 등에 관한 분야별 전문지식과 기술을 제공할 필요성이 있다.

일반적으로 분야는 개입의 주요대상이나 문제를 중심으로 분류되고 있으나, 특수한 사회문제가 등장하고 사회복지영역이 확대됨에 따라 실천분야를 분류하는 기준도 다양하게 제시되고 있다. 여기에서는 아동, 청소년, 여성, 노인, 장애인 등 인구집단별로 실천분야를 분류하고, 각 인구집단의 특성과 욕구, 관련 분야의 정책과 서비스 등의 내용을 주로 다루고자 한다. 그리고, 사회복지실천이 확대되어가면서 넓혀지고 있는 실천활동 공간(field, 場)들에서의 사회복지활동을 살펴본다.

제 10 장

아동 · 청소년복지

제 1 절 아동 · 청소년복지의 이해

1. 아동 · 청소년 복지의 대상

우리나라 아동복지법에는 "아동이라 함은 18세 미만의 자를 말한다."고 규정하고, 교육이나 보호에 관한 일반적인 법적 연령기준을 18세로 하고 있다. UN 아동권리협약에서도 아동을 18세 미만으로 명시하고 있다. 그러나, 아동과 청소년의 구분이 모호하며 아동의 연령기준도 법에 따라 다른 연령기준을 갖는 경우가 많다. 예를 들어, 아동은 일반적으로 영 · 유아나 초등학교 어린이를 지칭할 때 사용하며 중 · 고등학교 학생은 청소년으로 불리고 있다.

UN의 경우는, 아동(Children)은 14세 이하로, 청소년(Youth)은 15세에서 24세까지로 연령범주를 구분하여 아동과 청소년 관련 정책과 활동에 있어서 차별을 두어왔다. 그러나 국제아동권리협약을 비롯한 대부분의 아동관련 정책의 대상이 18세까지로 되어 있어, 15세-18세 사이의 청소년은 소속에 대한 혼란이 있을 수 있다. 또한 청소년의 연령기준이 청년기를 포함하는 24세까지로 되어 있기 때문에, 발단단계에 따른 욕구의 차이가 반영되지 못하며 실질적인 청소년 정책에서 소외될 수 있다는 문제가 있다.

아동, 미성년자, 청소년 등 다양한 용어들이 혼용되며 그 기준도 법령에 따라 다르며 중복되기 때문에, 아동과 청소년 복지의 실제 대상을 설정하는데 혼란이 있다. 최근 아동과 청소년으로 이원화되었던 법률체계를 일원화하기 위해 청소년기본법과 아동복지법의 기본법적 성격의 내용을 통합하여 아동·청소년기본법으로 개정되면서 정책대상에 대한 검토가 이루어졌다. '아동청소년정책' 대상으로서 '아동청소년'의 개념을 '25세 미만의 자'로 규정하려고 하였으나 기존의 아동과 청소년정책에서의 혼선을 우려하여 개별 법률별로 적용대상 연령을 달리 규정하도록 하였다. 단, 복지법에서는 현행 아동복지 18세미만, 청소년복지 9-24세를 19세 미만으로 통일하여 규정하고, 활동법에서는 현행 9-24세를 25세 미만으로 포괄하고, 보호법에서는 현 19세 미만을 18세 미만으로 지정하였다(보건복지가족부, 2009).

2. 아동·청소년 복지의 개념

아동복지는 아동들이 가족과 사회의 일원으로서 육체적, 정신적으로 건강하게 성장, 발달할 수 있도록 보호하고 지원하는 사회복지의 한 분야이다. 카두신(Kadushin, 1980)은 아동복지를 "넓은 의미에서는 모든 아동의 행복과 사회적응을 위해 심리적, 육체적 잠재력을 개발시켜 주는 각종의 방법을 말하며, 좁은 의미로는 특수한 문제를 가진 아동과 그 가정을 대상으로 전문적인 기관에서 행하는 서비스"라고 설명한다. 한편, 프리드랜더(Friedlander & Apte, 1974)는 "아동복지는 빈곤, 방치, 유기, 질병, 결함 등을 지닌 아동, 혹은 환경에 적응하지 못하는 비행아동들에만 관심을 두는 것이 아니다. 아동복지란 모든 아동이 신체적/지적/정서적 발달에 있어서 안전하며 행복할 수 있도록 보호하기 위한 공공 및 민간기관의 사회, 경제, 보건영역의 제반 활동이다"라고 아동복지의 대상을 포괄적으로 제시하고 있다. 여러 정의들을 살펴볼 때, 아동복지는 전체 아동의 행복을 추구하는 동시에 현실적으로 문제를 겪는 요보호아동의 복지에 관심을 갖는다고 볼 수 있다.

개인의 기본적인 욕구가 충족되도록 지원하며 정서적, 신체적, 사회적으로 건전한 발달이 이루어지도록 사회제도적 환경을 구성한다는 측면에서는 청소년복지의 개념도 아동복지와 동일한 맥락에서 이해할 수 있다. 그러나, 청소년분야의 경우는 급격한 성장기에 겪게 되는 청소년 고유의 문제들로 인해 건강한 심신의 발달과 전인적 성장을 지원하기 위한 부가적인 관심이 요구된다.

3. 아동 · 청소년복지의 기본방향

아동은 성숙된 인간으로서 자립하기까지 보호와 양육을 필요로 하는 존재이다. 영유아로부터 학령기와 청소년기를 거치면서 아동은 각 발달단계에 필요한 생리심리사회적 욕구(physio-psycho-social needs)를 충족시켜야 건전하게 성장하게 된다. 아동의 기본적인 생활을 보장하는 일차적인 책임은 가족에게 있으나, 현대사회에서 가족구조와 기능이 변화되면서 아동에 대한 사회적 보호의 개념이 점차 강조되고 있다. 특히, 아동은 미래사회의 주체로서 아동의 건강하고 건전한 발달은 장래의 사회문제를 예방하며 국가의 잠재력을 증가시키는 기반이 된다.

아동권리가 국제적으로 논의되기 시작한 것은 1924년 국제연맹총회(League of Nations)에서 아동권리선언(Declaration on the Rights of the Child)이 채택되면서부터이다. UN은 1979년을 '세계아동의 해'(The International Year of the Child)로 정하고, 많은 노력을 기울여 1989년에 총회에서 법적 구속력을 가진 '아동권리에 관한 국제협약(International Convention on the Rights of the Child)'을 채택하기에 이른다. UN아동권리협약은 국가가 아동을 보호할 책임 및 국제적 기준을 최초로 규정한 것으로 우리나라는 1991년 비준을 받았다. 국가 및 지방자치단체는 이 협약의 내용을 이행할 의무가 있으며, 각국의 협약이행상황을 UN아동권리위원회가 심사하게 되어 있다. 주요협약내용은 아동의 기본적인 생활과 보호가 이루어지며 발달상의 욕구가 적절히 충족되도록 바람직한 아동보호환경의 조성과 보호체계의 구축에 있어서 국가와 사회의 책임을 강조하는 것이다. 또한, 의존적인 보호의 대상이 아닌 참여의 주체로서 아동의 적극적인 권리를 강조하고 있다. 이 협약의 주요내용은 다음과 같다.

우리나라의 아동복지법에도 아동이 건강하게 출생하여 행복하고 건강하게 육성되도록 복지를 보장받을 권리가 제시되어 있다. 아동복지법상의 대상이 되는 모든 아동에 대해 보편주의적 개념의 아동복지를 추구하고자 하는 목적을 가지며, 아동을 보호양육하는 책임은 보호자뿐 아니라 국가와 지방단체, 모든 국민에게 있음을 명시하고 있다. 1961년에 아동복리법으로 제정된 우리나라의 아동복지에 관한 기본 법률은 1981년 아동복지법으로 바뀌고 다시 2000년도에 개정이 되면서 아동권리에 관한 기본이념이나 아동 안전의 보장 등 아동복지의 보편주의적 성격을 강화하였다.

한편, 청소년기본법 1조에는 "청소년의 권리 및 책임과 가정·사회·국가 및 지방자치단체의 청소년에 대한 책임을 정하고, 청소년 육성정책에 관한 기본적인 사항을 목적으로 한다."고 명시하고 있다. 또한, 청소년 헌장에도 청소년의 주체적인 삶과 자율성을 독립적인 인격체로서 강조하고 청소년에 대한 가정과 학교, 사회, 국가의 책임을 명시하고 있다. 구체적으로는, 생존의 보장과 성장의 권리, 차별받지 않을 권리, 폭력으로부터 보호받을 권리, 사적인 삶의 권리, 생각과 느낌의 권리, 모임활동의 권리, 배움의 권리, 일과 직업의 권리, 문화예술활동의 권리, 정보접근의 권리, 민주적 참여의 권리 등이 포함되어 있다(장인협 · 오정수, 2000).

〈표 10-1〉 UN아동권리협약의 주요내용

• 4대 기본권 : 생존권/ 보호권/ 발달권/ 참여권
1. 생존권(Survival Rights) 적절한 생활수준을 누릴 권리, 안전한 주거지에서 살아갈 권리, 충분한 영양을 섭취하고 기본적인 보건서비스를 받을 권리 등 기본적인 삶을 누리는데 필요한 권리
2. 보호권(Protection Rights) 모든 형태의 학대와 방임, 차별, 폭력, 고문, 징집, 부당한 형사처벌, 과도한 노동, 약물과 성폭력 등 어린이에게 유해한 것으로부터 보호받을 권리
3. 발달권(Development Rights) 잠재능력을 최대한 발휘하는데 필요한 권리로, 교육받을 권리, 여가를 즐길 권리, 문화생활을 하고 정보를 얻을 권리, 생각과 양심/종교의 자유를 누릴 권리
4. 참여권(Participation Rights) 자신의 나라와 지역사회 활동에 적극적으로 참가할 수 있는 권리로 자신의 의견을 표현하고, 자신의 삶에 영향을 주는 문제들에 대해 발언권을 지니며, 단체에 가입하거나 평화적인 집회에 참여할 수 있는 권리

최근의 청소년정책의 흐름을 살펴볼 수 있는 제4차 청소년정책기본계획(2008년~2012년)에는 청소년들의 최선의 이익(youth's best interests)을 최대한 창출하는 청소년우선정책(youth first initiative policy) 실현을 위하여 아래와 같은 추진전략을 제시하고 있다.

① 과학화(research & evaluation-based)전략

청소년 정책환경 변화에 적극적으로 시의적절 하게 대응하기 위해서 연구 및 과학적 분석(평가 · 통계)에 기초한 청소년정책 수립.

② 네트워크화(network-based)전략

정부간, 중앙정부와 지방정부, 정부와 민간, 민간 간 협력체계를 구축함으로써 정책집행 및 수립의 자율성 · 효율성 제고.

③ 지역중심화(community-based)전략

청소년 생활공간지역을 중심으로 청소년들의 발달 및 이익을 극대화 · 최상화함으로써 청소년 친화적 정책수립 및 집행.

④ 일상화(daily participation-based)전략

청소년들의 참여 일반화를 통한 인권과 복지 증진으로 모든 청소년들이 자신들의 일상생활에 영향력을 발휘할 수 있고 디자인할 수 있는 능력제고.

4. 아동 · 청소년복지의 원칙

모든 아동과 청소년의 건전한 성장발달과 복지증진을 도모하기 위한 예방적이며 보편적인 차원으로 아동복지가 확대되기 위해서는 다음과 같은 기본원칙들이 고려될 필요가 있다(장인협, 1984).

① 권리와 책임의 원칙

아동, 부모와 함께 사회는 아동의 건전한 육성을 위한 책임을 공유하며 적절한 상호관계와 균형을 유지해야 한다. 아동은 하나의 자율적인 존재로서 권리를 갖는다. 아동은 사회의 성원이 되는데 필요한 양육과 보호를 받아야 할 권리와 함께 자신들의 발전을 위해 부모와 사회로부터 부과되는 책임도 져야 한다. 부모는 아동의 후견인으로서의 권리와 함께, 양육에 대한 일차적인 책임을 지고 정서적, 물질적 지원과 신체적 보호를 해야 할 책임이 있다. 사회는 모든 아동들의 기본권과 복지권을 보호할 책임과 함께 적절한 양육이 이루어지지 못하는 가정과 부모에 대해 개입할 권리를 갖는다.

② 보편성의 원칙

보편주의란 모든 아동이 적정한 수준에서 보호받고 양육될 수 있도록 제도적 측면에서 지원하는 것으로, 아동수당이나 무상의무교육 등이 해당한다. 반대의 개념인 선별주의는 요보호 아동과 같이 가족의 정상적인 기능이 이루어지지 못하는 경우에 한해, 선택적으로 지원을 하는 것이다. 요보호아동이란 용어는 낙인적인 의미가 있으나 가족이나 지역사회로부터 적절히 보호받지 못하는 아동들에 대한 관심과 집중적인 개입을 위해 널리 사용하고 있다. 보호를 필요로 하는 아동에 속하는 대표적인 아동으로는 시설보호를 받는 아동, 학대를 받는 아동, 빈곤아동, 장애아동 등이 있다. 선별주의에서는 부분적이며 파편적인 서비스가 제공됨으로써 기본적인 아동의 삶의 질이나 가족의 복지를 향상시키는데 있어서 한계를 갖는다. 요보호아동 중심의 서비스에서 일반 아동을 위한 보편적 서비스로의 확대는 서비스는 아동이 가정에서 적절히 보호받도록 하는 예방에 초점을 두게 되며 결과적으로 요보호아동의 수와 사후대책에 드는 비용을 감소시키게 된다.

③ 포괄성의 원칙

아동의 건전한 성장과 발달을 위해서는 주거, 경제, 보건, 교육, 여가, 문화 등 다양한 영역에서의 욕구가 충족될 필요가 있다. 아동의 욕구와 가족의 양육환경에 적절한 다양한 서비스가 확보되고 이를 체계적으로 전달하고 통합하는 서비스전달방식이 요청된다. 또한, 요보호아동의 범주에 있는 결손가정의 아동, 학대받는 아동, 약물남용아동, 장애아동, 빈곤아동에 대한 지원도 특수한 욕구에 제한되기보다는 의식주와 같은 기본적인 욕구로부터 정서적, 교육적, 사회적 욕구에 이르기까지 포괄적으로 충족될 수 있도록 접근한다.

④ 전문성의 원칙

기본적인 의식주를 제공하는 시설중심의 보호서비스로부터 아동과 가족의 다양한 욕구에 대응하며 전인적 발달을 도모하기 위해서는 아동과 가족이 겪는 문제와 위기상황에 대한 전문적인 사정과 개입이 필요하다. 가족복지에 대한 관심이 증가하고 지역아동센터나 건강가정지원센터 등 아동과 가족 대상의 서비스기관이 설치되고 있소, 전문교육과 훈련을 받은 아동복지전문가의 역할이 더욱 요구된다.

제 2 절 아동 · 청소년의 욕구와 서비스의 종류

1. 서비스 제공장소에 따른 분류

아동과 청소년이 가진 욕구뿐 아니라 서비스의 제공방식에 따라서도 서비스의 형태가 결정된다. 아동복지의 목표를 달성하기 위한 접근방식은 크게 가정내 보호와 가정외 보호(사회적 보호)로 나누어진다.

① 가정내 보호

이 방식은 가족유지 및 가족지원정책으로서, 가족에게 부과되는 아동양육과 보호에 대한 부담을 소득보장과 서비스제공을 통해 줄여주면서 가정 내에서 아동보육이 이루어지도록 하는 접근이다. 여기에 포함되는 가족 및 아동지원정책으로는 보편주의 원칙에 따라 전체아동에 대한 일정급여를 제공하는 아동수당제도와 선별주의 원칙에 따라 사회적 취약계층의 아동에게 급여를 제공하는 방법이 있다. 또한, 아동의 보육과 교육, 의료, 가족의 주거와 관련된 보조금과 서비스가 제공된다.

② 가정외 보호

가정 외 보호는 대체가정 보호정책으로서 영구적 또는 일시적으로 원가정을 대체하는 다른 장소에서 양육이 이루어지는 것이다. 여기에는 가정위탁보호나 입양과 같이 다른 가정으로 대체하는 경우와 보육시설, 주거치료시설, 공동생활가정(group home)과 같이 시설보호형태를 갖는 경우가 있다.

2. 문제영역에 따른 분류

우리나라의 아동복지법에서 규정하고 있는 18세 미만의 보호를 필요로 하는 아동 · 청소년에는 보호자가 없거나 보호자로부터 이탈된 아동 · 청소년, 보호자가 부적절한 양육환경을 제공하거나 적절한 양육능력이 없는 가정의 아동 · 청소년이 포함된다. 대상자들이 갖는 문제를 욕구영역별로 다시 구분하면,

① 정신적 · 신체적 · 정서적 장애를 가진 아동·청소년

지체장애나 정신지체, 자폐 등 특수한 문제나 욕구를 지닌 장애아동 · 청소년의 경우에는 심리적, 정서적, 신체적 문제에 대한 직접적인 개입이 필요하며, 장애로 인해 영향을 받는 가족의 정서적, 경제적, 사회적 문제에 대해서도 지원이 이루어져야 한다.

② 양육환경상의 문제를 가진 아동 · 청소년

양육환경상의 문제란 가족의 경제적, 교육적, 문화적, 정서적 환경이 아동 · 청소년의 최소한의 욕구를 충족시키지 못하며 성장과 발달에 부적합한 경우이다. 가정의 경제적 불안정은 최소한의 욕구가 충족하기 못하는 상태로서 건전한 성장과 발달의 장애 요인이 되고 있다. 최근 사회양극화와 빈곤이 대물림되는 사회적 조건이 증가하면서, 빈곤이나 실업에 의한 가족의 경제적 불안정, 부모의 이혼이나 별거로 인한 가족구조의 해체와 기능상의 결함, 열악하고 불건전한 주거환경 등의 문제를 겪는 자녀가 늘고 있다. 아동 · 청소년의 최소한의 욕구를 충족시키지 못하고 건전한 성장과 발달에 장애요인이 되는 문제들을 파악하고 전인적 발달에 필요한 지원이 제공될

필요가 있다.

③ 사회적, 법적 보호를 필요로 하는 아동・청소년

여기에는 학대나 방임에 노출되었거나, 부모의 부재나 가출 등으로 가족내 보호가 적절히 이루어지기 어려운 아동・청소년이 포함된다(장인협・오정수, 2000). 현대사회에는 가족의 역기능적인 문제와 가정 내에서 해결하기 어려운 문제가 증가함에 따라가 증가하고 있으나 사회적 지원체계를 통해 아동과 청소년의 보호가 이루어지는 경우가 많다.

3. 서비스 기능에 따른 분류

카두신(kadushin, 1980)은 아동복지서비스의 유형을 아동과 가족에게 제공되는 서비스의 기능을 중심으로 나누고 있다.

① 지지적 아동복지

지지적 서비스(supportive services)란 자녀양육에 대한 책임성을 효율적으로 수행할 수 있도록 부모를 비롯한 가족의 능력을 지지하고 강화시켜 주는 서비스를 말한다. 예를 들어 아동양육에 대한 스트레스가 여러 환경적 요인이나 가족구조, 가족관계측면에서 발생할 때, 적절한 상담과 지지를 통해 부부 또는 부모-자녀관계를 개선하도록 도우며 보조적 서비스를 통해 양육의 부담을 줄이는 것이다. 지지적 서비스는 아동이 자신의 가정에서 부모와의 관계를 유지하며 서비스를 받는다는 점에서 가정내 보호서비스에 해당한다. 이와 같은 서비스는 부모의 역할을 대신하기보다는 부모로 하여금 역할을 수행하도록 원조함으로써 가족기능이 유지되도록 하기 때문에 가족해체를 예방하는 역할도 한다. 지지적 아동복지 서비스를 제공하는 기관으로는 아동상담센터, 아동복지관, 건강가정지원센터 등이 있다.

② 보충적 아동복지

보충적 서비스(supplementary services)는 부모의 역할을 일부 대행하는 것이다. 부모의 실업, 질병, 장애 등의 문제나 부모역할의 일시적 또는 영구적 결손이 일어날 때 부적절하거나 불충분한 보호를 보충하는 기능을 한다. 대표적인 보충적 서비스의 종류에는 영유아보육서비스, 방과후 아동지도, 소득보충프로그램, **가정봉사원파견서비스** 등이 있다. 영유아보육서비스와 방과후 아동지도는 가장 보편적인 아동복지서비스로서 아동을 돌볼 사람이 가정에 없을 때 하루 중 일정 시간 동안 가정의 아동양육기능을 보충하는 서비스이다. 봉사원파견서비스는 가사유지에 필요한 부모의 역할을 보충하는 서비스에 속한다. 또한, 부모의 사망이나 질병, 장애, 가출, 수형 등으로 부모의 경제적 지원과 돌봄을 받을 수 없는 만 20세 이하의 아동은 **소년소녀가장세대**로 선정하여 지원을 한다. 이 경우 지원되는 생계급여나 후원을 통한 결연금 등은 소득보충의 성격을 지닌 보충적 서비스에 속한다. 보호자가 있는 경우에도 경제적으로 빈곤할 때는 국민기초생활보장제도의 수급권가구로서 지원을 받는다.

가정봉사원파견서비스
가정봉사원이 가정을 방문하여 서비스를 제공하는 재가서비스의 일종. 식사시중, 시장보기, 집안정돈 등의 가사지원서비스와 신체청결, 외출시동행 등의 개인활동지원서비스, 정서지원을 위한 말벗 등의 우애서비스가 포함됨.

소년소녀가장세대
국민기초생활보장법에 의한 수급자 가구중 18세미만의 아동이 실질적으로 가정을 이끌어 가고 있는 세대로, 18세미만의 아동으로만 구성된 세대와 18세미만의 아동이 부양능력이 없는 부모와 동거하는 세대가 포함됨. 생계 및 교육급여, 의료급여, 부가급여가 지급됨. 외부의 위험에 노출되어 있는 보호형태로서, UN등에서 폐지를 권고하는 제도임. 후견인을 지정하나 15세미만의 아동세대인 경우, 가정위탁이나 시설입소를 유도함.

③ 대리적 아동복지

대리적 서비스(substitute services)는 지지적 또는 보충적 서비스를 통해 부모의 역할이 지지되거나 보완되기 어려운 정도로 상실된 경우에 아동의 원가정 외부에서 보호받도록 하는 서비스이다. 부모의 역할을 대신할 주체는 입양이나 가정위탁보호와 같은 가정형태와 양육시설이나 공동생활가정 등의 시설보호형태로 나눠진다. 입양은 친부모의 양육에 대한 모든 권리와 의무가 영구적으로 소멸되는 대리적 서비스인 반면, 가정위탁보호는 아동이 자신의 가정에서 일시적으로나 장기적으로 돌봄을 받기 어려운 경우에, 일정 기간 동안 사회복지기관을 통하여 제공되는 대리적 가정보호서비스이다. 우리나라의 경우는 입양의 전단계로서 많이 활용되기 때문에 경우는 일시적인 대리적 서비스를 마치고 가정에 복귀하는 비율은 높지 않다. 요보호아동에 대한 보호체계를 시설수용보호로부터 가정내 재가서비스로 전환하고자 하는 정책적 변화가 있음에도 불구하고, 최근에는 부모가 없는 요보호아동은 줄어드는 대신 부모가 있으나 생계의 곤란으로 시설에 아동을 맡기는 사례가 늘고 있다. 가정과 지역사회에서 지지적 서비스와 보충적 서비스의 확대가 이루어지는 경우, 아동들이 가정에서 보호되거나 조기에 가정에 복귀할 수 있는 가능성은 커지게 된다.

제 3 절 아동 · 청소년 복지 현황과 주요서비스

1. 아동 및 청소년복지정책

1) 아동정책

아동정책은 1950년대 아동복지태동기로부터 61년-80년 아동복지제정기, 81년-99년 아동복지전환기를 거쳐 2000년 이후 아동복지성숙기를 맞고 있다. 전쟁고아를 비롯한 요보호아동의 보호로부터 시작된 우리나라의 아동복지정책은 점차 독립적인 추진체계와 법률적 근거를 갖추어 왔으며 현재는 아동의 안전과 권리증진을 중심으로 개별 아동들의 기본적인 삶의 질을 보장하며 저출산고령사회의 주요인적 자원을 육성하는 차원에서 정책과 서비스의 확대가 이루어지고 있다. 아래의 〈표 10-2〉에 제시된 각 세부목표별 이행과제를 살펴보면, 아동복지사업의 방향이 이전의 요보호아동중심의 사후적 대책으로부터 아동이 가정과 지역사회에서 존중받고 안전하게 성장할 수 있도록 지역중심의 보호체계를 구축하고 아동의 권리와 보호를 확대하는 방향으로 변화하고 있음을 알 수 있다(보건복지부, 2006a). 2008년에는 정부의 조직개편에 따라 보건복지부 아동정책,

여성부 보육정책, 국가청소년위원회의 청소년 정책이 통합되어 보건복지가족부 산하에 아동청소년정책실로 개편되었다. 아동과 청소년 정책의 통합을 통해 '출생에서 자립'까지 생애주기별로 복지 및 보호 서비스가 제공될 수 있는 체계를 구축하고 대상의 생애주기별 특성에 맞춰 핵심과제를 추진하고 있다. 대상별 정책과제를 살펴보면, 영유아(6세 미만)는 건강증진과 보육지원, 아동(6-12세)은 건강과 안전, 기초학습과 활동의 기회보장 정책, 청소년(13-18세)은 역량강화 및 청소년 활동, 잠재역량개발지원, 청년(19-24세)은 취 · 창업 등의 자립능력 지원 중심의 내용을 담고 있다.

〈표 10-2〉 아동복지사업의 이행과제

• 아동 안전사고에 대한 근본적 · 효과적 대응 ① 아동안전관련 인프라 구축으로 안전한 성장지원 ② 가정내 안전사고 예방추진 • 권리사각지대 해소 등 아동권리의 획기적 신장 ① 학대아동의 위험군별 차등 대응체계 및 방임아동에 대한 조기발견 · 지원체계 구축 · 운영 ② 실종아동 찾아주기 사업의 전략적 · 지속적 전개 ③ 아동권리에 대한 지속적 모니터링 및 연구개발 체계 구축 • 아동보호 관련 실질적 전달체계 구축 ① 아동보호 통합서비스 체계 구축 ② 아동권리 제고 및 아동안전 환경 조성체계 마련 • 가정위주의 아동보호정책 추진 ① 국내입양 활성화 및 입양사후관리 강화 ② 가정위탁사업의 적극 추진 ③ 가정친화적인 공동생활가정 운영 확대 • 지역사회 아동복지 서비스 확대 ① 지역아동센터 지원확대 및 운영내실화 ② 아동급식 내실화 추진 ③ 아동복지시설 기능다양화 추진

출처 : 보건복지부, 2006a

〈그림 10-1〉 아동복지정책의 변화

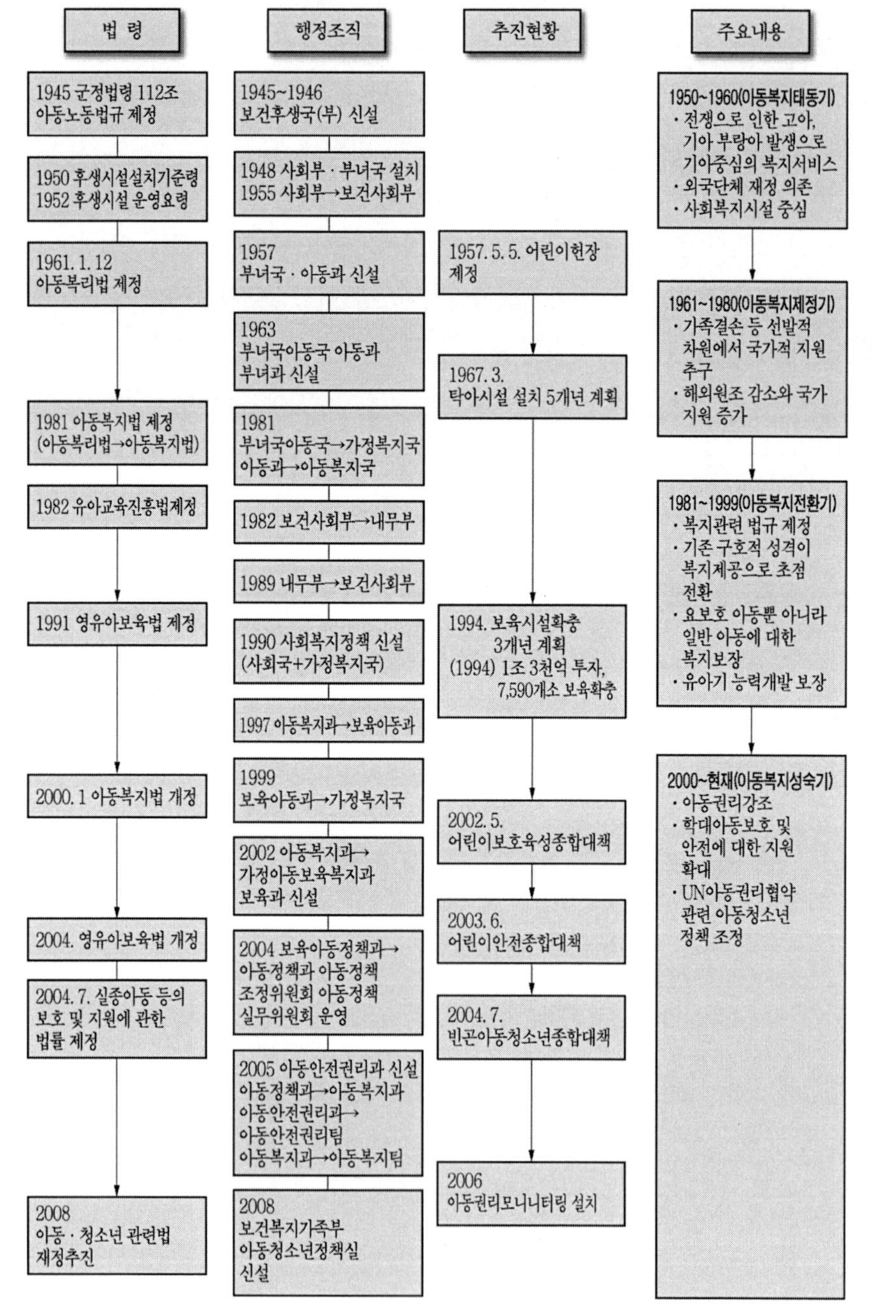

출처 : 보건복지가족부, 아동청소년백서, 2009.

그동안 우리나라의 아동복지정책에는 아동의 양육과 보호에 대한 부모의 책임과 기능이 국가와 사회의 개입에 우선시하는 자유주의적 입장을 반영해 온 특징이 있다. 중앙정부에서는 보건복지가족부가 아동보호 관련 주무부처로 정책의 수립 및 집행의 책임을 갖고 있으나 여성부, 교육부, 문화관광부 등에서 과제별로 아동관련 사업들이 진행되는 것이 많기 때문에 아동보호체계를 체계적으로 발전시키지 못하고 있다. 무엇보다 시설보호아동과 소년소녀 가정 아동을 중심으로 이루어져 온 그간의 최소한의 선별적인 아동정책으로 인해 지역사회에서 아동이 처하는 다양한 사회적 위험에 대한 예방 및 사후지원책을 안정적으로 지원할 서비스전달구조가 갖추어지지 못하였다. 또한, 아동수당제도와 같이 아동양육을 보장하기 위한 보편적 아동정책차원에서의 제도적 지원체계도 마련되지 않고 있다. 또한, 정부가 추진하는 아동보호 사업의 상당수가 민간에 위탁운영이 되는 체계를 갖추고 있으며, 일부 보호사업의 경우 순수 민간차원에서 이루어지고 있다. 더욱이, 아동보호사업의 대부분이 지방으로 이양되면서 보건복지가족부가 제시한 아동복지의 이행과제를 추진하는 과정에서 지방자치단체의 의지에 따라 재정지원 규모가 변동되고 재정적 안정성이 떨어지면서 지역간 보호서비스의 질적 · 양적 격차가 심화될 가능성도 커지고 있다.

2) 청소년정책

1964년 내무부 치안국 산하에 청소년보호대책위원회(현 국가청소년위원회)로 시작된 청소년 분야는 청소년을 지원하는 복지적 측면과 권리의 차원보다는 청소년을 선도하고 보호, 교정하는 쪽으로 정책방향이 설정되었고 따라서 문제청소년 중심의 소극적인 행정이 중심을 이루었다. 1987년에 제정된 청소년 육성법이 1991년에 청소년 기본법으로 전면개정 되면서 규제나 단속중심의 청소년정책에서 육성과 지원중심의 적극적인 청소년정책으로 전환하면서 청소년정책의 범위와 폭을 확대시키고자 하였다.

그러나, 청소년의 선도 및 보호사업을 중심으로 시작된 청소년 업무와 아동복지법에 근거한 18세 미만의 아동을 위한 지원업무간의 연결성이 떨어지면서 종합적인 청소년정책과 통합적인 지원이 이루어지는데 있어서 한계가 있다. 최근 우리나라의 청소년정책은 2005년에 문화관광부 청소년국과 국무총리 소속 청소년보호위원회로 분리되었던 청소년 행정조직이 2005년 청소년위원회로 일원화되면서 변화가 있었다. 또한, 2006년에는 국무총리실산하의 청소년보호위원회가 대통령직속 국가청소년위원회로 변경되면서 국가의 공공정책으로서의 기능이 강화되기도 하였다. 청소년정책은 국가마다 일반청소년을 대상으로 한 육성정책이 강조되는 경우와 개인적·사회적 어려움을 가진 청소년을 대상으로 한 복지정책이 강조되는 등 그 사회의 이념과 필요에 따라 차이가 있다. 우리나라의 경우도 청소년 육성과 청소년보호로 이원화된 체제 속에서 아동정책과 청소년 정책으로 분산되면서 정책추진체계간의 유기적 연계와 협력이 부족하며 대상이 중복되거나 누락되는 등의 문제가 있어 왔다. 2008년 보건복지가족부의 아동·청소년정책실로 통합되면서 미래세대 육성을 위한 유아부터 청년에 이르는 생애주기별 국가지원체계를 갖추려는 시도를 하고 있다.

〈그림 10-2〉 청소년정책의 변화

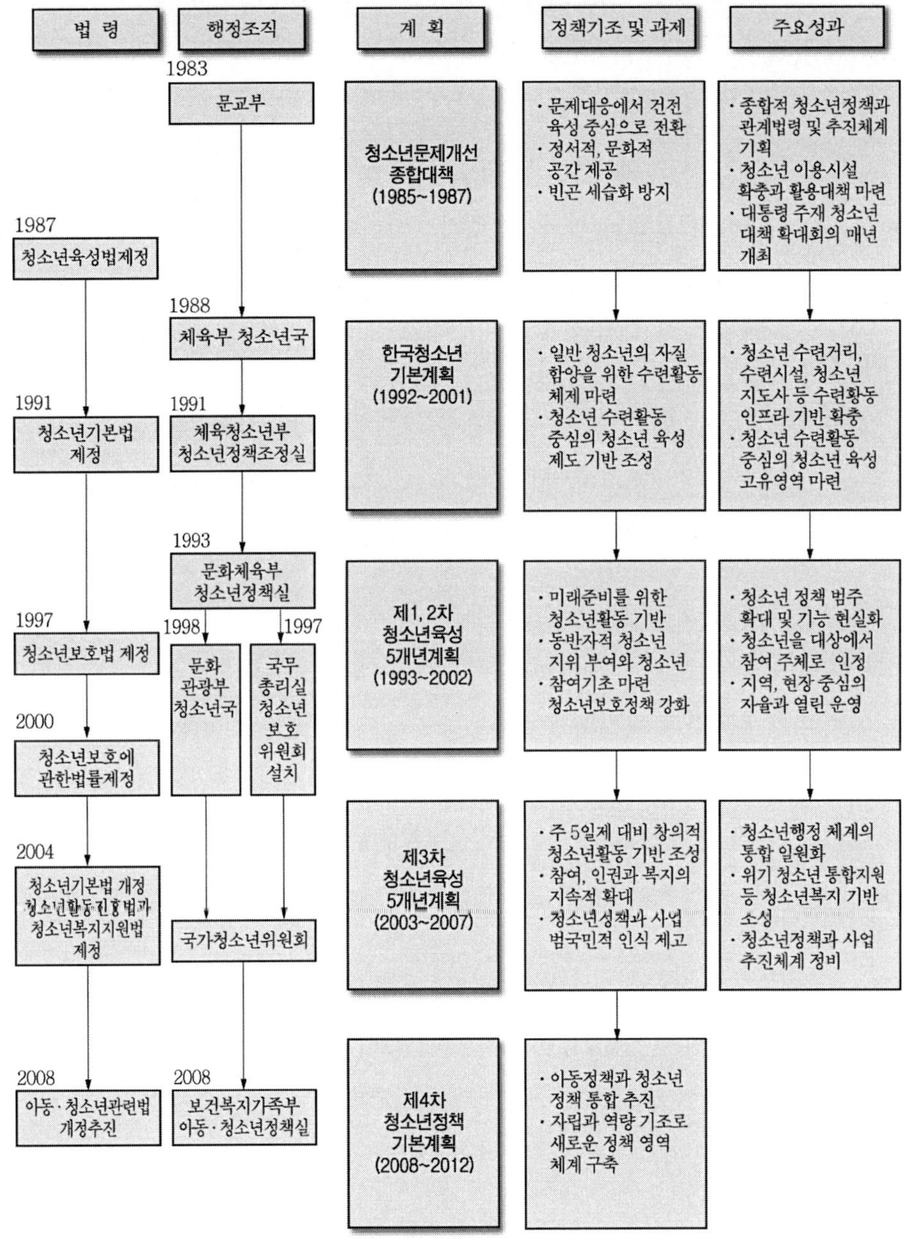

출처 : 보건복지가족부, 아동청소년백서, 2009.

2. 아동 · 청소년복지 서비스

1) 시설보호

시설보호란 학대, 폭력, 부적절한 양육으로 인해 외부의 보호와 지원이 필요한 아동 중 입양, 가정위탁 및 소년소녀가정 지원 등의 가정보호를 받지 못하는 아동을 시설에 입소시켜 돌보는 대리보호 제도이다. 우리나라의 아동복지는 요보호아동을 긴급구호하기 위한 시설보호인 아동양육시설을 중심으로 발전하였다. 현재는 부모의 이혼이나 별거, 가출, 신용불량 등으로 가정내 아동양육이 곤란한 아동을 일시적 또는 단기적으로 긴급 보호하는 부가적인 기능도 담당하고 있다(보건복지부, 2004a). 2008년 12월 기준 요보호아동의 발생은 9,284명이며 시설보호를 받고 있는 아동의 수는 19,656명이다(보건복지가족부, 2009).

〈표 10-3〉 요보호아동 발생현황

(단위: 명)

구분	'02	'03	'04	'05	'06	'07	'08	'09.6
계	10,057	10,222	9,393	9,420	9,034	8,861	9,284	4,646
기아 및 미혼모아동	4,971	5,085	4,485	3,067	3,252	2,722	2,551	1,410
미아	74	79	62	63	55	37	151	24
아동학대 가출아동	5,012	5,058	4,846	6,290	5,727	6,102	6,582	3,212

출처 : 보건복지가족부, 2009 주요업무참고자료, 2009

생활시설에서의 대리보호는 만 18세까지로 규정하고 있다. 보호아동의 교육, 취업, 장애 및 건강상의 이유로 시 · 도지사 또는 시장 · 군수 · 구청장이 보호기간의 연장을 요청하는 경우에는 연장 보호가 이루어진다. 또한, 학교부적응, 가출, 폭력, 약물남용 등의 문제행동을 보이는 위기아동과 청소년이 늘어나면서 대상자의 특성별, 욕구별(보호, 상담 및 치료, 직업훈련, 자립 등), 보호기간별(일시보호, 단기, 중장기) 상황에 대응하는 다양한 형태의 아동보호시설의 필요성도 커지고 있다.

〈표 10-4〉 아동복지시설 및 보호아동 현황

('08. 12. 단위 : 개소, 명)

구분	계	양육	일시보호	보호치료	직업훈련	자립지원	종합시설	공동생활가정
시설수	633	242	14	10	2	12	5	348
입소인원	19,656	16,706	341	477	69	257	142	1,664

출처 : 보건복지가족부, 2009 주요업무참고자료, 2009

〈표 10-5〉 아동복지 생활시설의 종류

아동양육시설	보호를 필요로 하는 아동을 입소시켜 보호, 양육하는 것을 목적으로 하는 시설
아동일시보호시설	보호를 필요로 하는 아동을 일시보호하고 아동에 대한 향후의 양육대책수립 및 보호조치를 행하는 것을 목적으로 하는 시설
아동보호치료시설	불량행위를 하거나 불량행위를 할 우려가 있는 아동으로서 보호자가 없거나 친권자나 후견인이 입소를 신청한 아동 또는 가정법원, 지방법원 소년부 지원에서 보호 위탁된 아동을 입소시켜 그들을 선도하여 건전한 사회인으로 육성하는 것을 목적으로 하는 시설
아동직업훈련시설	아동복지시설에 입소되어 있는 만15세 이상의 아동과 생활이 어려운 가정의 아동에 대하여 자활에 필요한 지식과 기능을 습득시키는 것을 목적으로 하는 시설
자립지원시설	아동복지시설에서 퇴소한 자에게 취업준비기간 또는 취업 후 일정기간 보호함으로써 자립을 지원하는 것을 목적으로 하는 시설
아동단기보호시설	일반가정에 아동을 보호하기 곤란한 일시적 사정이 있는 경우 아동을 단기간 보호하며 가정의 복지에 필요한 지원조치를 하는 것을 목적으로 하는 시설
공동생활가정	보호를 필요로 하는 아동에게 가정과 같은 주거여건과 보호를 제공하는 것을 목적으로 하는 시설

출처: 보건복지부 아동복지법령집, 2004a.

최근에 아동복지시설에 포함된 공동생활가정은 소규모 가정단위의 보호방식으로서 가정위탁과 시설보호의 중간 형태이다. 개정된 아동복지법 16조에는 보호를 필요로 하는 아동에게 가정과 같은 주거여건과 보호를 제공하는 것을 목적으로 하는 "공동생활가정사업"이 포함되었다. 공동생활가정은 대규모 시설보호의 문제점을 개선하고 가정의 분위기에서 아동이 자랄 수 있도록 개별 가정의 형태로 소규모로 운영되며 보호자가 있다는 특징을 갖는다.

2) 가정위탁보호

가정보호를 강조하게 됨에 따라 위탁보호의 역할이 점차 중요해지고 있다. 가정위탁보호(foster care)란 요보호아동을 보호·양육하기를 희망하는 가정에 위탁 양육함으로써 아동이 가정적인 분위기에서 자라도록 하는 것이다. 그동안 가정위탁의 정의와 가정위탁지원센터에 대한 법적근거가 미흡하여 가정위탁지원사업에 한계가 있었으나, 2005년에는 아동복지법을 개정하여 가정위탁보호의 정의, 가정위탁지원센터의 설치근거와 업무 등에 관한 법적 근거를 마련하여 가정위탁활성화와 업무추진의 효율성 제고를 위한 기틀을 마련하였다.

〈표 10-6〉 가정위탁 보호 현황(연인원)

(단위: 명)

2005	2006	2007	2008			
			계	대리 양육가정	친인척 위탁가정	일반 위탁가정
12,562	14,465	16,200	16,454	10,790	4,519	1,226

출처 : 보건복지가족부, '09 아동청소년 백서, 2009.

가정위탁의 세부내용을 살펴보면, 대상은 18세 미만의 아동과 18세 이상이지만 고등학교에 재학 중인 청소년으로서 아동학대로 인하여 격리 보호가 필요한 아동과 부모의 질병, 가출, 실직, 수감, 사망 그 밖의 사유로 인하여 보호가 필요하다고 인정한 아동 등을 포함한다. 가정위탁의 유형은 ① 친조부모나 외조부모 등에 의한 대리양육형 가정위탁, ② 친조부모, 외조부모를 제외한 친인척에 의한 가정위탁, ③ 일반인에 의한 일반가정위탁으로 나뉜다. 1990년 가정위탁사업이 시범 실시된 이후, 가정위탁보호아동의 수는 꾸준히 늘고 있다(보건복지가족부, 2009).

정부는 가정위탁제도를 활성화하기 위해 위탁가정에게 양육보조금을 지원하고 있으며 위탁아동을 국민기초생활보장 대상자로 선정 · 지원하고 있다. 가정위탁제도의 활성화를 위해 위탁가정의 선정기준을 비교적 완화하여 적용하였으나 일부에서는 이를 악용하는 사례가 발생하기 때문에 위탁기준을 점차 엄격하게 적용하고 있다. 가정위탁을 신청하는 일반인의 경우, 선의의 동기로 위탁아동 양육을 결정한 것에 대한 확인과 위탁아동을 부양할 충분한 재산과 조건을 갖추어야 하며 공립아동상담소 또는 이웃주민 2인 이상의 추천을 받아야 한다. 또한, 부모의 연령은 모두 25세 이상이어야 하며 18세 미만인 아동이 자신의 자녀를 포함하여 4인을 넘지 않아야 한다. 가정조사와 이웃 등을 통해 적합성이 확인되고 필요한 교육을 이수한 위탁가정에는 양육보조금으로 아동 1인당 7만원 이상을 지원하고 국민기초생활보장법에 의한 지원이 이루어진다. 정부는 이와 같은 위탁가정 선정 및 지원, 조사 및 사후관리 등에 있어 시 · 도를 지원하는 업무를 위해 전국에 18개소(2005년도 기준)의 가정위탁지원센터를 설치 · 운영하고 있다. 2004년 7월부터는 중앙가정위탁센터를 설치하여 지방의 가정위탁지원센터를 지원하고, 각종 프로그램을 개발 · 보급하고 있다.

3) 입양

입양(adoption)이란 보호자가 없거나 보호자로부터 이탈된 아동에게 가정을 영구적으로 제공하는 것이다. 입양부모의 자격은 25세 이상으로서 입양될 아동과의 연령 차이가 50세 미만(외국인의 경우는 25세 이상 45세미만)이어야 한다. 자녀가 없거나 자녀의 수가 입양아동을 포함하여 5명 이내이며 혼인 중이어야 한다. 입양사업의 기본방향은 국내입양을 우선하며, 국외입양을 차선책으로 추진하는 것이다. 그러나 〈표 10-7〉에서 보는 바와 같이 국내입양은 국외입양에 비해 비율이 낮을 뿐 아니라 그 수도 감소하고 있는 추세이다. 정부는 2009년도에 국내외 입양업무를 통합관리하는 중앙입양정보원을 설립하고 입양숙려제 도입 등을 내용으로 하는 입양특례법 개정안을 마련함으로써 그동안 국내외입양이 가졌던 문제점을 개선하고자 하고 있다. 국내입양을 활성화하기 위해서는 이와 같이 입양가정에 대한 지원책과 사후관리를 강화하는 동시에 혈연 중심의 자녀관을 전환하기 위한 사회문화적 접근도 필요하다.

〈표 10-7〉 국내외 입양아동현황

(단위: 명)

연도별	계	2004년 이전	2004	2005	2006	2007	2008
국 내	71,633명 (30.7%)	64,505	1,641	1,461 (41.0%)	1,332 (41.2%)	1,388 (52.3%)	1,306 (51%)
국 외	161,558 (69.3%)	152,786	2,258	2,101 (59.0%)	1,899 (58.8%)	1,264 (47.7%)	1,250 (49%)
계	233,191명	217,291	3,899	3,562	3,231	2,652	2,556

출처 : 보건복지가족부, 2008

4) 빈곤아동 · 청소년

빈곤은 아동의 기본적 생존욕구를 위협할 뿐 아니라 빈곤으로 인한 학습의 결핍, 교육의 부적합, 정서적 · 사회적 발달 지체 등은 아동의 건강한 성장 · 발달에 장애물로 남게 된다. 결국 이와 같은 과정은 빈곤과 불평등을 대물림하는 현상을 심화시켜 전체 사회통합의 걸림돌로 작용될 가능성이 있다. 즉, 빈곤 아동의 문제는 개인적 차원의 문제를 넘어 가난의 대물림현상으로 인한 사회적 무력감과 실업, 복지비용, 범죄 등으로 인한 지속적인 사회비용 측면에서도 사회적 관심이 필요하다. 예로, 3-4세 유아에 대한 투자는 사후적 대책보다 7.16배 효과적이라는 실증연구가 있다(빈부격차 · 차별시정위원회, 2004).

〈그림 10-3〉 아동의 빈곤대물림 경로

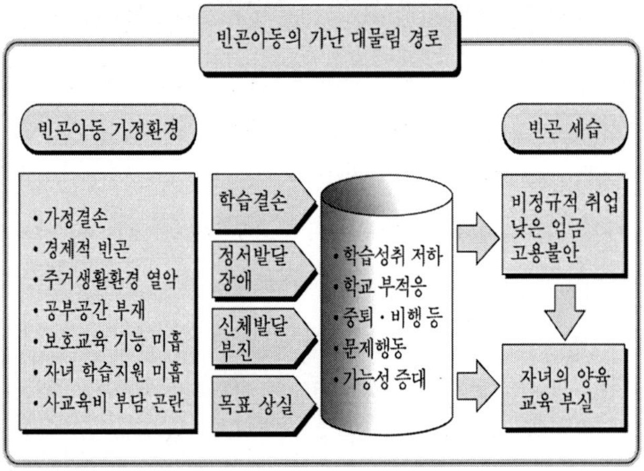

출처 : 빈부격차·차별시정위원회, 2004.

빈곤 가정에서 생활하는 아동의 규모를 나타내는 아동 빈곤율을 2008년 보건복지가족부 고시 가구별 최저생계비보다 가구의 경상소득이 낮은 경우 절대빈곤가구로 분류하여 산출할 때, 우리나라의 아동청소년 빈곤율(전체 아동청소년 중 가구소득이 최저생계비에 미달하는 아동청소년이 차지하는 비율)은 전체적으로 약 7.8%인 것으로 나타났다.

〈표 10-8〉 아동빈곤율

(단위 : %)

	빈곤층	차상위	차상위 이상
0-2세	5.9(81,174)	4.6(62,889)	89.5(1,223,739)
3-5세	4.7(65,930)	3.7(51,851)	91.6(1,293,513)
6-8세	6.3(109,228)	4.3(74,861)	89.4(1,560,989)
9-11세	7.9(155,320)	4.1(80,552)	87.9(1,721,032)
12-18세	9.1(437,956)	4.4(209,418)	86.5(4,149,907)
계	7.8(768,435)	4.2(416,683)	88.0(8,725,440)

출처 : 보건복지가족부, 아동청소년종합실태조사보고서, 2009

연령대별로 아동빈곤율을 살펴보면, 12-18세의 빈곤율이 9.1%로 가장 높고, 그 다음은 9-11세로 7.9%이다. 아동빈곤율이 가장 낮은 연령대는 3-5세로 4.7%이다. 또 우리나라 아동청소년의 약 4.2%는 가구소득이 최저생계비 100-120%에 있는 차상위 가구에서 자라고 있어, 여기에 속하는 아동을 포함하는 경우에는 빈곤가구의 아동이 118만 명에 이르는 것으로 추계된다.

현재 저소득층 아동에 대한 지원은 학비와 보육비 중심으로 교육기회를 보장하는 방향으로 이루어지고 있다. 2004년도 자료에 따르면, 빈곤 아동 가운데 약 37만 명이 기초생활수급가정의 아동으로서 생계·의료·주거·교육 등에서 정부지원을 받고 있다. 생계보장 외에 의료·교육 등 일부 급여는 **차상위계층**(최저생계비 120%)이나 저소득층(최저생계비 150%)까지 확대하고 있다. 그러나, 저소득 가정의 아동들의 경우, 방과 후에 보살펴 줄 보호자가 없이 가정에서 방치되는 비율이 높고 이와 관련하여 영양 및 정서발달상의 문제, 학습부진 및 학교부적응의 문제 등을 많이 나타내는 것으로 보고되기 때문에 보육을 포함한 사회서비스의 확대가 필요하다.

차상위계층
소득을 기준으로 최저생계비의 120% 미만의 집단 중 여러 조건에 의해 수급자로 선정되지 못한 비수급소득빈곤계층임. 차상위계층은 정책적 빈곤개념으로 기본적인 생활형편이 빈곤층과 유사하고 특정 영역의 기초욕구 충족을 위한 지출이 기초생계에 위협이 될 가능성이 있는 집단, 기초보장수급자로의 진입 위험이 높은 집단의 의미를 포함함.

빈곤가구 또는 소외지역의 아동들에게 개별적 지원과 더불어 안전망으로서 지역의 보호체계(community support system)를 강화하는데 집중 지원하는 것은 아동과 그 가족의 건강한 삶을 책임지며 더불어 안정된 지역사회를 만들어나가야 하는 국가와 지역사회의 기본적인 역할이 된다. 선진국은 장기간 빈곤에 노출될 경우에 발생되는 문제를 예방하기 위하여 영유아 단계에서부터 교육·복지·보건이 연계된 통합서비스를 실시하고 있다. 우리나라에서도 미국의 Head Start나 영국의 Sure Start와 유사한 맥락에서, 미래의 인적자원을 개발하고 가난의 대물림을 차단하고자 하는 취지를 가지고 2004년부터 경기도의 시범사업으로 **위스타트(We Start)**가 시작되었다. 중앙정부에서도 금전지원의 확대만으로는 아동의 빈곤 문제를 해결할 수 없다는 인식하에, 빈곤아동을 대상으로 집중적이고 예방적인 인적자본 개발을 통해 공평한 출발기회를 보장해 나가는 아동

위스타트(We Start)
가난한 가정의 아동이 적절한 보호를 받고 자라나도록 지역사회와 정부가 함께 하는 한국형 빈곤아동 지원프로그램임. We에는 우리(We) 모두라는 뜻과 함께 두 핵심영역인 복지(Welfare)와 교육(Education)의 의미를 담음.

정책방향 속에서 '드림스타트 사업'을 시작하였다.

드림스타트 사업의 구체적인 내용을 살펴보면, 빈곤아동 밀집지역에 거주하는 저소득 임산부와 12세 이하 아동가구를 대상으로 아이들에게는 보건·복지·보육 등 맞춤형 통합 서비스 제공을 통하여 아동의 전인적 발달을 지원하고 부모들에게는 직업훈련·고용촉진 서비스를 제공하여 가족기능을 회복시켜 공평한 양육 여건을 보장하는 프로그램들로 구성되어 있다. 가난한 아동의 전인적 발달을 지원하는 '드림스타트 사업'은 최근 가정해체, 사회양극화 등으로 인하여 빈곤가구와 아동 문제의 심각성이 대두되는 상황에서 국가가 적극적인 대응정책으로서 추진하고 있다는 의미를 갖는다. 이 사업은 2007년에는 전국 16개 시범지역에서 실시하였고 2008년에는 32개 지역에 22천명, 2009년도에는 75개 지역에 77천명으로 확대 실시되고 있다(보건복지가족부, 2009).

〈그림 10-4〉 드림스타트 사업체계

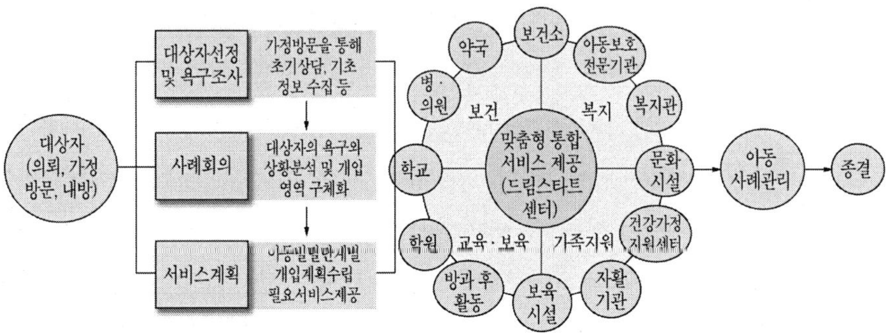

출처 : 보건복지가족부, 2008.

드림스타트 사업과 함께 아동발달지원계좌(CDA)지원사업이 저소득층의 빈곤 대물림 및 자립기반 마련을 위한 아동투자 차원에서 추진되고 있다. 이 정책은 기존 저소득층 아동에게 지원되는 복지정책이 생계유지, 학비지원 등 최소한의 단기적·사후적 지원에 머무른다는 한계 때문에 18세 이후 사회에 진출하여 성인이 돼서도 자립하지 못하고 빈곤이 대물림되는 안타까운 현실을 극복하기 위함을 목적으로 한다. 선진외국의 경우에는 저소득층의 빈곤원인이 학자금, 창업자금, 기술습득 자금, 주거마련 등 자립에 필요한 자금을 확보하지 못하는데 있음을 깨닫고 아동자립자금을 마련하는 사업을 도입하였다. 영국에서는 2005년 4월부터 Child Trust Fund(아동용 장기신탁펀드)를 도입하여 운영하고 있으며, 미국 역시 저소득층의 주택구입, 창업, 기술습득 등 자립목적 저축에 대하여 정부・민간이 매칭펀드를 제공하고 있었다. 이런 외국사례를 배경으로 하여 우리나라에서도 2007년 4월부터 아동발달지원계좌(CDA)인 디딤씨앗통장사업을 추진하고 있다. 국가에서 보호하는 아동복지시설, 가정위탁, 소년소녀가정 등의 아동이 보호자나 후원자의 지원으로 월 3만원 이내의 기본적립금을 적립하면 정부에서도 17세까지 같은 금액으로 지원하여 18세 이후 사회진출 시 학자금, 기술습득비용, 창업비용 등 자립자금으로 사용할 수 있도록 하고 있다. 한편, 보건복지가족부는 부모의 실직 등으로 인한 경제적 빈곤 또는 부모의 질병, 사망, 가출 등 가족기능의 결손으로 발생하는 결식우려 아동에 대해 2000년 10월부터 아동급식을 실시하여 아동 건전육성을 도모하고 있다. 아동급식은 사회복지관, 민간 및 종교단체 급식소와 연계하여 교육 및 복지프로그램과 병행하여 제공되고 있으며, 2001년 11월부터는 국무조정실의 급식지원확대 관계부처 협의에 따라 취학 아동에 대해 조・석식, 미취학아동에 대해서는 조・중・석식을 제공하고 있다.

빈곤・위기아동의 보육을 위한 지역내 아동보호시설로 지역아동센터가 있다. 지역아동센터는 지역사회 아동의 보호, 교육, 건전한 놀이와 오락의 제공, 보호자와 지역사회의 연계 등 아동의 건전육성을 위하여 종합적인 아동복지서비스를 제공하는 시설로서 규정된 아동복지시설이다. 지역아동센터의 주요 프로그램은 생활지도와 급식제공 등의 보호프로그램이다.

이외에, 학습능력과 학교적응력을 향상시키며 숙제지도나 예체능

교육을 제공하는 교육프로그램, 체험활동이나 견학, 캠프 등의 문화프로그램, 부모교육과 상담, 결연후원 등의 복지 및 지역자원연계 프로그램 등이 제공된다. 저소득 밀집빈곤지역에서 방과후 공부방으로 운영되던 시설이 2005년부터 지역아동센터로 지정을 받고 있다. 지역아동센터는 예방적 차원에서 소외가정의 아동을 지역에서 보호하도록 정부의 지원이 이루어지기 시작하였다는 의미를 갖는다. 그러나, 단순한 보호를 넘어 빈곤아동과 가족이 겪는 문제에 대한 포괄적인 접근이 이루어지는 데에는 전문적 인력과 운영여건 상의 한계가 있다.

〈표 10-9〉 지역아동센터 이용아동 현황

계	미취학	초등학생 저학년	초등학생 고학년	중학생	고등학생	탈학교 등
87,291명	4,585명 (5.3%)	35,972명 (41.2%)	33,163명 (38.0%)	11,380명 (13.0%)	1,862명 (2.1%)	329명 (0.4%)

출처 : 보건복지가족부, 2008.

지역아동센터가 청소년을 포함하는 모든 연령범주의 아동을 위한 방과후 공부방인데 비해, 청소년 공부방은 도시 저소득 지역의 청소년을 대상으로 별도의 학습공간을 제공하고 있다. 현재 청소년공부방의 운영은 국가와 지방자치단체가 연계하여 운영하고 있으며, 2008년도 기준 344개소가 운영되고 있다. 청소년 공부방은 학습지도 및 생활상담 등을 학습능력과 동기부여를 하고자 한 것이나, 중고등학생이 이용 가능한 공부방개방시간에 따른 운영상의 어려움이나 전문인력, 프로그램의 미비로 활성화되어 있지 않은 실정이다.

〈표 10-10〉 시도별 청소년공부방 설치현황

구분	계	서울	부산	대구	인천	광주	대전	울산	경기	강원	충북	충남	전북	전남	경북	경남	제주
2006년	327	0	37	22	12	16	14	4	26	29	34	0	15	16	28	49	25
2007년	343	0	37	19	27	16	13	4	25	27	34	0	17	20	28	50	26
2008년	344	0	37	19	26	13	14	4	25	27	31	0	16	23	28	53	28

출처 : 보건복지가족부, 2008.

5) 학대아동의 보호

아동복지법 제2조 제4호에 명시된 정의에 의하면, '아동학대'란 보호자를 포함한 성인에 의하여 아동의 건강·복지를 해치거나 정상적인 발달을 저해할 수 있는 신체적·정신적·성적 폭력, 가혹행위 및 아동의 보호자에 의하여 이루어지는 유기와 방임을 말한다. 아동학대의 유형으로는 보호자를 포함한 성인이 아동에게 우발적 사고가 아닌 상황에서 신체손상을 입히는 신체학대(physical abuse)와 보호자나 양육자가 아동에게 언어적·정서적 위협, 감금이나 억제 등의 가학적인 행위를 하는 정서학대(emotional abuse), 성인이 자신의 성적인 욕구충족을 위해 미성숙한 아동과 함께 하는 모든 성적 행위를 포함하는 성학대(sexual abuse), 보호자가 아동에게 의식주를 포함한 기본적 보호·양육 및 치료를 고의적이며 반복적으로 소홀히 함으로써 아동의 정상적인 발달을 저해할 수 있는 방임(neglect)과 성인의 보호감독을 받아야 하는 아동을 버리는 행위인 유기(abandonment) 등이 포함된다.

우리나라에서 지난 5년간 신고된 총 아동학대는 28,136건이다. 신고건수와 함께 아동학대 의심사례도 매년 증가하고 있다. 2001년도에 2,606건이었던 아동학대의심 사례가 2004년도에는 4,880건으로 증가하였다(보건복지부, 2006b). 실제 파악된 아동학대 사례유형을 살펴보면, 두 가지 이상의 학대유형이 함께 발생하는 중복학대가 1,508건(38.8%)으로 가장 높은 비율을 차지하고 있다. 다음으로는 방임 1,367건(35.1%), 신체학대 364건(9.4%), 정서학대 350건(9.0%), 성학대 177건(4.5%), 유기 125건(3.2%)의 순으로 나타났다. 발생추이를 살펴보면, 방임의 건수와 비율이 가장 높아지고 있다. 방임은 성장이나 심지어는 사망에 이르기까지 아동발달에 미치는 영향력이 큼에도 불구하고, 아동학대의 한 유형으로 갖는 심각성이 간과되는 경우가 많다.

〈그림 10-5〉 연도별 아동학대 사례 유형

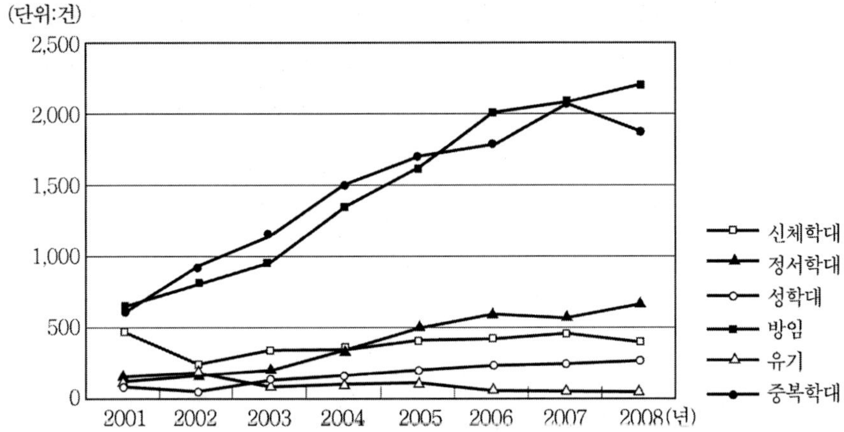

출처 : 보건복지가족부 · 중앙아동보호전문기관, 2009.

2000년도 이전에는 학대피해아동의 보호를 위한 법적 근거나 정부의 재정적 · 행정적 지원이 미비하였다. 2000년도에 개정된 아동복지법은 학대피해아동의 보호를 위한 법적 근거를 마련하고 아동학대 긴급전화(1391)의 설치 · 운영 및 아동보호전문기관 설치에 관한 규정을 포함시켰다. 아동학대예방센터로부터 명칭이 변경된 아동보호전문기관은 최근 급증하는 아동학대 문제에 대처하기 위해 설립된 아동복지시설이다. 2005년 현재 중앙아동보호전문기관 1개소와 전국 16개 시 · 도에 19개소의 아동보호전문기관과 19개소의 소규모 지역아동보호전문기관이 운영되고 있다.

아동학대가 발생하는 경우에는, 위 그림과 같이 행정기관과 경찰, 교육기관, 의료기관, 법률기관의 협조를 얻어 사례에 대한 사례판정과 보호조치를 취하게 된다. 아동학대를 알게 된 사람은 누구나 신고를 해야 하지만, 아동복지법 제26조에 따라 교사나 의료인, 아동복지시설이나 보육시설 종사자, 동사무소전담공무원 등은 신고의무자에 포함되기 때문에 반드시 신고할 의무가 있다.

〈그림 10-6〉 아동학대사례 업무진행도

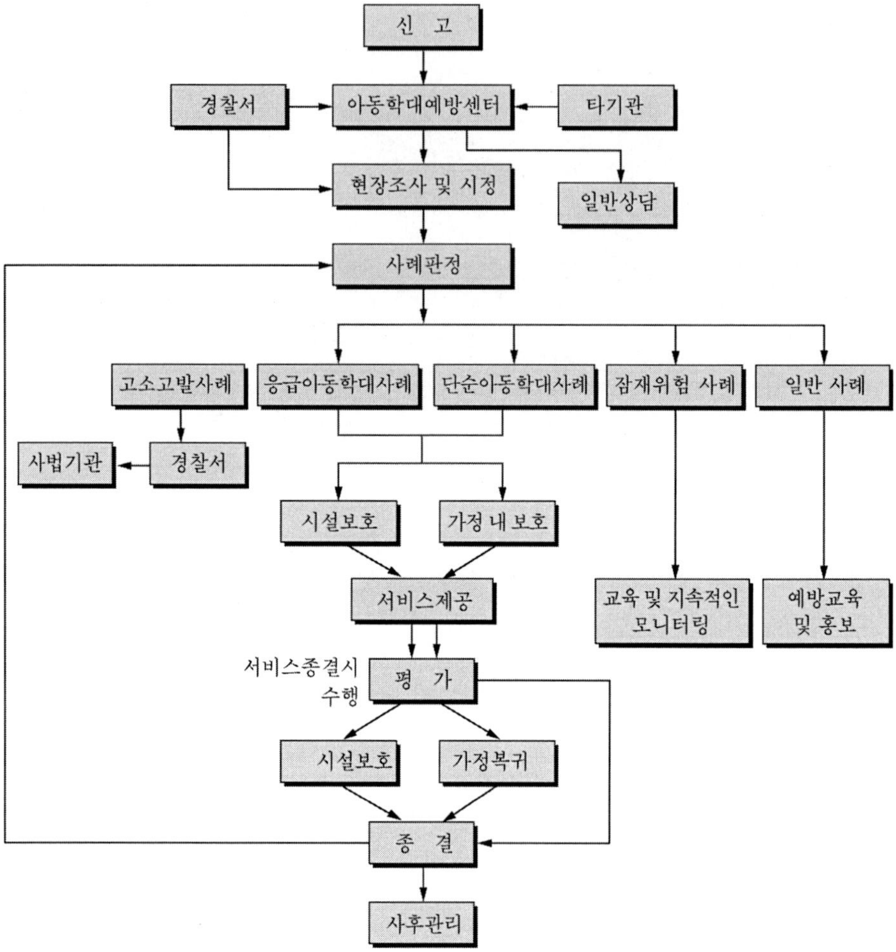

출처 : 보건복지부, 2006b.

대부분의 사례가 신고를 통해 사후적으로 이루어지기 때문에, 학대 및 방임에 대한 조기발견과 고위험군 아동에 대한 예방적 지원 서비스가 요청된다. 또한, 늘어나는 재신고사례의 예방을 위해서는 사후관리와 학대행위자에 대한 상담과 부모교육, 치료프로그램 등을 상시적으로 운영하는 것이 중요하며 이를 위한 구체적인 법적 근거를 확립하는 것도 필요하다.

■ (물리적) 방임 사례

출처 : 보건복지부, 2006b

○피학대 아동 : 남, 10세

부모의 이혼으로 외조부모 밑에서 생활하던 아동이 방임된 채 혼자 비닐하우스에서 생활하다가 굶주린 도사견에게 물려 죽은 물리적 방임 사례가 있다.

아동의 주거지는 의왕시였으나 형편이 넉넉지 않은 외조부모는 충남 당진으로 농사를 지으러 다니기 때문에 아동을 혼자 두고 일을 하러 다니곤 했다. 사건 당시에도 1주일치 밥이 전기밥통에 있었으나 먹을 수 없는 상태로 말라비틀어져 있었고, 찌개도 먹기 곤란한 상태였으며, 전기담요는 끄지 않고 다녀 화재의 위험성이 있었다. 이러한 상황에서 며칠째 먹이를 먹지 못한 아동 외조부의 사냥개가 우리를 뛰쳐나와 아동을 물어뜯어 아동이 과다출혈로 숨을 거두었다.

■ (교육적) 방임 사례

○피학대 아동 : 남, 11세

학대행위자 : 친부

친모 가출 후 친부 혼자서 아동을 양육하다가 아동이 학교 갈 시기를 놓치고 초등학교 3학년 나이임에도 불구하고 학교를 다니지 않은 채 길에서 구걸을 한 사례이다. 아동의 월세방세는 오랫동안 납부되지 않은 채 밀려 있었으며, 집안은 각종 쓰레기들로 꽉 차 있었다.

친부는 아동을 때리지는 않으나 일을 나가면 새벽 1~2시에 들어오거나 외박을 하는 날도 잦았다. 또한 평소 학교를 가지 않고 아동이 길거리에서 구걸행위를 하다가 인근 파출소에서 발견해 경찰이 아동을 집에 데려다 준 적이 있으며, 아동은 밥을 굶는 날도 많았다. 이 사례는 교육적 방임과 함께 아동의 안전 및 생명까지도 위협을 받고 있는 사례였다.

출처 : 보건복지부, 2006b.

6) 위기청소년 지원

가정이나 학교로부터의 적절한 보호가 이루어지지 않거나, 다양한 사회적 위험에 노출 또는 노출될 우려가 있는 위기청소년이 늘고 있다. 청소년복지지원법에서는 가출청소년의 일시적인 생활지원과 선도, 가정·사회로의 복귀를 지원하기 위해 국가 및 지방자치단체의 청소년쉼터설치·운영을 명시하고 있다. 청소년 쉼터의 주요기능으로는 가출청소년의 일시보호 및 숙식제공, 가출청소년의 상담·선도·수련활동, 가출청소년의학업 및 직업훈련 지원활동, 청소년의 가출 예방을 위한 거리상담활동, 그 밖에 청소년복지지원에 관한 활동 등이 있다. 가출청소년 쉼터는 1992년 시범사업으로 서울YMCA 청소년쉼터가 개소한 이래 1996년 이후 광역시 중심으로 늘어나면서 현재 광역 및 기초 자치단체에서 지원하는 쉼터와 순수 민간쉼터 등이 9세-24세의 아동·청소년들을 대상으로 활발히 운영되고 있다. 가출청소년 쉼터는 거주기간에 따라 임시쉼터, 단기쉼터, 중장기쉼터로 구분하여 운영되고 있으나 기본적으로 일시보호를 원칙으로 하고 있어 사회적응이나 가정복귀, 자립의 문제가 해결되지 않는 경우 퇴소후의 문제가 발생한다. 또한, 제도적 근거와 운영여건, 전문 인력의 부족 등으로 인해, 가출 및 위기 청소년들의 다양한 특성과 보호욕구에 따른 지원과 전문가의 개입, 가정과 학교, 상담센터, 지역사회서비스기관과의 유기적인 연계활동이 원활하게 이루어지지 못하는 어려움이 있다.

〈그림 10-7〉 가출청소년 현황

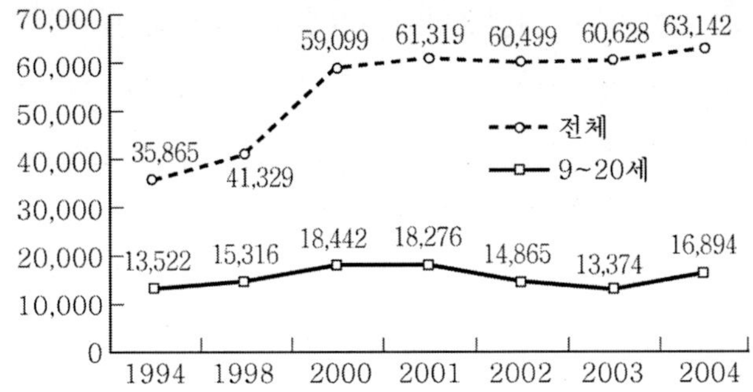

자료: 국가청소년위원회, 2005.

〈표 10-11〉 청소년쉼터 유형

구분	일시쉼터	단기쉼터	중장기쉼터
기간	24시간 이내 일시보호	3개월 내외의 단기보호	3개월 이상 중장기 보호
이용대상	일반청소년, 거리생활청소년	가출청소년	자립의지, 특별지원 가출청소년
기능	- 위기개입상담, 진로지도, 적성검사 등 상담서비스 제공 - 가출청소년 구조 · 발견, 청소년쉼터와 연결 - 먹거리, 음료수 등 기본적인 서비스 제공 등	- 가출청소년 문제해결을 위한 상담 · 치료서비스 및 예방활동 전개 - 의식주 및 의료 등 보호서비스제공 - 가정 및 사회복귀를 위한 가출청소년 분류, 연계 · 의뢰 서비스 제공 등	- 가정복귀가 어렵거나 특별히 보호가 필요한 위기청소년을 대상으로 전환형, 가족형, 자립형, 치료형 등 특화된 서비스 제공
위치	이동형(차량), 고정형(청소년유동지역)	주요도심별	주택가
지향점	가출예방, 조기발견, 초기개입	보호, 가정 및 사회복귀	자립지원

청소년을 위한 일시 및 단기 시설보호 이외에도 지역사회에서 위기청소년 지원체계를 활성화시키기 위해, 위기청소년에게 상담 · 보

호·의료·자립 등 맞춤형·원스톱 서비스를 제공하고 네트워크를 구축하여 종합적으로 지원·관리하는 지역사회 위기청소년 통합지원체제(CYS-Net)가 시군의 청소년(상담)지원센터를 통해 24시간 운영되기 시작하였고, 2009년도에는 97개의 서비스기관으로 확대되어 약 9만명의 청소년이 지원을 받고 있다(보건복지가족부, 2009). 이러한 변화는 그간 단편적인 상담서비스와 시설중심의 서비스로부터 벗어나, 위기 청소년들이 지역사회의 구성원으로서 적절히 보호받으며 지원기관과의 연계와 협력을 통해 실질적인 서비스를 다각적으로 지원받을 수 있다는 의미가 크다. 또한, 기존의 상담센터를 중심으로 이루어졌던 내담상담이나 전화 상담에 한정하지 않고 지역사회나 학교와의 연계 속에 이루어지는 청소년동반자프로그램(Youth Companion Program)이나 학교폭력 근절을 위한 전문상담 등을 확대하므로써 지역사회 기반의 청소년 상담서비스의 접근성과 전문성을 높이고 있다.

이외에도 청소년긴급전화 1388은 청소년뿐 아니라 학부모, 교사 등에게 상담 및 정보제공 등의 원스톱서비스를 365일 24시간 제공하고 있다. 전국 시도 및 시군구 청소년지원센터에서 운영하고 있는 청소년전화 1388은 하루 이용건수가 2005년도 178건에서 2008년도 969건으로 크게 증가하고 있다. 또한, 온라인 상담, 이메일 상담 등을 통해 접근성을 높인 사이버상담은 1998년에 국내최초의 사이버 청소년상담센터가 생긴 이후 빠르게 증가하고 있다. 청소년상담기관의 일반적인 문제점으로는 전문적인 상담인력의 부족, 상담시설의 미비, 정부의 지원미약, 상담에 대한 국민일반의 인식부족 등이 제시되고 있다. 청소년들의 상담내용은 가정이나 학교생활 등과 관련된 복합적인 문제들이 많기 때문에, 가정과 학교, 지역사회의 관련 기관들과의 상호적 연계 속에서 상담과 지원이 통합적으로 이루어질 필요성이 크다.

7) 청소년 수련활동 및 사회참여

청소년활동진흥법 제10조에서는 청소년활동시설의 종류를 청소년 수련시설과 청소년이용시설로 청소년 수련시설은 기능이나 수련거리 및 입지적 여건 등에 따라 다양한 유형으로 구분된다. 2005년 이전까지는 생활권수련시설(청소년수련관, 청소년문화의집), 자연권수련시설(청소년수련원, 청소년야영장), 그리고 유스호스텔로 구분되어 왔다. 그러나 2005년부터는 새롭게 제정된 청소년활동진흥법에 의해 청소년수련관, 청소년수련원, 청소년문화의집, 청소년특화시설, 청소년야영장, 유스호스텔로 구분된다. 1992년 이전에는 수련시설이 150여개에 불과하였지만, 한국청소년기본계획과 이를 보완하여 수립한 청소년육성 5개년계획의 시행과 더불어 매년 지속적으로 증가하여 2005년 3월 현재 687개소가 설치되어 있다. 대규모의 국립 자연권수련시설과 함께, 지방자치단체가 지원하는 생활권 수련시설도 꾸준히 증가하여, 2005년 3월 현재 687개의 수련시설 중 464개소가 공공수련시설이며, 이 중 323개소가 지방자치단체에서 건립하여 운영 중인 시설이다. 청소년활동진흥법에 따르면 지방정부는 청소년수련관을 1개소 이상 설치·운영해야 하며 읍·면·동에는 청소년문화의집을 1개소 설치하여야 할 의무를 갖기 때문에, 앞으로 청소년 수련시설은 더욱 확충될 전망이다.

〈표 10-12〉 청소년 수련시설 현황

구분	계	생활권			자연권			유스호스텔
		계	수련관	문화의집	계	수련원	야영장	
합계	687	287	127	160	319	186	133	81
공공	470	272	122	150	188	79	109	10
민간	217	15	5	10	131	107	24	71

자료: 국가청소년위원회, 2005.

〈표 10-13〉 청소년 수련시설의 종류

청소년수련관	다양한 수련거리를 실시할 수 있는 각종시설 및 설비를 갖춘 종합수련시설
청소년수련원	숙박기능을 갖춘 생활관과 다양한 수련거리를 실시할 수 있는 각종 시설과 설비를 갖춘 종합수련시설
청소년문화의집	간단한 수련활동을 실시할 수 있는 시설 및 설비를 갖춘 정보 · 문화 · 예술중심의 수련시설
청소년 특화시설	청소년의 직업체험 · 문화예술 · 과학정보 · 환경 등 특정목적의 청소년활동을 전문적으로 실시할 수 있는 시설과 설비를 갖춘 수련시설
청소년야영장	야영에 적합한 시설 및 설비를 갖추고 수련거리 또는 야영편의를 제공하는 수련시설
유스호스텔	청소년의 숙박체제에 적합한 시설 · 설비와 부대 · 편익시설을 갖추고 숙식편의제공, 여행청소년의 활동지원 등을 주된 기능으로 하는 시설

출처: 국가청소년백서, 2005b.

제 4 절　아동복지의 방향

아동은 미래사회의 생산인구로서 갖는 잠재적 가치가 매우 중요하며 따라서 국가는 인적 자원(human capital) 개발의 차원에서 아동복지 증진을 위한 제도적 · 정책적 환경조성의 책임을 갖는다. 모든 아동이 건강하게 성장할 수 있도록 환경적 기반을 조성하는 것은 국가의 미래를 위한 중요한 투자이며 이러한 전략은 요보호 아동뿐만 아니라 일반아동 전체를 대상으로 하는 포괄적 접근을 필요로 한다. OECD 주요 국가의 아동보호체계는 운영개선을 위한 모니터링 체계를 갖추고 지속적인 보호기준의 상향화를 통해 발달위기(developmental risks)의 상황에 있는 아동보호의 질적 향상을 도모하고 있다(박세경 외, 2005). 또한, 요보호아동의 권리를 보장하고 복지수준의 증진을 위하여 시설보호를 지양하고 탈시설화를 진행하고 있으며, 그 결과 위탁가정지원과 입양지원, 자립지원, 아동학대 예방 및 치료에 초점을 둔 제도적, 정책적 지원이 확대되고 있다.

우리나라에서도 현재의 요보호아동 중심의 정책과 실천으로부터 전체 아동의 건전한 성장과 발달을 보장하는 예방적이며 보편적인 아동복지로의 변화가 필요하다. 이를 위해서는 아동을 보호하기 위한 지역기반의 보호체계를 구성하고자 하는 정책방향의 설정이 중요하다.

한편, 급격한 사회변화 속에서 가족과 지역사회 내에서 폭력, 학대, 방임, 빈곤 등에 노출되는 요보호아동에 대해 지속적이며 통합적인 지원이 필요하다. 이를 위해서는, 소극적으로 기본생활을 보장하는 차원을 넘어 적극적으로 아동의 기본권을 보장하고 미래사회의 성장 동력으로서 육성될 수 있는 사회투자가 필요하다. 보다 구체적인 아동복지의 세부추진 방향을 살펴보기 위해 정책적 차원, 지역사회차원, 아동 및 가족 차원으로 나누어 보면,

① 정책적 차원

출산 및 아동양육에 대한 사회적 책임을 인식하고 바람직한 자녀양육을 위한 사회적 조건들을 가족복지정책의 틀 속에서 고려하면서 아동복지의 방향을 설정할 필요가 있다. 무엇보다, 초기 우리나라 아동보호체계의 구성과 보호서비스의 전달에 있어서 부족했던 공공부분의 역할을 확대할 필요가 있다. 권리차원에서 아동을 보호하기 위한 지원체계와 아동을 위한 법적, 제도적 환경을 개선해 나가는 데 있어서 국가의 책임이 요구된다. 또한, 요보호아동중심의 정책과 시설중심의 보호사업에 대한 평가를 통해 아동보호체계의 기본원칙과 질적 향상을 이루기 위한 환경조성에도 관심을 가져야 한다.

② 지역사회 차원

정책이 효과적으로 실행될 수 있도록 지역사회를 중심으로 아동보호체계의 기반을 확대하고 네트워크를 구축하는 방향이 필요하다. 이를 위해서는 첫째, 보호가 필요한 아동에 대한 적절한 보호의 수준과 개입방법을 사정하고 공공과 민간기관, 가족과 지역사회가 함

께 참여하는 다원적 보호체계를 마련할 필요가 있다. 둘째, 아동보호체계의 통합적 운영과 모니터링을 강화하기 위해서는 아동보호서비스체계간의 구조적 연계가 보다 강화될 필요가 있다. 셋째, 아동보호를 위한 공공과 민간기관의 역할을 명확히 하고 역할분담과 협력관계의 구축을 통한 서비스의 연계가 이루어지는 것이 중요하다. 넷째, 지역사회기반의 아웃리치 서비스를 확대함으로써 지역의 일차적인 복지전달체계와의 연결성을 갖고 전체 아동에 대한 지원사업이 이루어질 필요가 있다.

③ 아동 및 가족차원

모든 아동이 건전하게 성장하도록 돕기 위해서는 아동과 가족대상의 지원서비스가 확충될 필요가 있다. 앞으로는 보호아동을 위한 보육 및 보호 기능뿐 아니라 보편적이며 예방적인 차원에서 가족의 자녀양육기능과 보호기능을 강화시킬 필요가 있다. 즉, 아동의 문제를 조기에 예방하거나 문제행동에 대한 초기개입이 가능하도록 가족에게 상담이나 교육, 정보를 제공하며 아동의 전인적 발달을 지원하기 위한 지지적인 서비스를 더욱 확대할 필요가 있다. 이미 위험에 노출된 요보호 아동도 지역 내에서 내실 있게 보호되기 위해서는, 일반아동에 대한 가정지원사업 이외에도 학교부적응아동이나 비행아동, 장애아동, 학대아동의 치료나 보호서비스의 전문화가 필요하다. 또한 이들 아동이 지역의 아동보호체계 내에서 체계적인 도움을 받기 위해서는 지원아동에 대한 정확한 사정과 체계적인 개입이 개별가구별 사례관리를 통해 이루어지는 방식이 필요하다.

제 11 장

노 인 복 지

제1절 현대사회와 노인

1. 노인의 특성

국제노년학회에서는 노인이란 인간의 노화과정에서 나타나는 생리적, 심리적, 환경적 변화와 행동의 변화가 상호작용하는 복합형태의 과정에 있는 사람이라고 정의하였다. 또한 브린(Breen, 1960)은 노인을 생리적·생물학적인 면에서 쇠퇴기에 있는 사람, 심리적인 면에서 정신기능과 성격이 변화되고 있는 사람, 사회적인 면에서 지위와 역할이 상실되어 가는 사람이라고 정의하였다.

연령을 기준으로 한 노인의 범위는 보통 60세 이상 또는 65세 이상으로 되어 있다. 고령자고용촉진법에 제시된 고령자는 55세 이상인 자, 준고령자는 50세 이상 55세 미만인 자이며, 국민연금법상의 노령연금 급여대상자 기준에서는 노인의 기준을 60세부터로 정하고 있다. 그러나 일반적으로는 노인복지법이나 국민기초생활보장법상 등에서 기준으로 하는 65세 이상인 자를 노인으로 본다.

1) 신체적 특성

노인의 기준이 되는 연령에 가까워질수록, 능력이 감퇴하는 노화를 경험하게 되며 저하된 기능으로 인해 일상생활과 사회활동에서의 변화를 맞게 된다. 노화과정에서 일반적으로 나타나는 노인의 신체적인 변화는 다음과 같다(Zastrow & Kirst-Ashman, 2001).

① 외모상의 변화

피부가 건조해지며 주름과 흰머리가 늘고 얼굴에 반점이 증가하며 어깨가 굽고 키가 줄어드는 현상이 나타난다.

② 감각과 지각능력의 변화

청각이나 시각, 미각 등의 감각이 약해지거나 둔해진다. 청력손상으로 타인과의 대화에 어려움을 겪게 되며 시력감소로 글을 읽거나 운전을 하는데 어려움이 있다. 미각과 후각의 기능도 저하되어 냄새를 맡지 못하거나 음식의 맛을 느끼지 못하게 되며 식욕을 상실하게 된다. 또한, 균형 감각이나 자세를 유지하는 것이 어렵게 되어 안전사고의 가능성이 높지만 회복은 어렵거나 더딘 경우가 많으며, 신경계의 정보처리 속도와 반응시간이 길어지기 때문에 행동으로 옮기는데 오랜 시간이 걸리게 된다. 한편, 지적기능은 감각이나 지각에 비해 크게 떨어지지 않으나 학습능력이나 기억력은 점차 낮아진다고 알려져 있다.

③ 생리적 기능의 변화

소화기능이나 호흡기능, 혈액순환과 같은 기초적인 생리적 기능이 저하되면서 고혈압, 당뇨병, 심장병 등의 만성질환에 대한 위험이 커지며 사망의 원인이 되기도 한다. 이와 같은 만성질환은 복합적인 기능장애와 높은 의료비용으로 인해 가족관계나 환경상의 스트레스를 유발하는 요인이 되기도 한다.

2) 심리 정서적 특성

다음은 노년기에 흔히 경험하게 되는 노인의 심리 정서적 변화를 나타낸 것이다. 변화에 대한 적응과 통합의 수준에 따라 각 개인의 심리 정서적 상태가 다르게 나타난다는 특징이 있다.

① 노인에 대한 부정적인 이미지와 태도를 갖게 하는 사회적 차별의 일종인 연령차별(ageism)로 인해 노인의 자존감이 낮아지며 자신의 변화된 사회적 역할에 대해 절망감을 느끼게 된다. 인생의 마지막 단계에서 달성해야 하는 발달과업인 통합성은 이러한 상황적 변화를 수용하며 자신의 존재론적 가치를 유지할 때 가능하다.

② 사회적 활동의 감소와 주변 환경의 변화는 불면, 식욕감소, 피로와 같은 신체적인 증상과 함께 의욕이 떨어지며 무력감을 느끼는 정서적 변화를 겪게 한다. 배우자와의 사별이나 자녀와의 별거 등으로 겪는 외로움이나 고독감은 노인의 우울과 자살로 이어지기도 한다.

③ 노인에게 나타나는 기질적인 정신장애의 하나로 치매가 있다. 노화로 인한 뇌조직 기능의 손상으로 인해 정신기능이 퇴화되고 성격이 와해되는 현상이다.

3) 사회적 특성

노인은 신체적, 정신적 변화뿐만 아니라 사회적 존재로서 겪게 되는 많은 변화를 노년기에 경험한다.

① 일반적으로 노인이 되면 수입이 감소하는 반면 신체적 질병으로 인한 의료비 지출이 증가한다. 빈곤노인의 경제적 문제는 생활양식 전반에 영향을 미쳐 친척이나 친구와의 관계, 여가활동, 주거여건을 더욱 열악하게 만드는 요인이 된다.

② 신체적 능력의 저하로 의존성은 증가하나 주변의 사회적 관계는 축소되는 변화를 겪는다. 특히, 평균수명은 연장되는 한편 퇴직연령이 낮아지면서 지적, 신체적 능력과 무관하게 사회적 활동이 중단되는 시기가 증가하게 되는 문제가 있다. 직업을 인생의 중요한

의미로 여기고 살았던 남성의 경우는 퇴직 후 적응상의 어려움이나 사회와의 단절로 인한 위기를 경험할 가능성이 크다.

2. 노인인구의 변화

1) 노인인구율의 증가

의학의 발달로 노인인구수가 절대적으로 늘 뿐 아니라 출산율의 감소로 상대적인 노인인구비율이 커지고 있다. 이와 같은 노인인구의 급증현상은 가족내의 부양문제를 넘어 국가의 경제적 부담이 되기 때문에 제도적 차원에서 접근할 필요가 있다. 우리나라의 노인인구는 2010년 488만 명을 넘어 전인구의 11%를 차지할 것으로 추산하고 있다.

〈표 11-1〉 노인인구 및 비율

(단위 : 천명, %)

구분	1990년	2000년	2006년	2010년	2020년	2030년
총인구	42,869	47,008	48,297	48,874	49,325	48,634
노인인구	2,195	3,394	4,585	5,356	7,701	11,810
비율	5.1	7.2	9.5	11	15.6	24.3
부양비	7.4	10.1	13.2	15	21.7	37.7
노령화지수	20	34.3	51	67.7	125.9	213.8

출처: 통계청, 『장래인구추계』, 2006. 11.

우리나라는 노인인구율이 2000년에 전체 인구의 7.2%를 넘어서 고령화사회(aging society)에 진입하였다. 2018년에는 노인인구가 14.0%를 넘는 고령사회(aged society)가 되고, 2026년에 20.0%를 넘어 초고령사회(super-aged society)에 도달할 것으로 예상하고 있다. 고령화사회에서 고령사회로 가는데 걸리는 연수는 한국이 18년으로 가장 빠르다. 한편, 고령화의 속도는 도시지역에 비하여 농촌지역이 훨씬 빠르게 진행되고 있어, 농촌지역의 경우 65세 이상 인구비율이

1990년에 9.0%로 이미 고령화 사회에 진입하였고 2000년에 14.7%로 고령사회에 진입하였다.

〈표 11-2〉 주요국가의 고령화 속도

국가	특정 노인비율 도달연도			소요기간(년)	
	7%	14%	20%	7%→14%	14%→20%
한 국	2000	2018	2026	18	8
일 본	1970	1994	2006	24	12
프랑스	1864	1979	2019	115	40
독 일	1932	1972	2010	40	38
이태리	1927	1988	2008	61	20
미 국	1942	2014	2030	72	16

출처: 일본국립사회복지인구문제연구소, 2003.

2) 평균수명과 노인가구의 증가

고령화의 가장 큰 요인은 평균수명의 연장으로 인한 노인인구의 증가이다. 보건의료 수준의 향상, 국민들의 영양상태 개선 및 건강에 대한 관심의 증가 등으로 한국인의 평균수명은 꾸준히 증가하고 있다. 평균수명을 남녀별로 살펴보면, 1960년에는 남자 51.1세 여자 53.7세(평균 52.4세)였으나, 1995년에는 남자 69.6세, 여자 77.4세(평균 73.5세)로, 2001년에는 남자 72.8세, 여자 80.0세(평균 76.5세)로 증가하였다. 향후 2030년의 평균수명은 81.5세, 2050년에는 83.0세로 늘어날 전망이다. OECD 30개국과 우리나라의 평균수명을 비교해보면, 2001년 남자는72.8세로 30개국 평균인 74.4세보다 1.6년 낮으며, 여자는 80.0세로 30개국 평균인 80.4세에 가깝다.

한편, 핵가족화로 가족의 부양기능이 약화되고 자녀수의 감소로 부모를 모실 가족원이 적어짐에 따라, 자녀와 따로 사는 노인 단독가구가 증가하고 있다. 2008년도 조사된 가구구성실태를 살펴보면 65세 이상 노인이 1명 이상 거주하는 가구의 수는 10,715가구이다. 노인이 포함된 가구중, 가족과 동거하지 않는 노인 단독 또는 노인부부가구가 차지하는 비율이 66.4%로 과반수를 넘는다. 65세 이상 노인이 혼자 사는 노인독신가구는 전체 노인가구 중 26.7%이며, 노인부부만 살고 있는 노인부부가구는 39.7%, 노인가구 중 자녀와 동거중인 노인가구는 28.6%, 기타가구 5.0%로 나타났다(보건복지가족부, 2008).

〈그림 11-1〉 노인가구의 구성비

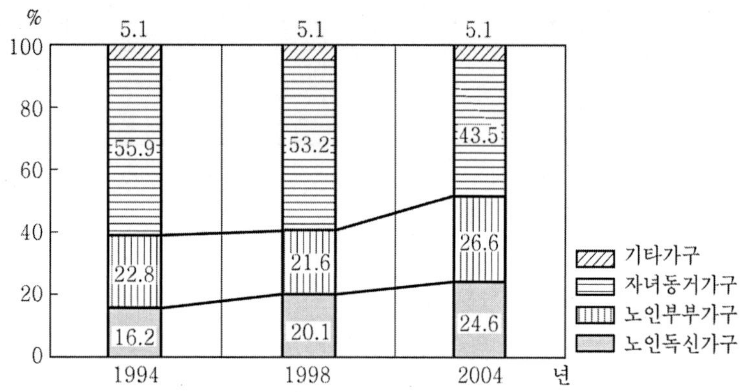

출처: 보건사회연구원, 2004년도 전국 노인생활실태 및 복지욕구조사, 2005a.

3) 노인부양비의 증가

노인인구의 증가는 15세 이상 65세 미만의 생산연령인구가 65세 이상의 노인인구를 부양해야 하는 노인부양비를 증가시킨다. 한국의 경우 1970년도 5.7%였던 노년부양비가 2000년에는 10.1%이며, 2020년에는 평균수명 증가 등에 따라 21.7%로, 2030년에는 37.7%로 급격히 증가할 전망이다. 이는 1970년에는 젊은 사람 20여명이 노인 한 사람을 부양했지만, 2020년에는 총생산가능 인구 35,506천명에 노인인구가 7,701천명이 되어 생산가능인구 4.6명당 노인 한 명을 부양해야 한다는 것을 의미한다. 한편, 증가하는 노인인구에 비해 출산율은 급격히 감소하여 이러한 노인부양부담의 문제는 더욱 심각할 전망이다.

〈표 11-3〉 노인부양비 추이 및 전망

구 분	'70	'80	'90	'00	'05	'10	'20	'30
노인부양비(%)	5.7	6.1	7.4	10.1	12.6	15	21.7	37.7
노령화지수(%)	7.2	11.2	20	34.3	47.3	67.7	125.9	213.8
노인 1명당 생산가능인구(명)	17.7	16.3	13.5	9.9	7.9	6.6	4.6	2.7

주) 노인부양비율 = (65세 이상 인구 / 15~64세 인구) × 100
노령화지수 = (65세 이상 인구 / 0~14세 인구) × 100
노인 1명당 생산가능인구 = (15~64세 인구 / 65세 이상 인구)
출처: 통계청, 「장래인구추계」, 2006. 11.

3. 노인문제와 욕구

노인집단은 생물학적 연령에 따른 공통점을 제외하고는 경제적, 신체적, 사회적인 면에서 이질성을 갖고 있기 때문에 각기 다른 특성과 욕구를 가진 개별적인 대상으로서 이해될 필요가 있다. 일반적으로 노인이 흔히 겪는 문제들로는 급격한 수입의 감소로 인한 경제적인 문제와, 신체적 노화와 만성질환으로 인한 건강의 문제, 은퇴 후 가정과 사회에서의 역할상실에서 오는 문제, 심리사회적 소외로부터 오는 정서적 문제 등이 있다. 조사자료에 따르면, 65세 이상 연령계층의 가장 어려운 점은 건강문제가 41.5%로 가장 높았고, 경제적 어려움이 33.9%, 외로움, 소외감이 8.5% 순으로 나타났다(보건사회연구원, 2005a).

1) 소득감소와 빈곤

노인이 겪는 위기 중의 하나인 퇴직은 직업활동의 중단으로 인한 소득의 상실을 의미한다. 자녀를 비롯한 가족의 부양을 받지 못하는 노인 단독가구의 경우에는 경제적 문제가 더욱 심각하다. 혼자 혹은 부부만 사는 노인세대의 경우에 최저생계비에 미치지 못한 비율이 전체의 1/3에 달한다(석재은 외, 2000). 보건복지가족부의 2008전국 노인생활실태 및 복지욕구조사결과에 나타난 가구 소득에 따르면, 자녀동거가구의 경우는 평균 264.5만원인 반면 노인부부가구는 평균 125.1만원, 노인독거가구는 평균 56만원으로 나타나 자녀동거가구와 현저한 격차를 보이고 있다. 특히, 노인독거가구의 경우 50-100만원 미만이 88.1%로 나타나 소득감소로 인한 생활의 어려움이 클 수 있다.

전국가구조사와 조사가구 내 65세 이상 노인에 대한 개별조사로 이루어진 정부의 전국 노인생활실태 및 복지욕구조사결과에 따르면, 노후생활에 대해 미리 준비를 하였거나 현재 준비하고 있는 노인의 비율은 37.7%에 머물고 있다. 노인 본인이 노후생활비를 마련하였거나 향후 마련할 모든 방법에 대한 질문에서 28.7%의 노인이 스스로 일한 소득이라고 응답하였다. 그외 자녀를 통한 경제적 도움이 28.5%, 공적연금이 26.8%, 적금 및 예금이 15.6%, 부동산 투자가 9.5%, 개인연금이 3.0%, 유산이 2.3% 순으로 나타났으며, '마련방법이 없다'고 응답한 비율도 25.5%로 나타났다(보건복지가족부, 2009).

한편, 건강수준의 향상과 평균수명의 연장으로 일을 할 수 있는 기간은 늘어난데 비해 노인의 취업은 활성화되지 못하고 있다. 정부의 통계에 따르면, 노인의 취업률은 30.8%이다. 종사 직종은 농·어·축산업과 단순노무직 종사자의 비율이 81.7%로 높게 나타나고 있다. 앞으로, 1차 산업의 비중이 감소하는 경향에 따라 노인취업률이 감소할 가능성도 크다(보건사회연구원, 2005a).

〈표 11-4〉 노인취업률

(단위: %)

구분	전체	지역		성		1998년	1994년
		동부	읍·면부	남자	여자		
취업중	30.8	21.5	50.1	41.8	23.8	29.0	28.5
비취업	69.2	78.5	49.9	58.2	76.2	71.0	71.5
계	100.0	100.0	100.0	100.0	100.0	100.0	100.0
(명)	(3,029)	(2,052)	(977)	(1,172)	(1,858)	(2,371)	(1,371)

출처: 보건사회연구원, 2004년도 전국 노인생활실태 및 복지욕구조사, 2005a.

2) 질병과 의료문제

노인의 특징에서 살펴본 바와 같이 노인은 노화로 인한 신체적 변화와 건강상의 문제를 갖는다. 전체 노인의 90% 이상이 1가지 이상의 만성질환을 보유하고 있는 것으로 조사되고 있다(보건사회연구원, 2005a; 이가옥 외, 1994). 전국 노인생활실태 및 복지욕구조사 결과, 전체 조사 대상 노인 15,146명 중 65세 이상 노인의 유병률이 높은 만성질병은 고혈압이 47.0%로 가장 많았으며, 다음으로 29.8%, 요통・좌골신경통이 18.9%, 당뇨병이 16.3% 골다공증이 13.8%로 순으로 나타났다(보건복지가족부, 2009). 만성질병을 앓고 있는 노인이 겪는 어려움으로는 일상생활수행의 제한(43.3%)이 가장 많으며, 그 다음 치료비로 인한 경제적 어려움(22.4%), 사회활동의 제한(17.0%), 외로움・소외감・자존감 상실 등(15.8%), 간호와 수발에 따른 어려움(0.9%) 등이 있는 것으로 나타났다. 만성적인 노인성 질병은 개인의 의료적인 문제에 그치는 것이 아니라 경제적인 부담과 사회적 소외 등의 악순환상태로 이어진다. 또한, 치매환자와 같이 심각한 질환을 가진 노인을 부양하는 경우에는 가족원의 부양부담이 중요한 문제가 된다.

3) 심리적 상실감과 노인우울

급격히 변화하는 현대사회에서 노인의 경험과 능력은 제 가치를 인정받기 어렵다. 노인에 대한 전통적인 인식의 변화로 가정과 사회에서 권위를 인정받지 못하며 사회의 구성원으로서 경제활동에 참여할 기회도 잃게 되어 상실감이 커진다. 자녀와 떨어져 살거나 배우자와 사별한 경우에는 이러한 소외감은 더욱 커진다.

노인에게 나타나는 대표적인 정서적 문제로는 우울이 있다. 노화로 인한 신체적인 변화와 각종 만성질환, 은퇴 후의 지위상실로 인한 사회적 소외감, 배우자와의 사별과 자녀들과의 분리로 인한 가족지지체계의 약화는 노인의 심리적 부적응과 우울을 가져오게 하는

건강염려증
신체에 대해 과도한 관심을 가지며 객관적 증거가 없음에도 중병에 걸렸다고 확신하여 불안과 두려움을 느낌. 이로 인해 직장이나 사회생활에 문제가 발생함.

편집증상
노인의 편집증상은 의심부터 망상상태까지 다양하게 나타남. 노인의 경우, 감각의 장애나 노년기스트레스 요인 또는 약물의 영향으로 편집증상의 발생이 증가될 수 있음.

원인들이다. 노년기의 우울증은 가치 상실이나 자기 비하감이 크기 때문에 병을 고치려는 본인의 노력이 적으며 알코올 중독이나 각종 만성통증, **건강염려증, 편집증상**들에 감춰져 진단이 어렵다는 특징이 있다. 또한, 노년기의 우울은 자살과 높은 상관성을 가지면서, 75세 이상 노인자살률이 모든 연령대 중에서 가장 높게 나타나는 결과를 보여준다(Morales & Sheafor, 2001).

4) 노인학대

노인학대의 유형은 학대의 발생장소를 중심으로 가정내 학대와 시설내 학대로 나뉜다. 학대행위자에 따라서는, 자녀와 주보호자에 의한 학대와 본인에 의한 자기방임 또는 자기학대로 분류된다.

학대의 행위형태에 따라 학대유형을 분류하면,

- 신체의 상해, 손상, 장애를 일으키는 폭력적 행위인 신체적 학대,
- 언어로 정신적인 고통을 주는 언어적 학대,
- 심리적 또는 정신적 고통을 주는 정서적 학대,
- 자금이나 재산의 부당한 착취나 생활비 등을 주지 않는 재정적·물질적 학대,
- 합의 없이 성적 접촉 또는 강제적 성행위를 하는 성적 학대,
- 의도적으로 서비스나 수발을 제공하지 않거나 보호자로서의 의무를 이행하지 않는 방임,
- 청결유지·건강관리·가사 등을 본인이 의도적 또는 비의도적으로 하지 않아 심신건강에 문제가 생기는 자기방임 등이 있다(서윤, 2004).

전국 노인생활실태 및 복지욕구조사결과, 전체 노인의 10.1%가 학대 경험이 있다고 조사되었다. 학대 경험이 있다고 한 노인의 학대유형을 살펴보면, 언어 및 정서적 학대가 41.42%로 가장 많으며

다음으로 방임(간병수발)은 24.7%, 신체적 학대가 19.46% 등으로 나타났다. 성별로 보면, 여성노인이 11.3%, 남성노인이 8.5%로 여성이 남성보다 학대 경험이 더 많았다. 연령 간에는 경향을 찾기 어려웠으나 남성의 경우 65세 이후 학대경험이 조금씩 증가하는 것으로 나타났다. 여성의 경우는 거의 일정한 비율을 보이고 있으나, 80-84세에 증가하였으나 85세 이후 다시 낮아지는 양상을 보인다(보건복지가족부, 2009).

〈표 11-5〉 노인학대 유형

(단위 : 건, %)

연도	구분	계	신체	언어 정서	성	재정	방임	자기 방임	유기
2005	건수 (비율)	3,481 (100.0)	665 (19.1)	1,449 (43.1)	18 (0.5)	425 (12.2)	816 (23.4)	36 (1.0)	22 (0.6)
2006	건수 (비율)	3,675 (100.0)	768 (20.9)	1,557 (42.3)	15 (0.4)	415 (11.3)	816 (22.2)	61 (1.7)	43 (1.2)
2007	건수 (비율)	3,805 (100)	739 (19.4)	1,577 (41.4)	12 (0.3)	422 (11.1)	941 (24.7)	80 (2.1)	34 (0.9)

출처: 보건복지가족부, 「'09.노인보건복지사업안내(중앙노인보호전문기관 자료 재인용)」, 2009.

최근, 노인학대에 대한 사회적 보호와 개입에 대한 인식이 증가하면서 노인학대 상담건수가 크게 늘고 있으나, 노인학대는 여전히 가족의 문제로 인식되고 외부로 알려지지 않아 실태파악이 어렵다. 전국 노인보호전문기관에 접수된 노인학대 사례에서, 가해자는 아들(50.8%), 며느리(19.7%), 딸(11.5%), 배우자(6.6%) 순으로 나타났다. 신고자 유형별로는 친족이 35%로 가장 높고, 본인 31%, 타인 12%, 신고의무자 7% 순으로 나타났다. 노인복지법에는 의료인, 노인복지시설 종사자, 장애인복지시설 종사자, 가정폭력관련 상담소 상담원 등이 법정 신고의무자로 규정되어 있으나 신고비율은 높지 않다.

제 2 절 노인복지 정책 및 서비스

일반적으로 노후 생활을 지원하기 위한 노인복지정책은 소득보장, 주거보장, 의료보장 및 사회복지서비스로 구성된다. 한국의 경우, 1981년 노인복지정책이 제정된 이후 여러 가지 정책과 제도를 통해 발전되어 왔다. 최근에는 고령사회에 대비하여 노인수발보험, 저출산고령사회기본법, 고령친화산업지원법 등의 각종 정책과 법제를 정비해 나가고 있다. 2009년도 노인복지 관련 예산은 30,936억 원으로 정부예산(1,968,713억 원) 대비 1.57%, 보건복지가족부 일반회계예산(181,766억 원) 대비 17.02%를 차지하고 있다(보건복지가족부, 2009).

〈그림 11-2〉 노인복지예산

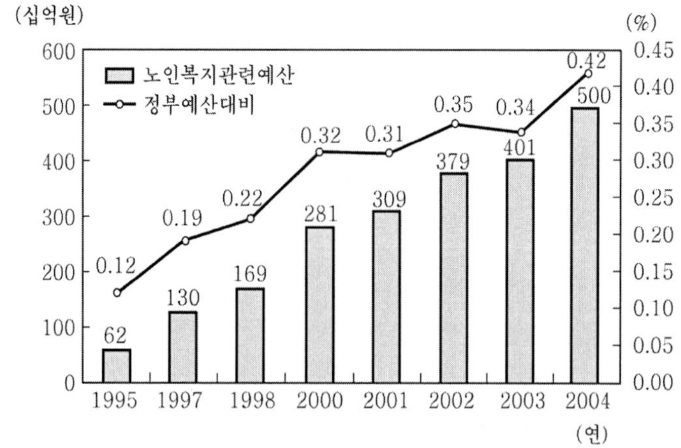

자료 : 보건복지부 노인복지정책과, 2006d

1. 소득보장

노인의 소득원 유형은 크게 공적 소득원과 사적 소득원으로 구분한다. 공적 소득원은 공적연금 및 생활보호 등 국가를 통한 소득으로 구성된다. 사적 소득원은 근로를 통한 근로소득과 시장을 통한 자산소득(저축, 임대, 이자소득, 사적연금), 가족을 통한 사적이전소득 등 세 가지 유형으로 분류된다. 우리나라 노인의 경우, 경제생활에 있어 공적인 제도보다는 사적부양에 의존적인 형태로 나타난다. 공적 소득원에 해당하는 공적연금이 11.5%, 경로연금이 12.8%인데 비해 근로 및 사입·부입소득을 갖는 노인비율은 27.8%, 자산소득을 갖는 노인은 12.5%, 사적이전소득을 갖는 경우는 전체 노인의 78.6%이다.

〈표 11-6〉 노인의 소득원 유형

구 분	소 득 원	구 성 내 용
근로소득	근로(work)	임금소득, 사업소득, 부업소득
자산소득	시장(market)	부동산임대소득, 금융이자소득, 저축, 개인연금, 퇴직금등
사적이전소득	가족(family)	자녀, 친척 등 비공식 지지망으로부터의 이전소득
공적이전소득	국가(state)	공적연금, 경로연금, 국민기초생활보장급여 등

소득보장을 위한 사회보험에 해당하는 연금제도나 퇴직제도는 자격요건과 연령이 나라마다 조금씩 다르다. 또한, 연금제도는 하나의 통일된 연금체계를 가진 국가와 다양한 직업군에 따라 여러 가지의 연금 제도를 가진 국가들로 나뉜다. 우리나라도 국민연금과는 별도로 특수직 연금인 공무원연금, 군인연금, 사립학교교원연금이 있다. 우리나라의 대표적인 연금제도인 국민연금은 임금노동자, 농어민, 도시자영자에게 적용된다.

2003년을 기준으로 공적연금을 받는 노인은 65세 이상 인구의

11.5%인 45만 명이다. 구성 비율을 보면 국민연금수급자는 34만5천명으로 8.7%를 차지한다. 특수직 연금을 받는 노인은 극히 일부로서, 공무원연금수급자가 7만3천명으로 1.9%, 군인 연금수급자는 2만8천명으로 0.7%, 사학연금수급자는 만 명으로 0.2%를 각각 차지하고 있다. 1988년 국민연금제정당시 60세 이상인 사람은 가입이 제한되었기 때문에 국민연금 수급에서 원천적으로 제외되어 있는 노인이 상당수 있다.

〈표 11-7〉 65세 이상 공적연금 수급자 현황

(단위 : 명, %)

	합 계	노령연금 (퇴직, 퇴역연금)	장애연금 (장해, 상이연금)	유족연금	연금수급률[1]
2003	455,236	405,911	2,274	47,051	11.5
	100.0	89.2	0.5	10.3	
국민연금	344,616	310,053	2,005	32,558	8.7
공무원연금	73,439	66,041	254	7,144	1.9
사학연금	9,551	9,191	2[2]	358[2]	0.2
군인연금	27,630	20,626	13	6,991	0.7

자료 : 국민연금관리공단, 공무원연금관리공단, 사학연금관리공단, 국방부 연금과
주 : 1) 각 연금합계를 장래추계인구 기준년도별 현재 65세 이상 인구(2002년 : 3,772,453명, 2003년 : 3,969,036명)로 나눈 숫자임.
2) 사학연금 중 장애연금 및 유족연금은 2001. 6월말 기준

한편, 연금제도가 일찍 도입된 서구 복지국가와 달리 노후에 연금수입이 거의 없는 우리나라의 노인들이 지원받을 수 있는 것은 공공부조와 경로연금이다. 국민기초생활보장제도는 65세 이상 노인을 포함하여 평가소득이 최저생계비에 미치지 못한 국민에게 국가와 지방자치단체가 생계급여, 의료급여, 교육급여, 주거급여, **해산급여, 장제급여** 등의 공공부조를 제공하는 것이다. 2007년 60세 이상 인구 중 기초생활보장 수급자는 454,415명으로 전체 수급자 중 31.06%를 차지하고 있으며, 전체 노인인구 중 6.72%가 수급을 받고 있는 것으로 나타났다(보건복지가족부, 2008). 성별 수급률을 보면 남자가

해산급여
수급자 가구 중에 출산여성이 있을 경우에 분만전후에 필요한 조치와 보호를 위해 1인당 20만원을 지급함(쌍둥이인 경우는 9만원을 추가지급)

장제급여
수급자 가구원이 사망한 경우에 장제를 행하는 자에게 지급되는 급여임. 사체의 검안, 운반, 화장 또는 매장 기타 장제조치에 필요한 비용이 지급됨(의료보호 1종 대상자는 50만원, 2종대상자는 20만원).

4.46%(128,115명), 여자가 8.40%(326,300명)로 여성노인의 수급률이 3.94%(198,185명) 높게 나타났다.

〈표 11-8〉 60세 이상 인구의 기초생활보장수급자 현황

(단위 : 명, %)

60세 이상		수급률	남	수급률	여	수급률
2005	444,039	7.06	122,016	4.61	322,023	8.83
2006	445,564	6.84	123,814	4.50	321,750	8.56
2007	454,415	6.72	128,115	4.46	326,300	8.40

자료: 2008년도 보건복지가족통계연보, 보건복지가족부(2009).

노령연금은 무각출연금으로서, 99년 4월 국민연금제도의 완전 실시를 앞두고 연령상 국민연금 가입이 어려운 저소득 노인 및 기초생활보장 대상 노인의 노후소득지원을 위해 만들어졌다. 당시 65세 이상인 1933년 7월 1일 이전 출생자를 대상으로 한시적으로 지급하고 있으며, 생활보호법에 의해 생활보호대상 노인에게 지급해오던 노령수당도 노령연금으로 통합되었다. 2008.1월 제도 시행 이후 수급대상자를 단계적으로 확대하여 현재는 65세 이상 노인 가운데 소득산정액 기준(2009년 선정기준액 노인단독 68만원, 노인부부 1백8만8천원) 이하의 수급자에게 지급하고 있다. 급여수준은 본인의 기여금이 없기는 하지만 공적연규의 수급기준과는 비교할 수 없을 정도의 낮은 금액이다. 그 밖에 간접적인 소득보장제도에 포함될 수 있는 것으로 분기별로 지급되는 노인교통수당이 있으며, 교통비나 입장료 등이 할인 또는 면제되는 경로우대제도, 기타 각종 세제혜택 등이 있다.

저소득노인의 소득지원을 위해 2004년 시작된 노인일자리 사업은 노인의 능력과 적성에 맞는 일자리를 창출하여 제공함으로써 노인의 긍정적 사회참여와 삶의 질을 향상을 이루고자 하는 것이다. 노인일자리사업은 65세 이상의 노인을 대상으로 시행하며 공공분야(공익형, 교육형, 복지형), 민간분야(인력파견형, 시장형, 창업모델

형) 일자리 등 다양한 유형의 사업을 수행한다. 운영을 위해 보건복지가족부와 한국노인인력개발원이 중앙단위에서 정책추진을 담당하며, 시·군·구(노인복지과, 사회복지과)와 노인복지관, 시니어클럽, 실버인력뱅크, 대한노인회 등 노인관련 기관과 단체가 사업수행기관으로 참여한다. 그러나, 기존의 무료 자원봉사 프로그램과 각 지자체별로 운영하고 있는 노인일자리 프로그램과의 혼선이 있을 수 있다. 또한, 전체 일자리사업에서 차지하는 비율은 낮으나 민간분야일자리의 경우는 시장경쟁력을 갖춰야 하는 어려움이 있다. 2008년에는 공공분야 누적참여자 약 15만 명에 창출 일자리 수는 126천 개였으며, 민간분야의 경우 목표인 일자리 2만개 창출의 105%를 달성하는 성과를 보였다. 2009년에는 지속되는 경제위기와 관련하여 저소득 노인의 경제활동 기회를 제공하기 위하여 추경예산(277억 원)을 포함하여 총 1,443억 원을 투입하여 총 19만 6천 개의 노인 일자리를 지원하고 있다(보건복지가족부, 2009).

2. 주거보장

노인인구증가보다 더 빠른 속도로 노인 단독 또는 노인부부가구가 늘고 있다. 고령화의 급속한 진전으로 인한 노인인구의 증가와 자녀세대와 별거하는 노인가구의 증가, 노인의 주거욕구의 다양화로 인해 향후 노인의 주거에 대한 관심과 노인전용주택에 대한 욕구가 늘어날 것으로 예상된다. 현행 노인복지법 2장 17조에서는 국가 또는 지방자치단체는 노인의 주거에 적합한 기능 및 설비를 갖춘 주택의 건설을 조장하는 것으로 되어 있으나, 노인에 대한 주거정책은 시설중심으로 이루어지며 지역에 거주하는 저소득층 노인세대를 위한 주거지원정책은 미비하다. 현재 정부는 노인을 위한 주택정책의 일환으로 3대 동거가족에 대해 주택신축자금을 할증융자하거나, 3대 이상 대물림한 주택이나 5년 이상 동거부양한 자가 상속받은 주택에 대해 세제혜택을 부여하는 제한된 지원을 하고 있다. 또한, 노부모와 자녀가 각각 주택을 소유하고 따로 살다가 세대를 합친 경우 양도소득세를 면제받는 혜택을 주고 있으나, 노인가구보다는 노인의 자녀를 위한 규정들로 볼 수 있다.

앞으로 자녀와 별거를 원하는 노인의 주택수요가 늘어남에 따라, 노인이 보다 독립적이고 자율적이며 심리적으로 안정된 주거생활을 영위하도록 지원하는 주거보장의 필요성은 더욱 커진다. 현재로서는 노인의 특성에 따른 주거욕구가 될 수 있는 노인주택의 기준이 미비하고 공공임대주택의 공급과 주택개량 등을 지원하기 위한 제도가 뒷받침되지 못하고 있다. 물리적, 사회적, 심리적 면에서 노인에게 적합하도록 설계된 다양한 형태의 노인전용 주택이나 노인보호주택들이 개발될 수 있는 여건을 마련하는 한편, 저소득층 노인에게 공급될 수 있는 임대주택과 노인들이 자녀들과 함께 거주하기에 편리한 3세대 동거주택 등을 확대할 필요가 있다

3. 의료보장

노인은 질병에 걸릴 확률이 높고 퇴행성 만성질환의 특성상 장기보호를 받아야 하기 때문에 의료비 부담이 큰 집단이다. 또한, 고령인구가 급격히 증가하면서 만성질환 노인이나 거동이 불편한 장애노인, 치매노인도 함께 증가하기 때문에, 노인의료비가 전체 의료비에서 차지하는 비중이 커지고 있으며 결과적으로 건강보험 재정 및 의료급여 재정에 부담을 주고 있다. 보건의료보장 관련 노인복지 정책은 노인의 건강 증진과 질병의 해소를 위한 공통된 목적을 갖고 있으나 나라별로 다양한 형태로 전개되고 있다. 전국을 포괄하는 의료보장 제도가 존재하지 않는 미국은 메디케어(의료보험)와 메디케이드(의료보호)로 된 의료보장제도를 통해 65세 이상의 노인과 저소득층에게만 의료서비스를 제공한다. 반면, 영국은 일반조세에서

충당한 재원으로 제공되는 전 국민 건강서비스(National Health Service)라는 의료보장제도를 통해 고령자들을 위한 무료 의료보장이 자동적으로 이루어지고 있다.

우리나라는 사회보험방식(National Health Insurance)인 의료보험제도를 통하여 일반국민과 함께 노인에게 보건의료 서비스를 제공하고 있으나, 65세 이상 건강보험노인인구는 2004년에는 375만 명으로 전체적용인구의 7.9%에 그치고 있다. 반면, 건강보험에서 노인가입자를 위해 부담한 보험급여비는 3조8천억 원으로 전체급여비의 23.8%를 차지한다. 전체인구에서 노인인구가 차지하는 비율과 비교할 때, 노인 진료비 지출은 약 3배 이상 높은 것으로서 향후 고령화에 따른 진료비 급증에 대한 대책마련이 시급함을 시사한다.

한편, 의료급여는 건강보험을 적용받을 수 없는 저소득층을 위한 의료비보조제도이다. 국민기초생활보장제도의 수급권자 중 과거의 거택보호와 시설보호 대상노인은 1종 의료급여 대상자로서 외래 및 입원의 비용을 전액 무료로 제공받는다. 자활보호 대상노인은 2종 의료급여 대상자로서 외래시 일정액(2005년도 기준, 진료당 1,500원)을, 입원 시에는 총 진료비의 20%를 본인부담금으로 한다. 그 밖에, 노인건강진단제도는 질병의 조기발견 및 치료를 통해 노인의 건강을 유지·증진시키고자 하는 목적으로 노인복지법 상에서 규정하고 있는 보건의료서비스이다. 정부는 1983년부터 저소득층 노인들을 대상으로 무료 건강진단과 보건교육을 실시하여 왔다. 매년 65세 이상 국민기초생활보장대상 및 차상위계층 노인중 희망자에 대해 1차진단을 실시하고 유병상태가 확인된 1차 검진 자에 한해 정밀검사인 2차 진단검사를 실시하고 있다.

향후 노인복지분야에 있어서의 가장 큰 변화는 노인장기요양보험제도의 도입과 관련되어 있다. 노인장기요양보험제도란 사회연대원리에 따라 정부와 사회가 공동부담으로 수발서비스를 제공함으로써 노인의 삶의 질을 향상하고 노인가족의 부양부담을 경감시키고자 하는 제도이다. 고령, 치매·중풍 등 노인성질병으로 타인의 도움

없이는 일상생활이 어려운 노인이 대상으로 간병・수발, 목욕, 간호, 가사 및 일상생활 지원 등의 서비스가 제공된다. 수발인정자는 수발 시설비용의 20%를 부담하고, 기초생활수급권자는 본인부담금이 없다. 2008년 7월 시행된 이후 수급자가 지속적으로 증가하고 있으며 장기요양 인프라도 꾸준히 확충되어, 2009년도 서비스대상은 노인인구의 5.2%인 26.8만명이며 요양시설 2,114개, 재가 시설 14,639개가 운영 중이다.

〈그림 11-3〉 노인장기요양보험제도 운영체계

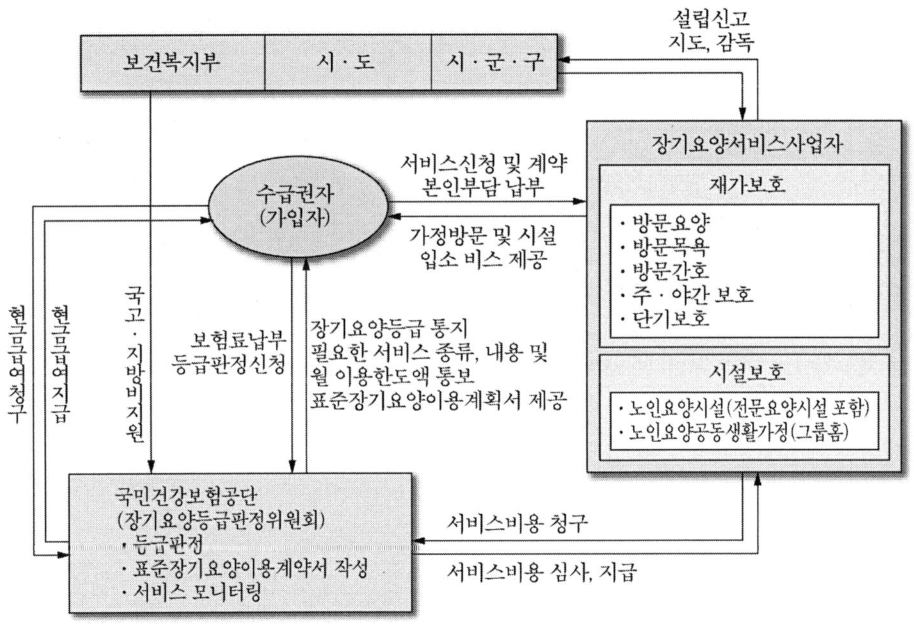

자료 : 보건복지가족부 노인복지정책과, 2009.

〈그림 11-3〉과 같이, 정부는 노인수발보장사업의 관리운영기관을 국민건강보험공단으로 지정하여 자격관리, 보험료 등을 관리하고 있으나, 요양보호사 교육기관 및 자격제도를 개선하고 소규모로 난립된 방문요양시설을 적정규모로 조정하면서 서비스의 질적 수준을 향상시키는 과제가 있다.

4. 노인복지 서비스

현행 노인복지법(4장 제31조, 제32조, 제34조, 제36조, 제38조) 상의 노인복지시설은 그 기능에 따라 노인주거복지시설, 노인의료복지시설, 노인여가복지시설, 재가노인복지시설, 노인보호전문기관의 5가지로 분류된다(보건복지가족부, 2009).

〈표 11-9〉 노인복지시설의 종류

<table>
<tr><th>종류</th><th>시 설</th><th>설 치 목 적</th><th>입 소(이용) 대 상 자</th></tr>
<tr><td rowspan="3">노인주거복지시설</td><td>양로시설</td><td>노인을 입소시켜 급식과 그 밖에 일상생활에 필요한 편의를 제공</td><td rowspan="2">○ 다음 각 호의 어느 하나에 해당하는 자로 일상생활에 지장이 없는 자
가. 65세 이상의 국민기초생활보장 수급권자
나. 부양의무자로부터 부양받지 못하는 65세 이상의 자
다. 본인 및 부양의무자의 1인당 월평균 소득액이 전년도의 도시근로자가구 1인당 월평균 소득액 이하로 65세 이상의 자
라. 입소비용 전부를 부담하는 양로시설 또는 노인공동생활가정의 경우는 60세 이상의 자</td></tr>
<tr><td>노인공동생활가정</td><td>노인들에게 가정과 같은 주거여건과 급식, 그 밖에 일상생활에 필요한 편의를 제공</td></tr>
<tr><td>노인복지주택</td><td>노인에게 주거시설을 분양 또는 임대하여 주거의 편의 · 생활지도 · 상담 및 안전관리 등 일상생활에 필요한 편의를 제공</td><td>단독취사 등 독립된 주거생활을 하는데 지장이 없는 60세 이상의 자</td></tr>
<tr><td rowspan="3">노인의료복지시설</td><td>노인요양시설</td><td>치매 · 중풍 등 노인성 질환 등으로 심신에 상당한 장애가 발생하여 도움을 필요로 하는 노인을 입소시켜 급식 · 요양과 그 밖에 일상생활에 필요한 편의를 제공</td><td rowspan="2">○ 노인성질환 등으로 다음 각 호의 어느 하나에 해당하는 자
가. 「노인장기요양보험법」 제15조에 따른 장기요양급여수급자
나. 기초수급권자로서 65세 이상의 자
다. 부양의무자로부터 적절한 부양을 받지 못하는 65세 이상의 자
라. 입소비용 전부를 부담하는 노인요양시설 또는 노인요양공동생활가정의 경우는 60세 이상의 자</td></tr>
<tr><td>노인요양공동생활가정</td><td>치매 · 중풍 등 노인성 질환 등으로 심신에 상당한 장애가 발생하여 도움을 필요로 하는 노인에게 가정과 같은 주거여건과 급식 · 요양, 그 밖에 일상생활에 필요한 편의를 제공</td></tr>
<tr><td>노인전문병원</td><td>주로 노인을 대상으로 의료를 행하는 시설</td><td>가. 노인성질환으로 치료 및 요양을 필요로 하는 자
나. 임종을 앞둔 환자</td></tr>
</table>

<table>
<tr><th>종류</th><th>시 설</th><th>설 치 목 적</th><th>입 소(이용) 대 상 자</th></tr>
<tr><td rowspan="4">재가 노인 복지 시설</td><td>방문 요양 서비스</td><td>가정에서 일상생활을 영위하고 있는 노인으로서 신체적·정신적 장애로 어려움을 겪고 있는 노인에게 필요한 각종 편의를 제공하여 지역사회 안에서 건전하고 안정된 노후를 영위하도록 하는 서비스</td><td rowspan="4">ㅇ 장기요양수급자나 심신이 허약하거나 장애가 있는 65세 이상의 자(이용자로부터 이용비용의 전부를 수납받아 운영하는 시설의 경우에는 60세 이상의 자로 한다)로서 다음 각 호에 해당하는 자
가. 방문요양서비스 : 가정에서 보호가 필요한 자
나. 주·야간보호서비스 : 주간 또는 야간 동안의 보호가 필요한 자
다. 단기보호서비스 : 단기간의 보호가 필요한 자
라. 방문 목욕서비스 : 가정에서의 목욕이 필요한 자</td></tr>
<tr><td>주·야간 보호 서비스</td><td>부득이한 사유로 가족의 보호를 받을 수 없는 심신이 허약한 노인과 장애노인을 주간 또는 야간 동안 보호시설에 입소시켜 필요한 각종 편의를 제공하여 이들의 생활안정과 심신기능의 유지·향상을 도모하고, 그 가족의 신체적·정신적 부담을 덜어주기 위한 서비스</td></tr>
<tr><td>단기 보호 서비스</td><td>부득이한 사유로 가족의 보호를 받을 수 없어 일시적으로 보호가 필요한 심신이 허약한 노인과 장애노인을 보호시설에 단기간 입소시켜 보호함으로써 노인 및 노인가정의 복지증진을 도모하기 위한 서비스</td></tr>
<tr><td>방문 목욕 서비스</td><td>목욕 장비를 갖추고 재가노인을 방문하여 목욕을 제공하는 서비스</td></tr>
<tr><td rowspan="4">노인 여가 복지 시설</td><td>노인 복지관</td><td>노인의 교양·취미생활 및 사회참여활동 등에 대한 각종 정보와 서비스를 제공하고, 건강증진 및 질병예방과 소득보장·재가복지, 그 밖에 노인의 복지증진에 필요한 서비스를 제공</td><td>60세 이상의 자</td></tr>
<tr><td>경로당</td><td>지역노인들이 자율적으로 친목도모·취미활동·공동작업장 운영 및 각종 정보교환과 기타 여가활동을 할 수 있도록 하는 장소를 제공</td><td>65세 이상의 자</td></tr>
<tr><td>노인교실</td><td>노인들에 대하여 사회활동 참여욕구를 충족시키기 위하여 건전한 취미생활·노인건강유지·소득보장 기타 일상생활과 관련한 학습프로그램을 제공</td><td>60세 이상의 자</td></tr>
<tr><td>노인 휴양소</td><td>노인들에 대하여 심신의 휴양과 관련한 위생시설·여가시설 기타 편의 시설을 단기간 제공</td><td>60세 이상의 자 및 그와 동행하는 자. 다만, 이용인원이 정원에 미달하는 때에는 정원의 100분의 30의 범위 안에서 그 외의 자도 이용할 수 있다.</td></tr>
<tr><td>노인 보호 전문 기관</td><td>노인 보호 전문 기관</td><td>시·도지사가 노인보호전문기관을 지정·운영, 노인 학대 신고, 상담, 보호, 예방 및 홍보, 24시간 신고·상담용 긴급전화(1389) 운영</td><td>노인학대행위자에 대한 상담 및 교육 학대받은 노인의 발견·상담·보호 등 노인 학대 예방 및 방지를 위한 홍보</td></tr>
</table>

출처: 보건복지가족부, 〈2009년 노인복지시설현황(2008.12.31기준)〉, 2009

1) 노인주거복지시설

65세 이상 무의무탁자를 무료로 보호하는 양로원으로부터 노인복지시설이 시작되었다. 건강이 악화된 노인들이 늘어나자 주거에 요양을 추가시킨 요양시설이 신설되었으며, 치매환자를 위한 전문요양시설로 보다 전문화되었다. 현재 시설에서 생활하는 노인과 노인복지시설의 수가 늘고 있으나, 정부의 재정지원은 미흡한 실정이다. 대부분의 노인이 거주하는 무료시설의 경우, 입소자에 대한 보조수준이 너무 낮으며 사회복지사, 간호사, 물리치료사 등의 전문 직원을 비롯한 종사자 수가 부족하기 때문에 노인주거시설 입소노인의 삶의 질이 충분히 고려되지 못하고 있는 실정이다.

〈표 11-10〉 노인주거복지시설현황

구 분		소 계		무 료		실 비		유 료	
		시설수	이용자	시설수	이용자	시설수	이용자	시설수	이용자
양로	03년	119	5,887	85	4,160	5	156	29	1,571
	04년	131	6,024	78	3,835	12	230	41	1,959
주택	03	6	798					6	798
	04	8	1,043					8	1,043
계	03	125	6,685	85	4,160	5	156	35	2,369
	04	139	7,067	78	3,835	12	230	49	3,002

출처: 보건복지부 2004년도 노인복지시설현황자료, 2005a.

보건복지가족부의 2009년도 노인복지시설 증가현황 및 이용노인수 증가실태 조사에 따르면, 주거기능을 중심으로 한 노인주거시설은 2008년 현재 347개소이고 보호받고 있는 노인은 17,342명이다. 최근 부담능력이 없거나 무의탁 노인을 위한 무료시설보다는 본인과 가족이 실비 또는 모든 경비를 부담하는 유료시설이 늘어나고 있다. 특히, 경제적 능력이 있는 중산층 노인들이 이용하는 유료노인복지주택은 빠른 속도로 증가하고 있다.

2) 노인의료복지시설

인구의 고령화로 인한 노인환자의 증가와 장기요양보험제도의 도입으로 정부의 노인요양시설 확충계획이 세워지고 노인의료복지시설이 급증하고 있다. 질환노인을 위한 노인요양시설과 치매·중풍노인의 요양기능을 수행하는 전문요양시설은 2008년 현재 전국에 1,832개가 있다. 노인요양시설 이용 노인 수는 2008년 81,262명으로 전년도의 13,754명에 비해 32.3%나 증가한 숫자다.

〈표 11-11〉 노인요양시설현황

구 분		소계		무료		실비		유료	
		시설수	이용자	시설수	이용자	시설수	이용자	시설수	이용자
요양	'03년	151	8,357	113	7,069	19	840	19	448
	'04년	214	10,018	131	7,880	42	1,498	41	640
전문요양	'03	81	5,397	68	4,898			13	499
	'04	143	8,052	108	7,027	1	100	34	925
계	'03	232	13,754	181	11,967	19	840	32	947
	'04	357	18,070	239	14,907	43	1,598	75	1,565

출처: 보건복지부 2004년도 노인복지시설현황자료, 2005a.

3) 재가노인복지시설

재가노인복지시설은 정신적, 신체적인 이유로 혼자서 일상생활을 수행하는 데 불편이 있는 노인 가정을 방문하여 각종 재가 및 보호서비스를 지원하는 시설이다. 노인복지시설 가운데 사회복지사의 활동이 가장 두드러진 시설로서, 1997년 노인복지법의 개정으로 강조되고 있는 영역이다. 2008년 4월 4일 노인복지법의 개정·시행으로 기존의 가정봉사원파견시설, 주간보호시설, 단기보호시설이 방문요양서비스, 주야간보호서비스, 단기보호서비스로 명칭이 변경되었고 방문목욕서비스가 신설되었다. 재가노인사업을 하는 재가노인복지시설의 수는 2008년도 현재 2,298개소에 달하며, 재가복지서비스를 이용하는 노인의 수는 13,460명으로 파악되고 있다. 가정에 있는 치매·중풍환자를 가정봉사원이 방문하여 목욕, 식사 등 수발을 드는 방문요양서비스는 2008년도 현재 1,111개소에서 제공하고 있다. 건강이 좋지 않은 노인들이 낮 시간 동안 보호를 받는 주야간보호서비스와 며칠에서 몇 주일 동안 보호를 받는 단기보호서비스도 꾸준히 확대될 전망이다. 주간보호와 단기보호서비스의 일차적 서비스 대상자는 노인이지만, 가정에서 노인을 돌보는 보호자의 부담을 줄이는 데에도 기여한다.

〈표 11-12〉 노인재가복지시설현황

구 분		계	가정봉사원 파견시설	주간보호 시설	실비주간 보호시설	단기보호 시설
시설수	'03년	505	228	178	33	66
	'04년	660	300	237	41	82
이용자수	'03	23,070	18,133	3,274	438	1,225
	'04	30,489	24,750	4,390	483	866

출처: 보건복지부 2004년도 노인복지시설현황자료, 2005a.

다양한 재가서비스의 확대가 이루어지면서 정부에서는 2006년부터 독거노인 One-Stop 지원센터를 시·군·구 단위에 설치하였다. 65세 이상의 독거노인을 우선 대상으로 하여 인적사항 및 서비스제공과 관련한 정보를 종합적으로 관리하며 독거노인이 필요한 서비스를 지역내 유관기관과 연계시켜 주는 기능을 수행함으로써 노인대상의 재가서비스가 통합적으로 전달되는데 기여할 것으로 예상하였으나 사업이 지속되지 못하였다. 한편, 2007년 6월부터 노인돌봄서비스사업이 시행되면서 혼자 힘으로 일상생활을 영위하기 어려운 노인과 독거노인에게 욕구에 따라 안전 확인, 생활교육, 서비스 연계, 가사지원, 활동지원 등 맞춤형 복지서비스를 제공하고 있다.

〈그림 11-4〉 노인돌봄서비스 사업 추진 체계도

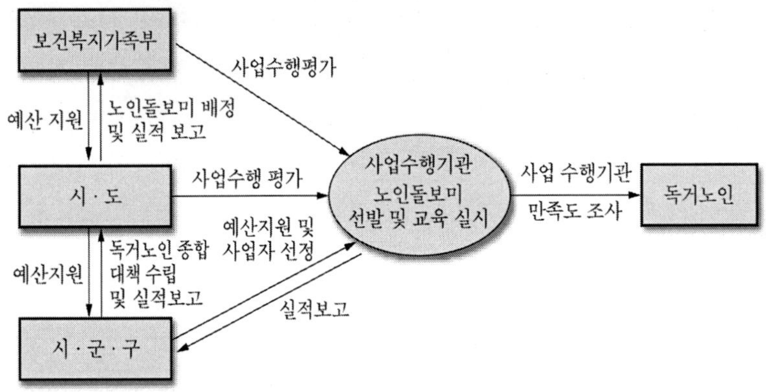

출처: 보건복지가족부, 2009년 노인돌봄서비스 사업안내, 2009

4) 여가노인복지시설

노인들이 취미활동을 위하여 이용하는 노인여가복지시설로는 노인복지회관, 노인교실, 경로당 등이 있다. 아울러, 건강한 노인들이 취미활동을 위하여 이용하는 노인여가복지시설인 노인복지관, 노인교실, 경로당 등도 2007년도 57,777개소에서 2008년도에는 1,645개소 늘어난 59,422개가 운영되고 있다. 노인여가복지시설 중 가장 숫자가 많은 경로당은 시설이 협소할 뿐 아니라 프로그램이 부족하기 때문에 쉴 수 있는 단순한 여가공간에 머물고 있다. 경로당 노인들을 중심으로 자원봉사대를 조직하여 지역사회 청소나 안전지킴이 등의 지역봉사활동을 수행하거나, 지역특성에 맞는 일거리를 확보하여 공동으로 생산 활동에 참여함으로써 노후 소득과 여가활동의 기회를 주는 공동작업장을 경로당에서 운영하는 사례도 있다. 또한, 정보취약계층인 노인들을 대상으로 정보통신 교육을 실시함으로써 정보격차 해소는 물론 노인들의 건전한 여가 선용의 기회를 제공하며 노인들의 신체적·정서적 건강 유지 및 증진을 위한 건강운동 프로그램도 경로당활성화 사업으로서 지원되고 있다. 최근 시군구단위에 설치되고 있는 노인복지관은 무의탁노인과 저소득노인을 위한 무료급식과 취미교육 및 여가생활지도 등을 담당한다. 또한, 경로당과 연계하여 경로당 이용 노인들에게 필요한 건강관리, 사회활동서비스, 교양·오락프로그램, 경로당 개·보수 등의 환경개선 사업을 수행하기도 한다.

〈표 11-13〉 노인여가복지시설현황

시　설	2008	2007	2006
	시설수	시설수	시설수
소계	59,422	57,777	56,789
노인복지관	228	211	183
경로당	57,930	56,480	55,504
노인교실	1,260	1,082	1,099
노인휴양소	4	4	3

출처: 보건복지가족부, 「2009년 노인복지시설현황(2008.12.31기준)」, 2009.

5) 노인보호전문기관

고령인구급증과 함께 노인학대 사례가 증가함에 따라, 노인보호전문기관(노인학대예방센터)이 2004년부터 시도별로 총 18개가 설치되어 운영되고 있다. 담당하는 역할은 노인에 대한 학대를 예방하기 위한 홍보와 교육, 학대받은 노인의 발견과 상담, 피해자 일시보호 등의 서비스를 제공하며, 수시로 학대사례를 신고 받을 수 있는 긴급전화를 보호기관내에 설치하여 운영하고 있다.

제 3 절　노인복지의 방향

우리나라의 노인복지사업은 1981년에 제정된 노인복지법을 근거로 실시되고 있다. 이법은 모든 노인에게 평등하게 제공되는 보편적 복지서비스와 특별히 보호를 필요로 하는 요보호노인에 대한 서비스를 규정함으로써 노후생활의 안정을 보장하도록 하는 내용을 담고 있으나 실제적으로는 구빈적 성격의 보호사업 중심으로 이루어져 왔다. 노인복지법에서 제시하는 바와 같이, 노인이 후손의 양육과 국가 및 사회의 발전에 기여하여 온 자로서 존경받으며 건전하고 안전된 생활을 보장받을 수 있기 위해서는 다음과 같이 제도 및 정책, 서비스의 모든 차원에서 노인복지의 방향을 설정할 필요가 있다.

① **보편적 노인복지정책방향 설정**: 극소수 빈곤노인의 생계를 보호하는 차원에 그쳤던 노인복지정책으로부터 전체 노인들이 신체적, 정신적, 사회적인 안녕상태에서 행복한 노후생활을 하도록 권리차원에서 지원하는 방향으로 변화될 필요가 있다. 사회복지의 기본적인 정책방향과 마찬가지로 노인복지정책도 탈시설화·정상화·통합화를 기본 방향으로 삼고 있다. 이에 따라, 많은 나라의 노인복지서비스가 시설중심에서 지역사회보호와 재가복지로, 소수의 취약계층 노인중심에서 일반노인을 위한 서비스로 확대되며, 복지를 중심으로 보건, 의료 등 다양한 분야와의 연계를 도모해 가고 있다.

② **노인복지예산 확충**: 최근, 노인복지에 대한 사회적 관심이 높아졌음에도 불구하고, 노인복지예산은 보건복지가족부 예산의 5.42%, 전체 정부예산의 0.42%에 불과하다. 꾸준히 향상되고 있는 수치임에도 불구하고 고령사회로 향하는 우리나라에 적합한 노인복지정책을 개발하고 집행하기에는 부족한 실정이다. 공공부조로부터 국민연금과 퇴직연금, 개인연금에 이르기까지 다층적인 노후소득보장체계를 구축하며 이 과정에서 국가와 지방자치단체는 책임성 있게 노인복지예산을 확충하기 위한 노력과 전략이 필요하다. 또한, 2008년 7월부터 시행될 노인수발보험의 재정을 확보하고 요양시설, 치매병원, 노인그룹홈 등의 인프라를 확충하며 미래성장동력을 이끌기 위한 고령친화산업의 활성화기반을 마련하기 위한 제도적 노력들이 일관된 정책목표와 사회적 합의하에 진행될 수 있는 여건을 조성하는 것이 필요할 것이다.

③ **지역사회보호서비스 확대**: 노인복지 증진을 위한 사회적 보호체계를 구축하기 위해서는, 대부분의 노인이 거주하는 지역사회를 중심으로 노인복지서비스를 활성화시켜야 한다. 일반노인을 위한 다양한 여가활동과 재가보호 서비스를 확대하고 시설보호와의 유연한 연계체계를 마련하는 것이 필요하다. 즉, 노인여가복지시설을 통해서 일반 노인이 다양한 여가활동을 하고, 보호를 필요로 하는 노인들에게 각종 재가복지서비스를 제공하며, 지역사회 재가서비스만으로 부족한 경우에는 시설보호로 의뢰하면서 욕구의 내용과 수준에 맞게 재가보호와 시설보호를 조화시켜 나가야 한다. 재가 서비스를 전달하는 방식에 있어서는, 노인의 특성에서 살펴보았듯이 건강상태나 경제적 상태, 사회적 관계에 있어서 각기 다른 욕구를 가진 노인의 특성에 맞게 소득, 의료, 주거, 고용, 여가, 교육 및 사회적 서비스를 고려하며 이를 통합적으로 제공하는 사례관리를 전문적으로 적용할 필요가 있다.

제 12 장

장애인복지

제 1 절 장애의 개념과 유형

1. 장애의 개념

현행 장애인복지법상 '장애인'은 신체적 또는 정신적 장애로 인하여 장기간에 걸쳐 일상생활 또는 사회생활에 상당한 제약을 받는 자를 말한다. 이때 신체적 장애라 함은 주요 외부 신체기능의 장애와 내부 신체기관의 장애를 말하고, 정신적 장애라 함은 정신지체 또는 정신적 질환으로 발생하는 장애를 말한다. 유사한 개념으로서, **유엔장애인권리선언**에서는 "장애인이라 함은 선천적이든 후천적이든 관계없이 신체적 또는 정신적 능력의 부족으로 인하여 개인의 일상 또는 사회생활에서 필요한 일을 스스로 전체 또는 부분적으로 할 수 없는 사람을 의미한다"라고 정의한다.

유엔장애인권리선언
1975년 제30차 유엔총회에서 채택된 것으로, 장애인은 인간으로서의 존엄성을 존중받을 권리를 태어나면서부터 가지며 일반시민과 같이 충족된 생활을 영위할 권리가 있음을 선포함. 사회의 완전한 구성원으로서의 권리를 강조함으로써, 장애인 보호를 위한 일련의 법제정의 이념적 기초가 됨.

〈표 12-1〉 ICIDH에 의한 장애개념

개 념	의 미	차원
건강상태	개인적인 차원에서 발생한 병리학적인 변화로서의 증상에 초점을 둔다.	-
손 상	일반 타인이 인식할 수 있는 수준의 임상적인 질병이 있는 상태이다.	신체적 차원
기능장애	활동상의 능력 제한이 발생한 것으로, 개인적인 차원에서의 활동 수행 능력이 감소되었음을 의미한다.	개인적 차원
사회적 불리	개인의 활동상의 능력 제한에 대하여 사회적 참여의 제한이라는 사회적 반응이 발생하는 것으로, 개인은 이로 인해 다른 사람보다 불리한 상황에 처하게 된다.	사회적 차원

자료 : WHO. 1980. *ICIDH: International classification of impairments, disabilities, and handicaps.*

한편, 세계보건기구(WHO)가 제시한 국제장애분류체계인 ICIDH에서는 장애의 개념을 기능장애, 능력저하, 사회적 불리의 세 가지로 설명하고 있다. 손상(impairment)은 심리적 또는 신체적 구조나 기능의 일부가 상실된 결과로 인해 일시적 또는 영구적으로 나타나는 기능상의 장애를 말한다. 기능장애(disability)는 손상의 결과로 인해 능력이 저하된 상태를 말한다. 이것은 어떤 활동을 정상적으로 수행하는 능력이 제한을 받거나 결여된 상태이다. 손상의 정도는 같더라도 교육이나 훈련을 통해 일상생활이나 사회생활을 하는데 있어서 능력의 차이가 나게 된다. 사회적 불리(handicap)는 손상이나 기능장애의 결과로 개인에게 나타나는 편견이나 차별로 인해 장애를 가진 개인이 역할을 수행하는데 있어서 제한을 받거나 지장을 초래하는 경우를 말한다. 능력이 저하된 상태는 같더라도 장애인에 대한 사회적 인식, 정책적·제도적 환경과 제반 서비스 등에 따라 장애인이 사회에서 살아가는 모습은 매우 다를 수 있다. 즉, 손상과 기능장애는 개인의 신체적 혹은 심리적 기능상의 문제이기 때문에 의학적 접근과 교육적 접근을 통한 예방이나 치료, 훈련 등이 필요하다. 그러나, 장애인에 대한 사회적 불리를 줄이기 위해서는 의학적, 교육적 접근 이외에도 장애인의 정상화된 삶을 지원하고 사회통합을 이루기 위한 다각적인 사회전체의 노력이 필요하다. ICIDH의 장애개념의 분류는 기능적 측면으로부터 사회적 측면에 이르기까지 장애인이 가질 수 있는 문제들을 포괄적으로 고려하면서, 장애를 개인의 신체적 손상이나 기능적 장애에 한정시키지 않고 사회로부터 받는 불이익을 강조하며 장애에 대한 사회적 책임을 확대시켰다.

한편, 1980년에 만들어진 ICIDH를 보완하여 2001년도에 장애분류 개정판인 ICF(International Classification of Functioning, Disability & Health)가 만들어졌다. ICF는 장애인뿐 아니라 모든 사람의 기능과 활동을 설명하는 보편적인 틀로서 장애의 개념을 확대하였다는 의미가 있다. 장애의 개념이 이와 같이 다양한 측면으로 확대된 데에는 장애에 대한 시각의 변화가 영향을 미치고 있다. 개별적 손상이나 기능상의 장애에 초점을 두고 장애인을 시설보호와 치료의 대상으로 보는 의료적 관점으로부터, 지역사회의 구성원으로서 정상화된 삶을 살 수 있도록 전인적으로 지원하는 통합적 관점으로 점차 변화하고 있다. 또한, 지역사회 차원에서 장애인에 대한 적극적인 보호를 제공하고자 하는 지역사회재활의 개념이 강조되면서 이를 뒷받침하기 위한 사회적 인식제고와 국가의 사회정책적 지원에 대한 관심도 높아지고 있다.

2. 장애인의 권리

장애인복지는 장애인에 대한 인간으로서의 존엄한 권리를 보장하고 사회적으로 동등한 대우를 받도록 국가와 사회적 차원에서 이루어지는 제반활동을 말한다. '장애인 인권헌장'은 그 전문에서 "장애인은 인간의 존엄과 가치를 가지며 행복을 추구할 권리를 가진다. 장애인은 건전한 사회구성원으로 책임 있는 삶을 살아가며 자신의 능력을 개발하여 자립하도록 노력하여야 한다. 국가와 사회는 헌법과 국제연합의 장애인권리선언의 정신에 따라 장애인의 인권을 보호하고 완전한 사회참여와 평등을 이루어 더불어 살아가는 사회를 만들기 위한 여건과 환경을 조성하여야 한다."고 규정하고 있다. 또한, 이를 구현하는데 필요한 평등권, 복지권, 시민권, 표현의 자유, 교육받을 권리, 직업선택권, 문화권, 가족과 생활할 권리, 보호권, 법률상 도움을 받을 권리, 여성장애인의 보호권, 의사결정권, 정책결정에 참여권 등 13개항을 제시하고 있다.

〈표 12-2〉 장애인 인권헌장

장애인은 인간의 존엄과 가치를 가지며 행복을 추구할 권리를 가진다. 장애인은 건전한 사회 구성원으로 책임 있는 삶을 살아가며 자신의 능력을 계발하여 자립하도록 노력하여야 한다. 국가와 사회는 헌법과 국제연합의 장애인권리선언의 정신에 따라 장애인의 인권을 보호하고 완전한 사회참여와 평등을 이루어 더불어 살아가는 사회를 만들기 위한 여건과 환경을 조성하여야 한다.

1. 장애인은 장애를 이유로 정치 · 경제 · 사회 · 교육 및 문화생활의 모든 영역에서 차별을 받지 아니한다.
2. 장애인은 인간다운 삶을 영위할 수 있도록 소득 · 주거 · 의료 및 사회복지서비스 등을 보장받을 권리를 가진다.
3. 장애인은 다른 모든 사람과 동등한 시민권과 정치적 권리를 가진다.
4. 장애인은 자유로운 이동과 시설이용에 필요한 편의를 제공받아야 하며, 의사 표현과 정보 이용에 필요한 통신 · 수화통역 · 자막 · 점자 및 음성도서 등 모든 서비스를 제공받을 권리를 가진다.
5. 장애인은 자신의 능력을 계발하기 위하여 장애 유형과 정도에 따라 필요한 교육을 받을 권리를 가진다.
6. 장애인은 능력에 따라 직업을 선택하고 그에 따른 정당한 보수를 받을 권리를 가지며, 직업을 갖기 어려운 장애인은 국가의 특별한 지원을 받아 일하고 인간다운 생활을 보장받을 권리를 가진다.
7. 장애인은 문화, 예술, 체육 및 여가활동에 참여할 권리를 가진다.
8. 장애인은 가족과 함께 생활할 권리를 가진다. 장애인이 전문시설에서 생활하는 것이 필요한 경우에도 환경이나 생활조건은 같은 나이

사람의 생활과 가능한 한 같아야 한다.
9. 장애인은 사회로부터 분리, 학대 및 멸시받지 않을 권리를 가지며, 누구든지 장애인을 이용하여 부당한 이익을 취하여서는 안 된다.
10. 장애인은 자신의 인격과 재산의 보호를 위하여 필요한 법률상의 도움을 받을 권리를 가진다.
11. 여성 장애인은 임신, 출산, 육아 및 가사 등에 있어서 생활에 필요한 보호와 지원을 받을 권리를 가진다.
12. 혼자 힘으로 의사결정을 하기 힘든 장애인과 그 가족은 인간다운 삶을 영위하기 위하여 필요한 지원을 받을 권리를 가진다.
13. 장애인의 특수한 욕구는 국가정책의 계획단계에서부터 우선 고려되어야 하며, 장애인과 가족은 복지증진을 위한 정책결정에 민주적 절차에 따라 참여할 권리를 가진다.

3. 장애의 유형

장애는 크게 신체적 장애와 정신적 장애로 나뉘며, 신체적 장애는 다시 외부신체기능장애와 내부기관장애로 나뉜다. 현행 장애인복지 법령은 장애를 다음과 같이 15가지로 분류하고 있다. 이전에는 법정 장애에 지체, 시각, 청각, 언어, 정신지체 등 다섯 가지가 포함되었다. 1999년 장애인복지법이 개정되면서 뇌병변, 내부기관장애(신장, 심상), 정신장애, 발달장애(자폐)가 추가되었고, 2003년에 다시 인면장애와 네 가지의 내부기관장애(간장애, 호흡기장애, 장루요루장애, 간질장애)가 추가되어 15가지의 장애범주를 구성하게 되었다.2007년 장애인복지법 개정으로 '정신적 장애'를 '정신지체'와 '정신장애'로 분류하던 것은 '발달장애'와 '정신장애'로 변경되었다. 기존 중분류상의 '정신지체'라는 용어를 '발달장애'로 바꾸면서, 소분류의 발달장애' 라는 용어는 '자폐성장애'로 바꾸고, '정신지체'라는 용어는 '지적장애'로 변경했다. 정신지체'라는 용어는 장애인복지법상에서 전면 삭제되었다.

〈표 12-3〉 장애인복지법상의 장애분류

<table>
<tr><th>대분류</th><th>중분류</th><th>소분류</th><th>세분류</th></tr>
<tr><td rowspan="12">신체적 장애</td><td rowspan="6">외부 신체기능의 장애</td><td>지체장애</td><td>절단장애, 관절장애, 지체기능장애, 변형 등의 장애</td></tr>
<tr><td>뇌병변장애</td><td>중추신경의 손상으로 인한 복합적인 장애</td></tr>
<tr><td>시각장애</td><td>시력장애, 시야결손장애</td></tr>
<tr><td>청각장애</td><td>청력장애, 평형기능장애</td></tr>
<tr><td>언어장애</td><td>언어장애, 음성장애, 구어장애</td></tr>
<tr><td>안면장애</td><td>안면부의 추상, 함몰, 비후 등 변형으로 인한 장애</td></tr>
<tr><td rowspan="6">내부기관의 장애</td><td>신장장애</td><td>투석치료중이거나 신장을 이식 받은 경우</td></tr>
<tr><td>심장장애</td><td>일상생활이 현저히 제한되는 심장기능 이상</td></tr>
<tr><td>간장애</td><td>일상생활이 현저히 제한되는 만성·중증의 간 기능 이상</td></tr>
<tr><td>호흡기장애</td><td>일상생활이 현저히 제한되는 만성·중증의 호흡기기능 이상</td></tr>
<tr><td>장루·요루장애</td><td>일상생활이 현저히 제한되는 장루·요루</td></tr>
<tr><td>간질장애</td><td>일상생활이 현저히 제한되는 만성·중증의 간질</td></tr>
<tr><td rowspan="3">정신적 장애</td><td rowspan="2">발달장애</td><td>지적장애</td><td>지능지수가 70 이하인 경우</td></tr>
<tr><td>자폐성장애</td><td>소아자폐등 자폐성장애</td></tr>
<tr><td>정신장애</td><td>정신장애</td><td>정신분열병, 분열형정동장애, 양극성정동장애, 반복성우울장애</td></tr>
</table>

출처: 보건복지부, 장애인복지법시행령, 2007.

제 2 절 장애현황

1. 장애인실태

1) 장애출현율

전국의 장애인은 2005년을 기준으로 약 214만8천7백 명으로 추정된다(보건사회연구원, 2006). 이 수치는 2000년의 144만9천5백 명에 비해 69만9천2백 명이 증가한 것이다. 인구 100명당 장애인 수를 나타내는 장애인 출현율은 법정장애의 범주와 정의가 나라마다 다르기 때문에 국가별로 큰 편차를 보인다. 우리나라는 장애범주가 확대되고 장애발생위험요인이 증가하면서 장애인 출현율이 1995년 2.37%에서 2005년 4.59%로 2.2%포인트 증가하였다. 그러나, 가벼운 신체적/정신적 장애도 장애의 범주에 포함시키는 외국과 비교할 때 한국의 장애인 출현율은 여전히 낮은 수치이다. 개별 장애별로 출현율을 살펴보면, 지체장애가 100명당 1.99명으로 가장 높다.

〈표 12-4〉 장애인 출현율

1990		1995		2000 *시설장애인포함		2005	
출현율	추정수	출현율	추정수	출현율	추정수	출현율	추정수
2.23	937,224	2.37	1,028,837	3.09	1,449,496	4.59	2,148,686

출처 : 2009년 통계연보, 장애인 출현율 변화추이, 보건복지가족부

〈표 12-5〉 주요국의 장애인 출현율

(단위: %)

구분	한국 (2005)	일본 (2000)	독일 (2003)	미국 (2000)	영국 (2004)
출현율	4.59	4.7	10.2	19.3	19.7

출처 : 보건사회연구원, 2006.

2005년을 기준으로 지역사회에 거주하고 있는 재가 장애인은 2백 10만1천명(남성 1,258천명, 여성 842천명)이며, 시설에 거주하고 있는 장애인은 19,668명이다. 정부의 재가정책의 강화로 인해 시설장애인수는 감소하고 재가 장애인 수는 증가하는 추세에 있다. 가구원 중 장애인이 있는 가구 수는 1,944,791가구로 추정된다. 장애인가구가 전체가구에서 차지하는 비율을 나타내는 장애인 가구 출현율은 12.3%로, 이 수치는 평균적으로 8가구당 1가구가 장애인 가구임을 의미한다. 지역적 장애인가구의 분포를 살펴볼 때, 읍면지역의 장애인 가구 출현율이 평균치를 크게 상회하는 16.9%로 나타나 지역간에 큰 편차가 있다.

〈표 12-6〉 2005년도 전국 지역별 장애인 가구 출현율

(단위: 가구, %)

구분	서울	광역시	중소도시	읍·면 지역	계
전체 가구수	3,295,283	4,117,639	5,275,660	3,176,227	15,864,809
장애가구수	373,355	459,409	575,898	536,129	1,944,791
출 현 율	11.3	11.2	10.9	16.9	12.3

출처 : 통계청, 인구주택 총조사보고, 2005a.

장애의 원인은 크게 선천적 원인, 출생시 원인, 후천적 원인(질환 및 사고)으로 구분할 수 있다.[1] 전반적으로 후천적 원인이 90.0%로 가장 많았는데, 후천적 원인 중 특히 질환(55.6%)이 사고(34.4%)보다 높게 나타나고 있다. 그외, 선천적 원인 4.9%, 원인 불명 4.6%, 출산시 원인이 0.5%로 나타나고 있다(보건사회연구원, 2009). 2005년도 장애인실태조사 결과와 비교하여 보면, 선천적 원인(2005년 4.0%)과 후천적 원인(2005년 89.0%)이 증가하고, 출산시 원인(2005년 0.7%)과 원인 불명(2005년 6.3%)이 약간씩 감소하였다. 우리나라도 선진국과 마찬가지로 선천적 또는 출산시 원인보다는 질환 및 사고와 같은 후천적 원인에 의한 장애 발생이 지속적으로 증가하고

1) 장애원인의 세 분류에 관해서는 제2절 '장애특성' 참조

있음을 알 수 있으며 이는 어느 정도 예방이 가능하다는 것을 의미한다.

주된 법정장애 15가지의 장애유형별 장애원인을 보면 〈표 12-7〉과 같다. 대부분의 장애유형에서는 후천적 원인 중 질환의 비율이 더 높았지만, 안면장애와 지체장애와 같은 외부장애는 사고의 비율 각각 51.3%, 57.9%로 상대적으로 높았다. 이는 지체장애와 안면장애의 원인은 주로 교통사고, 화상 등 기타 사고 및 외상에 의해 발생하기 때문이다. 반면 호흡기장애(98.6%), 신장장애(98.5%), 간장애(96.4%), 장루·요루장애(94.3%), 심장장애(87.5%)와 같은 내부장애는 질환의 비율이 높다. 그리고 선천적 원인은 지적장애가 28.9%로 가장 높고, 그 다음으로 자폐성장애 22.3%, 언어장애 21.4%의 순이다. 출산시 원인은 대체로 미미한 수준이나 자폐성장애가 4.2%로 가장 높다. 또한 원인불명의 비율이 가장 높은 장애는 자폐성장애로 전체 자폐성장애인의 63.4%가 장애의 원인을 모르며, 지적장애 역시 40.9%가 장애의 원인이 알려지지 않고 있다.

〈표 12-7〉 장애 원인

(단위: %, 명)

구분		지체장애	뇌병변장애	시각장애	청각장애	언어장애	지적장애	자폐성장애	정신장애	신장장애	심장장애	호흡기장애	간장애	안면장애	장루.요루장애	간질장애	전체
선천적원인		2.5	2.4	3.0	7.4	21.4	28.9	22.3	1.7	0.4	11.4	0.0	3.3	18.8	1.1	3.9	4.9
출산시원인		0.1	1.8	0.3	0.0	1.3	2.5	4.2	0.0	0.0	0.0	0.0	0.0	0.0	0.0	0.9	0.5
후천적원인	질환	45.6	86.9	58.6	73.7	53.3	18.5	9.1	80.9	98.5	87.5	98.6	96.4	21.4	94.3	58.1	55.6
	사고	51.3	8.3	35.1	13.4	8.0	9.2	1.0	13.9	1.1	1.0	1.4	0.3	57.9	4.5	19.7	34.4
원인불명		0.5	0.5	3.1	5.6	16.0	40.9	63.4	3.5	0.0	0.1	0.0	0.0	1.9	0.0	17.4	4.6
계		100.0	100.0	100.0	100.0	100.0	100.0	100.0	100.0	100.0	100.0	100.0	100.0	100.0	100.0	100.0	100.0
전국추정수		1,132,117	218,561	220,061	207,383	15,102	139,138	12,150	84,781	48,284	14,606	14,393	6,514	2,185	11,355	8,882	2,135,512

출처: 2008년 장애인 실태조사, 보건복지가족부. 2009.

2) 등록장애인 실태

장애인등록
장애인복지법 제29조에 의거하여 장애인실태를 파악하고 장애인에 대한 효율적인 복지관리체계를 구축하기 위하여 실시함. 장애인복지법시행규칙 서식에 의하여 관할 읍·면·동장을 거쳐 시장·군수 또는 구청장에게 신청함. 의료기관으로부터의 검진결과에 따른 장애등급 해당 여부를 확인하여 장애인등록증을 읍, 면, 동장을 통해 신청 장애인에게 교부함.

정부는 장애인을 체계적으로 지원하기 위해서 1988년부터 장애인 등록제를 실시하고 있다. 그러나, 장애인에 대한 사회적 차별이나 정보부족 등으로 인해 **장애인등록**을 하지 않는 경우가 있기 때문에, 등록장애인수는 실제 장애인수나 추정된 장애인수에 비해 적게 나타난다. 등록장애인 현황을 보면, 2005년 1,699,329명에서 2008년 2,137,226명으로 3년 사이에 등록장애인 수가 약 43만 8천명이 늘어나 전체 25.8%의 증가율을 보이고 있다(보건복지가족부, 2009). 장애인등록제도 도입 초창기보다 최근 등록률이 급격히 상승하는 이유로는 장애인 등록으로 인한 각종 혜택에 대한 인식 향상, 장애범주의 지속적 확대, 장애인에 대한 사회적 인식의 개선 등이 있다. 실제로 장애인 등록 후 받은 혜택의 정도는 2005년에 비해 크게 개선된 것으로 나타났으며, 이는 지난 3년간 장애수당 지급 대상 확대 및 지급액 인상, 활동보조서비스 도입 등 장애인복지사업이 확대된 데 따른 결과이다. 현재 정부가 추진하고 있는 각종 장애인복지사업에 대한 인지율이 높은 사업은 '통신관련 요금 감면 및 할인', '교통관련 요금 감면 및 할인', '장애인 자동차 표지발급', 'LPG 연료 사용허용' 등 보편적인 제도의 인지율이 높게 나타나고 있다.

장애인의 성별 분포는 남자 58.6%, 여자 41.4%로, 남자가 여자에 비해 17.2% 높게 나타났다. 장애인의 연령은 만 65세 이상이 36.1%로 가장 높고 다음이 만 50~64세(32.0%)로 만 65세 이상 노인 계층의 인구가 많은 것으로 나타났다. 이는 우리 사회가 점차 고령화 사회로 진입하여 장애노인이 지속적으로 증가하고 있는 경향을 보여주고 있다. 장애정도는 1~2급의 중증장애인이 25.9%, 3~6급의 경증장애인이 74.1%로 중증장애인이 전체의 1/4인 수준인 것으로 나타났다. 장애의 유형별로는 지체장애인이 1,132,116명, 시각장애인이 220,061명, 뇌병변장애인이 219,156명의 순으로 많으며, 안면장애인이 2,185명으로 가장 적다(보건복지가족부, 2009).

〈표 12-8〉 등록장애인 현황

구분	지체 장애	뇌병변 장애	시각 장애	청각 장애	언어 장애	지적 장애	자폐성 장애	정신 장애	신장 장애	심장 장애	호흡기 장애	간 장애	안면 장애	장루·요루장애	간질 장애	전체
2005년 (2/4분기) 등록장애 인수	923,183	154,614	180,526	151,184	13,874	123,868	8,754	59,223	40,288	12,226	10,815	4,583	1,311	8,848	6,032	1,699,329
2008년 (1/4분기) 등록장애 인수[1]	1,132,116	219,156	220,061	207,383	15,103	140,079	12,329	84,780	48,284	14,606	14,393	6,514	2,185	11,356	8,881	2,137,226
증가수	208,933	64,542	39,535	56,199	1,229	16,211	3,575	25,557	7,996	2,380	3,578	1,931	874	2,508	2,849	437,897
증가율	22.6	41.7	21.9	37.2	8.9	13.1	40.8	43.2	19.8	19.5	33.1	42.1	66.7	28.3	47.2	25.8
등록률[2]	91.8	57.1	81.6	66.0	66.2	98.7	37.3	64.9	99.8	29.1	35.8	34.1	29.8	57.1	40.9	77.7

자료: 1) 2008년 현재 장애등록자 수(보건복지가족부, 2009)
2) 등록률 = (2005년 장애인 실태조사의 장애인수/등록 장애인수) × 100

장애유형별로 살펴보면, 등록률이 가장 높은 장애는 신장장애로 99.8%이며, 지적장애(98.7%), 지체장애(91.8%) 순으로 장애인등록률이 높다. 반면에 심장장애(29.1%), 안면장애(29.8%), 간장애(34.1%), 호흡기장애(35.8%)의 등록률은 상대적으로 낮게 나타났다. 장애인 실태조사에서 파악된 미등록 장애인의 미등록 사유는 '등록절차와 방법을 몰라서'(32.9%)가 가장 높았으며, '장애인이라고 생각하지 않아서'(28.4%), '등록해도 별 소용이 없을 것 같아서'(13.5%) 등의 순으로 나타났다(보건사회연구원, 2008). 또한, 내부 장애의 등록률이 낮은 이유는 이들 장애가 비교적 최근에 장애범주에 포함되었으며, 일반적인 장애범주로 인식되는 외부 신체장애나 정신적 기능상의 장애와는 다른 특성을 갖기 때문이다.

3) 장애인의 복지욕구

장애인이 사회나 국가에 대해 가장 우선적으로 요구하는 사항(1순위)은 의료보장이 30.1%로 가장 높았고, 그 다음으로 소득보장(21.9%), 주거보장(15.4%)의 순이었다.

〈표 12-9〉 사회 및 국가에 대한 요구사항(1순위)

(단위: %, 명)

구분	지체장애	뇌병변장애	시각장애	청각장애	언어장애	지적장애	자폐성장애	정신장애	신장장애	심장장애	호흡기장애	간장애	안면장애	장루·요루장애	간질장애	전체
주거보장	15.0	16.8	15.1	14.2	16.3	15.3	15.9	16.0	19.6	21.4	16.0	15.0	22.4	13.8	27.9	15.4
장애예방	3.2	3.6	4.1	4.5	4.9	3.4	0.9	6.0	1.8	4.1	6.0	3.5	4.2	4.4	3.8	3.6
보육·교육보장	2.4	2.1	1.9	2.9	6.7	18.3	28.1	1.7	1.7	1.6	1.5	3.5	2.7	1.3	2.4	3.5
의료보장	29.7	36.5	34.0	33.8	23.0	12.2	8.1	24.1	39.7	39.9	39.7	44.6	24.9	39.9	18.3	30.1
이동권보장	3.3	4.5	4.7	1.2	1.4	1.3	0.1	1.0	2.5	1.8	2.2	0.4	0.5	2.1	1.6	3.1
고용보장	9.4	4.1	8.3	7.4	9.6	11.9	8.8	8.0	6.8	7.4	4.2	6.2	12.5	6.8	11.8	8.6
문화여가생활 및 체육활동보장	1.4	1.1	0.1	2.5	2.4	1.7	4.3	1.3	0.7	1.0	1.7	0.8	1.1	1.1	0.7	1.4
소득보장	22.9	21.3	21.2	21.7	22.2	17.6	9.9	25.7	16.9	15.5	22.1	15.2	14.9	20.1	18.8	21.9
장애인 인권보장	5.7	4.5	2.5	6.2	5.2	8.7	15.2	10.0	6.0	4.1	2.1	4.7	5.5	3.7	8.6	5.7
장애인 인식개선	4.2	3.0	5.3	3.5	5.1	6.7	8.2	4.4	3.3	1.9	1.8	3.5	8.9	3.7	5.1	4.3
없음	1.8	2.3	1.6	2.0	2.3	2.3	0.0	1.1	0.9	1.0	2.3	1.8	2.5	2.5	0.7	1.8
기타	0.8	0.3	1.2	0.1	1.0	0.5	0.4	0.7	0.1	0.3	0.5	0.8	0.0	0.8	0.3	0.7
계	100.0	100.0	100.0	100.0	100.0	100.0	100.0	100.0	100.0	100.0	100.0	100.0	100.0	100.0	100.0	100.0
전국추정수	1,132,116	219,156	220,062	207,383	15,102	140,080	12,330	84,781	48,284	14,606	14,392	6,513	2,187	11,356	8,881	2,137,229

이는 소득보장의 중요성이 낮아졌다기보다는 내부 장애인이나 노인 장애인의 증가로 의료보장에 대한 욕구가 높아진 결과로 해석할 수 있다. 그 외 장애인들의 욕구의 우선순위에는 주택보장, 교통수단 이용 및 편의시설의 확대, 장애의 조기발견·조기치료 등이 있다. 또한, 장애인복지사업 실시 기관에 대한 이용 희망률을 살펴볼 때, 가장 높은 기관은 1개 자치구당 1개소 이상의 설립이 추진되고 있는 장애인복지관(36.3%)이다. 그 외 장애인 재활 병·의원(28.9%), 이동지원서비스센터(27.4%), 장애인정보화교육기관(16.7%)도 높게 나타나고 있어, 이들 기관에 대한 수요에 따른 설치확대와 이용료의 감면, 편의확대 등을 통해 장애인의 접근성을 제고할 필요가 있다.

제 3 절 장애인복지정책과 서비스

1. 장애인지원사업 현황

2008년 8월 정부가 발표한 장애인정책발전 5개년 계획에 따르면 장애인의 권리에 기반을 둔 참여확대와 통합사회 구현이라는 비전 아래 분야별 58개의 과제를 통해 장애인 정책의 4대 목표를 아래와 같이 설정하고 있다.

- 장애인 복지서비스의 선진화 구현
  - 장애인 등록판정체계 선진화
  - 기초장애연금제도 도입
  - 장애인 주택서비스 등 15개 과제
- 장애인 생애주기별 교육지원체계 구축 및 문화 활동 확대
  - 생애주기별 교육지원체계 구축
  - 통합 교육 강화
  - 문화바우처사업, 생활체육사업 등 16개 과제
- 장애인이 일할 수 있는 사회 실현
  - 장애인 고용의무제도 강화
  - 정부의 장애인 고용 선도적 역할
  - 장애인 취업지원 및 직업능력 개발서비스 제공 등 10개 과제
- 장애통합적 접근으로의 사회참여 확대와 장애인 권익증진
  - 장애인차별금지법 홍보 및 이행사항 모니터링
  - 장애인 활동보조서비스 내실화
  - 장애인 웹 접근성 제고 등 17개 과제

이와 함께 생애주기에 따른 장애인복지서비스를 아래의 그림과 같이 분야별로 설정하고 있다.

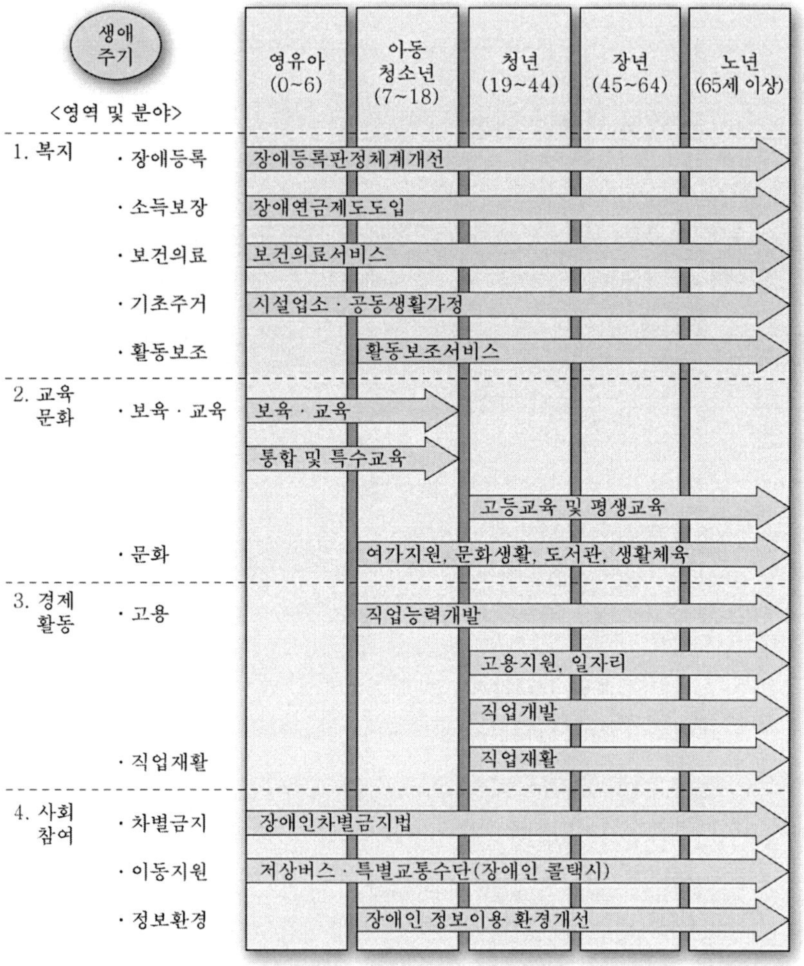

현재 우리나라에서 시행중인 장애인복지사업은 약 60여 종에 이르며, 이는 크게 경제적 지원 사업과 시설 서비스로 구분된다. 경제적 지원사업은 소득이 없거나 경제적으로 어려운 장애인들에 대해 소득보장의 차원에서 시행하는 사업이다. 종류에는 장애수당이나 장애아동부양수당과 같이 현금의 형태로 직접 제공하는 제도로부터, 각종 세제혜택이나 요금, 이용료 감면 등 소득수준이나 장애정도와 관계없이 보편적 수급 요건에 의해 지급되는 간접적인 지원제도까지 다양한 사업들이 있다.

장애인을 대상으로 각종 서비스를 제공하는 시설 서비스는 장애인생활시설, 장애인복지관, 특수학교 등 장애인복지 관련 기관에서 제공하고 있다. 이러한 서비스에는 각 기관의 설립 목적에 따라 주거서비스, 재활서비스, 특수교육서비스, 이동지원서비스 등 장애인의 일상생활 및 사회생활 수행을 지원하는 다양한 서비스가 포함된다. 한편, 2005년부터 실시된 사회복지사업의 지방이양은 지방자치단체를 중심으로 각 지역사회 주민 및 장애인의 다양한 욕구를 반영하여 지역별 장애인 복지의 활성화를 기대하고 있으나 재정여건이 열악한 지방자치단체의 사정으로 인해 그 기능과 역할이 역으로 오히려 축소될 수 있다는 우려도 있다.

2. 장애인시설현황

1) 장애인 생활시설

장애인을 위한 서비스는 자립이 어려운 장애인들을 위해 일상생활의 보호와 함께 필요한 원조서비스를 제공하는 생활시설 중심으로 이루어져 왔다. 장애인 생활시설은 장애유형별로 장애인이 필요한 기간 동안 생활하면서 재활에 필요한 상담이나 치료, 훈련 등의 서비스를 받는 시설이다. 장애인복지법상의 장애인생활시설의 종류를 구체적으로 살펴보면 다음과 같다(보건복가족부, 2009).

▮ 장애인 생활시설의 종류

① **장애유형별 생활시설**: 장애유형이 같거나 또는 유사한 장애를 가진 사람들이 입소(또는 통원)하여 그들의 장애유형에 적합한 의료, 교육, 직업, 심리, 사회 등 재활서비스와 주거서비스를 제공하는 시설이다. 유형별로 지체장애인재활시설, 시각장애인재활시설, 청각·

언어장애인재활시설, 지적장애인재활시설 등이 있다.

② **중증장애인요양시설**: 장애의 정도가 심하여 항상 도움이 필요한 사람이 입소하여 상담·치료 또는 요양서비스를 제공하는 시설이다.

③ **장애영유아생활시설**: 6세 미만의 장애영유아가 입소(또는 통원)하여 보호함과 동시에 그 재활에 필요한 의료, 교육, 심리, 사회 등 재활서비스를 제공하는 시설이다.

2008년도 현재 장애인 생활시설은 전국에 347개소에 22,250명이 입소하고 있으며, 유형별로는 지적장애인 시설에 가장 많은 9,192명의 장애인이 입소하여 있다.

〈표 12-10〉 장애인생활시설 현황

구분	생활시설													
	소계		지체장애인 시설		시각장애인 시설		청각언어 장애인시설		지적장애인 시설		중중장애인 요양시설		장애영유아 시설	
	시설수	입소 인원	시설수	입소 인원	시설수	입소 인원	시설수	입소 인원	시설수	입소 인원	시설수	입소 인원	시설 수	입소 인원
2002	213	17,959	32	2,355	11	708	13	776	86	7,512	71	6,608		
2005	265	19,668	31	2,332	13	632	12	735	110	8,015	93	7,657	6	297
2008	347	22,250	33	2,292	14	784	11	546	144	9,192	136	8,981	9	455

출처: 보건복지가족부, 장애인복지시설 일람표 및 통계자료(2008년 말 기준)

2) 장애인 이용시설

장애인 이용시설은 주거서비스를 제외한 다양한 지역사회 보호서비스를 제공하는 시설이다. 한 시설 내에 한정되어 모든 서비스를 제공받기보다는 장애인이 지역사회의 가정, 학교, 직장 등 일상적인 삶의 현장에 머물면서 서비스를 지원받는다는 측면에서 이념적으로 사회통합을 지향하는 시설이다. 장애인 복지법상 장애인 이용시설은 지역사회재활시설과 직업재활시설, 장애인유료복지시설 등으로 나뉜다(보건복가족부, 2009).

(1) 지역사회재활시설

지역사회재활시설이란 장애인에게 전문적인 상담이나 치료, 훈련 등을 제공하거나 여가활동 및 사회참여활동 등에 필요한 편의를 제공하는 시설이다. 대표적인 장애인 지역사회재활시설로는 종합복지센터의 역할을 하는 장애인복지관이 있으며 그 밖에 지역 장애인의 자활자립과 복지증진을 돕기 위한 다양한 형태의 지역사회재활시설이 있다.

▌장애인 지역사회 재활시설의 종류

① **장애인복지관**: 장애인에 대한 각종 상담 및 사회심리, 교육, 직업, 의료재활 등 장애인의 지역사회생활에 필요한 종합적인 재활서비스를 제공하고 장애에 대한 사회적 인식개선사업을 수행하는 시설

② **장애인의료재활시설**: 장애인을 입원 또는 통원하게 하여 상담, 진단, 판정, 치료 등 의료재활서비스를 제공하는 시설

③ **장애인주간보호시설**: 장애인을 주간에 일시 보호하여 장애인에게 필요한 재활서비스를 제공하는 시설

④ **장애인단기보호시설**: 장애인을 일정기간 보호하여 장애인에게 필요한 재활서비스를 제공하는 시설

⑤ **장애인공동생활가정**: 스스로 사회적응이 곤란한 장애인들이 장애인복지전문인력에 의한 지도와 보호를 받으며 공동으로 생활하는 지역사회내 소규모 주거시설

⑥ **장애인체육시설**: 장애인의 체력증진 또는 신체기능회복 활동을 지원하고 이와 관련된 편의를 제공하는 시설

⑦ **장애인수련시설**: 장애인의 문화, 취미, 오락활동 등을 통한 심신수련을 조장·지원하고 이와 관련된 편의를 제공하는 시설

⑧ **장애인심부름센터**: 이동에 상당한 제약이 있는 장애인에게 차량운행을 통한 직장 출·퇴근 및 외출보조 기타 이동서비스를 제공하는 시설

⑨ **수화통역센터**: 의사소통에 지장이 있는 청각. 언어장애인에 대한 수화통역 및 상담서비스를 제공하는 시설

⑩ **점자도서관**: 시각장애인에게 점자간행물 및 녹음서를 열람하게

하는 시설

⑪ **점서 및 녹음서 출판시설:** 시각장애인을 위한 점자간행물 및 녹음서를 출판하는 시설

〈표 12-11〉 장애인지역사회재활시설현황

시·도	시 설 현 황(개소)								
	소계	장애인 복지관	장애인 의료 재활 시설	장애인 주간 보호 시설	장애인 단기 보호 시설	장애인 공동 생활 가정	장애인 체육관	장애인 심부름 센터	수화 통역 센터
합계	1,419	171	17	365	84	450	26	152	154

출처 : 보건복지가족부, 장애인복지시설 일람표 및 통계자료(2008년 말 기준)

최근에 중요한 지역사회재활시설로 고려되고 있는 장애인 공동생활가정(Group Home)은 가정에서 보호하기 어려운 장애인이 가정의 형태를 갖춘 지역사회 주거시설에서 생활지도교사의 도움으로 거주하며 사회적 자립에 필요한 지원을 받는 곳이다. 공동생활가정은 대규모 생활시설의 문제를 줄이면서 소규모 가정의 형태로 보호서비스를 제공한다는 측면에서 대안적 주거서비스로 확대되고 있다. 아울러, 장애인 지역사회재활시설에 속하는 주간보호와 단기보호시설은 타인의 도움 없이는 일상생활이 어려운 장애인을 시설에서 주간 또는 단기간동안 보호함으로써 장애인 가족의 항시 보호부담을 경감시키고 가족 구성원이 안심하고 사회 및 경제활동을 유지하도록 돕는 시설이다. 지역사회기반의 보호가 확대되기 위해서는 주거서비스와 함께 장애인과 가족의 생활상의 부담을 줄여주는 이와 같은 지역사회재활시설의 지속적인 확충이 필요하다.

(2) 직업재활시설

대표적인 장애인이용시설의 하나인 직업재활시설은 일반고용이 어려운 장애인이 지지적인 작업환경에서 직업훈련을 받거나 직업생활을 영위할 수 있도록 하는 시설이다.

▌장애인 직업재활시설의 종류

① **장애인작업활동시설:** 작업능력이 극히 낮은 장애인에게 주기능으로 작업활동 및 일상생활훈련 등을 제공하여 기초작업능력을 습득시키고, 부기능으로 직업평가 및 사회적응훈련 등을 실시하는 시설

② **장애인 보호작업장:** 직업능력이 낮은 장애인에게 직업적응능력 및 직무기능 향상훈련 등 직업재활훈련 프로그램을 제공하고, 보호가 가능한 조건에서 근로의 기회를 제공하며, 이에 상응하는 노동의 대가로 임금을 지급하며, 장애인 근로사업장이나 그 밖의 경쟁적인 고용시장으로 옮겨갈 수 있도록 돕는 역할을 하는 시설

③ **장애인 근로사업장:** 직업능력은 있으나 이동 및 접근성이나 사회적 제약 등으로 취업이 어려운 장애인에게 근로의 기회를 제공하고, 최저임금 이상의 임금을 지급하며, 경쟁적인 고용시장으로 옮겨갈 수 있도록 돕는 역할을 하는 시설

④ **장애인직업훈련시설:** 직업훈련을 받고자 하는 장애인에게 주기능으로 직업평가와 사회적응훈련, 직업훈련 등을 일정기간 실시하여 직업능력을 향상시키고, 부기능으로 직업알선 및 사후 지도 등을 실시하는 시설

⑤ **장애인생산품 판매시설:** 주기능으로 장애인생산품의 판매활동 및 유통을 대행하고, 부기능으로 장애인생산품에 관한 상담, 홍보, 판로개척 및 정보제공 등을 실시하는 시설

⑥ **기타:** 그 밖에 장애인이 필요한 치료, 상담, 훈련 등 편의를 제공받고 이에 소요되는 일체의 비용을 시설운영자에게 납부하여 운영하는 장애인 유료복지시설도 장애인복지법상 장애인이용시설에 포함된다.

(3) 장애인 유료복지시설

장애인 생활시설로서 장애인에게 필요한 치료, 상담, 훈련 등 편의를 제공하고 모든 비용을 입소한 자로부터 수납하여 운영하는 시설

(4) 장애인생산품 판매시설

장애인 생산품의 판매활동 및 유통을 대행하고, 장애인 생산품이나 서비스 · 용역에 관한 상담, 홍보, 판로 개척 및 정보제공 등 마케팅을 지원하는 시설

(5) 정신장애인시설

정신장애는 장애인복지법상의 장애분류에 포함되지만, 정신장애인 시설은 정신보건법에 의해 설치된다. 정신보건법상의 정신장애인시설은 크게 정신질환자 사회복귀시설과 정신요양시설로 나뉜다(보건복지가족부, 2009).

▌정신보건법상의 정신장애인 보건시설의 종류(정신보건기관법령, 2009.3.20)

① 정신질환자사회복귀시설

사회복귀시설은 정신질환자를 정신의료기관에 입원시키거나 정신요양시설에 입원시키지 않고 지역사회에서 사회복귀증진을 위한 훈련을 행하는 시설로서, 정신장애인의 진료, 재활 및 사회복귀 그리고 예방 등의 서비스를 담당한다.

• 정신질환자생활시설
- 입소생활시설: 가정에서 생활하기 어려운 정신질환자에게 주거, 생활지도, 교육, 직업재활훈련 등의 서비스를 제공하며, 가정으로의 복귀, 재활, 자립 및 사회적응을 지원하는 시설
- 주거제공시설: 정신질환자가 일정 정도 자기관리능력을 가지고 있으나, 가정에서 생활하기 어려운 정신질환자에게 주거, 생활지도, 교육 등의 서비스를 제공하며, 가정으로의 복귀, 재활, 자립 및 사회적응을 지원하는 시설

• 정신질환자지역사회재활시설
- 주간재활시설: 정신질환자에게 작업 · 기술지도, 직업훈련, 사회

적응훈련, 취업지원 등의 서비스를 제공하는 시설

- 심신수련시설: 정신질환자가 문화 · 예술, 취미 · 오락 및 심신수련활동을 할 수 있도록 지원하고, 이와 관련된 편의를 제공하는 시설
- 공동생활가정: 독립적인 생활이 어려운 정신질환자들이 공동으로 생활하며, 심리적 안정, 생활안내 등의 서비스를 통하여 자립역량을 함양하는 시설

• 정신질환자직업재활시설 : 정신질환자가 특별히 준비된 작업환경에서 직업적응, 직무기능향상 등 직업재활훈련을 받거나 직업생활을 할 수 있도록 지원하며, 일정한 기간이 지난 후 직업능력을 갖추면 고용시장에 참여할 수 있도록 지원하는 시설

• 정신질환자종합시설 : 사회복귀시설 중 2개 이상의 사회복귀시설이 결합되어 정신질환자에게 생활지원, 주거지원, 재활훈련, 심신수련 등의 기능을 복합적 · 종합적으로 제공하는 시설

• 중독자재활시설 : 알코올, 약물 등 유해약물이나 도박, 인터넷 게임 등 유해행위에 의존하거나 그 유해약물이나 유해행위를 남용하여 중독된 정신질환자를 치유하거나 재활을 돕는 시설

• 정신질환자생산품판매시설 : 정신질환자가 생산한 생산품을 판매하거나 유통을 대행하고, 정신질환자가 생산한 생산품이나 서비스에 관한 상담, 홍보, 마케팅, 판로개척, 정보제공 등을 지원하는 시설

② 정신요양시설

정신요양시설은 정신의료기관에서 의뢰된 정신질환자와 만성 정신질환자를 입소시켜 요양과 사회복귀를 위한 훈련을 행하는 시설이다.

③ 정신의료기관

사회복지시설에 속하지는 않지만 정신보건법상의 정신장애인 보건시설에 포함되어 있는 정신의료기관은 사회복지 2차현장으로서,

의료법에 의한 의료기관 중 주로 정신질환자의 진료를 행할 목적으로 설치된 병원(정신병원)과 의원 및 병원급 이상의 의료기관에 설치된 정신과, 정신과의원이 포함된다.

이외에도 정신보건관련 서비스기관으로는 정신보건센터와 알코올 상담센터가 있다. 2004년 개정된 정신보건법에는 지역사회정신보건사업의 수행을 위한 정신보건센터의 설치근거가 마련되었다. 지역사회정신보건사업의 위탁에 관한 규정에 따라 국가 및 지방자치단체는 보건소나 국·공립정신의료기관에 정신보건센터를 설치하거나 정신의료기관이나 정신보건사업을 수행하는 민간법인에 위탁 운영하도록 하고 있다. 이에 따라 정신보건센터는 정신질환 예방, 정신질환자 발견, 상담, 진료, 사회복귀훈련 및 사례관리, 정신보건시설 간 연계체계 구축 등 지역사회정신보건사업의 기획과 조정, 전달을 지역사회에서 담당하고 있다. 보건복지가족부로부터 지정받아 운영되고 있는 알코올 상담센터는 알코올남용 및 의존자 발견, 등록사업, 알코올의존자 및 가족 전화, 내방상담, 교육사업, 알코올의존자 재활 프로그램 개발 및 시행, 알코올문제 예방 홍보, 교육 및 프로그램 진행을 맡는다. 특히, 정신보건센터와 같은 지역사회이용시설은 만성화된 정신장애를 가진 클라이언트와 가족을 위해 치료 및 재활에 필요한 정보와 서비스를 제공할 뿐 아니라, 지역사회 내에서 연속적인 보호를 받도록 사례관리 및 기타 지역사회보호서비스를 제공하는 역할이 강조되어야 한다.

3. 영역별 정책과 서비스

1) 소득보장

장애인 실태조사(보건사회연구원, 2009)에 따르면, 전체 장애인 가구의 월 평균 총소득은 181만 9천원으로 2005년 장애인 가구의 월평균 총소득 157만 2천원보다 24만 7천원 향상된 수치이다. 장애인 가구의 월평균 소득은 최근 많이 향상되고 있으나, 아직도 비장애인 가구의 절반 수준을 조금 상회한 수준이어서 여전히 사회적 취약계층에 속한다. 특히 소득 분위별 도시근로자가구의 소득대비 장애인가구의 소득비율은 저소득 장애인가구일수록 격차가 더 크게 나타나며 이는 저소득가구 중 장애인가구를 위한 추가적인 소득지원의 필요성을 의미한다.

장애인 가구의 월 평균 지출액은 평균 155만 5천원으로서 2005년 장애인 가구의 월평균 총지출 134만 5천원보다 21만원 향상된 수치이다. 한편, 장애인 가구가 한 달 동안 살아가는데 필요한 '최소한 생활비'[2]는 월 평균 137만 9천원으로 2005년의 137만 8천원보다 1천원 늘어 비슷한 수준이다. 장애인가구의 월평균 지출과 최소생활비의 차이가 크지 않음을 볼 때, 장애인 가구는 최소한의 지출 수준에서 생활하고 있음을 알 수 있다. 조사대상 장애인가구가 필수적이고 기초적인 생계부문에서 얼마나 결핍되어 있는가를 조사한 결과, 가장 많은 박탈을 경험한 항목으로는 아플 때 병원에 가지 못한 것(14.1%), 각종 공과금(사회보험료, 전기료, 전화료, 수도료) 미납(10.5%), 신용불량경험(9.1%), 집세를 내지 못해 이사경험(9.0%)의 순이었다. 한편, 장애인의 68.5%가 현재 장애로 인하여 월평균 약 15만 9천원을 추가로 지출하고 있다. 장애유형별로는, 간장애가 87만 1천원으로 가장 많으며, 그 다음으로 자폐성장애 35만 4천원, 신장장애 33만 4천원, 안면장애 31만원, 청각장애 24만 3천원의 순이다. 특히, 간장애의 추가비용 중 의료비는 약 81만원으로 가장 많은 비중을 차지하는 지출비목이다.

2) '최소한 생활비'란 가족이 한 달 동안 그럭저럭 살아가는 데 필요한 생활비를 말한다.

〈표 12-12〉 국민기초생활보장대상 수급 여부 및 형태

(단위: %, 명)

구분	성별		연령별				장애정도		전체
	남자	여자	17세 이하	18~44 세 이하	45~64 세 이하	65세 이상	중증 (1-2급)	경증 (3-6급)	
아니오	82.7	78.4	79.4	71.5	80.5	86.3	64.8	86.5	80.9
일반수급가구	16.6	20.7	17.1	27.7	18.4	13.5	34.0	12.8	18.3
조건부수급가구	0.3	0.6	3.2	0.2	0.6	0.0	0.3	0.5	0.4
의료·교육·자활 특례	0.4	0.4	0.3	0.6	0.5	0.2	0.8	0.2	0.4
계	100.0	100.0	100.0	100.0	100.0	100.0	100.0	100.0	100.0
전국추정수	1,251,979	885,247	82,700	396,684	886,908	770,934	553,750	1,583,476	2,137,226

출처 : 2008년장애인실태조사(2009, 보건사회연구원)

장애인의 생활을 보장하기 위해서, 국가는 국민기초생활보장제도에 의해서 저소득 장애인에게 생계급여를 제공하고 있다. 전체 장애인 가구 213만 7천 가구 중 국민기초생활수급 가구는 총 40만 8천 가구로서 전체 장애인가구의 19.1%이다. 이 비율은 비장애인가구의 국민기초생활수급비율인 6.8%에 비해 2배 이상 높은 수준이다. 생계급여 외에, 다른 사람의 도움 없이 일상생활을 영위하기 어려운 저소득 중증장애인과 장애아동의 보호자에게는 장애수당과 장애아동부양수당을 지급하고 있다. 소득보장 사업의 경우는 주로 수급자 및 차상위 계층의 저소득 장애인을 대상으로 한 선별적인 프로그램 중심으로 구성되어 있다. 장애수당과 장애아동수당(등록장애인중 18세 미만 또는 고등학교와 특수학교 또는 각종 학교에 재학중인 경우에는 20세 이하의 장애아동 당사자 대상)의 경우에도 수급자와 차상위계층장애인 가구만을 지급 대상으로 제한하여 지급하고 있다. 또한, 현재 지급되고 있는 장애수당의 수준은 장애인가구의 월평균 추가비용(15만 9천원)에 크게 못 미칠 뿐 아니라 장애유형에 따른 비용편차(신장장애는 383.9천원, 발달장애는 338.0천원)를 고려하지 않은 것으로 장애수당이 장애인의 경제적 문제를 지원하기 위한 실질적인 지원책으로 변화될 필요가 있다.

2) 의료보장

현재 국가는 생활이 어려운 저소득 장애인의 생활안정과 의료보장을 위해, 의료급여를 받은 장애인 중 일부 본인부담금을 내야 하는 2종 보호대상자의 본인부담금 일부를 지원하고 있다. 의료보장사업 가운데에는 등록 진단비 지급 사업의 수혜율이 33.5%로서 가장 높으며, 그 밖에 장애인 의료비 지원(23.8%), 보장구건강 보험급여 실시(19.2%), 장애인보조기구 무료 교부(15.4%) 순이다. 장애인보조기구를 소유하고 있는 장애인은 45.8%이며, 전동휠체어 소유비율은 다른 장애인보조기구 소유율에 훨씬 못 미치는 20% 미만으로 나타났다. **장애인보조기구** 중 전동휠체어가 필요한 장애인은 60,878명으로, 필요한 장애인 5명 중 1명에 해당하는 11,198명만이 갖고 있다. 장애인 실태조사에 따르면, 장애인보조기구 미소유 장애인 2명중 1명 이상(59.9%)이 경제적 이유로 필요한 장애인보조기구를 갖지 못하는 것으로 나타나 있다. 〈표 12-13〉은 장애유형별로 장애인보조기구 소유율을 나타낸 것이다.

장애인보조기구
장애인복지법에는 "장애인이 장애의 예방과 보완 및 기능의 향상을 위하여 사용하는 의지·보조기 기타 보건복지가족부장관이 정하는 보장구와 일상생활의 편의증진을 위하여 사용하는 생활용품"이라고 정의됨. 정부는 82년도부터 영세 장애인에 대한 보장구 교부사업을 시작하고, 1997년부터는 의료보험 급여를 보장구에도 일부 적용하게 됨.

〈표 12-13〉 장애유형별 장애인보조기구 소유 여부

(단위 : %)

구분	지체	뇌병변	시각	청각	언어	정신지체	발달	정신	신장	심장	호흡기	간	안면	장루요루	간질	계
있다	43.2	63.2	68.9	63.7	18.1	3.5	5.3	1.5	25.8	19.4	61.4	20.5	18.0	97.5	11.3	45.8
없다	56.8	36.8	31.1	36.3	81.9	96.5	94.7	98.5	74.2	80.6	38.6	79.5	82.0	2.5	88.7	54.2
계	100.0	100.0	100.0	100.0	100.0	100.0	100.0	100.0	100.0	100.0	100.0	100.0	100.0	100.0	100.0	100.0

3) 장애인고용정책과 직업재활

ILO(국제노동기구: International Labor Organization)기준을 적용하는 경우, 15세 이상 장애인의 **경제활동참가율**은 41.1%로, 2005년의 38.2%에 비해 3.0% 포인트 증가한 수준이다. 또한 인구대비 취업자의 비율은 2008년의 경우 37.7%로서 2005년의 34.1%보다 3.6% 증가한 수준이다. 성별로 보면, 남성장애인의 인구대비 취업자 비율

경제활동참가율
가용한 인적 자원을 나타내는 생산가능인구(한국의 경우 15세 이상) 중 경제활동에 참여하는 인구(취업자와 실업자의 합)가 차지하는 비중으로서, 실제로 활용 가능한 인적자본의 양을 알 수 있음.

은 47.6%이고, 여성장애인은 23.7%로써, 남성장애인이 여성장애인에 비해 높은 수준이다. 한편 장애인 실업률은 8.3%로 2008년 12월 통계청 기준 전체 실업률 3.3%에 비해 약 2.5배 정도 높은 수준이다. 통계청의 ILO 기준으로 보면 장애인 실업자 수는 70만8천명으로 추정된다.

연령별로는 15세~19세가 33%로 가장 높고, 20~29세가 22%, 30~39세가 15%로 연령이 높아질수록 실업률은 낮아지고 있다. 장애인의 취업실태를 장애유형별로 보면, 15세 이상 장애인 취업자 중 가장 높은 취업률을 보이는 장애유형은 장루 · 요루장애(93.1%)이며, 실업률은 간질장애, 신장장애, 심장장애, 안면장애, 정신장애 등에서 상대적으로 높게 나타났다. 취업장애인의 취업기간은 전체적으로 평균 186.9개월로 약 16년 이상 취업하여 일한 것으로 조사되었다. 주당 평균 근무 일수는 약 5일, 1일 평균 근무시간은 약 8시간이다. 장애유형별로 보면 평균 취업기간은 청각장애가 213.1개월로 가장 긴 반면, 자폐성장애는 22.7개월로 가장 짧다.

취업장애인의 임금수준은 월 평균 115만 6천원으로 2005년 114만 9천원에 비해 소폭 증가한 수준에 그쳐, 장애인의 고용활동은 양적으로는 크게 개선되었으나 질적으로는 개선의 여지가 많다. 월평균 수입은 간장애가 235만 2천원으로 가장 많고, 자폐성장애가 23만 2천원으로 가장 적다. 취업장애인들이 직장생활을 하면서 느끼는 가장 큰 애로사항도 낮은 수입(45.5%)과 업무과다(16.5%)로 나타났다.

〈표 12-14〉 취업장애인월평균소득

(단위: 만원)

	2000	2005	2008
상용근로자	183.7	258	266
전체장애인	79.2	114.88	115.6

출처: 2008년장애인실태조사(2009, 보건사회연구원) 「장애인실태조사」, 『사업체임금근로시간조사』

취업장애인의 직장유형은 자영업이 47.0%로 가장 많으며, 일반사업체는 41.0%로 조사되었다. 장애유형별로는 정신장애(52.6%), 자폐성장애(39.3%), 지적장애(18.0%)의 경우 장애인 보호작업장과 같은 장애인직업재활시설에서 일하는 비율이 다른 장애유형에 비해 높게 나타나고 있다. 취업장애인의 취업 분야는 주로 단순노무직(27.6%), 농어업(19.0%), 기능직(12.3%)에 편중되어 있다. 단순노무직 종사비율은 전국 평균의 2배에 달하며 다른 주요 취업업종도 전문교육과 기술을 요하지 않으며 안정된 취업구조를 갖지 못하는 직종에 치중되어 있다.

〈표 12-15〉 재가 취업 장애인의 경제활동 분야

(단위: %)

구 분	단순 노무직	농·어업	기능원·관련기능 근로자	장치·기계 조작·조립원	판매 종사자	서비스 종사자	사무 종사자	기술공·준전문가	전문가	의회 의원·관리자	계
비 율	27.6	19.0	12.3	9.7	8.9	7.2	6.3	5.4	2.6	1.0	100.0
전국비율	10.8	8.1	10.6	11.1	11.5	12.9	14.2	10.1	8.1	2.6	100.0

출처 : 통계청, 경제활동인구조사, 2006.

장애인의 취업률을 높이기 위한 정부의 대표적인 장애인고용 지원방안으로, 국가 및 지방자치단체, 사업주로 하여금 근로자수의 일정비율이상을 장애인으로 고용하도록 의무를 부과하는 장애인고용의무제가 있다. 의무고용률 적용을 받는 사업체는 월 평균 상시근로자수가 300인 이상인 사업체이다. 장애인고용촉진및직업재활법 제27조에 따라, 의무고용률 2%에 미달하는 장애인을 고용하는 사업주는 장애인 고용부담금을 납부해야 한다. 그러나 현행 장애인 의무고용제는 장애 유형이나 장애 등급에 따라 비율을 정하지 않고 전체적으로 2%의 의무고용률만을 설정하고 있어 의무고용제도하에서 다시 소외되는 장애인들이 발생할 수 있다는 구조적 문제점이 있다. 장애인 고용을 장려하기 위한 다른 제도인 고용장려금제도는 의무고용률을 초과하여 장애인을 고용한 기업에 대해 초과된 장애인 수에 비례하여 일정액을 지원하는 것이다. 최저임금법에 의하여 경증남성은 월 단위로 환산한 최저임금액의 100%를, 경증여성은 125%, 중증남성은 150%, 중증여성은 175%를 지급한다. 그 밖에 장애인을 고용하는 사업체에 대한 지원사업으로서, 장애인 고용에 필요한 시설·장비의 구입·수리·개조비용의 융자 및 무상지원, 장애인 고용관리 비용지원 등이 있다.

장애인고용촉진및직업재활법 제4조 2항에는 '사업주는 근로자가 장애인이라는 이유로 채용, 승진, 전보 및 교육훈련 등 인사관리상의 차별대우를 하여서는 아니 된다'고 명시하고 장애인에 대한 노동시장 차별을 허용하지 않고 있다. 장애인고용촉진 및 직업재활법 제72조에는 '이 법에 정하지 아니하는 사항은 근로기준법, 직업안정법, 근로자직업훈련촉진법 등 노동관계법에 의한다'고 하여 노동법 일반의 기준을 장애인에게도 동일하게 적용하고 있다. 그럼에도 불구하고 장애인고용이 부진한 이유는, 공공부문의 선도적 역할이 미흡하며 민간부문의 경우도 장애인을 고용하지 않는 것이 경제적으로나 기업조직의 차원에서 낫다는 사업주의 부정적인 시각 등에 기인하고 있다. 또한, 장애인 취업이 저학력·무기능의 단순노무직에 편중됨에 따라 저임금, 고용 불안정 등의 문제를 가져오고 있으며, 장애인의 채용, 승진, 퇴직 등 일련의 과정에서 발생하는 고용분야의 장애인차별에 대해서도 제도적 장치가 마련되어 있지 않다.

장애인고용정책과 함께, 실제적인 장애인들의 경제활동능력을 최대한 기르도록 지원해 주는 직업재활서비스는 심신의 결함을 지닌 장애인들의 일할 권리와 의무를 비장애인들과 동등히 갖게 함으로써 장애인의 사회통합과 자립생활을 이루는데 핵심적인 역할을 한다. 정부는 장애인복지 일자리, 주민센터 도우미 등 장애인 일자리 사업을 2009년도에 6,672명으로 확대하고, 중증장애인에게 직업재활서비스 지원(2009년도 184개소, 102,900명)을 확대하고 있다(보건복지가족부, 2009). 그러나, 지적장애를 비롯한 직업적 중증 장애인을 비장애인과 더불어 경쟁고용으로 통합시키기까지는 다각적인 측면에서의 전문적인 지원서비스가 필요하다. 개인의 적성, 신체적 특성, 장애 유형 및 정도, 성격, 교육 및 직업 훈련 여부 등 개인적 특성을 고려하여 개별고용화계획을 세우고 이에 따라 필요한 능력과 기능을 개발하기 위한 직업교육과 직업현장훈련을 전문적으로 제공해야 한다. 아울러, 적절한 일자리로 직업배치를 하며, 직장 내에서의 수행도를 점검하기 위한 평가를 하며, 적응과정의 문제를 조기에 중재하는 사후지도 등을 수행한다. 또한, 각 과정에서 장애인직업재활상담원, 사례관리자, 직무지도원, 등 관련인력 양성 및 관리체계를 강화할 필요가 있다. 무엇보다, 장애인이 긍지를 갖고 직업활동을 할 수 있는 사업체를 개발하고 직무분석을 수행하여 취업으로 연계시키는 노력이 선순환적으로 이루어져야 한다.

4) 교육재활

장애인이 가진 현재의 신체적, 정서적, 사회적 능력을 최대한 개발하는 것은 개인장애인의 삶을 향상시킬 뿐 아니라 인적자원을 확보하고 사회적 비용을 감소하는 차원에서도 의미를 갖는다. 교육재활이란 장애아동이 지니고 있는 능력을 향상, 발휘시키며 가능성을 개발하고 사회생활에 적응해 가도록 특수아동의 독특한 교육적 요구에 알맞게 특별히 설계한 교육제도와 교육방법 및 기술을 포함하는 교육적 서비스를 지칭한다. 목적은 장애아동이 가진 잠재능력을 개발하여 최대한 활동할 수 있게 하는 것으로 환경의 변화는 물론, 아동의 개별성을 고려하여 그 아동에 적절한 교육 유형을 결정해야 한다. 이와 같은 교육재활은 전 생애를 통해 다양한 형태로 이루어질 필요가 있으나, 주 대상은 장애아동과 청소년이 된다. 정부에서는 장애인에게 특수교육을 무료로 제공하고, 장애인의 자녀교육비를 지원하고 있다. 그럼에도 불구하고, 장애학생의 경우에는 물리적 접근성의 어려움으로 인한 등·하교 시의 불편함과 학교내 편의시설 부족 등의 문제, 비장애 친구의 이해부족이나 놀림 등으로 인해 학교생활에 많은 어려움을 겪는 것이 현실이다.

〈표 12-16〉 재가장애학생의 취학 형태

(단위: %, 명)

구 분	일반학교	일반학교 특수학급	특수학교	계
초등학교	40.2(10,620)	41.3(10,919)	18.5(4,894)	100.0(26,433)
중 학 교	39.8(8,436)	29.0(6,153)	31.2(6,618)	100.0(21,207)
고등학교	35.5(6,298)	33.2(5,884)	31.3(5,553)	100.0(17,735)
구 성 비	38.8(25,354)	35.1(22,956)	26.1(17,065)	100.0(65,375)

자료 : 보건사회연구원, 2005년도 전국장애인 실태조사, 2006.

고등학교 이하에 재학중인 장애아동 65,375명의 취학현황을 살펴보면 위의 〈표 12-16〉과 같다. 약 38.8%의 장애학생이 일반학교에 다니고 있으며, 35.1%가 일반학교의 특수학급에서, 26.1%가 특수학교에서 교육을 받고 있다. 일반학교 취학비중은 학년이 낮을수록 높게 나타난다. 한편, 0세-6세까지의 취학전 장애아동수는 총 18,553명이며, 71%에 해당하는 13,233명이 보육시설(10,001명)이나 유치원(3,232명)에 다니고 있다. 보육시설에 다니고 있는 장애영유아 가운데 49.1%는 장애아 전담학교에 다니고 있으며, 42.9%는 일반보육시설을, 8.0%는 일반보육시설내 특수학급을 다니고 있다. 유치원을 다니는 장애아동의 경우는 76.9%가 일반유치원을, 23.1%가 유치원과정의 특수학교에 다니고 있다. 특수교육이외에 정부는 18세 미만 장애아동에게 언어치료, 행동치료 등을 위한 장애아동 재활치료서비스를 2009년도부터 바우처사업을 통해 제공하기 시작하였다. 현재 18천명의 뇌병변, 언어·청각, 지적 장애아동이 재활치료바우처를 통해 서비스를 받고 있다(보건복지가족부, 2009).

5) 편의증진 및 일상생활지원

장애인의 다수는 외부활동시 장애인 관련 편의시설(계단 및 승강기의 편의시설, 대중교통수단의 편의시설)의 부족이나 외출시 동반자 부재, 주위 사람들의 시선 등으로 인해 불편을 겪고 있는 것으로 나타났다. 일생생활에서의 도움의 필요 정도에 대해 장애인의 49.9%가 '모든 일상생활을 혼자서 할 수 있다'라고 응답하였고, '대부분 도움 없이 할 수 있다'는 16.3%로 전체의 66.2% 정도의 장애인들이 일상생활에서 남의 도움을 필요로 하지 않는 것으로 나타났다. 타인의 도움을 조금이라도 필요로 하는 경우는 33.8%를 차지하고 있다.

일상생활동작(ADL, activities of daily living)이란 일상생활활동에 대한 기능상태를 평가하고 장애정도를 명확히 하기 위한 항목들로서, 다른 사람의 도움이 필요한 정도와 도움의 종류(예를 들면, 보조기사용, 시설환경 변경 등), 치료나 돌봄 서비스의 효과를 판정하기 위한 것이다. 일상생활동작(ADL) 지표에는 옷입기, 식사하기, 움직이기, 화장실 사용, 목욕하기 등과 같이 기본적인 기능을 평가하는 항목이 포함되어 있다. 기본적 일상생활동작(ADL)의 항목 가운데, 장애인이 수행하는 데 있어 도움이 가장 많이 필요한 항목은 개인위생 관련 항목인 '목욕하기', '머리감기', '옷 입고 벗기'등이다. 장애유형별로는 일상생활동작 평균점수가 안면장애에서 가장 높고 뇌병변장애에서 가장 낮게 나타나고 있다. 수단적 일상생활동작(IADL)은 기본적 일상생활동작(ADL)보다 도구적 기능상태를 측정하는 것인데, 앞서 본 기본적 일상생활동작에 비해서 완전자립의 응답비율이 낮고, 부분도움 이하의 응답비율이 대체로 높다. 수단적 일상생활동작(IADL)을 항목별로 살펴보면, 장애인이 수행하는 데 있어 자립정도가 낮고 다른 사람의 도움이 가장 많이 필요한 항목은 가사 관련 항목인 '집안일하기', '빨래하기', '식사준비하기'로 나타났다.

〈표 12-17〉 장애유형별 일상생활동작(ADL) 평균 점수

(단위: 점)

구분	지체	뇌병변	시각	청각	언어	정신지체	발달	정신	신장	심장	호흡기	간	안면	장루요루	간질	계
평균점수	95.5	71.1	97.8	98.7	96.0	91.2	88.1	98.4	94.2	94.5	90.7	82.2	99.4	89.9	97.0	92.6

자료 : 보건사회연구원, 2005년도 전국장애인 실태조사, 2006.

타인의 도움이 필요한 대부분의 장애인은 현재 일상생활에서 도움을 받고 있는 것으로 나타났다. 그러나 도움을 주는 사람은 배우자(47.6%), 부모(19.2%), 자녀(16.2%), 형제·자매(2.8%), 조부모·손자녀·기타가족(1.6%) 등 가족이 87.4%로 가장 많아 우리나라 장애인의 일상생활지원에 대한 가족의 보호부담이 크다는 것을 알 수 있다. 가족이외의 도움을 줄 외부인에 대해 '필요 없다'는 응답이 58.3%로 가장 많지만, '무료라면 이용하겠다'는 응답도 34.2%로서 장애인의 일상생활지원에 따르는 경제적 부담이 있음을 알 수 있다. '유료인 경우에도 이용하겠다'라는 응답은 7.5%로 많지 않다. 장애유형별로는 정신장애, 자폐성장애, 뇌병변장애, 간질장애가 외부인의 도움에 대한 욕구가 비교적 높으며, 특히 자폐성장애의 경우에는 유급봉사자 이용의사가 19.5%로 다른 장애에 비해 상대적으로 높게 나고 있다.

보건복지가족부는 장애인 · 노인 · 임산부등의편의증진보장에관한법률에 근거하여, 2005년도부터 제2차 편의증진에 관한 국가종합계획을 시행하고 있다. 이 계획은 기존의 편의시설 설치률 중심의 정책을 넘어서 장애유형에 맞는 인적서비스의 제공(예, 시각 · 지체장애인을 위한 이동보조안내원, 청각장애인을 위한 수화통역서비스 등)과 교육과 홍보를 통한 장애인 편의시설에 대한 사회인식을 개선하는 종합적인 편의증진을 추진함으로써 장애인등의 사회활동 참여와 복지증진을 실현하고자 하는 것이다. 정부는 1123억을 투입해 장애로 인해 일상생활과 사회활동이 어려운 중증장애인 2만5천명(2009년도)에 대해 월평균 72시간의 활동보조서비스 제공을 하고 있다. 또한, 신체 · 가사활동 지원, 방문간호 등 요양급여 서비스를 제공 하는 장애인 장기요양제도의 시범사업이 시행중 ('09.7~'10.1)으로 향후 장애인의 일상생활 및 의료지원의 확대 가능성이 있다(보건복지가족부, 2009). 또한, 교육인적 자원부에서는 교내에 장애인 편의시설과 설비를 확충하여 장애학생의 이동권보장 및 통합교육의 기반을 구축하도록 지원할 계획이다. 또한, 노동부는 편의시설과 관련하여, 장애인이 근로하기에 적합한 작업환경을 조성하여 안전하고 편리하게 직장생활을 하도록 고용환경 개선을 위한 지원을 한다. 건설교통부에서도 2005년에 제정된 교통약자의 이동편의증진법에 따라 장애인, 고령자, 임산부 등의 실질적인 이동권 보장을 위해 버스, 철도 등 대중교통서비스의 편의시설을 확충하고 저상버스의 운영을 확대운영(2005년 76대에서 2009년 3,962대로)할 방침이 있다. 장애인의 사회활동이 가능하도록 이동권을 확보하고 물리적 접근성을 높이는 일은 단순한 편의증진에 그치는 것이 아니라 환경을 정상화시킴으로써 사회통합을 이루는 과제로 추진되어야 한다. 이는 물리적 조건이 사회통합을 위한 교육이나 직업, 사회활동의 전제조건이 되며 장애인이 비장애인과의 차별 없이 사회의 구성원으로 정상화된 삶을 살아가기 위한 필요조건이기 때문이다.

제 4 절 장애인복지의 과제

장애인복지는 장애인이 비장애인과 함께 더불어 살 수 있는 공동체사회의 구축을 목표로 한다. 장애인의 사회참여와 통합을 이루기 위해서는 개별적 수준에서 장애인 개인의 능력을 개발하고 사회적 기능과 역할을 부여하는 것으로부터, 거시적 차원에서 사회의 환경을 개선하고 지원해 나가는 포괄적인 노력이 필요하다. 다음은, 다양한 수준에서의 장애인복지의 발전방향을 제시한 것이다.

① 장애인의 인권보장

장애인의 인권을 보장하고 장애라는 이유로 차별받지 않는 사회를 지향하기 위한 관심과 노력이 필요하다. 외국의 장애인차별금지법은 장애인에 대한 차별을 강력하고 일관되게 금지하는 기준으로서 장애인들에게 가해지는 차별을 철폐하기 위한 국가의 종합적인 시책의 토대가 되고 있다. 우리나라의 장애인복지법이나 장애인고용촉진등에관한법률, 장애인·노인·임산부 등의 편의증진보장에 관한 법률에서는 장애인에 대하여 필요한 배려를 행하는 것을 의무화시키고 있으나 형식적 기준에 그치지 않고 사회통합적 차원에서 인식의 변화가 필요하다.

② 기초생활의 보장

장애인의 기초생활을 보장하기 위한 다양한 소득보장정책이 필요하다. 현재 지원되고 있는 장애수당은 장애유형과 등급에 맞게 현실화시켜야 하며, 기타 소득보장을 위한 지원사업의 적용대상도 차상위계층으로 확대하고, 장기적으로는 장애연금 등 새로운 소득보장제도의 도입도 추진되어야 한다. 현재의 연금제도는 노동시장에 참여하여 보험료의 형태로 일정 기간 이상 기여를 하는 국민들에게만 연금을 지급하고 있기 때문에, 경제활동 이전에 장애를 갖게 된 장애인이나 연금제도가 정착되기 이전에 노동시장에서 빠져 나온 노인들은 연금의 혜택을 전혀 받을 수 없고 국민기초생활보장제도에 의존하게 된다. 노동시장을 통한 기여와 관계없이 장애로 인해 일을 할 수 없거나 하기 어려운 저소득 중증장애인에 대한 최소한의 소득보장을 위해 중증장애인 기초장애연금법 제정과 제도도입이 추진되고 있으나, 사각지도를 해소한다는 긍정적인 효과와 더불어 현형 연금제도의 틀을 근본적으로 재편하며 기금의 안정화 문제를 극복해야 하는 현실적 어려움이 있다.

다른 대안인 장애수당은 장애인에게 추가비용을 장애수당으로 지급하여, 모든 장애인이 비장애인과 동일한 출발선에 설 수 있도록 지원하는 것을 목적으로 하는 소득보장지원제도이다. 그러나, 현재의 장애수당은 국민기초생활보장수급을 위한 공공부조제도로서 빈곤장애인만을 위해 운용되고 있어 장애로 인한 추가비용을 지원하는 보편적 수당의 성격과는 거리가 멀다. 모든 장애인에게 확대하기에는 지나친 추가비용의 부담 때문에 어렵지만, 지급대상을 확대하여 차상위계층의 장애인까지 포함하는 것은 바람직하다. 또한, 장애로 인한 추가비용을 보전하기 위한 제도인 만큼, 장애수당의 지급수준도 추가비용의 내용에 따라 고려할 필요가 있다.

③ 교육 및 직업재활서비스 확충

장애인이 적절한 교육을 통해 자신의 능력을 개발하고, 적성에 맞는 일을 찾아 사회의 한 구성원으로서의 역할을 담당하고 삶의 가치를 추구하는 것은 궁극적인 장애인복지의 목표가 된다. 직업재활은 장애인 개인의 직업적, 사회적, 심리적 욕구충족을 이룸으로써 의존적인 생활에서 탈피하여 경제적인 자립과 자기실현을 이루게 하는 중요한 수단이 된다. 따라서, 자신의 특성이나 자질에 따라 원하는 직업을 선택하고 적합한 취업 훈련, 취업알선, 사후관리 등을 통해 일을 하도록 취업을 활성화하고 고용환경을 조성하는 일을 적극적으로 추진하여야 한다. 특히, 정신장애인이나 중증장애인 등 경쟁적 노동시장에서 취업이 어려운 장애인을 위해서는 지원고용 및 보호고용을 적극 도입하고, 작업장 고용이 어려운 장애인의 경우는 재택고용이나 파트타임 고용 등 다양한 근로형태를 개발하는 것도 필요하다.

④ 사회활동 및 참여확대

장애인의 자유로운 사회활동과 참여를 통해 지역사회와의 통합이 이루어지도록 장애인의 활동을 억제하는 물리적, 사회적 장애물을 제거하는 노력이 필요하다. 물리적 장애물을 제거하기 위한 장애인 이동권의 확보방안과 공공기관이나 이용시설, 주거시설의 편의성을 증진시키기 위한 다양한 제도들이 정착되어야 한다. 또한, 비장애인과의 통합된 환경 속에서 시민으로서의 동등한 권리를 행사하며 모든 삶의 영역에서 주체로서 자리매김하기 위한 인식의 전환이 필요하다.

제 13 장

여성 · 가족복지

제 1 절 가족의 변화와 여성의 욕구

1. 가족형태의 변화

우리나라의 가족구조에서 남편과 아내, 미혼의 자녀로 구성된 핵가족은 2005년 현재 53.6%를 차지하고 있다. 전형적인 핵가족의 비율이 점차 감소하는데 비해, 자녀를 갖지 않는 가정과 편부모가정으로 구성된 부부가구가 증가하고 있다. 부부가구는 90년 9.3%, 95년 12.6%, 00년 14.8%, 05년 18.1%로 15년 사이 두 배 가량 증가하고 있다. 또한 우리나라는 산업화, 도시화 과정에서 발생하는 가족해체, 사고 및 질병 등에 의한 남성의 사망률 증가, 대량실업, 노후빈곤 등 사회적 위험의 증가로 인해 한부모와 자녀로 구성된 모자・부자 가정이 늘고 있다. 또한, 이혼의 증가로 전체 결혼 가운데 재혼이 차지하는 비율이 크게 증가하였으며, 결과적으로 복합가족이 갖는 문제들도 동반해서 많아지고 있다. 이와 같은 가족구조의 변화 외에도, 맞벌이가구, 주말부부, 기러기가족, 생계부양자아내와 전업주부 남편 등 가족의 내적기능과 생활방식의 변화로 가족의 형태와 기능이 더욱 다양해지고 있다.

〈표 13-1〉 가구유형별 현황

연도	혈연가구수[1] (천가구)	핵가족			직계가족		기타 가족
		부부	부부와 미혼자녀	편부(모)와 미혼자녀	부부와 양(편)친	부부와 양(편)친과 자녀	
1990	10,167	9.3	58.0	8.7	0.9	9.3	13.8
1995	11,131	12.6	58.6	8.6	1.1	8.0	11.2
2000	11,928	14.8	57.8	9.4	1.2	6.8	10.1
2005	12,491	18.1	53.6	11.0	1.2	5.7	10.4

자료 : 통계청, 「인구주택총조사보고서」
주 : 1) 일반가구에서 비혈연가구 및 1인가구를 제외한 가구수임

2. 성역할분담

저출산, 고령사회에서 여성노동력은 주요한 사회적 자원으로 부각되면서 일과 가정을 병행하는 기혼여성의 수는 더욱 증가할 것으로 예측된다. 전형적인 성역할 분담구조에서는 자녀양육과 가사노동은 아내의 몫으로 인식되어 왔다. 그러나, 여성의 취업증가로 인한 이중부담과 공적인 영역에서의 성역할 변화로 인해 가정 내에서의 평등한 성역할에 대한 기대가 커지고 있다. 전국가족실태조사에 따르면, 실제로 부부가 가사분담을 공평하게 하는 경우는 매우 낮다(한국여성개발원, 2005). 남편과 아내의 가사분담에 관한 아래의 표에서, 아내의 가사 및 자녀양육시간은 평일 기준 320분(5시간 이상)으로 남편의 69분(약 1시간)보다 약 4시간이 더 많다. 맞벌이 부부의 경우에도 부인의 가사 및 자녀양육시간은 평일기준 197분(3시간이상)으로 남편의 72분보다 약 2시간이 더 투입되고 있다.

〈표 13-2〉 부부의 가사·자녀양육 시간(평일 기준)

(단위: 분)

현 자녀수	부인의 가사·자녀양육 시간(A)	남편의 가사·자녀양육 시간(B)	부인 초과시간 (A-B)
전체여성			
무자녀	168	49	119
1자녀	388	85	303
2자녀	308	67	241
3자녀 이상	361	63	298
전체	320	69	251
맞벌이부부			
무자녀	123	51	72
1자녀	207	88	119
2자녀	201	70	131
3자녀 이상	202	67	135
전체	197	72	125

자료: 한국보건사회연구원, 「2005년도 전국 결혼 및 출산 동향조사」, 2005b.

자녀양육에 대한 분담을 영역별로 살펴본 조사에서도, 남편과 아내의 연령, 소득, 교육수준 등 개인적 특성에 따라 다소 차이가 있지만 전반적으로 자녀양육이 아내의 역할로 인식되고 있다. 아내가 취업한 경우에는 자녀양육의 전 영역에서 남편의 참여가 유의미하게 높게 나타났으나, 여전히 아내가 전 영역에 걸쳐 전담하는 것으로 나타나 있다. 취업과 무관하게 어린 자녀의 양육이 어머니에게 의존적인 상황은 여성의 이중적 부담을 가중시키며 노동시장으로의 여성 참여를 단절시키는 요인이 된다. 이와 같은 결과는 양성평등에 대한 요구가 커졌음에도 불구하고 가정 내에서는 전통적인 가족문화와 성역할이 존재하고 있음을 의미한다.

〈그림 13-1〉 부부취업형태별 자녀 돌봄의 부부간 역할분담 형태

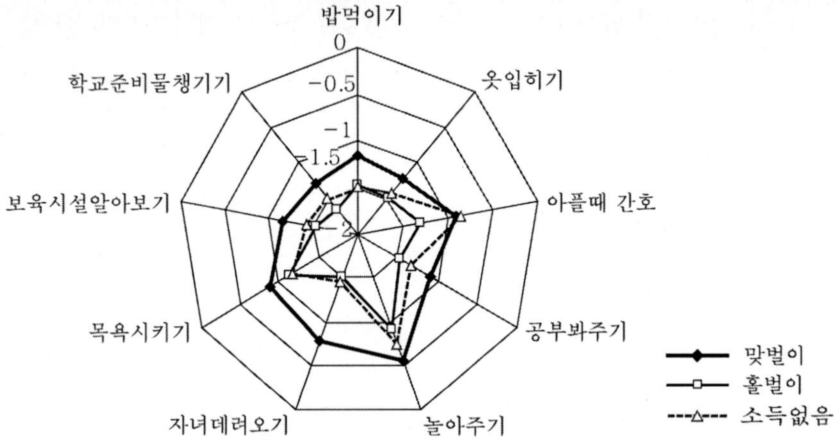

출처 : 한국여성개발원, 가족실태조사, 2005.

3. 자녀양육부담

핵가족화와 여성취업의 증가로 인하여 자녀양육은 가족 내에서만 해결하기 어려운 문제가 되고 있다. 특히, 자녀양육에 대한 물리적, 심리적, 경제적 부담은 저출산이라는 심각한 사회현상을 낳는다. 서구 복지국가들은 기본적으로는 보육서비스의 발전을 통해 여성의 높은 취업률과 안정된 출산율을 유지하는 정책을 써 왔다. 최근에는 공보육 서비스의 확대보다는 개별보육 서비스와 가정양육의 방향으로 전환하게 되면서 저소득층 여성들의 거대한 여성노동시장 이탈을 초래하고 있다.

우리나라의 경우는 2004년 여성부로의 보육업무 이관 이후에 본격적인 보육정책이 시작되고 있다. 2005년 현재 우리나라 영유아의 보육시설 이용률은 30.8%로 전체 영유아의 1/3정도만이 이용하고 있는 수준이다. 약 95%가 민간보육에 의존하고 있으며, 보육비용의 정부 분담률은 31.9%이다. 초등학생의 경우에는 2004년 현재 초등

학교 총 5,529개소 중 6%에 해당하는 337개소에서 방과후 프로그램을 운영하고 있다. 그 외 지역아동센터 462개소와 보육시설 1,427개소(19,911명)에서 방과후 교실이 운영되고 있다(여성개발원, 2005).

〈표 13-3〉 가구소득별 이용시설

(단위: 명, %)

구 분	유치원	어린이집, 놀이방, 선교원	학원	방과후 보육시설	특별히 다니는 곳 없음	기타	계
99만원 이하	3(4.1)	12(16.4)	16(21.9)	4(5.5)	35(47.9)	3(4.1)	73(100.0)
100~199만원 이하	40(10.0)	55(13.7)	113(28.2)	8(2.0)	174(43.4)	11(2.7)	401(100.0)
200~299만원 이하	75(12.5)	85(14.2)	216(36.1)	9(1.5)	200(33.4)	13(2.2)	598(100.0)
300~399만원 이하	41(15.3)	46(17.2)	115(42.9)	4(1.5)	57(21.3)	5(1.9)	268(100.0)
400~499만원 이하	13(12.4)	12(11.4)	59(56.2)	1(1.0)	19(18.1)	1(1.0)	105(100.0)
500만원 이상	6(9.2)	9(13.8)	33(50.8)	0(0.0)	14(21.5)	3(4.6)	65(100.0)
잘 모르겠음	1(9.1)	1(9.1)	5(45.5)	0(0.0)	4(36.4)	0(0.0)	11(100.0)
전체	179(11.8)	220(14.5)	557(36.6)	26(1.7)	503(33.1)	36(2.4)	1521(100.0)

주 : 중복응답 결과임. 무응답/결측값 제외
출처 : 한국여성개발원, 가족실태조사, 2005.

소득별 보육 및 교육시설 이용률을 살펴본 위의 표에서, 학원이 큰 비중을 차지하는 것은 영리목적의 조기교육 서비스가 포괄적이고 다면적인 보육의 기능을 대체하고 있음을 의미한다. 또한, 부모의 자녀교육비 부담정도에 따라 계층간 차이가 있으며 필요한 보육 및 교육시설을 제대로 이용하지 못하는 저소득 계층의 아동들은 적절히 보호되지 못하고 심지어는 방치되는 문제가 발생하기도 한다. 이러한 상황에서, 여성의 자녀보육에 대한 책임은 여성들의 취업경력을 단절시키거나 취업형태를 변화시키는 등 취업에 중요한 영향을 미치는 요인으로 작용한다.

4. 한부모가정과 여성가구주세대의 빈곤화

한부모가구수는 151,520세대 404,446명(보건복지가족부, 2009)으로 2006년에 비해 8.1% 증가했다. 이중 모자가족은 120,656세대 321,837명이며 2006년 대비 세대수 기준 7.4%가 증가하였으며, 부자가족은 30,864세대 82,609명으로 2006년에 비해 세대수 기준 10.9% 증가하였다. 한부모가구 중 국민기초수급대상은 74,641세대 205,499명이며, 재가보호 · 시설보호를 받고 있는 한부모가족지원법 보호대상은 76,810세대 198,791명에 달한다. 2005년 기준 통계청에 의하면 한부모가구 중 사별로 인해 한부모가 된 경우가 36.6%이며, 이혼이 29.1%, 유배우임에도 가출 등으로 인해 한부모가족이 된 경우도 23.9%에 이른다.

〈표 13-4〉 한부모가구 현황

(단위 : 세대, 세대원수)

구분		2005(A)	2006(B)	2007(C)	증감(C-B)	증감률(%)
총 계	세대수	123,666	140,188	151,520	11,332	8.1%
	세대원수	334,066	374,094	404,446	30,352	8.1%
모자가족	세대수	99,671	112,347	120,656	8,309	7.4%
	세대원수	268,975	299,430	321,837	22,407	7.5%
부자가족	세대수	23,995	27,841	30,864	3,023	10.9%
	세대원수	65,091	74,664	82,609	7,945	10.6%

출처 : 보건복지가족부 홈페이지, 가족정책 관련 통계자료
(저소득 한부모가족 실태조사, 여성가족부자료 재인용)

한편, 선행연구들은 자녀양육과 가족의 보호라는 이중부담, 낮은 학력과 전문적인 기술부족에 의한 저임금, **비정규직**의 불안정한 고용상태, 주거관련 문제, 건강문제, 사회적 낙인감과 비공식적 지지망의 부족 등으로 나타나는 여성가구주의 빈곤화 문제를 지적하고 있다. 아래의 〈그림 13-2〉는 1996년~2004년의 성별 도시근로자 가구

비정규직
비정규직은 일반적으로 단일 사용자와 기간을 정하지 않은 고용계약을 맺고 전일제로 일하는 고용관계를 말한다. 노동법상의 해고제한규정에 의한 보호와 정기적인 승급이 보장되며 고용관계를 통한 사회보험 혜택이 부여되는 정규직 노동자와 대비되는 개념이다. 정규직의 조건을 충족시키지 못하는 비정규직에는 임시직(계약직, 촉탁직, 일용직 등), 시간제 근로자, 파견근로자, 기타 용역, 도급, 재택근로, 가내근로자 등이 포함됨.

의 빈곤율 추이를 나타낸 것이다. 2004년 여성가구주의 빈곤율은 34.5%로 남성가구주의 빈곤율 10.5%의 3.3배에 달한다. 특히, 남성가구주의 빈곤율은 1996년에서 2004년까지 2.8% 증가하는데 그쳤으나, 여성가구주의 빈곤율은 10.8%나 증가하여 빈곤의 여성화 경향이 급격히 증가함을 알 수 있다.

이와 같은 현상은 우리나라 여성의 경제활동참가율이 계속 증가하고 있음에도 불구하고 여성들은 사회안전망의 주요사각지대인 저숙련·저임금·비정규직 등에 편중되어 있으며, 일자리 양극화로 고숙련·고임금 근로자에 비해 그렇지 못한 여성근로자의 노동시장 내 지위가 더욱 취약해지기 때문에 증가하는 것으로 해석 된다. 또한 가정과 직장에서 여성이 갖는 이중역할은 취업을 중단하거나 불완전 노동형태인 저임금의 시간제 노동이나 비공식 부문으로 이전하는 비율을 높게 한다. 또한, 남성중심, 임금노동중심의 사회보장급여로 인해 사별이나 이혼의 경우에는 이전보다 낮은 소득수준으로 인해 여성가장이 겪는 어려움이 더욱 커지고 있어 이에 대한 노동 및 사회정책적 지원방안이 마련되어야 한다.

〈그림 13-2〉 가구주 성별 상대빈곤율 비교 추이: 평균소득의 45%기준

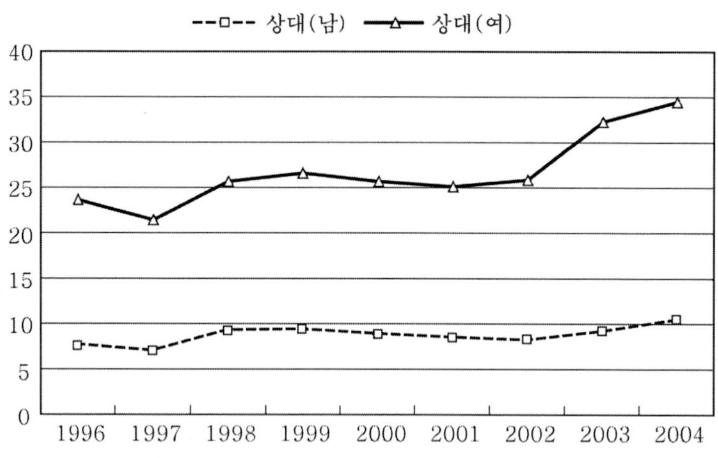

출처 : 류정순, 2005.

5. 미혼출산과 미혼부 · 모가정의 증가

2007년 발생한 전체 요보호아동 8,861명의 27.3%에 해당하는 2,417명이 미혼모가 출산한 아동이다. 결혼과 성에 관한 인식과 태도의 변화로 미혼출산이 증가하면서, 자녀를 양육하는 미혼부 · 모가정과 친권을 포기한 미혼모자녀의 입양 및 가정위탁이 지속되고 있다.

〈표 13-5〉 미혼모 아동 현황

단위(명/%)

2002년		2003년		2004년		2005년		2006년		2007년	
요보호 아동	미혼모 아동	요보호 아동	미혼모 아동	요보호 아동	미혼모 아동	요보호 아동	미혼모 아동	요보호 아동	미혼모 아동	요보호 아동	미혼모 아동
10,057	4,337 (43.1)	10,222	4,457 (43.6)	9,393	4,004 (42.3)	9,420	2,638 (28.0)	9,034	3,022 (33.5)	8,861	2,417 (27.3)

자료 : 통계청 요보호아동 발생 및 보호내용(보건복지가족부(2009), 아동청소년정책실, 아동청소년복지과 재인용)

미혼모 시설에 입소한 미혼모들의 연령별 비율은 21-25세가 45.8%로 가장 많고, 16-20세가 31.5%, 26-30세가 14.3%로 나타났다. 미혼모의 학력은 고등중퇴 이하가 35.3%, 고졸 47%, 대재이상 17.7%로 조사되었으며, 임신이유로는, '교제중 원치 않게 임신'한 경우가 66%로 가장 높고 '피임에 실패해서'가 16.0%로 나타났다. 임신후 미혼부와의 관계를 보면, '헤어졌다'가 62.1%, '가끔 왕래'가 10.8%인데 반해, '결혼예정'은 6.0%, '교제중'인 경우가 19.4%로 나타나 관계가 유지되는 경우는 25.4%에 불과하다. 이는 미혼부들이 이성교제시 혼전성관계에 대해서는 자유로운 사고를 갖고 있으나, 예상치 못한 임신에 대한 책임은 주로 미혼모 혼자서 감당하는 상황임을 보여주고 있다. 출산 후 아기문제에 대해서는 68.3%가 입양을, 31.7%가 양육을 선택하였으며, 아동을 양육하기로 결정한 경우, 경제적 지원(43.8%)과 가족의 이해(24.7%), 아동무료보육(13.7%)

등이 필요하다고 응답하였다. 입양을 선택한 미혼모들은 아이에 대한 죄책감(46.1%)과 아이에 대한 미련(34.6%)으로 어려움을 겪고 있으며, 아동을 양육할 수 없는 주요 이유로는 '경제적 문제'(42.0%)와 '아이의 장래'(20.4%)를 꼽았다. 입양을 선택한 미혼모 중 37.7%가 경제적 지원이 이루어진다면 아이를 양육할 의사가 있는 것으로 조사되었다. 미혼모들은 대부분 어린 나이에 거의 모든 사회적 관계가 단절된 상황에서 혼자서 임신 · 출산을 겪어 내야 하므로, 마음의 혼란(35.6%), 경제적인 문제(23.5%), 가족과의 관계(15.2%)를 어려운 점으로 지적하고 있다. 미혼모들이 겪고 있는 어려움을 해소할 수 있는 적절한 도움으로 경제적 지원(28.0%), 분만지원(25.0%), 상담(23.7%) 등을 들고 있다.

〈표 13-6〉 미혼모 연령별 현황

단위(명/%)

연령	15세이하	16-20세	21-25세	26-30세	31-35세	36세이상	계
입소자수	15(1.3)	454(40.5)	428(38.2)	134(12.0)	57(5.1)	32(2.9)	1,120

출처 : 여성가족부, 2005a.

6. 여성에 대한 폭력(가정폭력 · 성폭력)

1995년에 열린 제4차 세계여성회의에서는 "여성에 대한 폭력은 또 하나의 새로운 유형의 남녀차별이며 중대한 인권침해 행위"로 규정하고 있다. 가정폭력범죄의 처벌 등에 관한 특례법'에서는 가정폭력을 신체적 · 정신적 또는 재산상 피해를 수반하는 가족 구성원 사이의 폭력행위로 정의한다. 가정폭력은 가족구성원의 인권을 심각하게 침해하고 가족의 안정성과 건강성을 저해하는 위기상황으로서, 부부간의 갈등과 이혼 뿐 아니라 가족구성원 모두에게 피해를 주는 심각한 문제이다. 가정폭력의 원인에는 가부장적 사회구조를 반영하는 가족문화와 성차별의식, 가정폭력에 관한 인식의 부족과 사회의

무관심 등 다양한 사회구조적, 문화적 요인이 있다.

〈표 13-7〉 가정폭력가해자 유형

(단위 : 명)

연도		계	배우자	과거 배우자	직계 존속	직계 비속	계부모	동거하는 친족	기타
2002		97,728	81,142	4,120	3,798	1,229	447	570	6,422
		100%	83.0	4.2	3.9	1.3	0.4	0.6	6.6
2003		99,376	82,795	4,017	5,113	1,536	395	670	4,850
		100%	83.3	4.0	5.1	1.6	0.4	0.7	4.9
2004		71,025	62,629	2,144	2,891	871	205	406	1,879
		100%	88.1	3.1	4.1	1.2	0.3	0.6	2.6
2006		111,216	96,338	3,417	5,435	2,168	833	1,016	2,009
		100%	86.6	3.1	4.9	1.9	0.8	0.9	1.8
2007		106,755	86,326	3,939	7,163	1,713	885	2,308	4,421
		100%	80.9	3.7	6.7	1.6	0.8	2.2	4.1
2008		99,899	82,838	2,901	5,740	1,912	942	1,547	4,019
		100%	82.9	2.9	5.8	1.9	0.9	1.6	4.0

주 : '02~'03년은 상담건수, '04년은 피해사례수(명) 기준

출처 : 여성부(2009a), 2009년도 가정폭력 · 성폭력 보호시설 및 상담소 등 운영 실적 보고

우리나라의 가정폭력상담건수는 1999년 가정폭력방지 및 피해자 보호등에 관한 법률이 제정된 이후 가정폭력에 관한 인식의 변화와 관련기관의 개입이 늘어나면서 증가하고 있다. 2008년 말 현재 가정폭력상담소에 의뢰된 총 피해사례는 99,899건이다. 가정폭력의 가해자유형에 관한 〈표 13-9〉를 살펴보면, 남편이 아내에게 폭력을 가하는 아내구타와 아내가 남편에게 폭력을 가하는 남편구타 등 배우자에 의한 폭력이 82.9%로 주를 이룬다. 최근 남편구타가 늘고 있음에도 불구하고 아내구타는 전체 배우자폭력의 95%를 차지한다. 아내구타에 관한 선행 연구조사는 평균적으로 우리나라 남편 세 명 중 1명이 한 해 동안 1회 이상의 폭력을 행사하고 있으며, 이러한 아내구타현상은 미국보다 약 3배가량 높은 수치에 해당하는 것으로 보고하고 있다.

한편, 가정폭력 · 성폭력 보호시설 및 상담소의 성폭력상담건수는 2008년도에 68,662건으로 보고되고 있다. 강간과 성추행이 37.1%와

37.7%를 각각 차지하고, 기타 스토킹, 사이버성폭력, 음란전화 등이 나머지를 차지한다. 피해자 특성으로는 19세 미만의 아동과 청소년 피해자 비율이 47.3%로 매우 높으며 장애인의 비율도 8.4%로 높게 나타나고 있다. 성폭력가해자의 유형을 살펴보면, 성폭행이 야간에 모르는 사람에 의해 많이 발생함으로써 피해자가 주의를 요해야 한다는 일반적인 인식과는 달리, 친구나 직장동료, 친인척 등 아는 사람에 의해 일어난 성폭력이 전체의 65.9%를 차지하고 있다. 가해자 특성중, 전과회수를 보면 강간의 경우 4범 이상이 26.3%, 기타 성폭력의 경우 21.6%로 재발률이 매우 높다는 특징이 있다(법무부, 2005).

〈표 13-8〉 성폭력피해자의 연령

연도	계		피해자 연령					
			7세미만	7-13세미만	13-19세미만	19-60세미만	60세이상	미상
2008	전체	27,636	1,194	4,127	7,758	11,777	538	2,242
		100%	4.3	14.9	28.1	42.6	1.9	8.1
	장애인	2,327	12	123	745	1,275	78	94
		100%	0.5	5.3	32.0	54.8	3.4	4.0

출처: 여성부(2009a). 2009년도 가정폭력 · 성폭력 보호시설 및 상담소 등 운영실적 보고

〈표 13-9〉 성폭력가해자의 유형

(단위 : 명)

연도	계	친 족 친인척 배우자	애 인 동급생 선후배	이 웃	교 사 강 사	직장 동료 상사	모르는 사람	기 타
2006년	27,978	4,515	5,607	2,654	966	3,883	4,621	5,732
	100%	16.1	20.1	9.5	3.4	13.9	16.5	20.5
2007년	26,537	3,874	5,367	2,600	674	3,159	3,872	6,991
	100%	14.6	20.2	9.8	2.6	11.9	14.6	26.3
2008년	28,524	5,589	6,069	3,059	1,087	3,001	3,553	6,166
	100%	19.6%	21.3%	10.7%	3.8%	10.5%	12.5%	21.6%

출처: 여성부(2009a). 2009년도 가정폭력 · 성폭력 보호시설 및 상담소 등 운영실적보고

7. 결혼이민자가족의 증가

농어촌 여성인구 부족을 해결하는 수단으로 국제결혼이 증가함에 따라 결혼이민자가족이 증가하고 있다. 국제결혼은 2000년 11,605건, 2005년 42,356건으로 대폭 증가했다가 2008년 36,204건으로 주춤한 추세이다(통계청, 2008). 2008년 외국인과의 혼인은 36,204건으로, 국제결혼비율이 전체결혼의 11.1%에 이르며, 농촌의 경우는 40%를 차지한다. 한국남자가 외국여자와 결혼한 건수는 28,163건(77.79%), 한국여자가 외국남자와 결혼한 건수는 8,041건(22.21%)이다(보건복지가족부, 2008). 국제결혼의 비율이 증가하면서 다문화가족의 자녀 수도 급격히 증가하고 있다. 2008년 한해에 1만4천명이 늘어나 5만 8천명으로 집계되고 있다. 다문화가족 아동청소년의 연령대를 살펴보면, 6세 이하가 57.13%로 가장 많고 그 다음은 7-12세 이하로 32.22%를 차지하고 있다.

다문화가정이 증가하면서 가족문제와 사회부적응의 문제의 발생도 증가하고 있다. 실제로 여성결혼이민자의 상당수가 언어소통문제, 문화적 차이, 가정폭력, 자녀교육문제, 빈곤, 사회적 편견으로 인한 어려움을 겪는 것으로 나타나고 있다(보건복지가족부, 2008). 또한 다수의 다문화가정 아동이 학령기에 달하는 경우, 학교적응, 정체성 문제, 학습부진, 따돌림 등 다양한 문제발생이 예상되고 있다. 결혼 당사자의 인권을 침해하거나 결혼 후 갈등을 야기하게 되는 문제로부터 다문화 가족 자녀의 발달 지체 및 학교·사회 적응 곤란으로 인한 문제에 이르기까지 결혼이민자 및 그 가족의 사회문화적 적응과 가족문제에 대한 지원책이 마련되고 장기적으로 국가 및 지방정부 차원에서 다문화사회의 공생정책과 지침이 갖추어져야 하겠다.

〈표 13-10〉 국가별 국제결혼 건수

	2000	2001	2002	2003	2004	2005	2006	2007	2008
국제결혼 총건수	11,605	14,523	15,202	24,776	34,640	42,356	38,759	37,560	36,204
한국남자+외국여자	6,945	9,684	10,698	18,751	25,105	30,719	29,665	28,580	28,163
(%)	(59.84)	(66.68)	(70.37)	(75.68)	(72.47)	(72.53)	(76.54)	(76.09)	(77.79)
한국여자+외국남자	4,660	4,839	4,504	6,025	9,535	11,637	9,094	8,980	8,041
(%)	(40.16)	(33.32)	(29.63)	(24.32)	(27.53)	(27.47)	(23.46)	(23.91)	(22.21)

출처:통계청(2008), 인구동태통계연보.

한편, 가족단위의 탈북입국자가 1993년부터 증가함에 따라 새터민 수도 큰 변화폭을 보이고 있다. 최근에는 전체 북한이탈주민 2,809명 중 여성의 비율이 78%로 큰 비중을 차지하고 있다. 새터민 여성과 가족이 새로운 사회에 적응할 수 있도록 경제적 욕구뿐 아니라 사회적 소속감에 대한 욕구, 심리적 지지 등에 대한 다양한 지원과 서비스가 반영될 수 있도록 여성 및 가족정책의 대상으로 고려될 필요가 있다(통일부, 2009)

〈표 13-11〉 북한 이탈주민 입국현황

구분	'89	'93	'98	'01	'02	'03	'04	'05	'06	'07	'08	'09.7
남(명)	562	32	235	563	506	469	626	423	509	570	612	398
여(명)	45	2	71	480	632	812	1,268	960	1,509	1,974	2,197	1,274
합계(명)	607	34	306	1,043	1,138	1,281	1,894	1,383	2,018	2,544	2,809	1,672
비고 (여성비율)	7%	6%	23%	46%	55%	63%	67%	69%	75%	78%	78%	76%

자료 : 통일부
홈페이지(http://www.unikorea.go.kr/kr/CMSF/CMSFBsub.jsp?topmenu=6&menu=3&sub=3)

8. 여성의 취업과 사회참여

가족의 보호자로서의 역할 지원뿐만 아니라 여성개인을 대상으로 하는 평등한 복지정책의 요구가 확산되면서, 공·사적 영역에서 여성의 지위향상과 여성권익에 대한 관심이 증가하고 있다. 그러나, 여성의 능력에 비해 사회적 활동이나 지위는 낮아 여성 인력에 대한 개발과 활용 간의 괴리도 상당히 큰 것으로 나타났다. 우리나라 여성의 대학진학률은 2008년 83.5%로 2000년의 65.4%보다 18.1%로 증가한 수치이다. 우리나라 여성들의 교육수준이 꾸준히 향상되었음에도 불구하고 대졸여성의 경제활동 참가율은 OECD 30개국 중 27위다. UN개발계획(UNDP; United Nations Development Program)에서 발표하는 남녀평등지수(GDI; Gender-related Development Index)는 남녀 간의 능력개발 격차를 나타내기 위해 개발된 지표로 평균수명, 지식, 소득 등에 있어서의 남녀 간의 평등정도를 종합적으로 고려하여 산출한 것이다. 2005년을 기준으로 우리나라의GDI는 0.896으로 조사대상 177개국 가운데 27위로 나타났다. 반면에 능력개발 정도에 비해 실제로 남녀의 권한이 얼마나 평등하게 배분돼 있는지를 보여주는 남여권한척도(GEM : Gender Empowerment Measure) 지표는 0.479를 기록, 전체 177개국 가운데 57위로 나타났다(여성가족부, 2005b).

또한, 전 세계적인 **노동시장유연화** 경향 속에서 여성의 경제활동 참여는 가족의 생계에 필수적인 요소가 되고 있으며 가족의 주생계 부양자로서 경제적 책임을 져야 하는 여성가장이 증가하면서 여성의 취업에 대한 관심은 커질 수밖에 없다. 경제협력개발기구(OECD)에 따르면 2008년말 기준 30개 회원국 중에 한국의 여성 경제활동참가율은 54.7%로 세번째로 낮은 국가에 포함됐다. 이는 OECD 국가의 평균 61.3%에 6.6%포인트나 떨어지는 것이다. 한국

노동시장유연화
노동시장의 유연화는 노동시장에 경쟁원리를 도입하여 노동을 효율적으로 사용하여 생산과 고용을 극대화시킴으로써 실업을 해소하고 궁극적으로는 경쟁력을 강화하려는 목적을 가짐. 그러나, 실업자의 증가, 노동시장의 이중구조화로 인한 소득분배의 악화와 빈곤의 증내, 고용불안성의 증대, 노사간 대립의 심화 등의 문제점이 지적되고 있음.

보다 낮은 국가는 터키(26.7%), 멕시코(43.4%) 등 2개국에 불과하다. 15~64세 여성인구 중 취업자 비중인 여성 고용률 역시 53.2%로 OECD 평균 57.5%에 못 미치는 24위이다. 우리나라 남성의 경제활동 참가율도 77.3%로 22위, 고용률은 74.4%로 21위에 머물러 평균치에 미치지 못하지만 여성의 경우는 더 낮은 수치이다. 주당 30시간 미만 단기 근로자를 뜻하는 파트타임에서 여성의 경제활동 참가율은 더욱 낮은 수준이다. 전체 취업자 중 파트타임이 차지하는 비중은 9.3%로 비교대상 29개국 중에 23위이다. 이 중 남성은 6.5%로 17위이나 여성의 경우는 13.2%로 세계 평균(25.3%)의 절반 수준에 불과하다. 특히 전체 파트타임 근무자 중 여성의 비중은 평균(72.4%)에 못 미치는 59.0%로 비교대상 국가 중 최하위이다. 또한 남녀 각각의 중위임금을 비교한 소득 격차는 38%로 비교대상 21개국 중에 가장 큰 수치로서, 한국여성이 한국남성에 비해 평균 38%의 임금을 덜 받는 것을 의미한다. OECD 평균은 18.0%이며, 남녀간 소득격차가 가장 적은 국가인 헝가리는 0%이다.

통계청 고용동향에 따르면 2006년도 기준으로 여성고용률은 49.8%이다(통계청, 2006). 결혼 전 75.2%가 취업하고 있었던 20대 기혼 여성 집단의 취업률은 결혼하고 첫애를 낳은 이후 약 45%가 감소하는 경향을 보인다(김혜경, 2003). 기혼여성의 취업과 맞벌이 가족의 증가로 일과 가족의 양립을 위한 정책들이 모색되고 있으며 여성고용률과 경제활동참가율이 꾸준히 증가하고 있음에도 불구하고, 한국 여성의 경제활동참가율은 이와 같은 **M자형** 곡선을 탈피하지 못하고 있다. 또한, 주부의 50%를 차지하는 전업주부는 사회의 유휴노동력으로 인식되면서 적극적 노동시장 정책의 대상에서 소외되고 취업기회를 보장하기 위한 정책적 지원도 매우 제한적으로 이루어지고 있다.

M자형
여성의 경제활동참가율을 나타내는 경력곡선에서 30-34세 및 35-39세 연령 여성들의 경제활동참가율이 현저하게 낮아 M자형의 모양을 나타내는 유형임. 우리나라 여성의 경력곡선도 혼인 및 출산에 따르는 가사와 육아부담으로 인해 경력단절을 겪으면서 20대 후반부터 30대에 걸쳐 하강과 상승을 하는 M자형(혹은 역W자형)을 나타냄. 최근 기혼여성의 경제활동참가율이 증가하면서 중앙의 골이 끌어올려져 역U자형으로 변형되고 있음.

〈표 13-12〉 고용률

	'09	'08	'07	'06	'05	'04	'03	'02	'01	'00	'99	'98
고용률	63.3	64.1	63.9	60.6	59.7	59.8	59.3	60.0	59.0	58.5	56.7	56.4
(남자)	73.9	74.5	74.7	72.1	71.6	72.0	71.9	72.2	71.0	70.7	69.1	69.2
(여자)	52.8	53.7	74.7	49.8	48.4	48.3	47.4	48.4	47.7	47.0	45.2	44.4
OECD기준고용률			68.0	64.6	63.7	63.6	63.0	63.3	62.1	61.5	59.5	59.2
(남자)			75.9	75.3	75.0	75.2	75.0	74.9	73.5	73.1	71.3	71.3
(여자)			75.9	53.9	52.5	52.2	51.1	52.0	51.0	50.1	48.1	47.3

주 : 고용률은 15세 이상 생산가능인구를 대상으로 함
자료 : 통계청(www.nso.go.kr), 2009.

제 2 절 여성복지정책과 서비스

출산율 감소, 이혼율 증가, 다양한 형태의 가족과 빈곤가족의 증가로 인해 사회전반에 가족의 위기에 대한 우려가 확산되고 있다. 우리나라의 가족정책은 가족의 기능을 더 이상 유지할 수 없을 정도로 심각한 수준의 요보호 가족만을 수혜자로 제한하면서 심각한 빈곤에 대한 경제적 기능의 보완에 맞춰왔다. 따라서 전체 가족의 일상적 재생산 유지와 행복추구를 위해 근본적으로 요구되는 돌봄문제나 제반 가족관계의 향상을 중층적으로 고려하는 가족정책으로서는 한계를 보여 왔다. 여성의 권익과 사회참여를 강조하는 여성정책과 **양성평등정책**의 확대를 위해 2005년 6월 가족업무를 전담하는 주관부처인 여성가족부가 만들어지고 보건복지부의 여성과 가족, 보육관련 업무가 이관되었으나 2008년 다시 여성부로 출범하여 가족업무는 다시 보건복지가족부로 이관되었다. 기존의 잔여적이며 요보호 중심의 여성정책의 틀을 벗어나 다양한 형태의 가족이 차별받지 않고 동등하게 정책적 지원을 받을 수 있는 포괄적이고 보편주의적 가족정책 실현을 목표로 하고 있다. 또한, 1995년 제정된 여성발전

양성평등정책
기존의 여성정책으로부터, 젠더주류화(gender mainstreaming)전략에 기초한 양성평등정책으로 변화되고 있음. 국가와 글로벌 거버넌스에 남성중심의 규범과 제도적 관행의 변화를 가져오도록 성별차를 인식하며 성 평등이라는 목표의 균형을 맞추는 것. 양성평등을 달성하기 위한 정책적 과정으로는 첫째, 여성의 주류화로 사회 모든 부문에 여성의 평등한 참여가 이루어지도록 하며, 둘째, 젠더의 주류화로 특정정책 및 프로그램이 남성과 여성에 대해 미치는 상이한 영향에 관한 평가를 실시하며, 세 번째 단계는 주류의 전환으로, 모든 차원의 정책입안 과정에 여성이 참여함으로서 주류를 근본적으로 변화시키는 것임.

기본법에 의하면 여성부뿐 아니라 지방자치단체도 지역가족과 여성의 현실에 기반을 둔 가족여성정책 아젠다 개발을 위해, 매년 여성정책 시행계획을 수립하고, 보고하도록 되어 있다. 우리나라 여성정책을 담당하는 여성부에서는 정책과제를 여성의 힘으로 경제살리기, 아동·여성이 안전한 사회만들기, 국민이 체감하는 생활정책 펼치기로 정하고 있다. 세부목표로는 ① 새로일하기 프로젝트 ② 대상별 여성 직업능력개발 및 취업지원, ③ 공공부문 여성 일자리 확대 등 여성 취업지원, ④ 아동·여성 보호를 위한 사회안전 시스템 구축, ⑤ 여성폭력 피해자 지원서비스 개선, ⑥ 사회통합을 위한 사회적 약자 지원, ⑦ 생활 속 평등 정책, ⑧ 여성정책 추진기능 강화, ⑨ 국내외 여성계 연대 강화를 두고 있다.

1. 가족기능 강화를 위한 지원서비스

가족문제를 예방하고 가족기능을 강화하기 위해 건강가정지원센터를 설치하여 가족상담·가족교육·가족문화 활동 등 가족지원서비스를 제공하고 있다. 2009년도 현재 전국에 건강가정지원센터 97개소(전액 지방비 43개소 포함)가 운영 중이며, 위기가족상담인력을 배치하여 경제위기로 인해 어려움을 겪는 실직가족 등의 문제를 지원하고 있다. 또한, 다문화 가족의 사회적응 지원을 위해 건강가정지원센터 이외에 다문화가족지원센터를 설치하여 2009년도 100개소에서 언어교육 및 통·번역서비스, 자녀의 언어발달 지원 서비스 등을 제공하고 있다. 이외에도 한부모가족의 경제적 지원이나 위기상황시 상담과 서비스를 제공하는 사업들이 꾸준히 확대되고 있다.

2. 여성빈곤 해소를 위한 사회보장제도와 복지서비스

우리나라의 가족지원 관련 공공지출은 매년 지속적으로 증가하고 있음에도 불구하고 OECD국가 평균에 크게 밑돌고 있다. 국민기초생활보장법등 사회보장제도차원에서 시행되는 지원정책은 절대빈곤층만을 대상으로 현물, 현금급여를 제공함으로써 빈곤의 사각지대에 있는 **근로빈곤층**에 대한 지원은 부족한 상태이다. 빈곤여성가구주는 직업훈련, 취업알선과 같은 소득지원활동과 더불어 심리상담, 육아지원, 의료지원 등의 지원이 다각적이고 종합적으로 이루어져야 한다. 현재까지 지역의 민간 사회서비스기관에서 개별적으로 이루어져 왔던 문제점을 해결하기위해, 정부에서는 2005년도부터 빈곤여성가구주의 개별 욕구와 상황에 기반을 둔 맞춤형 통합사례관리를 시범적으로 운영하기 시작하였다. 경제적 욕구가 큰 저소득 모·부자가정에 대한 지원으로는 입학금, 수업료를 포함하는 자녀학비 지원과 만 6세 미만 아동에 대한 월 5만원의 아동양육비 지원이 있다. 또한, 생업기반을 조성하여 조기자립 및 생활안정을 이루도록 복지자금을 2천만원 한도로 대여하며 무주택인 경우 영구임대주택을 우선 공급하도록 하고 있다.

근로빈곤층(working poor) 일할 능력과 의지는 있으나 잦은 실직과 낮은 소득 때문에 일하더라도 빈곤 상태를 벗어나지 못하는 계층임. 노동시장이 양극화되고 비정규직이 증가하면서 취업과 실직을 반복하는 계층이 증가하면서 늘어남. 미국노동부는 빈곤가구에 속한 사람들 중 적어도 반년(27주간)동안 일하거나 구직활동을 한 사람으로 정의함.

3. 육아부담경감을 위한 보육정책과 지원서비스

여성의 경제활동참가율을 높이고 저출산 문제의 해결을 위해서는 보육의 공공성을 강화하는 적극적인 보육정책이 필요하다. 보육예산은08년의 1,417,780백만 원에서 2009년 1,710,430백만 원으로 292,650백만 원이 증가하였으며 증가율은 20.6%로 꾸준히 증가하는 추세에 있다(보건복지가족부, 2009) 그러나, 부모보육료 부담률은 스웨덴의 17%, 일본의 47%, 미국의 59%에 비해 매우 높은 63% 수준이다. 정부는 보육료지원을 확대하기 위해 민간보육시설을 이용하는 영아에 대한 기본보조금을 도입하고 차등보육료와 만 5세아 무상보육, 장애아 무상보육, 두 자녀 이상 보육료 감면 등을 매년 확대해 나감으로써 보육예산에 대한 정부의 재정분담률을 높여나가고 있다.

출산휴가는 출산한 근로자가 3개월의 휴가를 받는 것이며 육아휴직은 근속년수 1년 이상인 근로자가 만 1세미만의 자녀를 양육하기 위해 신청할 경우 1년간 휴직할 수 있는 제도이다. 그러나 실제로는 대기업, 정규직 근로자를 중심으로 제한적으로 활용되고 있다. 그 이유로는 여성이 다수인 비정규직노동자의 경우 육아휴직이나 산전후 휴가를 이용하기 어려운 고용조건에 있기 때문이다. 또한, 1995년의 남녀고용평등법 개정으로 남성 육아휴직제가 도입되었으나 남성 육아휴직자수는 크게 증가하지 않고 있다. 노동부 통계에 따르면 2005년 10월 현재 전체 육아휴직자 중 남성이 이용하는 비율은 1.9%에 불과하고 있어, 돌봄의 사회화와 양성참여적인 보육정책을 위한 대안이 필요하다(노동부, 2005).

아동보육을 지원하기 위한 정책이외에도, 아동보육 서비스의 질적 수준을 높이고 효율적인 관리체계를 구축하기 위한 관심이 증가하고 있다. 여성부의 2004년도 보육교육이용 및 욕구 실태조사결과에 따르면, 부모의 취업형태에 따라 야간보육, 주말보육 등 정규 보육시설 운영시간대 이외의 일시적이고 비정기적인 보육서비스 욕구가 나타나고 있다. 그러나 2005년 6월 현재 시간연장형 보육을 실시하는 시설은 전체의 4.0%인 1,176개소이이며, 시간 연장형, 휴일, 방과후, 시간제 보육 등 다양한 보육수요를 충족해주는 시설은 거의 없는 실정이다. 여성부는 보육실태조사에 기초한 지역별 수급현황에 따라 중장기 보육시설의 확충계획을 수립하여 보육수요에 효과적으로 대응하고자 한다.

또한, 보육의 공공성을 강화하고 안정적인 보육서비스를 제공하기 위해 국공립 보육시설을 확충해나가며, 보육서비스의 질적 수준을 위한 보육시설 종사자의 전문성을 높이기 위해 보육시설장에 대한 국가자격증제도를 도입하며 질적 수준의 관리를 위한 보육시설평가인증제를 확대함으로써 보육서비스에 대한 관리를 강화하고 있다.

한편, 취업 부모에 대한 지원을 위한 직장보육서비스의 활성화를 위해 정부는 직장보육서비스 제공사업장에 대한 인센티브를 강화하고 있다. 취업 등 장시간 보육이 필요한 경우에는 종일제 아동으로 구분하여 보육료 지원을 하며, 시간연장형 보육교사지원 등을 통해 보육시설 이용시간을 다양화하여 취업부모의 욕구에 맞추고 있다. 장애아와 가족의 보육수요에 따른 장애아 전담보육시설도 매년 10개소씩 확충하고, 장애아 통합보육시설을 매년 100개소씩 확대 지정함으로써 장애아동에 대한 양육부담을 줄여나가고 있다. 2006년부터는 건강가정지원센터를 통해 가족의 자녀양육 부담을 줄이기 위해 아이돌보미연계사업과 긴급아동보육 및 상담 기능을 하는 육아휴게소를 시범적으로 운영하고 있다. 또한, 저소득층 밀집지역의 빈곤아동에 대해서는 가족에 대한 상담 및 지원, 부모교육을 할 수 있는 **포괄적 보육서비스**의 지원방안과 국공립 및 법인시설에 사회복지사를 배치하는 방안이 논의되고 있다.

포괄적 보육서비스
포괄적 보육서비스란 아동뿐만 아니라 부모와 이들이 속한 지역 사회를 지원하는 공공보육센터로서의 기능을 수행하는 것, 아동의 발달과 교육을 위한 보육프로그램 외에 부모교육, 부모상담 등의 서비스를 제공하며 지역사회 보육욕구 수렴 및 지역주민의 참여를 유도함.

4. 여성보호를 위한 복지서비스

빈곤, 학대, 미혼임신 등 여성이 겪는 문제의 다양성에도 불구하고, 이들이 사회적으로 차별받거나 배제되지 않고 통합되도록 돕는 소수가족을 위한 제도적 지원은 미흡한 편이다. 현재 이들을 위한 제도적 지원은 요보호가족 대상의 경제적 지원과 시설보호 중심으로 이루어지고 있다

시설보호에는 무주택 저소득 모·부자가정을 일정기간 보호함으로써 자립·자활 기반을 조성하도록 하는 모·부자보호시설로부터 미혼 양육모를 지원하는 양육모 그룹홈 등이 포함된다.

① 모자보호시설

만 18세 미만(취학시 만 20세 미만)의 아동을 양육하는 무주택 저소득 모자가정이 대상이며, 미혼모시설 퇴소자중 스스로 아동을 양육하는 미혼모는 모자가정으로서 시설입소 대상자에 포함된다.

② 모자자립시설

모자보호시설에서 퇴소하였으나 자립준비가 미흡한 무주택 저소득 모자가정 세대에게 자립기간동안 지원을 제공한다. 모자보호시설과 자립시설 입소가정에 대한 지원내용으로는 고등학교 학비 지원, 방과후 아동지도, 아동급식비 지급(자립시설 제외), 복지자금융자 지원, 영구임대주택 입주 지원, 보육시설 이용시 보육료 감면 등이 있다. 생계비 지원은 국민기초생활보장사업 안내에 있는 보장시설 기준에 따른다.

③ 모자일시보호시설

입소대상은 배우자의 물리적 · 정신적 학대로 아동의 건전 양육과 모의 건강에 지장을 초래할 우려가 있는 모자가 된다. 보호기간은 6개월 이내이며, 지원내용은 숙식 무료제공과 의료혜택(보장시설 보호대상자를 위한 의료급여), 법률상담 및 심리상담, 학비지원, 자녀의 방과후 지도, 아동급식비 지급 등이 있다.

④ 미혼모자시설

입소대상은 미혼의 임산부 및 출산 후(6월 미만) 보호가 요구되는 여성으로서 분만 혜택과 숙식 보호를 필요로 하는 여성이다. 지원내용은 숙식무료 제공 이외에 분만의료 혜택과 자립지원이 이루어진다. 국민기초생활보장법 의한 보장시설 보호대상자로서 의료급여 대상자로 관리되어 산전 · 분만 · 산후에 필요한 검진을 받을 수 있으며, 이상분만 등 의료급여를 적용할 수 없는 부분은 미혼모 특수치료비로 지급된다.

⑤ 미혼모자공동생활가정

미혼모를 위한 중간의 집이 변경된 것으로서, 입소대상은 2세 미만의 영유아를 양육하는 미혼모로서 숙식보호를 필요로 하는 사람이며 보호기간은 1년 이내이다. 숙식을 무료 제공하며 자립프로그램으로 직업교육과 훈련을 실시하며 그 외 부모교육, 인성교육, 상담지도 등을 실시한다.

〈표 13-13〉 모자보호시설의 종류

(2008. 12. 31 현재)

번호	시 설 별	시설 수	대 상	보호기간 (연장가능기간)	입소 정원
1	모자 보호시설	41	만 18세미만의 자녀를 양육하는 무주택 저소득 모자가족	3년 (2년)	1,062세대
2	부자 보호시설	1	만 18세미만의 자녀를 양육하는 무주택 저소득 부자가족	3년 (2년)	20세대
3	모자 자립시설	3	만 18세미만의 자녀를 양육하는 무주택 저소득 모자가족 모자보호시설에서 퇴소한 모자세대로서 자립준비가 미흡한 모자가족	3년 (2년)	41세대
4	모자일시 보호시설	14	배우자의 학대로 인하여 아동의 건전 양육과 모의 건강에 지장을 초래할 우려가 있는 모와 아동	6월 (3월)	491명
5	미혼모자 시설	27	미혼의 임신여성 및 출산 후 (6월미만) 보호를 요하는 여성	1년 (6월)	703명
6	미혼모자 공동생활 가정	19	2세미만의 영유아를 양육하는 미혼모로서 보호를 요하는 여성	1년 (1년)	236명
7	미혼모 공동생활 가정	2	출산후 해당아동을 양육하지 아니하는 미혼모로서 보호를 요하는 여성	2년 (6월)	26명

출처 : 여성부(2009b). 2009년도 한부모가족지원사업안내(최종)

5. 여성의 취업과 사회참여를 위한 지원정책과 서비스

양성평등적인 관점에서 여성의 사회 참여를 확대하고 저출산 · 고령화 사회에 대비하여 국가 성장력을 확보하기 위해서는 여성의 일자리를 효율적이고 전략적으로 창출하며 여성의 직업역량을 강화하기 위한 인프라 구축이 필요하다. 체계적으로 여성 일자리 창출 및 인력개발활용이 이루어지도록 정부는 종합적 여성인력개발계획을 수립하고 있다. 정부 주요 일자리 창출 및 인력개발사업에 남녀분리

성별영향평가
성별 영향평가란 정책 수립과 시행 과정에서 여성과 남성의 사회적 특성과 차이를 반영해 성적 불평등이 생기지 않도록 스스로 점검하는 것으로, 중앙 부처와 지자체 등에서 시범적으로 실시함.

통계를 실시하고 **성별영향평가** 등을 시행하도록 하며, 간병 및 가사 서비스 등의 사회서비스 분야의 여성 일자리 창출을 위한 제도적 여건을 조성하는 내용이 포함되어 있다.

2006년 3월부터 시행된 남녀고용평등법시행령 개정에 따라, 행정자치부와 중앙인사위원회, 교육인적 자원부, 노동부의 협조를 통해 공기업 및 500인 이상 기업에 적극적인 고용조치를 취하고 있다. 문화·사업서비스 분야, 지역 전략산업분야 등의 여성창업을 확대하기 위해서는 창업자금지원과 사업 역량을 강화하기 위한 창업지원제도가 실시되고 있다. 여성 참여자 비율이 전체의 60%를 차지하는 자활사업의 경우에는 여성 친화적 자활프로그램의 개발과 근로참여동기와 육아, 수발부담 등의 문제를 줄이기 위한 지역차원의 통합적 지원을 위한 사례관리 프로그램이 시범적으로 실시되고 있다. 이외에도, 직업훈련 및 능력개발의 인프라를 강화하기 위해 여성회관 및 여성인력개발센터를 거점으로 활용하며, 여성청년층 진로지도 강화를 위한 노동부 연계의 직업체험프로그램 잡스쿨, 여성과학인 육성을 위한 WISE 센터를 교과부가 운영하고 있으며, 여고생 이공계 진학유도를 위한 WATCH21을 추진하고 있다. 또한, 전국에 여대생 커리어개발센터를 설치하여 전문직 여성의 인력개발을 확대해 나가고 있다. 지역별 중소기업 여성인력수요 DB를 구축하고 기업체의 수요에 따른 맞춤형 취업교육 실시하여 취업으로 연계하는 방안도 마련되고 있다. 이와 더불어 여성 잠재인력의 진출을 유도하기 위해 취업, 직업훈련, 자원활동 등 전업주부의 사회적 활동에 대한 욕구를 파악하고 이를 지원할 수 있는 제도적 방안이 중앙 및 지방정부 차원에서 꾸준히 시도되고 있다.

중앙행정기관의 여성공무원 비율은 2004년도에 7.4%에서 2006년도에 10.0%로 증가하면서 공공분야의 여성관리직이 확대되고 있다. 지방자치단체의 경우도 2004년도에 5.9%에서 2006년도에 10.4%로 증가하였다. 그러나 1-3급 공무원의 여성비율은 3.3%에 그치고 있는 실정이다. 2008년 공무원 채용시험 중 여성합격자 비율은 외무고

시가 65.7%로 가장 높게 나타나고 있다. 행정고시는 51.2%, 사법시험은 38.0%로 2007년과 비교할 때 각각 2.2%, 3.0% 증가한 비율이다. 2008년 여성 취업자 중 전문 · 기술 · 행정관리직 종사자 비율은 19.8%로 전년대비 1.1%p 상승하였으며, 계속 증가하는 추세다. 10년 전(1998년)과 비교해 볼 때 여성취업자는 22.1% 증가하였고, 전문 · 기술 · 행정관리직 종사자는 6.5% 증가한 것이다. 남 · 녀의 전문 · 기술 · 행정관리직 종사자 비율은 1998년에 9.2%의 차이가 났으나, 2008년에는 1.9%로 여성의 전문 · 기술 · 행정관리직 종사자 비율이 계속 증가하면서 남녀차가 줄고 있다(통계청, 2009). 한편, 여교수, 여교장 · 교감 비율을 확대하는 교육인적자원부 방침에 따라, 2005년도에 16.2%인 여교수비율이 2010년도에는 20%로, 11.8%인 여교장 · 교감비율은 20%로 각각 확대될 전망이다. 공기업 등 정부산하기관의 여성 대표성을 확보하기 위해 여성 사외이사를 확대하고 여성임원 비율을 상향시키고 있으나 100대 민간기업의 경우, 여성임원의 수는 2006년 5월 현재 0.2%에 불과하다. 또한, 2008년 제18대 여성 국회의원 수는 41명으로 전체 299명중 13.7%를 차지하고 있다. 여성국회의원이 차지하는 비율은 2000년(제16대)과 2004년(제17대)에 비하여 각각 7.8%, 0.7% 상승한 수치로 꾸준한 증가를 보이고 있다. 생활정치의 여성참여를 확대하기 위해 2005년 공직선거법 관련 근거 규정을 마련하였으며, 정부내 각종 위원회의 여성참여를 확대하기 위해 위원회 여성참여현황을 조사하고 여성위원의 역할을 강화해 나가고 있다.

제 3 절 여성복지의 방향

인구구조의 변화로 가족의 기능이 변화하며 가족에 대한 다양한 관점이 증가하고 있음에도 불구하고, 앞서 살펴본 여성의 문제가 근본적으로 해결되기 위해서는 법과 제도의 뒷받침과 적극적으로 이를 추진하고자 하는 다양한 주체들의 참여와 노력이 필요하다.

몇 가지 주요과제를 중심으로 논의의 방향을 살펴보면,

① **일-가정양립을 위한 통합적 보육정책 확대**: 가족 내 돌봄의 문제에 대한 여성과 아동의 문제를 넘어서는 가족차원에서의 통합적인 정책적 고려가 중요하다. 특히, 신자유주의적 경쟁논리와 노동유연성의 논의 속에서 건강가족의 개념적 주류화는 여성의 가족 내 역할을 강조하면서 노동시장 진출을 제한하는 분위기를 이끌면서, 여성의 모성보호와 일의 양립에 따르는 현실에 대해 가치갈등과 부담을 가중시키게 된다. 이를 위해서는, 가족의 변화와 관련한 패러다임의 논의와 담론형성을 활성화하는 것이 필요하다. 또한, 여성과 가족에 관한 다양한 관점과 환경적 변인들을 고려하면서 새로운 정책적 기반을 정립해나가고자 하는 의식적 노력이 동반되어야 한다.

② **양성평등관점의 접근**: 성인지적 관점의 결여로 인해 사회의 다수이면서도 사회적 소수자로서 여성이 겪는 문제와 여성 집단 내의 다양한 소수집단이 겪는 소외의 문제들에 대해 다각적인 접근을 모색해야 하겠다. 그간 국가경제발전 논리와 노동시장의 구조 변화 속에서 충분히 고려되지 못했던 여성의 보편적인 권리신장과 삶의 질에 관련된 정책이 마련되어야 하겠다. 그간의 우리나라 여성복지정책과 서비스는 요보호여성을 위한 잔여적 차원의 접근이 주를 이루었다. 그럼에도 불구하고, 여성내 소수집단이 겪는 포괄적인 문제들에 대해 위기개입을 넘어서는 자립지원책이 부족하며 기초적인 지역사회내 안전망의 확보도 이루어지지 못하였다. 장애여성, 노인여성, 미혼모, 이혼이성, 성매매여성, 성폭력 및 가정폭력 피해여성, 이주여성 등이 겪는 삶의 문제들이 통합적으로 지역사회차원에서 정상화될 수 있는 지원책이 마련되어야 하겠다. 즉, 젠더를 고려한 여성정책과 젠더를 넘어선 사회정책적 고려가 동시에 필요하게 된다.

아울러, 여성 범주 내부의 소수집단과 일반여성과의 차이를 어떻게 정책화할 것인가에 대한 방향성의 모색이 필요하다. 이를 위해서는 건강가정기본법을 넘어서 가족정책을 포괄적으로 지원할 수 있는 법에 대한 검토가 필요하며, 앞에서 논의된 여성과 가족의 다양한 욕구를 반영하는 서비스의 개발과 지원이 필요하다.

③ **소외여성에 대한 지원체계 구축:** 다양한 사회적 위험으로 인해 빈곤의 문제를 겪는 여성들의 문제에 대한 효과적인 지원체계의 구축이 필요하다. 사회양극화의 영향 하에서 여성의 빈곤화 문제는 그 심각성을 더해가고 있다. 요보호여성이 아닌 일반여성으로서 대부분의 정부지원에서 비껴가는 빈곤여성들이 어머니와 근로자의 역할을 동시에 수행하면서 겪는 문제들의 심각성이 정책적 차원에서 충분히 반영되지 못함으로써 여성 개인을 넘어서 가족과 지역사회로 문제가 파급되고 있다. 이는 사회보장제도의 사각지대 속에서 고용평등과 여성고용의 질을 향상시키기 위한 정책적 방향이 정립되지 못하였으며, 기존의 파편화된 서비스로는 고용안정과 가족지원에 필요한 통합된 지원체계를 구축하는 것으로 이어지지 못한 결과로 볼 수 있다. 이러한 문제들에 접근하기 위해서는, 계층별 영향평가를 통해 저소득층 여성의 문제를 심화시키는 문제들을 검토하며 개인별, 가구별, 생애주기별 위험도가 파악될 수 있는 구조로서 지역차원에서의 사례관리적 접근이 체계화되기 위한 노력이 보다 구체적으로 이루어져야 하겠다.

제 14 장

사회복지실천의 여러 장(場)

사회복지의 미시적 실천은 사회복지전문기관을 통해 이루어지는 것이 일반적이다. 우리가 주위에서 쉽게 찾아볼 수 있는 사회복지관이나 아동생활시설, 장애인생활시설과 같은 전통적인 사회복지기관들이 대표적인 전문기관이다. 이들 사회복지기관은 사회복지 실천을 최우선의 목적으로 성립된 조직이므로 일차세팅(primary setting)이라고 부르기도 한다.

그런데 현대 사회복지가 발전해 가면서 사회복지실천의 지식과 기술을 활용하는 범위가 점점 확대된다. 병원, 산업체, 학교, 군 등과 같은 영역에서 이들 사회조직을 이용하거나 속해 있는 사람들에 대해서도 사회복지실천의 기법을 활용해서 이들의 문제와 욕구에 대해 개입하고자 하는 요청이 늘어가고 있다. 이들 사회조직은 각각의 조직의 고유한 목적—진료, 생산, 교육 등—을 가지고 형성된 조직이지만 일차적 목적을 보다 잘 성취하도록 원조하는 지원의 수단으로 사회복지적 접근을 활용한다. 이러한 의미에서 이 기관들은 이차세팅(secondary setting)으로 불리운다(백종만 외, 2001). 예를 들어 병원은 환자의 질병 발견과 치료와 같은 의료서비스 제공을 일차적인 목적으로 하는 조직이지만 포괄적 의미에서 건강의 실현 즉, 환자와 가족의 삶의 질을 높이기 위해서 의료서비스와 더불어 사회복지서비스를 제공한다. 산업체에서는 직원들의 원활한 생산활동을 위해서, 학교에서는 학생들의 건강한 성장과 발달을 위해서 사회복지실천기술이 활용된다. 최근에는 한국에서도 군(軍)에서 사회복지 전문실천을 펼쳐나가기 시작했다.

이렇게 병원, 학교, 산업체 등 사회복지전문기관 이외의 장(場)에서 수행하는 사회복지전문가의 역할과 기능에 대해 살펴본다.

제 1 절 의료사회복지

1. 의료사회복지실천의 개요

의료사회복지는 1900년대 초 미국에서 처음 출발했고, 약 50년이 지난 후인 1950년 말부터 우리나라에 도입되기 시작했다(김명훈, 2008). 다른 장(場)들에 비해 일찍 도입되었기 때문에 여전히 의료사회사업(medical social work)이라고 불리는 경우가 많고, 병원의 담당 부서도 의료사회사업실로 되어 있는 경우가 많다.

의료사회복지실천은 질병이나 부상을 가진 개인에게 이와 관련된 사회적 문제를 의료진과의 협력 하에 사회복지사의 전문적 개입을 통해 환자를 원조하는 활동이다. 사회복지실천방법을 통해 환자로 하여금 의료적 보호를 가장 효과적으로 사용할 수 있도록 하며, 질병이나 치료에 영향을 주는 사회적·정서적 문제를 해결하도록 하여 가능한 한 빨리 정상적인 사회적 기능을 회복할 수 있도록 도움을 주는 것이다. 여기에는 질병의 예방, 치료 및 재활에 이르기까지 다양한 활동들이 포함되며, 의료팀의 일원으로서 환자 및 가족의 사회기능 향상을 위해 전문적 실천방법을 활용하게 된다.

주요 활동을 보면 환자와 가족에 대한 상담을 통해 환자의 질병에 대한 대처능력을 향상시키며, 신체적인 질병에 수반하는 심리·

사회적 문제를 해결하여 환자의 치료효과를 증진시키고, 치료를 위해 필요한 자원을 지원해서 환자가 원만히 치료에 임할 수 있도록 돕는 활동들이다. 여기에는 주로 지지적 상담, 위기개입, 사례관리, 교육, 경제적 지원 등의 제공과, 대형사고와 같은 외상성 사건이나 자연재해 등에 대한 전문적인 도움 등이 포함된다. 최근 들어서는 알코올이나 마약과 같은 약물중독, 에이즈(AIDS) 등 사회적인 문제로 떠오르는 질병의 예방과 관리에도 개입하고 있다. 또 고유의 기능인 환자 및 가족에 대한 상담뿐만 아니라 의료비 지원을 위한 조력자의 역할, 공익연계활동을 통한 의료기관의 경쟁력 강화에도 기여하고 있다(김명훈, 2008).

사회복지사들이 의료기관에서 수행하는 가장 핵심적인 기능은 다음과 같이 요약될 수 있다(백종만 외, 2001).

첫째, 질병에 대한 환자와 가족의 심리적 상태에 대해 이해한다.

둘째, 환자와 가족의 잠재적 능력과 자원을 발견한다.

셋째, 환자와 가족의 욕구에 적절한 지역사회의 자원을 동원하고 조정한다.

넷째, 환자 및 그 가족들의 심리사회적 문제를 의료팀에게 이해시켜 그들이 상호협동을 할 수 있도록 돕는다.

다섯째, 질병의 예방, 건강의 증진, 환자의 재활지도 및 사회복귀를 도모한다.

2. 의료사회복지의 발달과 현황

1) 서구 의료사회복지의 역사

산업화 이전에 구료와 구빈이 함께 제공되던 경험 이후 전문직 사회복지사에 의한 의료사회복지가 제일 먼저 시작된 곳은 영국으로 알려져 있다. 1895년 영국 자선조직협회(C.O.S)가 운영하던 시혜병원에서 입원환자의 적격 여부를 가리고 상담활동까지 맡았던 알

모너(Almoner)의 경험적 자료는 의료적인 기능에 크게 공헌하였다. 이를 통해 의료 영역에서 사회복지 전문가의 필요성이 인식되었고 런던의 왕립자선병원(Royal Free Hospital)에서 처음으로 의료사회복지사를 채용하였다(박석돈 외, 2008).

미국에서도 1902년 결핵예방위원회 설립으로 의료영역에서의 사회적 활동이 부각되기 시작하였고, 1905년경에는 종합병원에서 사회복지사를 채용하여 하나의 전문직으로서 협의진료하기 시작하였다. 1918년에는 미국병원사회복지사협회가 설립되고, 1920년대 중반에 약300개의 병원에 사회사업과가 있었던 것이 1930년경에는 1,000개로 증가하였다. 이후 1935년 사회보장법이 제정되면서 의료와 사회의 상호성이 증진되었고, 각 주의 위생 행정기관에서 사회복지사를 속속 채용해 공중위생의 제반문제에 사회복지사가 참여하여 의료사회복지 발전의 새로운 전기가 되었다(Bracht, 1978; 한국복지연구원, 2008).

1960년대 이후에는 모자보건, 지역사회 정신건강, 농촌빈민을 위한 아웃리치 서비스(out reach service), 주간보호, 가정보호 등 의료기관 밖으로 활동영역을 넓혔다. 또한 메디케어(Medicare)와 메디케이드(Medicaid)등 공공부문의 의료부조 제도 도입으로 사회복지사들이 의료분야에서 할 수 있는 역할이 크게 확대되었다.

의료사회복지는 사회에서 전문직으로 널리 인정됨으로 사회복지사의 전문화를 이루는데에도 기여하였다. 이후 의료사회복지는 좀더 세부적으로 나뉘어 질병별 또는 문제 특성별로 개입방법의 전문화가 촉진되었고, 재활의료사회복지나 정신보건사회복지와 같은 영역으로 분화되었다.

2) 한국 의료사회복지의 역사

한국에서 전문 사회복지사가 의료기관에서 처음 일하게 된 것은 1958년으로 한노병원에서 노르웨이인 레케보(D. K. Rekkebo)가 결핵환자와 그 가족들을 돕기 시작하면서부터이다. 이후 1959년에는 국립중앙의료원에서 사회복지사를 채용했고, 같은 해 원주기독병원은 개원과 동시에 의료사회복지사를 채용하여 활동하게 하였다. 이후 국립정신병원, 가톨릭병원, 세브란스병원, 서울대학병원 등에서 사회복지사를 잇달아 채용하였다.

또 1973년 제정된 의료법 시행령(제24조 제2항 제5호)에서 종합병원에는 전문자격을 갖춘 사회복지사(당시 사회복지종사자 자격증 소지자)를 1명 이상 고용하도록 의무화하면서 의료사회복지는 임상실천 전문직으로서 보다 안정적 활동이 가능해졌다. 이후 장기 등 이식에 관한 법률의 제정과 정신보건법의 제정을 통해 장기이식의료기관과 정신보건기관에서 사회복지사를 전문직으로 채용할 것을 의무화하였다.

2008년 2월 현재 일반의료분야에서는 약 220개 병원, 360여명이 활동하고 있고, 이 중 재활의료분야는 약 15명 정도가 포함되어 있다. 아직까지 일반의료 및 재활의료분야는 별도의 자격이 규정되어 있지 않으며 사회복지사면 활동이 가능하다. 일부 의료기관에서는 1년 과정의 프로그램을 통해 의료사회복지사를 양성하고 있으며, 대한의료사회복지사협회에서는 2008년부터 민간 자격제도로 의료사회복지사 제도를 운영하고 있다.

3. 의료사회복지 실천의 기능과 역할

1) 의료사회복지사가 개입하는 문제

의료사회복지란 주로 병원과 같은 의료조직에서 수행되는 사회복지실천의 한 분야이다. 사회복지실천의 방법을 동원하여 환자와 가족들의 심리적·사회적·경제적인 문제들을 해결하도록 돕는 전문적 과정을 말한다(유수현, 1999). 이 과정에서 구체적으로 사회복지사가 개입하는 개입문제 목록을 살펴보면 다음과 같다(아주대학교병원의 사례: 강흥구, 2007).

- 심리·사회적 평가: 일반적인 심리·사회적 평가, 경제적 평가, 장애를 갖고 태어난 신생아 평가, 소아 당뇨나 소아 백혈병 환자 평가, 장기이식 순수성 평가
- 퇴원계획: 퇴원과정의 조정 문제, 퇴원 후 생활에 대한 계획의 필요, 퇴원 후 거주할 곳의 부재, 퇴원 후 직업재활문제, 퇴원 후 생활을 위한 사후지도 문제, 퇴원 후 실질적인 보호 제공자의 부재, 가망 없는 퇴원
- 입원계획: 입원 치료와 관련된 절차상의 문제, 병원에서 환자가 원하는 치료를 제공할 수 있는가에 관련된 문제
- 사회적응 및 대인관계 상 문제: 자발적이던 비자발적이던 간에 의미있는 대인 관계의 부재, 관련 집단에서의 만족스러운 대인 관계 유지의 어려움, 병동 내 다른 환자와의 관계 문제, 병동 내 치료진과의 관계 문제
- 상병에 관련된 심리적 문제: 신체적 장애로 인한 우울, 불안, 좌절과 같은 심리적 어려움, 만성적인 신체적 질병의 재발로 인한 심리적 어려움, 만성적 정신장애로 인한 심리적 어려움, 치료 및 수술 거부, 치료동기 저하, 병식(insight) 부족
- 환자의 사회환경상의 문제: 가족환경에서의 문제, 직장환경에서의 부적응 문제, 학교환경에서의 부적응 문제, 주거환경문제
- 약물중독문제: 성인의 알코올 중독, 약물남용, 청소년의 알코올 문제, 흡연문제, 부탄가스, 본드, 약물남용 문제
- 사회복지, 사회제도적 정보 부족의 문제: 의료보장제도 및 절차에 대한 문의, 산재보험제도 및 절차에 대한 문의, 자동차보험제도 및 절차에 대한 문의, 사회복지서비스에 대한 문의
- 경제적 문제: 소득원 상실 및 결여로 인한 치료비 부담 문제, 소득원 상실로 인한 생활비 부담 문제
- 고위험도 환자군의 문제: 미혼모 및 신생아 입양문제, 의료분쟁 및 사고에 관한 문제, 제3자가 비용을 지불하는 환자, 임종환자, 각종 사고 환자, 자살시도 환자, 가족학대, 강간

이외에도 병원을 대상으로 수행되는 간접적 서비스가 있다. 윤현숙 등(2001)은 다음과 같은 불특정 클라이언트를 대상으로 한 의료사회복지의 기능을 예로 들고 있다.

- 병원서비스 이용활성화: 관련된 병원부서와 스태프에게 환자와 가족의 이해와 입장을 옹호
- 병원이용도 검토: 병원서비스 만족도, 진료의 적정성과 효율성 등에 대한 표준화된 평가과정에 참여
- 서비스 평가: 병원과 사회복지부서의 서비스에 대한 평가 실시
- 병원의 프로그램 계획에 참여: 아웃리치나 지역사회서비스와 같은 병원의 장·단기 프로그램 계획과 개발에 참여

또 지역사회를 대상으로도 다음과 같은 기능을 수행한다.

- 지역사회기관에 프로그램 자문: 지역사회기관에 지식을 제공
- 지역사회서비스: 지역사회의 사회복지실천활동에 병원을 대표하여 참여
- 지역사회자원동원: 환자와 가족을 위한 지역사회의 프로그램과 자원을 개발

제 2 절 정신보건사회복지

1. 정신보건사회복지의 개요

정신보건사회복지(mental health social work)는 정신적, 정서적 장애를 가진 환자와 그 가족 그리고 지역사회를 대상으로 하여 질병의 예방, 치료, 재활을 통해 국민의 정신건강을 증진시키는 사회복지 전문활동이다(윤철수 외, 2008). 정신보건사회복지는 정신의학 영역에서 이루어지는 전문적인 사회복지실천으로 정신보건사회사업

또는 정신의료사회사업으로 표현되기도 한다.

초기에는 병원 내 정신과에서의 사회복지실천 활동이 주가 되다 점차 포괄적인 정신건강의 문제에 대처하는 전문영역으로 자리하게 되었다. 우리나라의 경우 정신보건법(1995년)이 제정, 시행되면서 정신과의사, 임상심리학자, 정신보건간호사, 작업치료사 등과 함께 정신보건전문가로서 법적 지위를 갖게 되었다. 활동이 이루어지는 장소는 정신보건시설로 여기에는 정신병원, 정신과의원, 병원급 이상의 의료기관에 설치된 정신과나 정신요양시설, 사회복귀시설, 지역사회 정신보건센터, 정신요양원 등이다.

정신보건사회복지사는 정신장애를 비롯하여 포괄적인 정신건강문제에 개입한다. 특히 현대 사회가 복잡해짐에 따라 새로운 정신건강 문제들이 계속 나타나고 있고 이 문제들은 단순히 의학적인 측면으로만 해결할 수 없다는 인식이 확산되었다. 따라서 개인이 놓여져 있는 환경과 인간관계 등을 개선함으로써 정신건강을 향상시키고 정신 질환을 예방·치료하여야 한다. 정신보건사회복지사는 정신장애의 치료목표가 단순히 증상의 완화에 있는 것이 아니라 원만한 사회적응에 있는 것으로 보며, 이를 위해서 환자의 질병에 영향을 주는 개인적, 정신적, 정서적, 사회적 환경에 관한 정보를 수집·조사하고, 그에 관한 문제의 발견과 규명 등을 통해서 진단과 치료에 중요한 자료를 제공하며, 원인을 전인적으로 이해하고자 한다(김규수, 2000; 정원철, 2007)

정신분열증을 비롯하여 정신 질환의 상당수는 대부분 재발이 잦고, 만성화의 경로를 겪기 쉽기 때문에 지속적인 의료적 관리와 사회적 적응에 대한 지원을 필요로 하게 된다. 특히 다른 질환에 비해 사회의 낙인이 심하기 때문에 환자의 정신 및 신체기능 회복수준과는 별개로 일상적인 사회생활로의 복귀에 어려움을 많이 겪게된다. 따라서 이러한 정신장애인들을 위하여 사회복지사는 재원기간에 다양한 심리사회적인 어려움이나 장점 등을 평가하고, 문제를 완화하기 위해 가족치료, 집단상담 등을 실시하게 된다. 나아가 퇴원 후에 사회적응을 돕기 위하여 낮병원과 같은 정신장애인 재활 프로그램과의 연결을 계획한다. 알코올중독 같은 경우에는 환자가 퇴원한 후에도 지속적으로 자기변화를 유지할 수 있도록 이들을 퇴원한 환자로 이루어진 자조집단 등에 연결해 주기도 한다. 이와 같이 정신보건사회복지사들의 궁극적인 관심은 정신장애를 가지고도 사회에 효과적으로 적응하고 복귀할 수 있도록 심리사회적으로 원조하고 지원하는데 있다(백종만 외, 2001).

2. 정신보건사회복지의 발달과 현황

1) 정신보건사회복지의 발달

정신질환을 하나의 치료대상으로 여기고 이를 별도로 취급하기 시작한 것은 산업화 이후의 일이다. 미국의 경우 1773년 버지니아주에 최초로 정신병원이 설립되어 감옥과 소년원에 감금되어 있던 정신병 환자를 이전시키기 시작한 것이 그 출발이라고 한다(권오균 외, 2009). 초기에는 주로 정신질환자들은 일반 사회와 격리된 정신의료기관이나 정신요양시설에 수용하여 지역사회에서 소외시켰다. 20세기 들어서면서 정신의료기관의 부적절한 치료양식에 대한 비판적 인식에서 정신위생운동이 등장하게 되고, 정신의료사회복지사들이 환자들에 대한 치료요법과 가정문제, 생활문제에 대한 개입, 퇴원에 따르는 준비과정에 함께 하게 된다.

미국에서는 1910년대에 '정신의료사회복지(psychiatric social work)'라는 전문직이 나타나게 되고 1920년에는 미국정신의료사회복지사협회(American association fo Psychiatric social Workers)를 결성하여 전문적인 체계의 형성과 수준을 유지하기 위한 노력을 펼친다. 이들은 아동의 일탈행위에 대해 정신보건 측면에서의 교육과 훈련 제공을 통해 개입하여 전문적 성과를 거두고, 제1·2차 세계 대전을 거치면서 군 병원에 채용되어 군인들의 정신적 문제를 다루게 된다.

1940년대의 정신보건법(The National Mental Health Act) 제정과 1950년대 탈시설화 경향으로 점차 병원중심의 치료보다는 지역사회를 통하여 정신질환자를 치료하는 지역사회정신보건체계를 확대시켰다. 이에 1962년 지역사회정신보건법과 지역사회정신보건센터건립법을 제정하여 지역사회 차원의 정신보건체계 구축에 노력하게 된다.

한국에서는 해방과 함께 대한신경정신의학회가 설립되어 정신의학을 연구하면서 정신의학자, 심리학자와 더불어 사회복지사가 함께 청소년 문제에 관심을 갖고 연구하였다. 또, 한국전쟁에 미군이 참여하면서 정신의료사회복지사가 함께 파견되어 정신과에서 일하게 되었다. 전쟁신경증을 가진 군인을 돕는 과정에서 한국정신과의사들에게 사회복지실천의 필요성을 인식시켜 주었다고 한다(권오균 외, 2009). 이후 종합병원 정신과를 중심으로 사회복지사들의 참여가 늘어나 1990년대에 이르러서는 전국적으로 약 100여개의 기관에서 정신의료사회복지사들이 활동하였다.

한국의 정신의료사회복지가 더 포괄적인 정신보건사회복지로 확대되는 중요한 계기는 1993년 한국보건사회복지학회의 창립과 1995년 정신보건법 제정이다. 정신보건법의 제정은 이전까지의 병원 중심 활동에서 지역사회로 범위를 넓히는 계기가 되었고, 정신보건전문요원의 자격제도가 마련되면서 전문적인 자격을 갖추기 시작하였다(권오균 외, 2009). 1998년에는 정신보건발전 5개년 계획이 수립되면서 정신보건센터와 사회복귀시설이 설치 운영되기 시작하였으며, 이후 지역사회중심의 정신보건사업은 지속적으로 확대되었다.

2) 한국 정신보건사회복지의 현황

2007년까지 전국적으로 정신보건센터는 151개가 설치되었고 정신요양시설 58개, 사회복귀시설 170개, 알코올상담센터 30개 등이 설치·운영되고 있다. 여기에 정신의료기관 1,146개를 포함하면 정신보건기관·시설은 총 1,555개에 달한다.

1997년부터 자격제도가 시작된 정신보건전문사회복지사는 1급의 경우 대학원에서 사회복지학 또는 사회사업학을 전공한 석사학위 이상 소지자로서 보건복지부가 지정한 정신보건전문요원 수련기관에서 3년 이상 수련을 마친 자 또는 2급 정신보건사회복지사 자격을 취득한 후 정신보건시설, 보건소 또는 국가나 지방자치단체로부터 지역사회정신보건사업을 위탁받은 기관이나 단체에서 5년 이상 정신보건분야의 임상실무 경험이 있는 자에게 자격을 부여하고 있다. 2급 정신보건전문사회복지사는 사회복지사 1급 자격증을 소지하고 보건복지부 장관이 지정한 정신보건전문요원 수련기관에서 1년 이상 수련과정을 이수(150시간의 이론교육과 830시간의 실습교육 후 과제와 이론 시험에 합격)해야 한다. 2006년말 현재 1급과 2급을 합해 자격을 획득한 정신보건사회복지사는 총 1,395명이 있다(김명훈, 2008; 권오균 외, 2009).

3. 정신보건사회복지의 기능과 역할

1) 정신보건사회복지사의 역할과 직무

정신보건사회복지사는 조사, 진단, 치료, 재활, 예방의 모든 분야에서 정신과 치료팀과 긴밀한 협조 하에 역할을 수행한다. 종합병원 정신과나 정신병원 같은 치료기관의 경우 입원과정에서 치료과정, 퇴원과정에 이르기까지 다양한 프로그램을 준비하여 환자와 가족들의 문제해결을 돕는다. 사회복귀시설이나 재활시설의 경우 재활계획을 위한 상담으로부터 사회복귀를 위한 프로그램운영, 지역사회 주민의 정신건강 개선 프로그램 등을 담당한다. 최근 늘어나고 있는 지역사회 정신보건센터에서는 정신보건에 대한 상담 및 지도, 홍보와 자원개발, 지역 정신장애인 발견 및 치료 등 지역주민의 정신건강 증진을 위한 다양한 활동을 벌이고 있다.

이렇게 역할이 다양하기 때문에 실무에서 일하는 사회복지사들의 업무내용도 다양하다. 정신보건사회복지사의 업무내용은 정신보건사회복지사가 속한 기관의 기능이나 목적에 다라 다르지만 공통적인 업무를 개략적으로 정리하면 다음과 같다(정원철, 2007)

- 심리사회적, 정신적 문제 해결: 심리사회적·정신적 문제의 원인 조사 및 평가, 사회환경 조사 및 평가, 개인 및 가족력 조사 및 평가, 문제해결을 위한 개별적인 개입, 대인관계(가정, 학교, 지역사회)의 조사 및 평가, 초기 입원환자 진단과 치료 계획 수립과정 참여, 정신보건 상담지도, 환자와 가족에게 질병에 대한 정보제공
- 집단을 통한 환자 문제 해결: 집단치료·집단활동 지도 및 평가, 오락 및 직업치료활동 지도, 심리극 치료에 대한 참여 및 평가, 환자 보호자 전체회의 실시 지도
- 사회복귀 및 재활 문제해결: 퇴원 및 재활계획 상담 및 지도, 퇴원환자 실태파악 및 사회지도계획에 의한 재활지도, 환자의 회복상태에 따른 사회적응력 평가, 낮병원의 관리 및 환자의 사회화 과정의 훈련, 사회복귀를 위한 환자 퇴원 후의 개별 및 집단지도
- 경제적 문제 해결: 대상자 실태조사 및 입원치료비 감면조치 업무, 병원 내의 자원을 이용한 진료비지원 및 감액 조사, 환자의 경제능력조사 및 사정, 진료비 감면 및 체납환자 처리 업무
- 진단 및 치료계획을 위한 조사: 정신장애(질환) 영역에 관한 조사 연구, 임상연구회의 참석, 학술회의 참석, 정신보건사회복지 연구 및 조사
- 지역사회자원동원 및 활동업무: 지역사회자원의 개발과 정보수집 및 활용, 타병원이나 시설에 환자 의뢰 및 연계, 자원봉사자 활용 및 자원동원과 모금 알선, 지역사회 자원과 연결
- 교육 및 기타활동: 실습생 지도, 간호과 학생 및 의대생의 교육 9정신보건사회복지 분야), 자원봉사자 교육 및 관리지도, 기타 활동 업무

- 정신보건사회복지부서의 행정업무: 대상자 치료 과정기록 및 평가, 집단활동의 과정기록 및 치료계획, 보고서 작성 및 업무일지 기록, 실적에 관한 통계와 분석평가 및 계획, 정신보건사회복지 부서의 운영에 관한 회의

2) 정신건강과 정신보건사회복지

정신보건사회복지가 정신질환과 정신장애를 중심으로 발전해온 것은 사실이지만 점차 더 포괄적인 범위에서의 정신건강이 중요해지면서 실천의 장(場)이 병원을 넘어 지역사회 전반으로 넓어졌다. 경쟁 중심의 시장주의 가치관, 가족 기능의 변화, 개인주의 강화 등 사회 현실이 각박해지면서 스트레스와 우울감, 분노와 소외감 등 정신건강 차원의 어려움이 늘고 있다. 이에 약물 남용, 폭력, 인터넷 중독, 우울증 등의 발생이 크게 증가하였고, 이에 대한 초기 개입이 더 필요한 상황이다. 몇 가지 통계 지표들에서도 최근 우리사회의 정신건강 문제가 가볍지 않다는 것을 보여준다. 2006년도 「정신질환 실태조사 역학조사」 결과를 보면 정신질환 1년 유병률은 18세 이상 64세 이하의 인구 중 12.9%로 매년 약 412만 명이 정신질환에 이환될 것으로 추정되었다. 이 중 불안장애, 기분장애, 정신병적 장애의 1년 유병률은 8.3%(약 264만 명)이고, 알코올사용장애의 1년 유병률은 5.6%(약 179만 명)로 나타났다. 또, 2005년도 서울시 보건지표에 의하면 조사대상자의 83.6%가 '평소 스트레스를 받는다'고 응답했으며, 지난 1년간 일상생활에 지장을 받을 정도로 2주 이상 우울한 감정이 계속되는 경험을 한 사람이 7.5%에 달했다(김혜성, 2008). 따라서 정신보건사회복지가 해야 할 역할과 과제는 더욱 늘어날 것이며, 새로운 환경에 적용할 수 있는 지식과 실천기술의 개발에 사회적 투자가 절실하다.

정신보건정책도 이러한 사회적 변화에 따라 전통적인 시설 중심의 의료적 보호에서 지역사회를 중심으로 하는 사회재활정책으로 변화하였다. 정신질환에 대한 사회적 낙인을 개선하고 지역사회 내

에서 사회복귀와 재활을 할 수 있도록 지지체계를 만드는 것이 정책의 중심으로 자리하게 되었다. 따라서 지역사회 내에 정신보건센터와 알코올상담센터, 사회복귀시설 등을 확대하고 있으며, 자살 등 위기상담전화를 운영하고 있다. 현재 국민건강증진종합계획에서 정신보건사업 분야의 중점과제로 삼고 있는 것은 자살예방사업, 정신보건센터 체계구축사업, 아동 및 청소년 정신보건사업 강화, 정신질환자 사회복귀 지원, 알코올중독 관리 사업, 정신질환 편견 해소 등이다.

제 3 절 학교사회복지

1. 학교사회복지의 개요

학교라는 공간은 모든 국민이 의무적으로 거쳐야 하는 교육의 장이다. 동시에 아동·청소년기에 평균 12년 이상의 시간에 걸쳐 가장 많은 시간을 보내야 하는 곳이다. 최근의 사회적 분위기로는 가정보다 더 많은 시간을 학교 혹은 학교 교육과 연관된 곳에서 생활하고 있다. 따라서 아동·청소년이 건강한 발달을 이루기 위해서는 학교에서의 생활이 어떻게 진행되는가가 매우 중요하다. 학교생활에서 겪게 되는 다양한 스트레스와 문제들(폭력, 약물, 우울 등)은 아동·청소년 본인의 노력만으로 해결하기 어려우며 교육만으로 대처하기에도 불충분하다. 이런 점에서 이러한 문제들의 해결을 위해 도움을 주기 위한 사회복지적인 원조활동은 매우 중요하며, 학교조직과의 협력과 연계를 통해 학생과 학생을 둘러싸고 있는 환경에 개입해야 하는 필요성이 매우 높다.

학교사회복지는 학령기 아동, 청소년을 대상으로 학교조직 또는 학교와 연계를 맺는 사회복지기관의 사회복지사가 다양한 사회복지

서비스를 제공하는 실천활동을 뜻한다. 학생의 문제를 개인만의 문제가 아닌 환경과의 상호 작용 문제로 보고, 심리·사회적 문제들을 학생-학교-가정-지역사회의 연계를 통해 예방하고 해결하는 사회복지 실천 과정을 말하는 것이다. 학교에서의 사회복지실천은 기존의 사회복지기관에서 수행하던 아동, 청소년대상의 사회복지실천과는 달리 학교라는 조직과 관련되어 실천활동이 이루어지는 영역이다. 따라서 단순히 아동·청소년이 원하는 바를 충족시키는 활동이 아니라 학생이 자신의 잠재력과 능력을 최대한 발휘할 수 있도록 최상의 교육환경과 공평한 교육기회를 제공하는데 관심을 가지며, 궁극적으로는 교육의 본질적인 목적을 달성하고 학생복지를 실현할 수 있도록 도와주는 교육기능의 한 부분이며 사회복지의 전문분야라고 할 수 있다.

학교사회복지의 대상에는 학생, 학부모, 교사, 지역사회 등이 포함된다. 학생들의 문제 해결을 위해 학생에게 직접 개입할 뿐 아니라 학부모에게도 개입하고 교사들에게도 개입하게 된다. 특히 학교조직의 특성상 교사와의 협력이 없으면 학생들의 변화를 가져오기가 어렵다. 교사라는 교육 전문직이 학교의 의사결정과정과 운영과정에서 일차적인 영향력을 행사하기 때문에 이들과의 협력이 있어야만 학교라는 세팅을 효율적으로 활용할 수 있다(백종만 외, 2001). 또, 지역사회를 대상으로 하여 학생에게 적합한 심리적·사회적·문화적 환경을 만드는 것도 중요하다.

결국 학교사회복지사는 개인과 학교, 가족, 지역사회의 더 넓은 체계를 이해해야 하는 실천현장에 놓이게 된다(윤철수, 2008). 개인적 수준뿐 아니라 많은 체계 안에서 학교와 학생들의 다양한 욕구를 충족시킬 수 있도록 개별학생 원조로부터 학교정책 개발, 가족관계 개입, 학교에서의 자문, 지역사회 자원 동원 등 다양한 방법을 활용하게 된다(홍봉선·남미애, 2009). 초기 학교사회복지사는 등교거부, 빈곤, 학교 폭력, 가출 등 무언가 문제를 가진 학생들을 1차적 대상으로 삼았다. 물론 지금도 행동문제를 갖고 있거나 무단결석, 학업 중단 학생, 정서·행동장애를 가진 학생 등에 대한 개입이 이루어지고 있으며, 취약집단 학생을 위한 개입을 중요하게 다루고 있다. 하지만, 점차 이들 이외의 모든 학생들을 개입의 대상으로 삼는 방향으로 발전해 가고 있다. 학생, 가족, 학교, 지역사회 등의 환경적 요소에 대한 관심이 증가하고 있고, 문제가 발생하기 이전에 예방할 수 있는 접근까지도 포함하여 보다 폭넓은 활동을 펼치고 있다.

2. 학교사회복지의 발달과 현황

1) 학교사회복지의 발달

서구에서 학교사회복지의 출발은 각 국가별로 특수한 배경을 갖고 상이하게 출발하게 된다. 미국의 경우 20세기 초반 학교와 가정을 연결하여 교육기회의 불평등을 해결하기 위한 방문교사(visiting teacher)에서부터 그 활동이 시작되어 점차로 방과 후 프로그램, 정신건강 사업과 직업교육 등으로 역할을 넓혀갔다(윤철수, 2008). 반면 영국에서는 교육을 사회보장 차원에서 다루기 때문에 출석상담자 또는 결석담당관에서 시작하여 무단이탈을 방지하고 예장하기 위한 노력에서 출발한다(홍봉선·남미애, 2009). 독일의 경우 평생교육을 중심으로 등장한 사회교육과 서로 융합하여 학교사회복지가 형성된 경우이다. 스웨덴은 1930년대 후반 양호교사가 학교에서 이민자 자녀들에게 점심 급식 서비스를 제공하면서 시작하였다.

이렇게 각 국가별로 학교사회복지의 출발은 상이하게 나타나지만 점차 학교 조직과 지역사회자원과의 협력을 강조하는 방향으로 발전하게 되고, 이에 따라 프로그램의 종류와 내용이 다양하게 변화하게 되었다.

우리나라의 경우 초기 사회복지의 역사에서 복지와 교육은 크게 구별되지 않고 함께 이루어진 경험을 가지고 있다. 후에 지역사회복지관으로 발전하게 되는 초기 여러 지역의 여자관(女子館)은 부녀자들을 대상으로 각종 교육과 함께 복지서비스를 제공하는 목적으로 설립되었다. 또 아동보호사업들이 교육과 함께 제공되는 경우가 많았고, 기독교단체나 민족교육기관들은 육영, 의료, 구제사업 등을 동시에 추진하였다(홍금자, 2000).

이후 현대적 의미의 학교사회복지가 시작된 것은 1960년대 캐나다 유니태리언봉사회(USCC)에서 운영했던 마포사회복지관에서 초등학생을 대상을 경제적 원조와 상담을 제공하면서부터로 알려져 있다(한인영 외, 1997). 그러나 상당 기간동안은 학교 밖의 사회복지기관들이 집단프로그램이나 상담서비스를 제공하였지만 학교의 일원으로 받아들여지지 않았고 본격적인 학교 사회복지는 1990년대에 들어서면서부터 논의되기 시작한다. 이 시기 일진회와 같은 학교 내 학생폭력조직의 문제와 집단따돌림, 중퇴학생들의 증가 등 학교폭력과 교실붕괴의 문제가 대두되면서 하나의 대안적 방법으로 학교사회복지가 고려되었다. 이에 교육부에서는 전국 4개 중고교를 1차 연구시범학교로 선정하여 2년간 학교사회복지활동을 수행하도록 하였으며, 서울시 교육청에서는 중・고등학교 3개교에서 독자적으로 학교사회복지제도실시를 위한 연구를 수행하였다(백종만 외, 2001). 정식으로 학교 내의 일원으로 학교사회복지사가 채용된 것은 1998년 영등포여자상업고등학교에서 서울시교육청 1차 시범사업이 시작되면서이다. 여기에 삼성복지재단과 사회복지공동모금회 등의 지원으로 학교사회복지 시범사업과 이를 통한 효과성을 입증하였다. 학교사회복지의 효과가 사회적으로 알려지면서 교육청의 시범사업은 교육인적자원부의 사업으로 확대되어 2008년 현재 전국 48개 학교에 학교사회복지사를 배치하였고 94개교에서 연구학교를 진행 중에 있다(윤철수・진혜경・안정선, 2006).

2) 학교사회복지의 실천 현황과 전망

현재 한국의 학교사회복지는 법제화가 되어있지 않아 공공기관에서의 시범사업과 학교자체사업, 외부 민간기관의 지원을 통한 사업

등이 혼재되어 있다. 사업의 재원은 사회복지공동모금회의 지원사업, 서울시 교육청, 지방자치단체, 민간 및 위스타드(we-start)운동본부, 교육인적자원부, 보건복지부 등 당양하게 구성되어 있다.

2007년 8월 현재 전국에는 139개교에 학교사회복지사가 근무하고 있으며 교육복지투자우선지역 지원사업을 통해 약320여 개 학교에서 지역사회교육전문가라는 이름으로 사회복지사가 활동하고 있다(윤철수, 2008). 이 밖에 한국학교사회복지사협회와 한국학교사회복지학회가 설립되어 학교사회복지의 제도화, 학교사회복지사 자격 마련 등에 힘쓰고 있다.

그렇지만 아직까지 법제화가 되지 않아 학교사회복지 활동의 활성화에 어려움이 많다. 학교사회복지사의 신분이 불확실하고 학교와의 조직적 관계에서 역할에 대한 인식이 차이가 나기도 하고 있는 상황은 제도화 과정을 통해 개선될 수 있을 것이다. 여기서 중요한 것은 학교에 사회복지사를 배치하는가의 문제만은 아니다. 그보다는 사회복지실천의 대상인 아동, 청소년들에게 실질적인 서비스를 제공하기 위해 학교체계라는 조직적 특성과 욕구를 보다 잘 반영하고, 활용할 수 있느냐가 더욱 중요하다. 예컨대, 지역사회복지관에 소속된 사회복지사가 지역내 학교와 공식적인 연계를 구축하고 학교내 상담실에서 주된 원조활동을 수행하며 학교내 인적, 물적 자원의 활용은 물론 지역내 여타 사회복지 자원과도 연계한다면 그는 훌륭하게 학교사회복지 실천을 하고 있는 것이라고 할 수 있다. 학교사회복지 실천을 활성화시키기 위해서는 제도화를 통한 법적 근거 마련과 함께 구체적인 실천기반의 지속적인 확대도 매우 중요하다고 하겠다(백종만 외, 2001).

제 4 절 산업복지

1. 산업복지의 개념과 영역

1) 산업복지의 개념

산업복지는 산업사회의 문제를 해결하기 위하여 산업현장을 중심으로 이루어지는 사회복지의 한 분야이다. 산업복지를 넓게 이해하는 경우에는 "국가 또는 지방공공단체, 기업, 노동조합, 협동조합 등이 주체가 되어 근로자와 그 가족의 생활안정, 생활 수준의 향상 등 생활복지의 증진을 목적으로 실시하는 제 시설서비스 활동의 종합적이고 통일적인 체계"라고 정의할 수 있고, 좁은 의미로는 "임금 및 근로시간과 같은 기본적 근로조건 이외에 부가적으로 근로자와 그 가족의 생활안정 및 향상을 목적으로 실시하는 시책 및 활동"으로 정의할 수 있다(조흥식 · 홍경준, 2001).

현대사회에서 거의 대부분의 사람들은 그들 시간의 절반 이상을 산업현장에서 보내고 있다. 산업화 과정에서 농업 중심의 자급자족경제는 노동의 상품화와 교환경제를 통한 생활을 정착시켰으며 따라서 한 개인의 사회적 성취도나 삶의 질 수준이 산업현장에서의 성과에 따라 거의 좌우된다고 할 수 있다. 다른 한편으로는 산업과정에 투여되는 개인의 노동력의 질은 산업 전반의 생산성과 직결된다. 각 개인은 끊임없이 노동력의 재생산을 하여야 하는데 이 노동력의 재생산이 발생하는 곳은 생산영역이 아니라 일상생활영역이며, 그 재생산은 생산적 노동행위를 통해서가 아니라 바로 소비실천을 통해서 이루어진다(김왕배, 2001). 따라서 안정적인 소비를 이룰 수 있어야 개인의 노동력은 안정적으로 재생산되고, 사회적으로는 아동의 양육과 같이 다음 세대의 노동력이 준비되어야 한다. 소비의 유형은 일상생활 속에서 먹고 마시는 일과성의 형태로부터 내구재와 같이 비교적 장기간에 걸쳐 소비되는 형태가 있으며, 주택, 의료, 교육, 공공서비스와 같이 장기적이고 집단적으로 발생하는 '집합적 소비'의 형태를 띠기도 한다. 여기에서 소비와 관련하여 개입하는 국가의 역할이 생산과정에 영향을 미치게 된다.

이렇게 산업현장을 중심으로 근로자와 가족, 작업환경 등에 개입하고 노동력 재생산 전반에 영향을 미치는 영역이 바로 산업복지이다.

2) 산업복지의 영역

산업현장의 개인에게 개입하는 것에서부터 집합적 소비에 이르기까지 산업복지의 영역은 넓다. 주체의 측면에서도 국가, 기업, 노동조합 등 의 다양한 활동이 산업복지에 포괄된다. 주체를 중심으로 산업복지의 영역을 공공산업복지, 기업복지, 노동자자주복지, 민간산업복지로 나누어 살펴보자.

① 공공산업복지

공공산업복지는 중앙정부, 지방자치단체가 주체가 되는 영역이다. 정책적으로 볼 때 다양한 사회보험 제도와 근로자 재산형성 및 생활안정지원시책, 그리고 공공산업복지서비스 등이 산업복지 영역에서의 활동이 포함된다.

자본주의 사회에서 정부는 크게 세 가지의 방식을 통해 산업현장의 작동원리를 변형하고 제한한다(신광영, 1994; 백종만 외, 2001).

첫 번째의 방식은 노동관계법 체계를 통한 개입이다. 노동관계법은 자본과 노동이 산업체에서 특정한 행위를 할 수 있는 권한을 인정하거나 인정하지 않음으로써 산업체의 작동원리를 변형하고 제한한다. 단체교섭에 관한 법률적 규정과 고용, 해고, 쟁의, 분쟁해결 등에 적용되는 법규뿐 아니라 노동자의 경영참여와 정치참여 등에 적용되는 법규도 존재한다.

두 번째의 방식은 노동력 상품을 사고파는 과정에 대한 개입이다.

정부가 노동력의 교환 과정에 개입하지 않을 경우, 노동력을 사는 자본은 무제한적으로 고용관계와 임금체계를 조정할 수 있다. 반대로 정부가 노동시장에 직접 개입한다면 노동력의 구매를 결정하고 구매한 노동력을 통제하는 과정에서 자본이 행사하는 권한은 줄어든다. 여기에는 최저임금제도나 근로기준법의 기준들이 기능하게 된다. 또한 적극적 노동시장정책을 통해 간접적으로 영향을 미치기도 한다.

세 번째 방식은 정부가 제공하는 복지급여이다. 국가복지는 산업체에서 산출되는 개인적·사회적 욕구에 대응하기 위한 사회복지적 개입의 결과이지만, 국가복지 그 자체는 역으로 산업체의 작동원리를 변형하고 제한한다. 가령, 에스핑 안데르센(Esping-Andersen, 1990)에 의해 제시된 **탈상품화**(de-commodification)의 개념은 노동력의 상품화를 국가 복지에 의해 약화시키는 복지국가의 특징을 반영한 것이다. 탈상품화의 정도가 높을 경우, 한 개인의 시장의존성은 더 줄어들 것이며, 그것은 다시 산업체의 통제와 위계에 대한 종속에서 한 개인이 탈피할 수 있는 가능성을 높여준다. 여기에 영향을 미치는 대표적인 제도가 사회보험이다. 사회보험은 오늘날 노동자뿐만 아니라 자영업자 등에게도 그 범위를 넓혀 가는 것이 추세이지만 그 출발은 노동자 계층의 사회적 위험에 초점을 맞추어 출발한 제도이다. 특히 산업재해보상보험과 고용보험은 산업현장의 근로자만을 대상으로 하고 있다.

탈상품화
근로자가 자신의 노동력을 상품으로 시장에 내다 팔지 않고도 살 수 있는 정도. 즉, 자신이 노동시장에서 일을 할 수 없는 여러 가지 상황에 처했을 때 국가가 어느 정도 수준의 급여를 제공해주는가의 정도를 의미한다. 탈상품화가 높을수록 복지선진국을 의미.

이 밖에 근로자 재산형성 및 생활안정지원에는 임금채권보장사업, 최저임금제도, 근로자 주택제도, 근로자주택 자금 대출, 근로자 장학사업, 중소기업 근로자 의료비 대출 등이 있다. 또한 공공산업복지서비스로는 노동복지회관 혹은 근로자종합복지관, 근로자체육문화센터 및 영유아보육시설, 중소기업근로자 복지시설자금 융자, 종업원 체육시설 등이 있다(김상균 외, 2001).

② 기업복지

기업복지는 근로자의 복지를 위하여 임금, 근로조건 이외에 기업이 제공하는 각종 편익과 시책을 말한다. 즉, 기업이 자발적으로 혹은 단체협약에 의해 종업원에게 제공하는 복지제도 및 서비스로서 주택자금 지원, 체육시설의 제공, 경조비 지급, 의료비지원, 교육비 지원 등을 의미한다. 이러한 기업복지는 공공산업복지의 부족부분을 보완하는 보완성을 가지며, 기업의 사정에 따라 자주적·임의적으로 실시되는 특성을 지닌다. 그로 인해 기업간 기업복지 수준의 격차가 크게 발생하기도 한다(조흥식·홍경준, 2001).

최근 사회적으로 관심이 높아지는 기업복지 프로그램에는 우리사주제, 사내근로복지기금, 선택적복리후생 등이 있다.

우리사주제도 또는 종업원지주제도(ESOP)는 "회사가 경영방침으로 특별한 편의를 제공하여 근로자로 하여금 자기회사의 주식(이하 자사주)을 취득하게 하고 이를 장기간 보유하게 하는 제도" 로서 이를 통하여 근로자의 재산형성, 기업생산성 향상, 협력적 노사관계 조성 등 근로자 복지와 기업발전을 도모하는 효과를 가진 제도이다. 우리사주제도를 통해 근로자는 근로자이면서 동시에 주주로서의 책임과 권한을 가지며, 기업이 성장, 발전함으로써 근로자의 재산형성 등 근로자복지 증진을 이룰 수 있으므로 기업과 근로자의 이해관계의 소화 및 공동 발전이 가능하게 할 수 있다. 루이스 켈소(L, Kelso) 등 우리사주제도 주창자들은 동 제도가 자본 소유의 편중문제를 해소하고 자본주의의 안정적 발전을 유력한 수단으로 기능할 수 있을 것이라고 주장하였다(조흥식·홍경준, 2001). 현재 미국, 영국 등 세계 여러 나라에서 이러한 우리사주제도를 근로자 복지증진, 노사협력 제고 등 다양한 정책적 목적을 위해 활용하고 있으며, 우리나라에서도 1968년 자본시장 육성을 위해 유상 증자시 신규 발생 주식의 10%를 종업원에게 우선 배정하도록 규정한 것이 제도의 시작이었다. 이후 2001년 〈근로자복지기본법〉 제정을 통해 기업 성과

급 내지 임금보전 형태의 우리사주제도를 도입하고, 다양한 세제 지원방안의 법적 기반을 마련하였다.

사내근로복지기금제도는 1992년 법제화 되고 2001년 개정되어 오늘에 이르는 대만과 우리나라 특유의 성과배분제도이다. 사내근로복지기금제도는 1983년 "근로의욕 향상을 위한 사내근로복지기금제도 설치·운영 준칙"을 노동부 지침으로 제정하고 기업주에게 사내근로복지기금의 설치를 행정 지도하는 것에서 시작하여, 1992년에 법 제정을 통해 복지기금을 사내에 두고 이 기금에 회사의 수익 중 일부를 출연하여 당해 연도 출연금의 일부와 기금 운용수익을 이용하여 당사의 근로자들에게 복지혜택을 주는 제도로 정립되었다. 기업수익의 일부를 적립하여 형성한 복지기금은 그 용도가 근로자 복지증진으로 제한되며 원금의 손실은 최소화하고 운용수익을 복지사업에 활용하도록 하고 있다. 복지기금을 사용하여 할 수 있는 사업(용도사업)은 근로자 주택구입자금의 보조, 우리사주 주식구입의 지원 등 근로자 재산형성을 위한 지원, 장학금, 재난구호금의 지급 기타 근로자의 생활원조, 기금운영을 위한 경비지급, 기타 대통령령이 정하는 사업으로서 근로자의 체육·문화활동의 지원, 근로자의 날 행사의 지원, 근로자복지시설로서 노동부령이 정하는 시설에 대한 출자·출연 또는 동시설의 구입·설치 및 운영(기숙사, 사내구판장, 보육시설, 콘도미니엄, 복지회관), 기타 근로자의 재산형성 지원 및 생활원조를 위한 사업으로서 정관이 정하는 사업으로 규정하고 있다. 또한 근로자가 주택을 신축·구입하거나 임차하는 경우, 우리사주 주식을 구입하는 경우, 근로자 생활안정을 위한 경우, 기타 정관이 정하는 사업에 대해서 기금원금을 사용한 대부사업도 법률로 허용하고 있다(신은종, 2008).

선택적복리후생제도는 일명 카페테리아근로복지제도로 불리기도 하는데, 회사의 정책에 따라 1인당 복리후생비 예산을 미리 설정하고 사전에 설계된 여러 가지 복리후생메뉴에 대한 선택권을 직원들에게 제공하여 예산 범위 내에서 직원 스스로 자신의 복리후생플랜을 설계, 사용하는 제도이다.

한국노동연구원의 2006년도 사업체패널조사자료에 따르면 선택적 복리후생은 5.7%(2165개), 우리사주제는 7.7%(2946개), 사내근로복지기금은 15.4%(5859)의 사업장이 도입한 것으로 나타나고 있다.

③ 노동자 자주복지

노동자 자주복지는 노동조합에 의해서 이루어지는 자원복지(voluntary welfare)의 일종으로 노동자들이 노동조합 또는 근로자 단체를 결성하여 자신들의 근로 조건의 유지, 개선을 꾀하면서 동시에 자신들 스스로가 그 조직을 통하여 조직과 자금으로 복지사업을 관리, 운영하는 자주적 복지운동이다(이덕환, 1993). 현실적으로 개별노동조합은 산업복지활동을 주도하기 위한 전문인력이나 자금, 운영기술 등을 갖추지 못하기 때문에 개별노조를 초월하여 지역별, 업종별로 연대하거나 상급노동단체를 중심으로 복지활동을 전개하고 있다(박경일 외, 2001).

노동자 자주복지는 산업혁명 초기와 같이 국가나 기업에 의한 복지가 열악할 때는 상당히 중요한 역할을 수행했다. 노동자들은 자발적으로 노동조합을 중심으로 소속 노동자들의 복지를 증진시키기 위한 다양한 활동을 벌였으며, 이 중 의료조합과 같은 형태들은 국가에 의해 제도화되기도 하였다.

그러나 국가복지와 기업복지의 발전이 이루어지면서 노동조합이 직접적 복지제공보다는 간접적 복지확대에 보다 많은 힘을 기울이게 되었고 노동자가 스스로의 재원으로 직접 벌이는 자주 복지활동은 상대적으로 점차 축소되어 갔다.

④ 민간산업복지

민간산업복지는 국가, 기업, 노동자 조직이 아닌 민간조직이나 단체가 주체가 된다. 이러한 민간단체로는 사회복지관, 종교단체, 사회단체가 있으며, 이러한 기관들이 운영하는 근로자회관, 직업훈련기관, 직업알선, 미혼부모상담, 실직자 쉼터, 노동상담, 법률상담, 성폭력상담, 신부교실, 근로자교실, 보육사업 등이 복지활동을 전개한다. 이들 민간산업복지는 다른 주체에 의한 산업복지 활동보다는 활발하지가 못한 실정이다(김기태 외, 2001).

우리나라의 경우 1970년대 종교단체가 주체가 되어 공단 밀집 지역에서 노동자에 대한 교육・상담 활동을 활발히 펼쳤던 경험이 있다. 또 지금까지 열악한 처우에 놓여 있는 외국인노동자를 위한 상담소, 의료공제회 등이 운영되고 있다.

2. 산업현장에서의 사회복지실천

1) 산업사회복지실천의 개념과 대상

산업사회복지실천은 산업현장과 작업조직을 장(場)으로 하여 사회복지 전문직이 수행하는 사회복지 실천 영역의 하나이다. 산업복지 전문직에 의한 수행되는 사회복지실천영역의 하나로 사회복지실천이론과 기술, 가치와 윤리에 바탕을 두고 수행된다. 여기서는 산업현장과 작업조직에 초점을 두어 작업조직과 관련된 개인들, 제도와 행위자에 관심을 갖고, 환경적요소(조직과 환경)속에서 개인의 문제에 접근하여 해결하고자 한다. 즉, 사회복지실천 일반에서 공유하고 있는 환경(작업조직, 직업사회, 가족) 속의 인간 이라는 관점에서, 조직 환경에 대한 개입과 개인에 대한 개입을 모두 포함하여 실천하는 활동이다.

산업사회복지실천의 대상은 산업내부대상과 산업외부대상으로 나눌 수 있다(조흥식・홍경준, 2001). 작업조직 내에서는 개별노동자를 대상으로 할 수 있는데 특히 작업과정에 부적응하거나 문제를 가지고 있는 노동자와 고용의 불안정, 실업 상태에 있는 노동자, 산업재해에 노출된 노동자, 전직 또는 퇴직을 앞둔 노동자 등이 주요 대상이 된다. 산업외부대상으로는 가족 구성원 중 문제나 욕구가 있는 노동자의 가족과 기업과 상호작용하는 지역사회에 개입하게 된다.

산업사회복지실천은 다양한 사회적 위험에 대하여 노동력을 보호함으로써 비용지출을 절감하고, 생산성을 높이는 기능을 하는 동시에 노동자의 이직과 전직을 줄여서 노동력을 안정시키고, 비인간화되기 쉬운 작업장의 직무와 조직을 인간화하는데 기여한다.

2) 산업사회복지실천의 발전과정

산업사회복지실천은 19세기 말부터 20세기 초반 사이에 시작되고, 1910년 이후 활성화된 이른바 **복지 자본주의(welfare capitalism)**의 시대에 산업체를 초점으로 개입한 사회복지 전문직의 실천활동에서 비롯되었다. 따라서 현재까지는 산업사회사업이 가장 발전한 국가는 미국이라 할 수 있다. 상대적으로 우리나라의 경우 아직까지는 산업체를 초점으로 개입하는 사회복지 실천, 즉 산업사회복지의 실천이 활성화되어 있는 것은 아니다(백종만 외, 2001).

복지자본주의(welfare capitalism)
20세기 들어 자본주의 체제 자체의 본질적인 변혁을 거치지 않고 일부 원리를 수정 또는 개량하여 국민들 간의 갈등적 요소를 최소화하고 효율적인 사회경제체제를 만들기 위한 노력을 통해 18~19세기 자유방임제도하의 경쟁자본주의와는 다른 모습의 자본주의가 형성되었다. 자본주의의 발전과정에서 나타난 독점의 횡포, 빈부 격차, 실업, 공황 등의 사회적 모순에 대해 국가는 경제개입을 통해 적극적으로 대처하고 사회정책을 확대하였다. 그 결과 20세기 초중반의 서구 자본주의 사회는 복지제도의 확충에 적극적으로 나서고 경제에 있어 계획경제적 요소를 도입하였다. 이를 수정자본주의, 지도자본주의(guided capitalism), 복지자본주의 등으로 표현한다.

미국의 경우 19세기말에서 20세기 초 기업에서 높은 이직율과 낮은 생산성, 강도 높은 파업 등의 문제가 늘어나자 사회복지실천 영역의 인보관 운동 내용을 기업조직에 적용시키기 시작했다. 이 시기 기업들은 회사 보조의 주택, 병원, 학교, 레크리에이션 센터 등의 시설을 설립하여 농촌출신의 인력을 산업적 필요에 맞게 사회화 시키고 문제 해결을 돕는 방법을 택하기 시작했고 이 과정에서 사회복지사들이 기업에 채용되어 활동하기 시작했다. 이후 1930년대까지는 생산기법의 발달, 숙련노동력의 부족, 노동조합의 조직화 등에 따른 새로운 관리기법이 필요하게 되면서 산업사회복지실천의 수요는 더욱 증가하였다.

그러나 1930년대 이후 기업복지의 제공을 통한 관리보다는 테일러주의에 기초한 과학적 관리기법이 확산되고, 산업복지에 대한 노동운동의 공격, 노무관리의 전문화 등에 따라 복지자본주의 쇠퇴하게 되었다. 또 대공황을 겪으면서 기업에서의 사회복지서비스 프로그램은 감소하게 되는데 이 과정에서 사회복지사들이 노동조합과 연대를 형성하여 활동하는 사례가 증가하게 된다.

1940년대를 거치면서 알코올 남용 및 약물 중독 문제를 해결하기 위한 여러 프로그램들이 나타나고, 산업심리학과 산업사회복지실천(industrial social work) 이 형성되어 이후 산업복지실천은 제도화의 단계에 접어들게 된다. 기업은 근로자지원프로그램(EAPs), 노동조합은 조합원지원프로그램(MAPs)을 발전시켜 나감으로써 전문직으로서 산업사회복지사의 역할을 구체화된다. 이들은 대상자들에게 문제예방, 조언, 자문서비스를 제공하고 서비스 전달에서 체계적 접근법을 사용하여 아동보육, 의료서비스 의뢰, 결혼과 가족상담, 직장 스트레스 관리, 노인부양, 약물, 성희롱 등의 프로그램을 제공하게 되었다.

3) 근로자지원프로그램(EAP)

국내외적으로 EAP는 다양하게 정의되고 있지만 공통적으로는 주로 기업이 작업조직 내에서 활동하는 피용자(근로자)를 위해 제공하는 비물질적 서비스 프로그램을 가리키는 용어이다. 세계EAP협회(Employee Assistance Professionals Association, EAPA)의 정의를 보면, "생산성 문제가 제기되는 직무조직을 돕고, 건강문제, 부부·가족생활문제, 법·재정문제, 알코올·약물문제, 정서문제, 스트레스 등 업무성과 전반에 영향을 미칠 수 있는 근로자 문제를 해결하기 위해 개발된 사업장 기반의 프로그램"으로 규정하고 있다. 미국 연방정부기관에서는 생산성 향상을 위해 근로자와 그의 가족이 일상생활에서 겪을 수 있는 다양한 문제를 해결하기 위한 서비스로서, 자발적이고 근로를 전제로 한 서비스이며 비밀유지를 바탕으로 근로자에게 무료의 단기 상담, 의뢰, 사후관리 서비스 등을 제공한다고 정의함으로써 자발적 실행과 비밀유지를 강조하고 있다(U.S. Department of Justice, 2008; 한국EAP협회, 2009에서 재인용).

EAP는 프로그램을 가리키는 용어이지만 그 내용은 산업사회복지실천의 대부분을 포함한다. 우종민·최수찬은 EAP를 직무성과에 영향을 미칠 수 있는 개인적 문제를 완화하기 위해 조직 내부나 외부의 자원을 이용해서 제공하는 사회 심리적 서비스로서, 그 개입의 대상은 문제를 가진 근로자와 가족, 친지, 직무조직, 지역사회 전체를 포괄한다고 정의하였다(우종민 · 최수찬, 2008).

〈표 14-1〉 핵심기술모델과 포괄적서비스모델 비교

	핵심기술모델	포괄적서비스모델
디자인 의도	효율적 경영을 위한 방편	근로자 복지의 일환
문제	알코올 및 약물남용 문제	업무성과에 부정적인 영향을 미치는 모든 문제
원리	사업장내 규율의 일환	사업장내 근로자 공동의 이익
기능	관리자 대상의 교육훈련, 근로자 문제 개입	관리자 대상의 훈련, 근로자 문제 개입, 사업장 건강유지, 교육, 복지, 예방
주안점	현재 근로자의 업무 성과	현재 및 잠재적인 근로자의 기능과 역할
목표	근로자의 생산성 증대	인적 자원 및 재원 보존
개념	고용주의 특권 중 하나	근로자의 자원이자 권리
범위	진단, 의뢰	진단, 의뢰, 예방
접수 · 의뢰주체	관리자	관리자, 내담자 자신, 동료
내담자	근로자	근로자, 가족, 지역사회
예방	제3기(말기)	제1기(초기)와 2기(중기)
시각 · 견지	치료를 위한 병리학적 시각	사회적 기능 강화를 위한 생태학적 시각
책무	처방에 근거한 서비스 제공	처방에 근거한 동시에 사회변화를 촉진하는 서비스 제공

자료 : Kurzman, P. A. & Akabas, S. H.(1997). *Work and Well-Being: The Occupational Social Work Advantage.* p. 34. Washington D.C.: NASW(우종민 · 최수찬, 2008에서 재인용)

EAP 개입모델은 EAP 제공에 대한 관점으로 핵심기술모델(Core Technology Model)과 포괄적서비스모델(Comprehensive Service Model)로 구분할 수 있다(한국EAP협회, 2009). 핵심기술모델은 알코올 · 약물 등의 문제를 야기하는 근로자에 대한 사후치료적 관점으로 접근하는 방식으로 특화된 전문기술을 요하고 효과성을 입증하는 데 유리하다. 반면 포괄적서비스 모델은 근로자에게 영향을 미치는 직·간접적인 요소를 종합적으로 분석, 지원하는 방식으로 핵심기술모델의 원인을 찾기 시작하면서 발전한 모델이다. 따라서 상담, 교육, 전문정보 제공, 복지서비스 연계 등 다양한 서비스 양태를 보이고 있다.

EAP 서비스는 ① 부부관계, 자녀 양육과 교육, 노부모 부양, 이성 관계, 결혼문제, 우울, 분노와 같은 정서적인 불안감 등 사적인 영역을 포함하는 생활지원 서비스(Work-life service) ② 근로자가 질병에 걸리기 이전에 바람직한 건강의식과 행동을 통해 신체적, 정신적 건강을 유지할 수 있도록 지원하는 건강증진 / 웰니스(Health Promotion/Wellness Program) 프로그램 ③ 잘 드러나지 않는 행동적 위험요인에 대처해야 한다는 전제로 근로자와 관련된 여러 가지 위험성(업무 관련 정신질환, 개인적 문제에 의한 업무수행능력저하, 업무상 고)을 방지하고 위기 상황 발생 시 긴급 지원 서비스를 통해 경험자들의 외상을 치유하고 상황이 잘 정리될 수 있도록 지원하는 위험관리(Risk Management)는 서비스 등 그 범위가 넓다(한국EAP협회, 2009). 최근의 EAPs는 가족, 직업상, 재정적 문제, 대인관계 및 행동문제, 심리적/ 정신의학적 문제 등을 포괄하여 스트레스, 장애문제, 일과 가족의 갈등, 발달장애, 부양가족보호, 정신질환, 정신건강문제, 직장성희롱문제 등 다양한 문제에 대한 종합서비스, 포괄적 가족 원조 프로그램으로 개념과 영역이 확대되고 있다(조흥식·홍경준, 2001)

제5부

사회복지의 전망

제 15 장

21세기 사회복지의 전망과 과제

제 1 절 경제사회적 구조의 변화와 복지국가

1. 후기 산업사회의 구조적 변화

후기산업사회로 전환되는 과정에서 산업사회는 경제사회전반에서 큰 구조적 변화를 거치고 있다. 복지체제 역시 산업사회에 기반한 전통적 복지국가에 머무를 수 없는 한계를 경험하면서 새로운 구조로의 변화를 경험하게 된다.

제2차 세계대전 이후 1970년대까지 서구 국가의 대부분은 다음 몇가지의 좋은 조건을 가지고 있었다. 첫째, 인구의 대다수에게 높은 수준의 가족임금을 제공할 수 있는 대규모의 안정적인 제조업을 특징으로 하는 경제의 지속적 성장, 둘째 아동과 취약한 노인 그리고 여타 피부양집단에게 돌봄(care)을 제공할 수 있는 안정적인 핵가족 구조, 셋째 낮은 수준의 실업률과 안정된 임금을 유지하는 신케인즈주의 정책을 통해 국민경제를 관리할 수 있는 정부, 넷째 노동계급과 중간계급의 동맹이 그들의 욕구를 충족시키기 위한 복지급여와 서비스를 제공하는데 효과적으로 압력을 행사할 수 있는 정치체계 등이다(Taylor-Gooby, 2004; 김연명, 2009에서 재인용).

후기산업사회
후기산업사회는 서구 선진산업사회를 기준으로 할 때 1960년대에서 1970년대 사이 나타난 새로운 산업구조를 기반으로 한 사회를 의미한다. 이 시기를 지나면서 제조업 중심의 산업구조에서 정보화 중심으로 변화되었는데, 다니엘 벨(Bell, D.)이 이 문제를 처음 제기한 이후 앨빈 토플러 (Tofler, A.)의 《제3의 물결》을 통해 후기 산업 사회, 정보화 사회라는 용어가 보편화되었다.

그러나 **후기산업사회**로 이행하는 과정에서 고용이 제조업에서 서비스 부문으로 대량 이동하면서 생산성 하락과 경제성장의 둔화, 계층간 양극화 등이 나타났고, 산업사회 노동시장 구조의 균질성은 균열되기 시작했다. 또, 여성취업률의 상승, 저출산·고령화, 한부모가족 증가 등의 인구사회학적 변화는 취약가구원에 대한 보호기능을 크게 약화시켰다.

특히 후기산업사회에서 노동시장이 이전과 다른 조건에 놓이게 되었다는 점이 중요한 의미를 지닌다. 완전고용이 이루어지는 가운데에서도 생산성이 향상하며, 역동적인 경제활동이 이루어졌던 복지국가 황금기의 노동시장 조건은 이제 더 이상 존재할 수 없는 탈산업화시대에 도달했다. 후기사산업사회에서 새롭게 성장하는 산업 영역은 과거 2차 산업이 농업 인구를 흡수했던 것처럼 제조업 미숙련 잉여 노동자를 흡수하지 못한다는 것이다. 설사 서비스산업에서 미숙련 노동자의 고용을 늘린다 해도 서비스산업의 특성상 임금이 매우 낮기 때문에 고용보장-임금보장을 동시에 해결할 수 없는 산업적 특징을 지닌다(에스핑앤더슨, 2006). 여기에 세계화에 따른 지구적 무역과 자본이동은 노동의 집합적 힘을 취약하게 만들었고 국가의 자율적 규제력 역시 약화되고 있다.

2. 새로운 사회적 위험과 복지국가

새로운 사회적 위험은 후기 산업사회로의 경제사회적 구조가 변화면서 이전과는 다른 양태로 겪게 되는 위험들을 의미한다. 과거 사회적 위험은 농업중심의 사회에서 근대 산업사회로 넘어오면서 공업화와 도시화에 수반되는 빈곤문제, 산업재해, 질병, 실업, 노령 등의 문제를 주로 꼽았다. 이 위험들은 주로 산업현장에서 일하는 노동자 계층을 주 대상으로 상정했을 때의 위험이었으며, 남성 가장을 중심으로 가구 단위의 생활을 전제로 파악한 것이었다.

그러나 산업구조가 변화면서 저출산 고령화 현상으로 인구학적 구조가 달라지고 고용의 유연성이 강조되기 시작하면서 사회적 위험의 양상이 이전과는 다르게 나타나기 시작하였다. 테일러-구비(Taylor-Gooby, 2004)는 새로운 사회적 위험을 다음의 네 가지로 요약한다(김성천 외, 2009).

첫째, 후기 산업사회의 노동구조가 남녀평등의 방향으로 변화되면서 특히 가정과 직장에서 아동들에 대한 보육이나 노인들에 대한 보호 등의 어려움을 감내하지 않으면 안 되는 저숙련 여성 노동자들의 사회적 위험이 증가하였다.

둘째, 노령으로 인한 사회적 보호의 수요 증가, 연금과 건강 서비스의 비용 증가 등으로 인한 노인들의 사회적 위험이 증가하였다.

셋째, 기술발전으로 인한 노동시장의 변화가 비숙련직의 감소를 초래하고, 국제 간 노동이동의 가능성이 증대됨으로 인한 교육과 고용의 연계로 조교육 노동자들의 사회적 배제 문제가 심각해졌다.

넷째, 민영화와 복지 축소로 인한 사적 서비스 부문의 팽창은 그에 대한 규제 기준이 효과적이지 못할 가능성이 높으며, 따라서 일반 시민들이 불만스러운 선택을 할 수밖에 없는 새로운 사회적 위험을 수반하게 되었다.

이렇게 사회적 위험의 주요한 문제가 변화됨에 따라 전통적인 사회적 위험을 중심으로 구축되었던 복지국가 역시 변화될 수밖에 없는 상황에 놓여있다. 가족과 성역할이 변화함에 따라 아동이나 노인과 같이 보호를 필요하는 사람들에 대한 개입 필요성이 높아졌고, 일과 가족의 양립이 가능한 사회체계 확립, 기술과 훈련의 수준이 낮은 노동자들에 대한 사회적 통합 등 새로운 과제들을 떠안게 되었다. 결국 노동시장과 인구가족구조의 변화에 적합한 새로운 복지체제를 만들고, 생산성 있는 경제구조와 함께 성장하는 것이 필요하게 되었다고 볼 수 있다. 근로연계복지나 사회투자 정책과 같이 시장의 역동성을 흡수하여 보다 능동적인 복지체제를 만들고자 하는 것도 새로운 변화에 대한 대응의 하나이다.

제 2 절 한국 사회복지의 전망과 과제

한국은 기초적인 소득보장 체계가 충분히 갖춰지지 않은 상태에서 새로운 사회적 위험에 대해서도 대응해야 하는 이중의 과제를 안고 있다. 21세기 이후에도 절대 빈곤층이 크게 줄지 않고 있으며 오히려 양극화 현상이 고착되는 경향을 보이고 있다. 또한 조세 및 복지 제도에 의한 재분배 효과가 적어서 시장에서의 불평등이 각 개인의 생활에 그대로 영향을 미치고 있다. 따라서 사회적 불평등의 해소를 위한 복지-재분배 체계를 구축하는 동시에 유연화된 고용체계에 적합한 사회적 안정망을 만들어가야 할 것이다.

한국의 복지역사를 보면 21세기에 접어들어서야 4대 보험대상이 전국민으로 확대되고, 국민기초생활보장제도의 도입을 통해 복지국가의 밑그림이 그려졌을 뿐이다. 여전히 사회보장체제의 사각지대 문제가 상당한 정도로 남아 있고, 소득, 건강, 주거, 교육 등 기본적인 사회보장이 여전히 취약한 상태이다(윤홍식, 2009). 이렇게 전통적인 사회위험을 해소할 수 있는 사회보장 체계가 불안정한 상태에서 새로운 사회적 위험을 경험하고 있기 때문에 21세기를 전후한 한국사회는 사회적 양극화와 빈곤의 고착화 등 쉽게 해결하기 어려워 보이는 사회문제들로 고통을 겪고 있는 것이다.

이러한 조건에서 무엇보다도 보편적 복지권에 대한 사회적 인식이 보다 널리 확산되는 것이 시급한 과제이다. 압축적인 근대화 과정에서 경제성장 우선주의는 분배에 대한 편협한 인식을 확산시켰다. 평등과 복지를 주장하는 것에 대해 이념적 낙인을 붙여온 것도 사실이다. 이제 21세기에 접어들면서 국민들이 공통으로 누려야할 삶의 가장 기본적인 권리가 무엇인지에 대해 다시 한번 사회적 논의를 이끌어내야 한다. 복지 확대가 한국사회의 발전을 저하하는 것이 아니라 오히려 한 단계 높은 성장을 위해 필수적이라는 사실을 인식하고, 누구에게나 최소한의 생활을 유지할 수 있는 권리가 있다는 것 그리고 그 권리를 지키기 위해서는 모든 사람들을 위한 보편적 복지제도의 확대가 뒤따라야 한다.

아울러 저출산·고령화로 대표될 수 있는 인구학적 변화는 21세기 한국 복지체제에 무거운 짐을 안기고 있다. 여성의 사회참여가 증가됨에도 불구하고 출산과 보육에 대한 사회적 지원이 미흡하고, 날로 증가하는 사교육의 문제 등이 결과적으로 결혼과 출산을 기피하는 상황을 만들어냈다. 여기에 노인인구의 증가에 따라 예견되었던 노인돌봄의 문제가 현실화되고 있다.

이러한 문제들을 바라보면서 21세기에 가족을 어떻게 바라볼 것인가 하는 근본적인 질문을 던지게 된다. 과연 20세기까지와 같이 혈연을 중심으로 한 가족이라는 것이 앞으로도 지속될 수 있으며, 지속하여야 하는 것일까 하는 것이다.

아동과 노인의 문제들은 과거 가족이라는 일정한 혈연적 틀 안에서 다루어졌던 것이었다. 그러나 현 상황이 보여주는 바는 더 이상 가족이라는 혈연적 틀이 현실에서 20세기와 같이 작동하고 있지 않다는 것이다. 여기에 한부모가족, 재혼에 따른 복합가족, 이주 여성의 다문화가족, 동거가족 등 주류 가족형태와는 다른 새로운 가족형태가 점차 늘어나고 있다.

따라서 21세기 사회복지 체제에서는 더 이상 전통적인 가족, 즉 가장을 1차 소득자로 상정하고 부양받는 가족으로 구성된 혈연적 단위를 전제하기보다는, 보다 확장된 가족 즉, 사회 공동체를 만들어내고 강화하는 것이 더욱 중요하다고 할 수 있다. 사회적인 것의 발견과 공통의 이해에 기반한 신뢰의 형성이 무엇보다 필요한 상황이다.

참고문헌

감정기 · 최원규 · 진재문, 『사회복지의 역사』, 서울: 나남출판, 2002.
강만길, 『일제시대 빈민생활사 연구』, 서울: 창작과 비평사, 1987.
국가청소년위원회(2005). 청소년백서.
권태준 · 김광웅, 『한국의 지역사회개발』, 서울: 법문사, 1981.
김규수, "정신보건을 위한 지역사회정신건강모형개발 연구", 『정신보건과 사회사업』 제9집.
______, 『정신보건사회사업실천론』, 서울: 형설출판사, 2004.
김기덕 · 손병돈, "1982-1992년간 근로자가구의 소득분배변화추세 : 소득원천별, 사회보장수혜, 이전소득, 조세부담", 『사회복지연구 제6호』, 1995: 91-115.
김동국, 『서양사회복지사론』, 서울: 유풍출판사, 1994.
김명훈, "한국의 의료사회복지", 한국복지연구원 편, 『한국의 사회복지』, 한울, 2008.
김상균, 『현대사회와 사회정책』, 서울 : 서울대출판부, 1987.
김상균 · 김성이, 『사회과학과 사회복지』, 서울: 나남출판, 1999.
김상균 · 최일섭 · 최성재 · 조흥식 · 김혜란, 『사회복지개론』(개정판), 서울: 나남출판, 2005.
김상균 · 최일섭 · 최성재 · 조흥식 · 김혜란, 『사회복지개론』, 서울: 나남출판, 2001.
김상균 · 최일섭 · 최성재 · 조흥식 · 김혜란 · 이봉주 · 구인회 · 강상경 · 안상훈, 『사회복지개론』(개정2판), 서울: 나남출판, 2007.
김성천 · 강욱모 · 김혜성 · 박경숙 · 박능후 외 9인, 『사회복지학의 원리와 실제』, 서울 : 학지사, 2009.
김연명 편, 『사회투자와 한국 사회정책의 미래』, 서울: 나눔의집, 2009.
김영모, 『사회복지학』, 서울: 한국복지정책연구소 출판부, 1999.
______, 『현대사회문제론』, 서울: 고헌출판부, 2000.
김왕배, 『산업사회의 노동과 계급의 재생산』, 서울: 한울, 2001.
김용득, "사회서비스바우처사업 2년의 평가와 과제", 『사회서비스바우처 시행 2주년 기념 심포지엄 자료집: 사회서비스바우처 사업의 내실화 및 확대 방향』, 사회서비스관리센터, 2009.
김태성, 『사회복지정책입문』, 서울 : 청목출판사, 2003.
김태성 · 김진수, 『사회보장론』, 서울 : 청목출판사, 2005.
김태성 · 류진석 · 안상훈, 『현대 복지국가의 변화와 대응』, 서울 : 나남출판, 2005.
김태성 · 성경륭, 『복지국가론』 (개정판) , 서울 : 나남출판, 2000.
____________, 『복지국가론』, 서울 : 나남출판, 1993.
김태성 · 손병돈, 『빈곤과 사회복지정책』, 서울 : 청목출판사, 2003.

김태완 외(2008). "빈곤통계연보", 서울 : 한국보건사회연구원.

김현철 · 신광영 · 유병용, 『유교와 복지 : 전통과 현대를 잇는 책』, 서울: 백산서당, 2002.

김혜경(2003). "가족정책과 젠더관점의 결합을 위한 연구 : 서구복지국가의 케어 정책 체제를 중심으로", 『여성연구』, pp. 31-56.

김혜성, "한국의 정신보건복지 서비스", 한국복지연구원 편, 『한국의 사회복지』, 서울: 한울, 2008.

남기민 · 최성재, 『사회복지행정론』, 서울: 나남출판, 2000.

노동부(2005). 육아휴직이용실태.

대통령자문정책기획위원회, "강소국의 사회투자와 국가선진화 전략 연구", 2007년 정책기획과제 연구보고서, 2007.

동서문화, 『파스칼 세계대백과사전』, 서울: 동서문화, 1999.

박경일 외, 『사회복지학 강의』, 경기 : 양서원, 2001.

박경일 · 김경호 · 김희년 · 서미경 · 양정하 · 이경희 · 이명현 · 장중탁 · 전광현, 『사회복지학 강의』, 경기 : 양서원, 2001.

박석돈 외, 『사회복지개론』, 양서원, 2008.

박세경 외(2005). "OECD국가와 한국의 아동보호체계 비교연구", 한국보건사회연구원.

박용순, 『사회복지론』, 서울: 학지사, 1999.

박종우, "사회사업가의 전문직업적 정체성 연구", 서울대학교 대학원 박사학위논문, 1994.

백종만 · 최원규 · 최옥채 · 윤명숙 · 홍경준 · 이상록 · 박현선, 『사회와 복지』, 서울 : 나눔의집, 2001.

법무부(2005). 법무여성통계.

보건복지가족부(2008). 다문화가족 생애주기별 맞춤형 지원 강화대책.

__________(2009). 「2009년도 장애인복지사업안내」

__________(2009). 「정신보건기관법령」.

__________(2009). 09.노인보건복지사업인내(중앙노인보호전문기관 지료 제인용).

__________(2009). 2007국민기초생활보장급여지급현황(2009년 6월 9일 보도자료)

__________(2009). 2008 입양아동현황.

__________(2009). 2008.노인실태보고서.

__________(2009). 2008년 장애등록자 수

__________(2009). 2008년도 보건복지가족통계연보, 보건복지가족부

__________(2009). 2009 아동청소년 백서.

__________(2009). 2009 주요업무참고자료.

__________(2009). 2009년 노인복지시설현황.

__________(2009). 2009년 통계연보, 장애인 출현율 변화추이

__________(2009). 2009년도 보육사업 안내개정판

_____________(2009). 가족정책 관련 통계자료저소득 한부모가족 실태조사, 여성가족부자료 재인용자료.

_____________(2009). 아동청소년종합실태조사보고서.

_____________(2009). 통계청, 요보호아동 발생 및 보호자료.

_____________(2009).장애인복지시설 일람표 및 통계자료(2008년말기준)

_____________(2009). 『2009년도 지역사회서비스투자사업 안내』.

보건복지가족부 사회서비스관리센터, 『지역사회서비스투자사업 제공기관 교육자료집』, 2009.

보건복지부(2004a). 「아동복지법령」.

_________(2004b). 「노인복지법령」.

_________(2005). 「노인복지시설현황」.

_________(2006a). 「2006년도 아동복지사업안내」.

_________(2006b). 「아동보호 보건복지통합서비스 시범사업 안내」.

_________(2006c). 「노인학대현황과 대책」. 노인학대관련 당정협의보고자료.

_________(2006d). 「2006년도 노인보건복지사업안내」. 서울:보건복지부.

_________(2007). 장애인복지법 시행령.

보건복지부 · 중앙아동보호전문기관(2009). 「전국아동학대현황보고서」.

보건사회연구원(2005a). 「2004년도 전국 노인생활실태 및 복지욕구조사」.

_____________(2005b). 「2005년도 전국 결혼 및 출산 동향조사」.

_____________(2006). 「2005년도 전국 장애인실태조사」.

_____________(2009). 「2008년도 전국 장애인실태조사」.

빈부격차 · 차별시정위원회(2004). 빈곤아동·청소년 종합대책자료.

서 윤(2004). "한국노인학대의 현황과 사회복지적 개입실천과제", 『보건과복지』, 7집, 61-81.

석재은 ·김태완(2000). "노인의 소득실태분석과 소득보장체계 개선방향", 한국보건사회연구원.

송근원 · 김태성, 『사회복지정책론』, 서울 : 나남출판, 1995.

신광영, 『계급과 노동운동의 사회학』, 서울: 나남출판, 1994.

신복기 외, 『사회복지행정론』, 공동체, 2008.

신용하, 『한국민족의 형성과 민족사회학』, 서울: 지식산업사, 2001.

안상훈 · 조성은 · 길현종, 『한국 근대의 사회복지』, 서울: 서울대학교 출판부, 2005.

양동휴, 『1930년대 세계 대공황 연구』, 서울: 서울대학교 출판부, 2000.

에스핑앤더슨, 박시종 역,『복지체제의 위기와 대응』, 성균관대학교출판부, 2006.

여성가족부(2005a). 「미혼모 보호시설 입소자 실태조사」.

_________(2005b). 「여성통계연보」.

여성부(2009a). 2009년도 가정폭력 · 성폭력 보호시설 및 상담소 등 운영실적 보고.

______(2009b). 2009년도 한부모가족지원사업안내..

______, 2009년도 가정폭력 · 성폭력보호시설 및 상담소 등 운영실적보고

오석홍, 『행정학』, 서울: 박영사, 2004.

우종민 · 최수찬, 『근로자지원프로그램(EAP)의 이론과 실제』, 인제대학교 출판부, 2008.
유수현, "종합병원 내 의료사회복지사의 전문적 지위에 관한 연구", 『의료사회복지논문자료집 1』, 대한의료사회복지사협회, 1989.
윤철수, "한국의 학교사회복지", 한국복지연구원 편, 『한국의 사회복지』, 서울 : 한울, 2008.
윤철수 · 진혜경 · 안정선, 『학교 교육과 복지』, 경기 : 양서원, 2006.
윤현숙 · 김연옥 · 황숙연, 『의료사회사업론』, 서울: 나남출판, 2001.
윤홍식, "가족 · 여성 정책의 사회투자와 한국의 복지국가", 김연명 편, 『사회투자와 한국 사회정책의 미래』, 서울: 나눔의집, 2009.
이가옥 외(1994). "노인생활실태 분석 및 정책과제", 한국보건사회연구원.
이규태, "한국사회에 있어서의 복지관", 『복지사회의 이념과 방향』, 아산사회복지사업재단, 1979.
이기백, 『한국사신론』, 서울: 일조각, 1990.
이덕환, "한국 근로복지를 위한 노 · 사 · 정 역할레 관한 연구", 동아대학교 박사학위논문, 1993.
이두호 외, 『빈곤론』, 서울: 나남출판, 1992.
이영환, "미군정기 전재민 구호정책의 성격 연구". 서울대학교 석사학위 논문, 1989.
이용교, 『디지탈 사회복지개론』, 서울 : 인간과복지, 2006.
이인재 · 류진석 · 권문일 · 김진구, 『사회보장론』, 서울: 나남출판, 2002.
이재완 · 최영선, 『세계의 아동수당제도』, 경기 : 양서원, 2006.
일본국립사회보장 인구문제연구소(2003). 인구통계자료집.
임상사회사업연구회(1999). 『사회복지 실천과 임상 사회사업』, 서울: 학문사.
장인협(1984). 『아동복지론』, 서울: 서울대출판부.
______(1998). 『사회사업실천방법론 (상)』, 서울: 서울대출판부.
장인협·오정수 (2000) 『아동·청소년복지론』, 서울: 서울대출판부.
장인협 · 이정호, 『사회복지행정론』, 서울: 서울대학교 출판부, 1993.
장인협 · 이혜경 · 오정수, 『사회복지학』(제2개정판), 서울 : 서울대학교 출판부, 2007.
장인협 · 이혜경 · 오정수, 『사회복지학』, 서울 : 서울대학교 출판부, 1999.
정민숙 · 양정남 · 이형하 · 박일연 · 김혜선, 『사회복지개론』, 경기 : 공동체, 2009.
정원철, 『정신보건사회사업론』, 경기 : 공동체, 2007.
조흥식 · 홍경준, 『산업복지론』, 서울: 나남출판, 2001.
지 윤, 『한국사회사업사』, 서울: 홍익재, 1985.
최무열, 『한국 교회와 사회복지』, 서울: 나눔의집, 1999.
최익한, 『조선사회정책사』, 서울: 박문출판사, 1947.
최일섭 · 류진석, 『지역사회복지론』, 서울: 서울대학교 출판부, 1998.
최일섭 · 정은, 『현대사회복지의 이해』, 경기 : 공동체, 2006.
통계청(2005a). 「인구주택총조사보고서」.

______(2005b). 「장래특별인구추계」.
______(2005c). 「인구동태 통계연보」.
______(2006). 「경제활동인구연보」.
______(2006). 「장래인구추계」.
______(2008). 「인구동태통계연보」.
______(2009). www.nso.go.kr.
통일부(2009). 「북한이탈주민 지원현황」.
하상락 편, 『한국사회복지사론』, 서울: 박영사.
한국여성개발원(2005). 「가족실태조사」, 여성가족부.
한국학교사회복지사협회(2009).학교사회복지실시현황. http://www.kassw.or.kr/
한국EAP협회, 『근로자지원프로그램(EAP)의 합리적 도입운영모델 연구』, 근로복지공단 연구용역보고서, 2009.
한인영・홍순혜・김혜란・김기환, 『학교와 사회복지: 학교사회사업의 이론과 실제』, 서울: 학문사, 1997.
허구생, 『빈곤의 역사, 복지의 역사』, 서울: 한울,
현외성・박용순・박용권・김영미・권현수, 『사회복지학의 이해』, 서울: 유풍출판사.
홍금자, "근대 사회사업이 성립과 발달사적 구분에 관한 연구", 『한국사회복지학』 40호, 서울 : 나남출판, 2000.
홍봉선・남미애, 『학교사회복지론』, 경기 : 공동체, 2009.
황성철, 『사회복지행정론』, 경기 : 현학사, 2003.

Aron, H. J., *Economic Effects of Social Security*, Washington, D. C. : Brookings Institution, 1982.
Atkinson, A. B., *Social Justice and Public Policy*, Brington, Sussex : Wheatshef Books, Ltd., 1983.
Baran, P. & P. Sweezy, *Monopoly Capital*, New York : Monthly Review Press, 1966.
Barker, R.L.. *The Social Work Dictionary*, 4th ed., Washington, DC: NASW, 1999.
Barker, R.(1991). *The social work dictionary. Silver Spring*, MD: National Association of Social Workers.
Barker, R.(1999). *The social work dictionary*(4th el.).. Washington, DC: NASW Press.
Barro, R., "The Impact of Social Security no Private Savings : Theory and Historical Evidence", *Social Security Bulletin*, Vol. 48, 1985 : 14-30.
Bartlett, H.(1961). *Analyzing social work practice by fields*. New York, NY: National Association of Social Workers.
Berry, J. M., *The Interest Group Society*, Boston: Little, Brown, 1984.

Biestek, F.(1957). *The casework relationship.* Chicago, IL: Loyola Univ. Press.

Bowers, S.(1949). The nature and definition of social casework, *Journal of Social Casework*, 30(8).

Brager, G. & Specht, H.(1973). *Community Orginizing.* New York: Columbia Univ. Press.

Breen, L.(1960). The aging individual. In *Handbook of Social Gerontology*, Chicago, IL: Univ. of Chicago Press.

Brown, C., et al., "The Effects of the Minimum Wage on Employment and Unemployment", *Journal of Economic Literature*, Vol. 20, 1982 : 487-528.

Carrell, S.(1993). *Group Exercises for Adolescents: A Manual for therapists.* Newbury Park, CA: Sage.

Dahl, R. A., *A Preface to Economic Democracy,* Berkeley : University of California Press, 1985.

Davis, K. & W. E. Moore, "Some Principles of Srtatification", *American Sociological Review*, Vol. 20, 1945 : 242-249.

Day, P. J. *A New History of Social Welfare*, 2nd ed., Allyn&Baconn, 1997.

Day, P. J., *A New History of Social Welfare*, Englewood Cliffs, N. J. : Prentice Hall, 1989.

Deviney, S., "The Politics Economy of Public Pension : A Cross-National Analysis", *Journal of Politics and Military Sociology,* 12, 1984 : 295-310.

Doeringer, P. & M. J. Piore, *Internal Labor Market and Manpower Analysis*, Lexington Books, 1971.

Drewnowski, J., *The Definition and Measurement of Poverty*, Hague : Institute of Social Studies, 1976.

DuBois, B. & Miley, K.(1996). *Social work in empowering profession.* Needham Heights, MA: Allyn & Bacon.

Dunham, A. (1970). *The New Community Organization.* New York: Thomas Y. Crowell Co.

Dye, *Understanding Public Policy*, Englewood Cliffs : Prentice Hall, 1982.

Esping-Andersen, G., *Politics against Markets*, Princeton : Princeton University Press, 1985.

Esping-Andersen, G., *The Three Worlds of Welfare Capitalism*, Princeton : Prinscerion University Press, 1990.

Evans, P. B., D. Rueschemeyer, & T. Skocpol(ed.), *Bring the State Back In*, Cambridge : Cambridge University Press, 1985.

Flora & A. J. Heidenheimer, "The Historical Core and Changing Boundaries of the Welfare State", in P. Flora. and A. J. Heidenheimer(ed.)., *The Development of Welfare States in Europe and America,* New Brunswick : Transaction Books, 1981.

Flora & J. Alber, "Modernization, Democratization, and the Development of Welfare States in Western Europe", In P. Flora and A. J. Heidenheimer(ed.), *The Development of Welfare States in Europe and America,* New Brusnwick : Transaction Books, 1981.

Frase, D., *The Evolution of the British Welfare State,* London : The Macmillan Press Ltd., 1973.

Friedlander, W., & Apte, R., (1974). *Introduction to Social Welfare.* Englewood Cliffs: Prentice Hall.

Friedlander, W., & Apte, R., (1974). *Introduction to Social Welfare.* Englewood Cliffs: Prentice Hall.

Friedlander, Walter A. & Robert Z. Apte, *Introduction to Social Welfare,* Englewood Cliffs, N. J. : Prentice Hall, 1974.

Friedman, M., *Capitalism and Freedom,* Chicago: University of Chicago Press, 1962.

Fuchs, V., "Redefining Poverty and Redistribution Income", Public Interest, 1967 : 88-95, L. Rainwater, *What Money Buys : Inequality and the Social Meaning of Income,* New York : Basic Books, 1974.

George, V. & P. Wilding, *Ideology and Social Welfare,* R. K. P. , 1976.

George, V. & P. Wilding, *Welfare and Ideology,* R. K. P. 1994.

Giddens, A., *The Third Way,* Cambridge : Polity Press, 1998.

Gilbert N. & Terrel, P., *Dimensions of Social Welfare Policy,* 5the ed. Boston : Allyn and Bacon, Ginsberg, 2002, 남찬섭 · 유태균 역, 『사회복지정책론: 분석틀과 선택의 차원』, 나눔의집, 2007.

Gitterman, A. (1983). Uses of resistance: A transactional view. *Social Work,* 28, 127.

Goedhart, T. et al., "The Poverty Line : Concept and Measurement", *The Journal of Human Resource,* Vol. 12, 1977 : 503-520.

Gough, I., *Political Economy of the Welfare State,* London : Macmillan, 1979.

Griliches, Z., "Sibling Models and Data in Economics: Beginnings of a Survey", *Journal of Political Economy,* Vol. 87, 1979 : 37-64.

Hamermesh, D. S., "Subsidies for Jobs in the Private Sector", in *J. L. Palmer,* 1978 : 87-122.

Handel, G. , *Social Welfare in Western Society,* N.Y : Random House, 1982.

Hasenfeld, Y., *Human Service Organization*, NJ: Prentice-Hall, 1983.

Hewitt, Martin, *Welfare, Ideology and Need*, Hemel Hempstead : Harvester Wheatsheaf, 1992.

Hochschild, J. L., *What's Fair, Cambridge* : Havard Univ. Press, 1981.

Huber, E. & Stephens, J., "Welfare State and Production Regimes in the Era of Retrenchment", in Pierson, P., *The New Politics of the Welfare State*, New York: Oxford University Press, 2001 : 108-145.

ILO, The Cost of Social Security, Geneva : ILO, 1996.

Jenkins, J. C. & B. G. Brents, "Social Protest, Hegemonic Competition and Social Reform : A Political Struggle Interpretation of the Origins of the American Welfare State", *American Sociological Review*, 54, 1989 : 891-909.

Johnson, L.(1986). *Social work practice: A generalist approach*. Newton, MA: Allyn & Bacon.

Johnson, L.(1986). *Social work practice: A generalist approach*. Newton, MA: Allyn & Bacon.

Johnson, L., Schwartz, C., & Tate, D.(1997). *Social welfare: A response to human need*. Needham Heights, MA: Allyn & Bacon.

Jones, K., Brown, J., Bradshaw, J., *Issues in Social Policy*, Routledge & Kegan Paul, 1983.

Kadushin, A.(1980). *Child welfare service*. NY:Macmillan Publishing Co.

Kahn(1991). *Organizing a guide for grassroots leaders*. Washington, DC: NASW Press.

Kammerman, S. & A. Kann, *Privatization and the Welfare State*, Princeton : Princeton University Press, 1989.

Kammerman, S. & A. Kann, *Privatization and the Welfare State*, Princeton : Princeton University Press, 1989.

Kettner,P., Daley, J. & Nicholas, A..(1985). *Initiating change in organization and community*. Monterey, CA: Brooks/Cole Publishing Co.

Kilpatrick, R. W., "The Income Elasticity of the Poverty Line", *The Review of Economic and Statistics*, Vol. 55, 1973 : 327-332.

Konopka, G.(1972). *Social group work*. Englewood Cliffs, NJ:Prentice Hall.

Korpi, W., "Social Policy and Distributional Conflict in the Capitalist Democracies : A Preliminary Comparative Framework", *West European Politics*, 3, 3, 1980 : 296-316.

Lampman, R. J. & T. M., *Social Welfare Spending*. New York : Academic Press, 1984.

Lash, S. & J. Urry, *The end of Organized Capitalism*, Cambridge : Polity, 1987.

Le Grand, J., *The Strategy of Equality*, London : Allen and Unwin, 1982.

Le Grand, J., *Equity and Choice*, New York : Harper Collins, 1991.

Leiby, J., (1978). *A History of Social Welfare and Social Work in the United States*. New York: Columbia University Press.

Lewis, O., *Five Families*, New York : Basic Books, 1959.

Lindbloom, Charles E., "The Science of Muddling Through", *Public Administration Review*(Spring), 1959 : 79-88.

Lipset, S. M., *Political Man*, Garden City : Doubleday, 1960.

Loewenberg, F. M., Dolgoff, R., 『사회복지실천윤리』, 서미경 외 역, 양서원, 2000.

Lydall. H. F., "Theories of the Distribution of Earnings", in A. B. Atkinson, *The Personal Distribution of Income*, London : Allen and Unwin, 1976 : 15-46.

Macarov, D., *Social Welfare: Structure and Practice*, CA : Sage Publication, 1995.

Macarov, D., *The Design of Social Welfare*, N. Y. : Rinehart and Winston, 1978.

Mickelson, J.,(1995). Advocy. In R. Edwards(Ed.), *Encyclopedia of social work*(19th ed.), Vol. 1, 99-100 .Washington, DC: NASW Press.

Mincer, J., *Schooling, Experience, and Schoolings*, N. Y. : NBER, Columbia Univ. Press, 1974.

Mishra, R., Marx and Welfare, *Sociological Review*, 23, 1975.

Morales, A., & Sheafor, B.(2001). *Social work: A profession of many faces*. Needham Heights, MA: Allyn & Bacon.

Musgrave, R. A., *The Theory of Public Finance*, N. Y. : McGraw Hill, 1959.

National Association of Social Workers(1973). *Standards for social service Manpower*. Washington, DC: NASW Press.

OECD(2004), Social Expenditure Database, (www.oecd.org/els/social/expenditure)

Okun. A., *Equality and Efficiency : The Big Trade Off,* Washington, D. C : Brookings Institution, 1975.

Olson, M., *The Rise and Decline of Nations*, New Haven : Yale Univ. Press, 1982.

Orshansky, M., "Counting the Poor : Another Look at the Poverty Profiles", *Social Security Bulletin*, Vol. 28, 1965.

Osborn, A. (1963). *Applied imagination: principles and procedures of creative problem solving*. NY: Scribner.

Palmer, J. L.(ed.), *Creating Jobs: Public Employment Programs and Wage Subsides*, Washington, D. C.: The Brookings Institution, 1978.

Pampel, F. C. & J. B. Williamson, *Age, Class, Politics and the Welfare State*, Cambridge : Cambridge University Press, 1989.

Papell, C., & Rothman, B. (1966). Social Group Work Models. *Journal of Education for Social Work*, 2(2), 66-77.

Pechman, J. A.. *The Rich, The Poor, and the Taxes They Pay*, Boulder, Colorado : Westview Press, 1986.

Pierson, C., *Beyond the Welfare State? The New Political Economy of Welfare*, Cambridge, U. K. : Polity Press, 1991.

Pierson, P. (ed.), *The New Politics of Welfare State*. Oxford : Oxford University Press, 2001.

Pincus, A.,& Minahan. A.(1973). *Social Work Practice: Model and Method*. Itasca, IL: Peacock.

Piven, F. & Cloward, *Regulating the Poor: The Functions of Public Welfare*, Vintage Book, 1971, 1993.

Popple, P. R., Leighninger, L. *Social Work, Social Welfare, and American Society*, Allyn&Bacon, 1996.

Richmond, M.(1944). *Social diagnosis*. New York, NY: Free Press.

Rimlinger, G. V., 한국사회복지학연구회 역, 『사회복지의 사상과 역사』, 서울 : 한울, 1991.

Ritter, G. A., *Sozialversicherung in Deutschland und England*, 전광석(역), 교육 과학사, 1983.

Romanyshin, J. M. *Social Weflare: Charity to Justice*, N.Y : Random House, 1971.

Rothman, (1995). Approaches to community intervention. In J. Rothman, J. Erlich, & J. Tropman(Eds.), *Strategies of community intervention. Itasca*, IL: Peacock.

Rubin, A.(1987). Case Management, In a Minahan et al(eds.), *Encyclopedia of Social Work, Silver Spring*, MD: NASW, 212-222.

Sheafor, B., Horejsi, C.& Horejsi, H.(1997). *Techniques and guidelines for social work practice*. Needham Heights, MA: Allyn & Bacon.

Skidmore, R., Thackeray, M., Farley, O., Smith, L. & Boyle, S.(2000). *Introduction to social work*. Needham Heights, MA: Allyn & Bacon.

Skocpol, T. & E. Amenta, "States and Social Policies", *Annual Review of Sociology*. 12, 1986 : 155-201.

Smalley, R.(1967). *Theory for social work practice*. New York, NY: Columbia University Press.

Stiglitz, J. E., "The Theory of Screening : Education and the Distribution of Income", *American Economic Review*, Vol. 65, 1975 : 283-300.

Taubman, P., "The Determinants of Earnings: Genetics, Family, and Other Environments", *American Economic Review*, Vol. 66, 1976 : 858-870.

Taylor-Gooby, P. (ed.), *New Risks, New Welfare*, Oxford University Press, 2004.

Thurow, L. C., *Generating Inequality*, New York : Basic Books, 1975.

Tolbert, C. M., et al., "The Structure of Economic Segmentation: a Dual Economy Approach", *American Journal of Sociology*, Vol. 85, 1980 : 1095-1116.

Toseland, R. W. & Rivas, R. F.(1995). *An introduction to group work practice*(2nd ed.). New York: Macmillan.

Towsend, P., *Poverty in the United Kingdom*, London : Allen Lane, 1979.

Trattner, W. I., *From Poor Law to Welfare State : A History of Social Welfare in America*, 4th. de, N. Y : The Free Press, 1989.

Tumin, M. M., "Some Principles of Stratification : A Critical Analysis", *American Sociological Review*. 1953 : 381-394.

Whittaker, J. & Garbarino, J. (1983). *Social Support Networks: Informal Helping in the Human Services*. New York: Aldine.

Whittaker, J.(1974). *Social Treatment*. Hawthorne, NY: Aldine.

WHO(1980). International classification of impairments, disabilities, and handicaps.

Wilensky, H. & C. N. Lebeaux., *Industrial Society and Social Welfare State*, New York : Russel Sage Foundation, 1965.

Wilensky, H., *The Welfare State and Equality : Structural and Ideological Roots of Public Expenditures*, Berkeley : University of California Press, 1975.

Wright, E. O., *Class Structure and Income Determination*, New York : Academic Press, 1979.

Zastrow, C. & Kirst-Ashman.K..(2001). *Understanding human behavior and the social environment*. Belmont, CA: Wa.

Zastrow, C.(1995). *The practice of social work*. Pacific Grove, CA: Brooks/Cole Publishing Company.

찾아보기

〈저자 약력〉

•김태성

서울대학교 사회복지학과(문학 학・석사)
미국 Ohio State Univ.(사회복지학 석사)
미국 Washington Univ.(사회복지학 박사)
현 서울대학교 사회복지학과 교수

[주요 저서]
『사회복지조사론』(공저, 2005, 청목출판사)
『사회보장론』(제3판) (공저, 2007, 청목출판사)
『사회복지정책입문』(제2판) (2012, 청목출판사)
『복지국가론』(공저, 2000, 나남)
『사회복지정책론』(공저, 1995, 나남)

•홍선미

서울대학교 사회복지학과(문학 학사)
미국 Wisconsin Univ.(사회복지학 석사)
미국 Columbia Univ. (사회복지학 박사)
현 한신대학교 사회복지학과 교수

[주요 저서]
『사회복지실천기술론』(공저, 2006, 나남출판)
『인간행동과 사회환경』(공역, 2003, 나눔의 집출판)
『사례관리』(2003, 한국사회복지사협회)

•조성은

서울대학교 사회복지학과(문학 학・석사)
서울대학교 사회복지학과 대학원 박사과정 수료
현 서울기독대학교 사회복지학과 교수

[주요 저서]
『분배의 재구성』(공역, 나눔의집, 2010)
『한국 근대의 사회복지』(공저, 서울대학교 출판부, 2005)
『인간답게 살 권리』(공저, 사람생각, 1999)

사회복지개론(제2판)

2019년 2월 20일 제2판 중판인쇄
2019년 2월 25일 제2판 중판발행

저 자 김태성 · 홍선미 · 조성은
발행인 유 성 열
발행처 청목출판사
서울특별시 영등포구 신길로 40길 20
전화 (02) 849-6157(代) · 2820 / 833-6091
FAX (02) 849-0817
등록 제318-1994-000090호

파본은 바꾸어 드립니다. 값 25,000원

http : //www.chongmok.co.kr

ISBN 978-89-5565-341-0